旧邦维新

清末新政与直隶地方政治变革

曹振华 著

中国社会科学出版社

图书在版编目（CIP）数据

旧邦维新：清末新政与直隶地方政治变革／曹振华著 .—北京：中国社会科学出版社，2021.8
ISBN 978 – 7 – 5203 – 9118 – 4

Ⅰ.①旧… Ⅱ.①曹… Ⅲ.①地方政府—政治制度—研究—中国—清后期 Ⅳ.①D691.22

中国版本图书馆 CIP 数据核字（2021）第 188269 号

出 版 人	赵剑英	
责任编辑	安　芳	
责任校对	张爱华	
责任印制	李寡寡	
出　　版	中国社会科学出版社	
社　　址	北京鼓楼西大街甲 158 号	
邮　　编	100720	
网　　址	http://www.csspw.cn	
发 行 部	010 – 84083685	
门 市 部	010 – 84029450	
经　　销	新华书店及其他书店	
印　　刷	北京明恒达印务有限公司	
装　　订	廊坊市广阳区广增装订厂	
版　　次	2021 年 8 月第 1 版	
印　　次	2021 年 8 月第 1 次印刷	
开　　本	710×1000　1/16	
印　　张	21.5	
插　　页	2	
字　　数	331 千字	
定　　价	118.00 元	

凡购买中国社会科学出版社图书，如有质量问题请与本社营销中心联系调换
电话：010 – 84083683
版权所有　侵权必究

目 录

第一章 绪论 ……………………………………………………（1）
    第一节 问题关切：传统帝制向现代民治政体转型的大趋势和
           动力因 ……………………………………………………（2）
    第二节 理论勾连：现代国家建构理论和政治现代化理论 ……（8）
    第三节 研究路径取向：新制度主义 …………………………（13）
    第四节 研究方法：政治学理论框架下的实证历史经验
           分析 ……………………………………………………（21）

第二章 晚清现代国家转型时刻分权式政治权威合理化 ………（22）
    第一节 欧洲君主集权式政治权威合理化理论 ………………（23）
    第二节 地方分权式政治权威合理化的政治背景 ……………（26）
    第三节 地方分权式政治权威合理化路径的多重自变量 ……（29）
    第四节 地方政治精英分权式政治权威合理化形成
           权力新格局 ……………………………………………（36）
    第五节 督抚与士绅主导新政与立宪政体变革的
           政策创制与抉择过程 …………………………………（54）
    第六节 晚清地方分权式政治权威合理化困境 ………………（59）

第三章 传统儒法政治思想的现代转型引领立宪政治变革 ……（62）
    第一节 传统儒表法里统治思想发生现代转型 ………………（63）
    第二节 立宪政体观念引领政治精英推动专制政体转型 ……（75）

第三节　政治精英奏请朝廷派遣重臣出使东西洋考察
　　　　　　立宪政体 …………………………………………………（80）
　　　第四节　枢臣疆吏策划立宪方略 …………………………………（87）

第四章　中央政治结构的现代性分离与建构 ………………………………（94）
　　　第一节　传统政治结构现代性分离是建构现代民族
　　　　　　国家的需要 ………………………………………………（95）
　　　第二节　政治结构的现代性分离 …………………………………（98）
　　　第三节　建构现代国家基本政治制度结构 ………………………（107）

第五章　建构直隶地方行政—司法分立式政治权力结构 …………………（127）
　　　第一节　直隶现代政治结构的制度渊源：天津临时政府
　　　　　　都统衙门 …………………………………………………（128）
　　　第二节　在中央与地方权势博弈中推进地方官制变革 ………（135）
　　　第三节　建构直隶现代行政官僚制度 ……………………………（147）
　　　第四节　建构直隶现代司法审判制度 ……………………………（163）

第六章　建构直隶地方议会—政府分权制衡式政治权力结构 ……（178）
　　　第一节　现代化动员推动政治参与扩大化 ………………………（182）
　　　第二节　地方自治的社会基础：士绅阶层控制地方
　　　　　　公共事务 …………………………………………………（186）
　　　第三节　枢臣疆吏筹划立宪政体政治参与制度 …………………（193）
　　　第四节　直督袁世凯主导士绅筹划天津地方自治制度
　　　　　　建构 ………………………………………………………（203）
　　　第五节　士绅在政府主导下参与试办天津地方自治 …………（213）
　　　第六节　建构直隶地方自治制度 …………………………………（229）
　　　第七节　初步建构天津议会—政府互相制衡式地方政治
　　　　　　权力结构 …………………………………………………（242）
　　　第八节　初步建构直隶议会—政府互相制衡式地方政治权力
　　　　　　结构 ………………………………………………………（253）

第九节　临时省议会扩张立法权制衡都督府行政权 ………… (274)

第十节　省议会政治控制、政治参与、政治竞争趋向平衡
　　　　建构地方宪制秩序 ……………………………… (287)

第十一节　议会与政府分权制衡建构现代国家地方政治
　　　　　权力结构 ……………………………………… (321)

参考文献 ………………………………………………………… (323)

第一章

绪　论

　　清朝最后十年，开启了传统王朝政治体系向现代国家民主政治体系的转型。专制皇权借助郡县官僚制控制帝国疆域的古典国家政治体系在秦汉时期初步形成后历经多个朝代的变迁而在隋唐定型，蒙古草原帝国在中国被颠覆后明清两朝恢复传统政治体系，晚清以降在西方民族国家和资本主义世界体系的冲击下政治权力结构、程朱理学意识形态以及文化、权力、财富相融合互生的士大夫、官僚、地主角色地位相互转换的"三位一体"统治精英同盟逐步解体，在甲午中日战争后旧制度急遽变革和转型，形成清末新政与政治变革的宏观背景。晚清民初现代国家建构过程包含政治权威合理化、传统政治结构分离和政治参与扩大化三种维度。本书从这三个维度依次论述清末新政时期中央与直隶地方区域的地方政治变革展开过程。中国传统政治现代性变革经验的特殊性对基于欧美历史经验的政治现代化理论和民族国家建构理论提出挑战，中国历史传统构成政治转型的路径依赖，制约政治变迁过程，限制新制度结构和制度安排的建构议程。晚清政治体系不能维持统治秩序，更不能适应现代化政策创制和执行的需要。在镇压太平天国运动后权势日益膨胀的汉人督抚和绅商士庶地方政治精英人物在地方发动现代化，自强求富，督抚疆寄与中央分权，中央权力向地方倾斜，士绅与地方政府分权，国家权力向社会倾斜，政治权威下移，外重内轻，形成督抚、士绅分权式的政治权威合理化路径。清末新政预备立宪时期传统君主专制中央集权官僚制政治体系逐步分离，政治精英们仿效日本君主立宪政体主导政治变革，按照权力分立制衡、相互监督、责权明确原则在中央建构统率行政部门协调行使国家行政权的责任内阁、立法机关资政院、司法机关大理院，初步建构三权分立制衡的现代国家政治制度结构雏形。中央和地方政治变革互相推动，直隶是华北地区现代化程度较高的区域，经济实业发展，西方思潮传播，报刊舆论活跃，社会团体众多，市民社会初具规模，士绅为主体的社会势力参政期望高。直隶地方在中央宪政编查馆编订的制度结构设计下开始政治结构变革，重组总督官厅，新建会议厅，将原先司道官僚机构重组为现代科层制行政机构，创建相对独立的司法审判机构和检察机构，独立行使司法审判权和检察权。政治精英采择西洋欧美，效仿东洋日本政制，筹划地方自治，试办天津地方自治，塑造可供全国各省参照的变革模范。创建地方自治机关参事会、董事会和顺直谘议局，初步建成地方议会雏形。在清廷预备立宪筹备事宜清单中以地方自治作为立宪的基础，宪政编查馆以天津试办地方自治经验为基础制定《地方自治章程》，指导全国各省府厅州县和城镇乡进行地方自治。直隶在全省建立地方自治机关作为绅商士庶社会群体的制度化参政机构，社会与国家良性互动，在国家控制和社会自主之间趋向平衡，治理公共事务取得显著绩效。

第一节　问题关切：传统帝制向现代民治政体转型的大趋势和动力因

　　清朝遭遇西方冲击后内部发生急剧变迁，国际国内力量共同推动古典帝国向现代民族国家转型，全面整体性大转型成为历史演进主题，在历史传统与西方截然不同的清朝末期社会经济环境中建立现代国家，在古典帝制传统旧制度体系中生成现代性。西方工业商品、资本、军事、知识、思想、观念等外部力量在东亚扩张推动中国内部发生现代性变迁，新兴现代性力量推动现代国家建构，建构路径因中国社会历史环境的特殊性而呈现出与西方不同的多元性。固有社会政治传统制约着外力冲击下滋生的现代国家建构新议程，国际外部力量和自身内部变迁过程相互渗透与激荡，正如孔飞力所言："现代国家在中国产生是革命与变革的结果，并受到外部世界种种力量的影响。事实上，中国现代国家形成的关键，便在于借助于外部势力用以获得物质及社会主导地位的各种手段，来抵御外部势力的统治","从本质上来看，中国现代国家的特性却是由其内部的历史演变所决定的",① 根本性问题（constitutional questions）是建构公共生活的合法性秩序，涉及政治参与、政治竞争、政治控制三个方面，包含三个存在内部张力的根本性议程（consitutional agenda）设定，即扩大政治参与和加强国家权力及其合法性之间的紧张关系、展开政治竞争和维护公共利益之间的紧张关系，加强国家中央财政汲取能力和地方财政需求之间的紧张关系，贯穿建构现代国家过程始终。② 明末面对西方文明东渐，开放吸纳，尚能适应，基督教上帝崇拜排斥中国祖先崇拜，西方的傲倨姿态与中国天下中心观对立带来政治与文化冲突，清初统治者抵制传教，自雍正禁教后走向自我封闭，内部衰败日甚一日。康乾时代人口激增造成生态环境破坏，乾隆皇帝老迈昏庸，权臣和珅借助皇帝权力辐射半径敛财，干预朝政，官僚体系上下贪污腐败，毫无效率，侵夺民财，虚骄的乾嘉盛世表象下隐伏着的重重危机在内忧外患的嘉庆道光时期全面爆发，王朝帝制解体不可避免。唐德刚先生观察中西方历史演变轨迹后指出晚清大变局是自春秋战国时期封建制向君主专制中央集权郡县制转型之后的第二次大转型，是在西方资本主义世界体系扩张推动下由帝制向民治政制转型。西方的冲击打破清王朝治乱兴衰周期性循环的政治困境，推动帝制政治体系向现代国家转型，建构现代民族国家（nation-state）形式，也即是孙中山所主张的以不能分割的文化族群为基础，采取美国民族大熔炉模式融合海内诸族群为一个国族，由文化民族建构而成政治民族。"秦汉模式延续到清朝末叶'鸦片战争'时期（1839—1842），就逐渐维持不下去了——在西方文明的挑战之下，我们的传统制度被迫作有史以来'第二次政治社会制度大转型'，这第二次大转型是被迫的，也是死人如麻，极其痛苦的。这次惊涛骇浪的大转型，

---

① ［美］孔飞力：《中国现代国家的起源》，陈兼、陈之宏译，生活·读书·新知三联书店 2013 年版，第 1 页。
② 参见［美］孔飞力《中国现代国家的起源》，陈兼、陈之宏译，生活·读书·新知三联书店 2013 年版，第 2—25 页。

笔者试命名为'历史的三峡'。"① 此种国家转型是不断融入西方世界资本主义体系的现代化过程，从君主专制郡县官僚制的帝制体系转向以民主法治分权为制度安排的立宪政体；经济体系从小农经济转向工商业经济；社会政治结构从国家强于社会转向社会重于国家、制约国家、国家与社会良性互动。

西方的冲击是主要动力源泉，清朝在西方冲击下产生内部变迁动力促进转型。第一动力是决定国运兴衰的政府的目的、政策和制度。清朝统治者旨在维持自身的部族统治特权，开朝就主动汉化，采用满汉二元长官制，满人掌权汉人做事，鸦片战争、太平天国运动后采取自强求富政策，庚子事变之后启动新政立宪，意在克服王朝统治危机，稳定统治秩序。第二个动力是潜在的社会叛乱和革命党暴力颠覆，为剿灭捻军、太平军叛乱，清廷被迫将中央军政大权让渡给地方政治精英汉人督抚士绅，形成督抚专权的外重内轻权力分配格局。孙文的革命党对清廷构成威胁，革命驱逼清廷采取立宪来保证皇位永固、消弭内乱，促进政治体系由封闭转向开放，建立地方自治机关府厅州县参事会、议事会及行省谘议局、中央资政院作为参政通道。第三种动力是如何在旧秩序瓦解后的废墟上建立新秩序，在内忧外患的新环境中"寻找一条求生之道"，"探索一条适应时代巨变的生存之路"。倡导引领自强运动的清廷枢臣疆吏恭亲王奕䜣、文祥、曾国藩、左宗棠、李鸿章、张之洞等中兴名臣率先抛开根深蒂固的华夷之辨，消除蔑视外夷和拒斥西洋现代新事物的旧观念，在两次鸦片战争失败后正视中国积贫积弱虚骄无力的现实，践行"师夷长技以制夷"的自强理念，依照中体西用实用理性思维方式设立同文馆，开办军械所、造船厂，学习科学技术，发展军事工业和民用工业。康梁的君主立宪制和孙文民主共和制主张的共通性公约数是要建立现代国家立宪政体。之后新文化运动要剔除支配着中国人千年生活和思想观念的传统文化负担，要重估传统，输入西化，再造文明。与这些政治社会思想变迁相伴随的是小农经济及其以血缘为纽带的宗族社会逐步解体，

---

① ［美］唐德刚：《晚清七十年（壹）中国社会文化转型综论》，台北：远流出版公司1998年版，第35—36页。

新兴制造业、船运业、银行业发展迅速，同时以科举制为支撑的士农工商传统社会结构解体，新兴社会势力方兴未艾。正如史家徐中约指出："近代中国历史的特征并非是一种对西方的被动反应，而是一场中国人应付内外挑战的主动奋斗，他们力图更新并改造国家，使之从一个落后的儒家普世帝国，转变为一个在国际大家庭中拥有正当席位的近代民族国家。"① 本土传统在外部冲击下创造性地转化为促进现代性变迁的内部动力，西方冲击将徘徊在王朝循环往复千年陷阱里面的中国拖进民族国家组成的国际体系之中。西方列强在国内受制于政治制度和社会力量约束，不能侵犯民权，而在国外则借助民族国家组织形式动员国内力量实行殖民主义，肆意扩张征服，工商业资本受阻就动用军事力量开道。日本遭遇美国黑船扣关后转向学习欧美，模仿德国进行明治维新政治革命建构立宪政体，进行工业革命建立现代工商企业，走上现代化道路，发动甲午中日战争打败清朝，警醒朝野政治社会精英，推动清末新政立宪变革。地处太平洋岸边儒家文明边缘的日本脱亚入欧，成为列强中后起之秀，刺激中国人急起直追，仿效日本启动预备立宪。政治精英对西方三权分立政治思想与制度结构形成普遍认同的政治变革理念，立宪已然成为政治变革的必然选择。朝廷皇室王公、枢臣、地方督抚疆寄、绅商士庶与新兴知识精英群体均接受西学，苟对世界局势稍有智识，向幕开化者无不谈论新政，支持预备立宪，参与地方自治。革命党人主张推倒满人部族专制统治，建构共和立宪政体民治政府，建立地方自治制度，视地方自治为共和立宪政体的基石，"地方自治者，国之础石也，础不坚，则国不固"，② 将地方自治作为训政期间的中心工作，自治为宪政的基础，待地方自治完成后训政才结束，过渡到宪政。

　　清朝在西方冲击下发生现代化转型，西方新思潮传播，工商业发展，社会结构分化，现代社会团体组织兴起，沿海沿江通商城市市民社会初具规模，从自强求富走向政治变革，启动新政变法立宪。清朝丧失

---

① ［美］徐中约：《中国近代史》，计秋枫、朱庆葆译，香港中文大学出版社2002年版，第11页。
② 孙中山：《孙中山全集》第三卷，中华书局2006年版，第327页。

了亚洲朝贡体系中心地位，放弃华夷之辨观念，接受国际关系平等邦交外交规则，以民族国家的姿态开展国际事务，融入国际政治经济体系之中。在西方资本主义世界体系与中国中心观下的亚洲朝贡体系相互隔绝时代，中国与西方相互孤立，近代以降，完成工业革命、政治革命，业已建立现代民族国家的西方世界凭借工商业资本扩张、民族国家凝聚力、战争动员能力和所向披靡的指挥进攻能力向东亚扩张，清朝在此起彼伏的巨大冲击下陷入内忧外患，被迫从妄自尊大的中心地位滑落到现实世界的边缘。随着西学东渐，新思潮传播，中国先后接受西洋的工业技术和法政知识，发生洋务运动和新政变法，作为思想和行动的清末新政与预备立宪是建构现代国家基本政治制度体系的开端。一方面是内部政治权力结构崩溃解体，重复发生中央政治权威的周期性坠落，政治权威下移到地方，同时传统士农工商社会结构解体，新兴社会势力不认同清王朝旧制度，清王朝发生累积合法性危机。另一方面是西方新观念的传播和现代工商业的崛起催生新的社会政治力量，立宪派和革命党政治势力风起云涌。民治政治观念与立宪思潮成为普遍流行的政治价值理念，挑战和取代传统儒家三纲五常普世伦理政治观，树立政治合法性新标准，将清王朝推向政治合法性危机的陷阱之中，驱逼朝廷宣示筹备立宪，设计现代国家权力分立制衡的基本政治制度结构，即君主大权统揽下立法、行政、司法三权分立制衡的立宪政体，预备国会资政院、责任内阁、法院大理院分别行使国家立法、行政、司法权力，三个功能专门化互相制约的国家权力机关并立对峙。预备立宪从改革官制入手，建立机构统一、责权明确的中央现代行政官僚机构，在地方建构行省督抚官厅与司道行政官僚机构，由新改组的提法司来负责筹建和监督地方审判机关和检察机关，司法审判机关从地方官府衙门行政机关分离出来，建构地方府厅州县审判法庭，在省城和通商口岸城市建构高等审判法庭。在城镇乡和府厅州县建立官督绅办的自治机关，传统的士绅自治权获得制度化的参政渠道，参与地方公共事务治理。谘议局是地方自治的总汇机构和行省准议会，作为法定立法机关与督抚行政机构相对待。间接从谘议局议员中选举资政院议员，建构中央立法机关国会的预备机关资政院。

预备立宪的制度结构设计将中央和地方的政治变革过程联系起来，互相推动，直隶的京畿地理位置和直隶总督的首要大臣政治权势使得直隶地方政治变革和中央立宪筹备紧密相关，朝廷谕令在天津试办地方自治和独立于官府衙门的司法审判，直隶政治精英奏请朝廷批准筹办方式和制度设计，试办成功，朝廷谕令作为范本推行到全国，直隶政治变迁是清末地方政治变革的典型。天津扼守帝都咽喉，是北京通向世界的出海口，随着西方坚船利炮而来的现代文明最早在天津登陆，是与西方开埠通商的口岸城市，开新政风气之先，处于政治变革的前沿。直隶总督袁世凯将省会从保定迁至天津，租界林立，华洋共处，现代工商业渐成规模，城市不断扩张，现代性社会团体产生，发展成为北方大都市。直隶凭借地处京畿的地缘政治优势，受西方影响较早，受到的冲击大，变迁也相对较快，天津受各国租界的城市现代化和市政管理模式影响较深，现代化起步较早，新思潮输入，新观念传播。洋务运动时期，李鸿章在直隶践行"中体西用"自强理念，兼容中西，模仿西方科技开办天津机器制造局，兴办军事与民用工商业，倡导学习西方"公法学"，编订"交涉刑律"、矿律、路律、商律，学习西方技术和法政知识，运用地方督抚权力和社会资本从体制内开启变革祖宗之法的时代先声，引领时代新风气。义和团运动时期天津被列强联合殖民两年，列国军事司令官委员会建立天津临时政府委员会都统衙门，在天津城及周边乡镇建立公共事务管理机构，直督袁世凯代表清政府接受都统衙门时对其治理地方公共事务的绩效颇感震惊，模仿其公共事务治理模式实施直隶新政。维新思潮在天津传播，士大夫产生变法图强的观念，在康有为发起的"公车上书"运动中，直隶参加者有举子数十人。严复译介的《天演论》在其创办的天津时报《国闻报》连载，物竞天择适者生存的进化论思潮传播四方，成为时代主流思想，人们信奉社会进化论，接受社会达尔文主义，激励国人勇于变革，投入启蒙与救亡的时代潮流中。天津、保定舆论报刊规模空前，民办报刊和官报并行不悖，并育竞争。民办的《大公报》《天津商报》《竹园白话报》《民兴报》《经纬日报》《民意报》等大势宣扬介绍民主与立宪思想，评论时政，译介科学知识，或者倾向君主立宪，或者主张共和革命，启迪民智，改良陋习。民办报刊方兴未艾，以《北洋官报》《北洋法政学报》《北洋官话报》为代表的数十家官办报刊也势如雨后春笋,不断茁壮。作为思潮和行动的立宪政治变革坐实为制度建构,产生制度绩效,作为思想在晚清同治中兴时期已经粲然可观,作为制度建构过程则肇始于戊戌维新。庚子事变,朝廷守旧派遭受重创,恪守祖制拒绝变法已无回天之力,慈禧太后成为戊戌变法六君子的遗嘱执行人,重新启动新政,变革政教法度,确立"大权统于朝廷,庶政公之舆论"的立宪变革方略,成立宪政编查馆作为总司立宪筹备事宜的策划机构,朝野政治精英依照立宪政体三权分立制衡原理规划设计君主立宪政体的制度结构,在预备立宪时期行政机构官制变革、地方自治、司法审判制度建构是筹备清单的主要内容,从中央到地方全面展开。传统政治体系由调适性变迁上升到整体性变迁,走君主立宪变革路径来建构现代国家基本政治制度结构和具体制度安排,展现晚清中国在西方强力冲击下自身内部政治体系现代化的艰难起步与曲折展开过程,走出王朝治乱兴衰循环往复困境第一步,是传统帝制现代转型的开端。

第二节　理论勾连:现代国家建构理论和政治现代化理论

　　理论借鉴是分析和解释事件的需要,采用何种理论取决于事件发生的历史场景。本书运用实证经验方法通过历史叙述再现清末政治变革过程,将现代国家建构理论与史实叙述相勾连,选取历史制度主义和理性选择理论分析路径来探析清末新政预备立宪时期帝国转型和现代国家建构过程。近代中国卷入世界体系后从传统帝制向现代国家转型,政治现代化是转型时代的根本性议题。清末新政预备立宪是建立现代国家的发端,是政治现代化的重要环节,因此现代国家建构理论和政治现代化理论可以作为分析框架。

　　现代民族国家是民主的民族国家,是民族国家的国族认同组织形式和民主国家的基本政治制度结构相结合的产物,作为国家认同基础的政治民族建构和作为权力合法性基础的主权在民基本政治制度安排是现代民族国家建构的两个根本性议程。基于地缘、血缘、文化认同的民族共同体与理性化的国家权威结构融为一体产生民族国家政治共同体。民族与国家是相互建构的，领土地域上的民族共同体需要建构政权作为公共事务治理机构，政权建构过程将地方性的族群整合为相互关联并对政权有普遍认同感的整体性政治共同体，超越狭隘的种族、地域限制，形成政治民族（国族）。现代民族国家的发源地是西欧，地缘政治竞争导致的战争是民族国家形成的最初动力，英法百年战争形成民族国家的雏形，战争摧毁了封建贵族，国王集中掌握至高无上的国家权力，将教会置于世俗君主的统治之下，形成君主专制集权的政治权威合理化路径。国王向有产者阶级征收税收作为发动战争所需的财政支出，产生国家和社会利益博弈与妥协的机构——议会，同时建立功能专门化的行政官僚文官体系来管理税收，提供军需，监督和指挥战争。资本不断扩张追逐利润是推动民族国家建构的强大动力，民族国家凭借国家能力推动资本全球扩张，形成世界资本主义经济体系，工商业资本借助国家政权控制的坚船利炮摧毁古典帝国封闭的国门。"民族—国家是统治的一系列制度模式，它对业已划定边界（国界）的领土实施行政垄断，它的统治靠法律以及内外部暴力工具的直接控制而得以维护。"① 资本和暴力推动民族国家君主专制政体的形成。在工业革命中崛起的工商业资产阶级新势力为限制王权而提出权力分立制衡原则，以之约束君主军事与政治权力。现代国家是在一定空间范围内稳定持久地存在的民族共同体基础上通过政治权力整合建构起来的政治共同体，建构持久的非人格化的政治权力结构和科层制的行政官僚制度形式，在固定时空下的居民将自己的忠诚从地方性的、族群的、宗教神权的权威转移给全国性单一的、世俗的、符合法定程序的国家权威，要求全社会成员认同和服从国家权威。在纵向权威结构安排中，中央或联邦政府拥有一致的司法、立法、行政、外交最高权威，对外代表国家主权，实现权威的合理化，同时保留地方政府和社区治理地方公共事务的自治权。与前现代国家形态相比较，现代国家具有强大的社会动员能力和政治整合能力，民族和国家互相整合，政

---

① ［美］安东尼·吉登斯：《民族—国家与暴力》，胡宗泽、赵力涛、王铭铭译，生活·读书·新知三联书店1998年版，第147页。

治共同体成员们获得行动绩效感，表达利益诉求，参与稀有价值的权威性分配过程，政治参与规模空前扩大。在欧洲，地缘政治战争摧毁了封建领主贵族，国王集中掌握至高无上的国家权力，将教会置于世俗君主的统治之下，形成君主集权型政治权威合理化。国王要向有产者阶级征收发动战争所需的财政收支，迫使领主妥协，产生政治交易机构——议会。现代国家建构的第一阶段是13—16世纪在西欧大陆边缘英伦和法国首先形成君主主权国家，欧洲其余国家先后模仿，随着欧洲在全球的扩张而向世界各文明体系各政治单位蔓延，工商业资本与之同步扩张，一起对当地传统政治体系产生强大冲击力。欧洲不同规模和形态的政治单元彼此林立竞逐，缺乏国际政治秩序，不同的城市、领主庄园、王国并立，将欧洲分裂成相互竞争的政治组织。各地区社会结构差异巨大，存在连接亚、非、欧的地中海沿岸城市群和西北欧连接英国和欧陆的城市贸易带，商业中心随着新航路的开辟不断北移。各政治单元之间地缘政治竞争主要以战争的形式展开，统治当局为了获得战争物资和兵源，采取控制工商业，提取税收，强制农民在土地上勤劳耕作的策略来动员人力物力资源，在此过程中建立起征收管理税负、组织指挥军事的行政官僚文官制度体系。国王录用受过优良教育、熟悉法律的精英建立中央政府机构，在征战兼并和争端裁决过程中集聚权威。[①] 中央集权与地方自治并存，地方自治是合理分配现代国家纵向权威的基本制度，是调整国家与社会，中央与地方利益冲突关系，合理有效配置稀有资源的制度安排，成为现代国家政治制度体系必不可少的组成部分。在现代民族国家的基本功能方面，现代国家是欧洲在应对地缘政治挑战和社会公共事务治理需要的过程中形成的，其功能超越古代城邦、中世纪欧洲自治城市、古典帝国。现代国家需要向社会供给安全、秩序、公正、繁荣公共产品，这就要求国家必须垄断暴力的使用来保障安全，拥有足够的权力来有效地维持秩序，需要获得权威来提供公正，权威的合法性标志是公民自觉遵守国家法令。霍布斯论证公民将自我保护的权利交给主权者，

---

① 参见［美］约瑟夫·R.司徒雷耶《现代国家的起源》，华佳、王夏、宗福常译，上海人民出版社2011年版。

作为主权者的君主拥有绝对主权的同时承担保护公民财产、生命权利和执行契约的义务。洛克则明确说明人民为了有效保护生命、自由、财产权利才暂时授权给政府，政府合法性在于人民的同意，政府权力限制在保护公民个人的生命、财产、自由权利，局限在公共领域，不可侵入私人领域。现代国家负有保护市场交易主体的产权和私人利益的职能，在领土边界内拥有足够的权力维持公共秩序，国家需要具有合法性的强制力量来控制社会秩序，将代表国家主权的中央权威无限地渗透到领土边界内，从城市到边缘乡村地区，从文化中心到蛮荒之地，强制所有人服从国家法令，通过国家机器甚至借助暴力来有效执行法令。现代民族国家在欧洲建成后推动着资本主义世界体系向全球扩张，所向披靡，传统帝国无力抵挡，建构现代民族国家成为不可遏阻的世界潮流，现代民族国家成为替代古典帝国的普遍性国家形态。现代国家具有扩张性和可复制性，在向全世界扩张过程中摧毁传统国家形态，建构新式现代民族国家。

清朝的政治权力结构、行政官僚机构、纲常政治伦理在西方现代民族国家强力冲击下加速解体。秦汉以降皇权专制和中央集权相互强化，建构庞大的郡县制官僚机构作为基础权力结构，将专制权力渗透到社会基层和帝国的边疆，擢拔获得科考功名的士绅担任郡县官僚，理论上所有人、财、物均为皇帝拥有和支配，私有产权没有保障，臣民在皇权的恩赐下使用，所谓"普天之下莫非王土，率土之滨莫非王臣"，但是实际控制程度取决于小农经济税基能够供养的官僚规模。自耕农为主体的小农经济在以市镇为中心的地方区域内自发进行周期性小规模商品交易，跨省区的大规模商品交易沿着比较固定的流通路线进行，交换南北方稀缺的生活用品，内地商品通过丝绸之路流向西域，徽商、晋商将南、北方大宗商品交易市场连为一体。看似繁荣的商品市场其实是没有明晰有效的制度化产权保障的，在实施民本主义与民更始政策时期，官僚机构膨胀前能够禁止官员侵犯产权，当官僚机构膨胀时就发生普遍性贪赃枉法，无法监督，肆意掠夺，官宦借国家权力随意侵犯私人财产，聚敛财富。每个王朝衰败末期政治权力均肆意侵夺私有产权，权力是财富再分配的惯用手段。当权力追求租金最大化时，社会群体的财富就转移到官宦权势者群体囊中。待社会矛盾激化，落魄儒生们煽惑底层无业流民起势，揭竿而起，裹挟顺民，重新建立新王朝，将原先的统治者与被统治者身份地位颠倒过来，但是帝制政治权力结构、产权制度、臣民与官府的关系等制度体系变动不大，新朝皇室或许会鉴于前朝教训略作调整，促进帝国政治体系发生调适性变迁。这种政治制度结构到晚清一仍如故，形成顽固的路径依赖，直到清末《辛丑条约》推动新政和日俄战争刺激预备立宪启动之际才发生整体性变迁。专制皇权、儒表法里的主流政治意识形态与统治手段、三纲五常的尊卑伦理秩序是形成帝制专制政体路径依赖的支柱。清王朝在种族等级特权位阶上是作为武力征服胜利者的满洲八旗贵族居上位引领蒙古、汉军八旗，旗籍特权统治者统治着内地十八行省，控制中亚内陆腹地，形成部族政治，满汉畛域分明；在对外关系上在中国中心观华夷之辨观念引导下形成从都城中心到外围的同心圆式朝贡体系，权力渗透从内到外渐次减弱；政治权力主宰财产分配与转移，不能保护私有产权就不能发展市场经济，资本主义萌芽也就不能茁壮成长为现代资本主义工商业。小农经济是帝国的经济基础，也是帝制权力主宰产权分配，压制商品经济发展的结果，是臣民无恒产，庞大的官僚规模盘剥消耗大量生产者剩余，压制工商品经济发展，导致资本主义始终只萌芽而不发达。此种缺乏经济绩效的政治制度结构在西方资本主义世界体系尚未扩张到来的孤立状态下尚能维持，在治乱兴衰中重复发生。在西方剧烈冲击下，清王朝不堪一击，内忧外患危机四伏，政治权力、社会结构和儒教伦理政治解体，权威下移，内轻外重，中央权威分崩离析。对外独立主权丧失，被动卷入世界体系。帝制君主专制政体政治体系和中央集权制相互形塑，朝廷利用郡县官僚制渗透到地方并控制社会；在社会结构上士农工商等级结构长久稳定，士绅、地主、官僚"三位一体"居统治者地位控制政治权力、财富和思想文化观念，辅助皇权统治帝国。士绅在太平天国运动后崛起，逐步控制地方军政、财税，参与地方政府日常行政事务，清末士绅主宰地方公共事务。作为社会阶层垂直流动升迁机制的科举制被废除，传统士农工商社会结构分化出新兴工商业企业家、新学堂教师与学生为主体的新知识分子、职业军人现代性社会新势力。地方自治机关是现代国家地方政治权力结构的立法机关和参政机构，是绅商士庶地方精英的政治参与机关，议决地方事务，与作为执行机关的地方政府相对待，同时建立地方独立的审判机关，司法审判权从旧官府衙门分离出来，地方政治结构就朝着权力分立制衡方向进一步分化。清朝纵向国家权威结构是小农经济上的君主专制中央集权制，中央的专制权力通过郡县官僚制直接渗透到县级，但是由于地理空间偏僻和交通阻隔，无相应的人力资源和财政支撑，其势如强弩之末，难以充分渗透和控制乡村基层社会。地方权力和中央权威一直呈此消彼长态势，一旦地方疏离和反叛中央，形成地方割据就会加剧王朝周期性的兴衰治乱停滞循环。纵向权威结构两千年来一直没有得到合理的调适与配置，地方自治正是解决之道。这一历史背景限制建构现代国家所需要的多重变量累积。清末新政预备立宪和地方政治变革需要扭转帝国旧制度下逐渐断裂的路径依赖，启动现代国家建构过程开端，推动帝国向现代民族国家转型。近代中国从帝制政治体系向现代国家政治体系转型符合不可逆转的世界潮流。清末新政预备立宪是在消解帝制旧制度的同时建构现代民族国家新制度的政治转型过程。旧政治体系逐步解体，向现代国家转型成为必然趋势，清末新政立宪是传统帝制的现代转型和现代国家建构交替发生的双重过程。

第三节 研究路径取向：新制度主义

传统制度主义经过行为主义的冲击后演化为新制度主义，新制度主义不是政治理论，而是看待政治问题的"一种组织性视角"，作为一种"宽泛的，纵然也是多样化的研究政治的取向"。制度作为解释政治生活的自变量，也会作为因变量被解释。新制度主义的各种范式侧重政治本体的各个侧面，规范制度主义偏重规范和价值影响个体和群体行动者的行为；理性选择制度主义强调行动者的主观能动性和个体的行为偏好，将政治制度看作是追求自身利益最大化的政治行动者实现目标的动机和游戏规则体系；历史制度主义重在考察路径依赖问题，即先前的选择制约未来的决策，从路径依赖到路径断裂是传统向现代转型的开端。其实，这三个研究取向是可以调和相容的，个体利益计算与偏好取舍和制度规范之间是相互形塑的，相互改变的，制度相对于某一时刻的行为者而言是先在的本体，是先前历史的结果，对当下的行为者具有规约作用，作为既存的制度结构束缚着行为者的选择，"制度被视为置内容于行为者的偏好之中"，行为者的主观选择受制度制约。① 但是制度作为具有标准化和一致性的规则，会持续演变而非一成不变。将制度经济学原理应用到政治科学研究领域产生理性选择研究取向，理性选择理论视制度为"结构选择"的工具，是人为建造以追求最大效用的工具，是"被选择的结构"。理性选择理论认为"政治制度是用来解决集体行动问题——即从合作中取得最大收益——的人类建筑。当制度不再服务于行为者的利益时，制度就可以被取消——它们只为个体行为提供短期约束"。但是进一步看，"制度往往是自我强化的，并且显而易见是具有持续性的。只有在改变制度的可能收益超过改变制度的预期成本——这包括学习如何在新的结构内进行运作的学习成本、对付新的不确定性来源的成本以及参与变革的成本（这本身就代表了一个集体行动的问题！）——的地方，行动者才会改变制度"。② 路径依赖是历史制度主义的核心概念，某个重要历史时刻曾经在关节点上影响政治体系的多个相关变量在某个时空点上结合产生因果效应，先前政治行动者们在这个关节点上选择的制度安排一旦运行就会随着时间推移自我强化和获得持续性和稳定性，作为制度受益者的政治行动主导者如果边际效益上升，报酬递增，自然而然拥护这个制度，发明一套国家理论来解释现存制度的合法性，借助政权的力量塑造意识形态作为价值规范传播，久而久之，作为政治行动主导者的统治阶级、作为社会制度和规则核心的政治制度与借以解释和论证前两者存在合法性的意识形态三者构成有机整体，相互强化，形成制度结构，外在制度结构对个体和群体的政治活动发挥规约作用。正如亨廷顿所言的制度在运行中得到巩固，发生制度化变迁，获得了稳定、复杂性、独立性、适应性。制度的路径依赖如同出发后定向行驶的车辆要转向另一条

---

① ［英］大卫·马什、格里·斯托克编：《政治科学的理论与方法》，景跃进、张小劲、欧阳景根译，中国人民大学出版社2006年版，第307页。

② ［英］大卫·马什、格里·斯托克编：《政治科学的理论与方法》，景跃进、张小劲、欧阳景根译，中国人民大学出版社2006年版，第103页。

道路会使得成本高昂，扭转方向改道行使的成本太高，制度的受益者不愿做出尝试，直到某个边际效益和边际成本相同的临界点出现，边际成本越来越高超过边际收益，行动者才会决心改变制度。制度会发生增量式演化，也会在戏剧性时刻发生"断续性均衡"。制度形成和变迁方式可分为有目的的设计、突发性变革、缓慢演化三种类型，改革中各派社会力量为利益再分配而斗争，预先设计的制度可能在与其他规范和价值的竞争中失去机会要素的支撑而偏离变革发起人的目的，于是要重新设计制度。在制度规范和理性选择之间可以相容，"在理性选择制度主义之间，存在着一种不断增强的共识，这种认识认为，行为者、制度（行为者就是在这些制度之内进行操作的）以及指引行动的共同知识，都在文化上被构筑起来了"①。新制度设计是理性选择的产物，执行集体的协议有利于每一个人的利益，协议规则长久运行就形成规范和价值，约束后来者的行为。如果新制度设计的预期收益高于变革成本，受益者就会支持变革，产生变革的动力源泉。

  一个时代的主流思潮的变迁对制度变迁具有重要导向作用，影响行动者的偏好内容和行为选择。既有的制度限制了行动，变迁变得不可能，除非有外部事件冲击，使现状无法维持，或者发生思想观念的大动荡，外来新观念输入行动者的大脑，左右其抉择。理性的个人作为本体，作为主权者时制度被理解为个人追求最大效用值的人为结构，只要制度的收益还能高过成本，制度就得到坚持。但是个人在制度变迁中可能是非理性的，单个个人无法设计制度并监督别人也和自己一样遵守，为了不导致"公地的悲剧"而主动束缚自己不去使用不受限制的公共资源是不符合个人的利益的，不能带来个人效用最大化。个人在制度设置上既然非理性，就需要转向集体行动来解决制度供给缺乏问题，进行制度创新，在制度需求和制度供给之间寻求平衡，适当限制单个个体的效用最大化追求从而有利于实现能代表每一个个体的集体利益，在制度变迁中是集体理性在起作用。个体之间达成协议过程包含着交易成本，协议作为对

---

  ① ［英］大卫·马什、格里·斯托克编：《政治科学的理论与方法》，景跃进、张小劲、欧阳景根译，中国人民大学出版社2006年版，第104页。

集体有利的制度要发生规约作用还需执行成本。走在集体行动之前的是新观念产生、传播和接受。制度设置在个人层次上的非理性困境诉诸集体之后如何产生集体行动理性呢？如何将个体理性和集体理性勾连起来，使得个人趋利避害理性计算不阻碍达成对集体有利的协议，突破个体理性的局限，促进集体的利益从而保障仅凭个体单个行动无法达成的自利目标？新观念导致制度变迁如何可能？观念的发明、发展、传播、修正、扩散过程和制度设计过程同样需要交易成本，激发观念和设计制度来扭转现状都会遇到维持稳定而难以导致变迁的同等处境。何以突破此等窘境？理性选择理论无法解释观念和制度预设在制度变迁中的先导作用。将个体作为唯一真实本体的理性选择理论视制度和观念为外在于个人的工具，认为个人是社会和政治生活的主体单位，不可化约，制度和观念只是为促进个人利益而去精心设计的，"个人想要的东西乃通过假设给定，并假定这些行为者对于手段和目标的计算是理性的，观念只是行为者加以工具性利用的某些东西，只要能够有益于实现他们的利益。他们不可能从根本上改变行为者实际所欲的某些东西"①。一种有利于某个政治共同体改变困境而需要不去触及既有致命障碍或付出巨大成本的新观念成为广泛争论的焦点，变成讨价还价的筹码，逐步为行动者们所接受就成为制度变革的起点，因为观念的提出和传播毕竟比制度的设计和推行所需交易成本低得多。运用观念来解释历史变迁是由伯尔曼（Sheri Berman）的研究取得突破性进展的，"伯尔曼对观念因果属性的关注为历史制度主义取向提供了一个制度变迁如何以及为何发生的成熟理论"②。伯尔曼颠倒了理性选择理论的本体假设，认为观念、信仰、意识形态本身就是具有资格的力量，可以改变需求，塑造行为，同样是真实的。伯尔曼的研究"将行为者具有固定不变的或者'给定'利益的观念加以问

---

① ［英］大卫·马什、格里·斯托克编：《政治科学的理论与方法》，景跃进、张小劲、欧阳景根译，中国人民大学出版社2006年版，第313页。

② ［英］大卫·马什、格里·斯托克编：《政治科学的理论与方法》，景跃进、张小劲、欧阳景根译，中国人民大学出版社2006年版，第312页。

题化",① 将行为者的偏好问题化,在其《社会民主党人的时刻》中以德国社会民主党因为固守马克思的观念而不去采取措施克服经济危机,导致大失败,最终为希特勒法西斯专政让路的事实与瑞典社会民主党及时调整国家在面对经济危机时刻的角色,采取有效政策渡过难关的事实做对比,证明观念和信仰的对立导致完全相反结局。伯尔曼在本体论上建构一个制度和观念优先于个人的世界观,"将制度和观念,而非个人,作为基本单位。在这样一个世界中,个人受到其观念和制度背景的影响并被建构。就此而言,观念能告诉行为者需要什么,以及当观念变化时个人的偏好随之改变"②。观念能够塑造偏好,建构偏好,改变行为,政治精英们及时吸纳和发展出新观念,创造出能够改变行动者偏好的新观念,广泛动员众多的社会团体,感知它们的利益诉求,改变它们的观念,塑造它们的偏好,综合各个团体的利益成为共同利益,加以明确表达,以之引导群体的行动,推动制度变迁。

现代国家制度结构产生比较高的社会、经济、政治绩效。西方在文艺复兴之后经过长期战争摧毁了封建制度和神权体系,建立了君主主权国家行政官僚机构,随后启蒙主义的个人主义、自由、平等、博爱观念滋生新的政治哲学理论,经历了统一和强大两个前后递推的阶段后建构宪政秩序,即从马基雅维利、霍布斯时代过渡到洛克时代,契约论取代了君权神授论,政府的合法性来自政府与人民的约定,政府合法性取决于被统治者的同意。权力必须被宪法规范制约,防止当局滥用人民授予的政治权力,而限制政府权力的有效方式就是权力分立制衡相互制约,孟德斯鸠提出三权分立制衡理论标志现代国家建构理论趋于成熟。在有限政府理论指引下建构权力分立制衡的现代国家基本政治制度结构、私人产权制度和市场经济规则一起构成西方世界兴起的制度基础,政治制度、经济制度、思想文化观念"三位一体"。国家、政府、统治者三者关系尽管在实践中有时重合,但是在理论上是界限分明的,现代国家建构

---

① [英]大卫·马什、格里·斯托克编:《政治科学的理论与方法》,景跃进、张小劲、欧阳景根译,中国人民大学出版社2006年版,第312页。

② [英]大卫·马什、格里·斯托克编:《政治科学的理论与方法》,景跃进、张小劲、欧阳景根译,中国人民大学出版社2006年版,第314页。

完成就基本定型了,选民通过法定选举程序定期更换统治者重组政府,作为当局的政府官员群体在法治规则下处理政府日常公共事务。国家的利益和统治者的利益不重合,国家受到社会的制约,和社会互动,有责任促进社会成员的利益提升。不管是马克思的作为统治阶级实现自身利益的工具的国家还是诺斯的作为"暴力潜能"的国家,都有追求权力租金最大化的倾向。马克思认为国家提供统治秩序,统治者会制定有利于自己的产权结构规则,凭借政治权力追求占有经济利益,获取权力租金,在统治者和社会进行利益博弈的零和游戏中将社会群体收益降至最低,激化阶级对抗,造成无效率的国家。与之相对,诺斯认为国家要清晰界定产权结构,保护私有产权,制定和执行公平合理的博弈规则,促成私有产权拥有者之间以最低交易成本达成协议并监督合同的执行,通过促进社会产出的最大化来换取税收,统治者获取租金的方式不是剥夺社会群体,而是通过保护产权,降低交易成本以促进经济增长繁荣来培植税基增加税源,收取税收作为租金,这种高效率的国家制度结构是西方兴起的根源,"有效率的产权也许导致国家的高收入,但与那些较无效率的产权相比,由于高交易费用(监督、检测和征税)会减少统治者的税收,因而统治者常常发现他们的利益所在与其说是准予垄断,不如说是导致更激烈竞争状态的产权"①。西方现代国家建构完成后呈现出来的宏观的国家制度结构直接规定着微观层面制度安排中各类经济、社会、组织结构及其相互间的规范关系,进而影响制度安排在实际运行中展现出来的绩效。个人和群体的偏好内容和行动逻辑在制度结构环境中被可以预期行为者行动结果的具体制度安排所制约,个人行为及其结果是可以预期的,是被建构出来的。有效率的制度安排能够对行为者的努力产生正向激励机制,"提供一种结构使其成员的合作获得一些在结构外不能获得的追加收入,或提供一种能影响法律或产权变迁的机制,以改变个人(或团体)可以合法竞争的方式"②。在制度安排约束下的个人和群体追求自

---

① [美]诺斯:《经济史中的结构与变迁》,陈郁等译,上海人民出版社1991年版,第28页。

② [美]科斯、阿尔钦、诺斯:《财产权利和制度变迁》,刘守英等译,上海人民出版社1991年版,第271页。

身的效用最大化，带动社会的经济增长与繁荣，产生制度的经济绩效。西方国家在权力分立制衡的政治结构下做出清晰有效的产权安排，个人和群体的行动在普适性的法律约束下接受独立公正的司法机关的裁决，政治、经济、社会各类形形色色的组织之间的关系是权责明确的，达成协议和执行合约的交易成本都相对较低，制度安排产生的政治、社会、经济绩效都相对较高。早期现代国家制度的绩效主要表现为经济绩效和社会公共事务治理绩效，而对于第二波、第三波现代化的国家，国家的现代化过程中经济增长，社会结构分化，新观念新价值观传播，导致人们的期望值升高，超过政府所能提供的程度，即亨廷顿所说的经济增长导致社会动员，社会动员提高社会期望，当期望受挫时就变得情绪沮丧，转而诉诸政治参与，但是后发现代化国家的现实往往是尚未建立起制度化的政治参与渠道时就面临过度政治参与，即政治参与走在政治制度化之前，这就导致政治衰朽，社会失序。① 所以对于后发国家而言，政府接受社会群体的利益诉求，提高利益综合能力，产生政治绩效。由政治制度结构和制度安排产生的政治绩效比一时的经济绩效还重要。与经济绩效和社会治理绩效相比较，政治绩效确实是不易使用硬性指标衡量的，一般将政府能力作为衡量政治绩效的重要指标。美国学者泰利斯在评估国家实力时将政治绩效看成是政府将国家意志转化为现实的能力，其基础是国家汲取财政的能力、国家控制其机构的有效性和国家对于社会的渗透程度。② 政府要具备这些能力就需降低政治交易成本，诺斯借用制度经济学原理创造交易费用政治学，对政治交易费用的表述较具代表性，"政治市场的效率问题是问题的关键，如果政治交易费用较低，且政治行为者有明确的模型来指导他们，其结果就是有效的产权，但是政治市场的高交易费用及行为者的主观偏好，往往导致产权无法诱导经济增长，组织也不能作为创造更有生产率的经济规则的激励"③，让作为制度安排

---

① 参见［美］塞缪尔·P. 亨廷顿《变化世界中的政治秩序》，王冠华、刘为译，上海人民出版社2008年版。
② ［美］泰利斯：《国家实力评估：资源、绩效、军事能力》，门洪华、黄福武译，北京新华出版社2002年版，第54页。
③ ［美］诺斯：《经济史中的结构与变迁》，陈郁等译，上海人民出版社1994年版，第17页。

的政治交易规则不需花费过高的交易成本就能得到政治共同体成员们的遵守，保护产权，促进公共事务良善治理，稳定政治秩序。现代国家宪制秩序规范有效运转能够节约政治交易成本，提高政治绩效。政治绩效关键在政府能力，政府能力最终要依靠政府的合法性与当局的法理型权威。政治权威获得自动服从的过程就是塑造政治统治的合法性，领袖个人魅力型权威和传统型权威在急剧变迁的现代社会不足长久依靠，社会观念转变，臣民型政治文化向公民型政治文化转变，这就要求政府具有合法性，当局需要获得法理型权威。人民按照民主程序选出政策的制定者和执行人，横向权力结构在相互制约监督下按照宪法性法律法规运转，迫使政务官与职业文官尽职尽责，恪尽职守而不滥用公权谋取私利。

新制度主义研究取向中各派系所立足的本体论差异使得各自的解释相互竞争，各有优长，旧制度主义、理性选择理论以个人主义作为本体论，视观念和制度为个人追求偏好的工具，即为行为者所设计以帮助其获取所需的工具。历史制度主义要解释制度变迁，将观念、制度作为本体，假定"行动者的偏好和行动是先在的制度背景的产物"，以制度作为理论原点，观念、制度优先于个人，观念预设制度建构的结局，制度是"结晶化的观念"，制度一旦得以建构将会自我强化，并且形塑行动者偏好的内容，"观念不可化约为个人的偏好，相反它决定了这些偏好的内容，因此行为者得以挑战制度并带来变化"。[①] 基于不同本体论的研究取向相互竞争，各有局限，各有优势，可以用来解释某个实际问题，超越单一本体论的解释功能。新制度主义各种分析取向以西方历史背景下产生的现代民族国家形态为经验基础，在将其应用到农耕文明之上的清朝君主专制政体转型时需要面对研究路径和研究对象之间区隔跨越问题，需要将各种理论范式及其研究取向互相取代或补充来解释历史现象，根据中国历史经验创造新理论和新研究路径。

[①] [英]大卫·马什、格里·斯托克编：《政治科学的理论与方法》，景跃进、张小劲、欧阳景根译，中国人民大学出版社2006年版，第316页。

第四节 研究方法：政治学理论框架下的实证历史经验分析

　　研究方法的选择由研究问题的需要来决定，本书运用历史政治学研究方法收集、分析史料，理清历史事件的来龙去脉，在政治学理论框架中解释历史事件，基于史实经验来检验和归纳一般性理论。英国史学家斯科特（Ernest Scott）认为科学的、艺术的、哲学的方法是史学方法的三根支柱，用冷静客观的科学方法收集和考证史料，用艺术想象的手法写作，而驾驭这个过程则依赖研究者的哲学思维，"判断、资料的整齐排列和呈现，证据的审查，真理与谬误的区分，从大量不相关的不重要的繁琐资料中选择突出的相关涉的事项，个性的衡量，叙事的艺术，动机和本原的理解——凡此类方法，主要有效地自历史的研究发展而来"[①]。理清历史事件演进脉络，进行历史叙事，还原历史场景的本来面目，在此基础上解释历史事件，运用中国经验检验基于西方国家历史经验的国家建构理论和政治现代化理论，进行理论批判与创新。

---

① 杜维运：《史学方法论》，北京大学出版社2006年版，第7页。

第二章

晚清现代国家转型时刻分权式政治权威合理化

　　清朝现代转型的政治背景是皇帝专制权力之下的中央集权，行政官僚制行使基础性权力，皇帝的专制权力借士大夫官僚、士绅掌控的基础权力渗透到社会基层，依靠地主、士绅、官僚三种循环转换的角色支撑帝国政治体系。与之相反，欧洲是在权力分散的封建社会中建构现代民族国家，政治权威合理化路径是君主集权，清朝政治体系无力维持社会政治秩序，无能推动现代化，强制性资源军队集中到地方督抚、士绅手中，地方政治精英在创制和执行现代化政策过程中权势高涨，政治权威合理化的路径是地方分权，督抚掌控地方军事权力、财政税收权力、人事任免权力，士绅控制地方公共事务，地方政府权力向士绅转移。辛丑之后督抚掌握新政纲领创制权、执行权，日俄战争后立宪派、督抚主导君主专制政体向立宪政体转型抉择的政治过程。预备立宪时期朝廷以"大权统于朝廷"作为政治结构改革目标，收束督抚权力归中央各部，宣统朝进一步收归清朝皇室亲贵，然而，集权只是在制度形式上，中央各部和朝廷无基础性权力贯彻政令，实质上的权力依旧在地方督抚、士绅手中，虽然失去法律制度依据。绅权扩张，传统绅权借新建地方自治机构获得制度化政治参与渠道。由于缺乏一个全国性最高权威中心在政治参与、政治竞争、政治控制等基本政治议程之间维系平衡，这种权力结构产生政治权威合理化困境，根本上背离了现代国家建构时刻建构世俗化法理型集权式效能型中央政治权威的客观需要，这成为后来军绅政权向党国政治权威结构演化的一种内在驱动力。

第一节 欧洲君主集权式政治权威合理化理论

欧洲在中世纪封建社会政治权力分散、政教二元对立政治背景下经过地缘战争建构君主集权式民族国家，通过君主集权式政治权威合理化路径产生现代民族国家，这有利于创制和执行现代化政策。西方经典现代化理论家将西方国家体系现代性作为传统政治体系现代转型的价值目标，政治现代化就是传统政治获得现代性，亨廷顿认为这种将传统与现代二元对立的目的论是"把属于一个政治体系之假定最高目标的那些特质误认为是该政治体系在成长中和发挥作用时所表现出来的那些特质"①，亨廷顿认为政治发展遵循自身逻辑，传统向现代的过渡过程中极有可能产生政治差距，经济发展不会自然带来政治发展，相反经济发展带来社会动员，当政治参与超越政治制度化机构的包容限度时还会产生政治衰朽，带来政治失序。权威是可以转移的，不是神授的，政治秩序的获得需要将政治权力集中到国家主权者手中，塑造强大权威来创制和执行现代化政策，保障政治秩序，传统政治现代转型过程中政治权威需要集中，从传统多元多层次宗教性、地域性、血缘家族性、族群性权威转变为单一、世俗、全国性的最高权威。这种现代性政治权威不再来源于神圣的上帝、自然或习俗，而是来自人本身，来自政治共同体的成员基于自身利益考量所做出的理性判断和选择。政治共同体成员将对地域性、族群性的忠诚、认同转移给国家，服从国家法令。启蒙运动发现人的价值和潜能，个体自我意识觉醒，能有意识地对自身偏好做出优先次序排列，"成为现代意味着将生活看成是偏好、选择，并且是可以替代的。有意识的选择意味着理性。一般地，人们看到不止一种选择方案是可行的"②，关注选择，对现实能解释，对选择的未来能控制能预期，为实现预期目

---

① ［美］塞缪尔·P. 亨廷顿：《变化世界中的社会秩序》，王冠华、刘为译，上海人民出版社2008年版，第28页。
② ［美］戴维·E. 阿普特：《现代化的政治》，陈尧译，上海世纪出版集团2011年版，第6页。

标而设计选择机制，在不同选择冲突中协调争端，政治制度通过这种理性选择被设计出来。权威的合理化源于现代性的产生，现代性的产生源于人们意识到自身有能力按照自己的意志改造环境，有力量控制环境，发现人的价值和潜能，重视人的创造性和改造自然的能力，获得"转换性人格"，人不再匍匐于神和自然的奴役之下，主观能动性取代了听天由命，"当人们意识到他们自己的能力，当他们开始认为自己能够理解并按照自己的意志控制自然和社会时，现代性才开始。现代性首先在于坚信人有能力通过理性行为去改变自然和社会环境。这意味着摒弃外界对人的制约，意味着普罗米修斯将人类从上帝、命运和天意的控制之中解放出来"①。在欧洲，君主主权日渐上升，要抵制教会和领主贵族们的困扰，就需要集中权力，击败反对者。实施社会变革要求将权威从外界限制下剥离开，将其集聚在政府决策者手中，"如果政治机体要实施社会变革，政治权威就必须寓于这些机体之中而非外界限制之中。这些外界限制，在实践上常常就是现代化所要改变的社会秩序"②。人们对法的认识也发生根本性变化，人定法逐步取代基本法，法律成了主权者的意志，成了共同体成员的约定。欧洲代表国家的君主主权权威取代基本法权威，主权成为法律权威的来源。君主的单一至上权威取代议会、法院、普通法、习俗、教会，领主、贵族等多种社会势力形成的多元权威。"基本法至上以及权威的分散与现代化是不相容的。现代化要求具有变革能力的权威。社会和政治的根本变革源于人们有目的的行动。因此，权威必须寓于人而不能属于不变的法。此外，人们必须拥有权力以实施变革。因此，权威必须集中于某些强有力的个人和集团手中。"③ 欧洲代表国家权威的君主集中权力，凌驾于其他权威之上，代表国家利益，政治共同体成员对之服从效忠。国王作为法律的来源，创制法律而非服从法律，欧陆多元

---

① [美]塞缪尔·P. 亨廷顿：《变化世界中的社会秩序》，王冠华、刘为译，上海人民出版社2008年版，第28页。

② [美]塞缪尔·P. 亨廷顿：《变化世界中的社会秩序》，王冠华、刘为译，上海人民出版社2008年版，第83页。

③ [美]塞缪尔·P. 亨廷顿：《变化世界中的社会秩序》，王冠华、刘为译，上海人民出版社2008年版，第84页。

权威让位于君主主权一元化权威，欧洲政治现代化是将封建领主、贵族权力转移到国王手中，形成君主集权，君主权威处于最高等级，对外代表国家主权，实现政治权威合理化，之后才是君主权威宪政化，将君主权威置于人间法律之下，人定法取代神法，具有至上性权威，普遍适用于国家的每一个成员，君主集权变成权力分立制衡，多种功能类型的权力相互有效监督，建构现代国家的政治权威结构及其基本制度结构。戴维·E. 阿普特将规范分析、结构分析、行为分析三种方法综合，认为现代社会的特征是个人和团体能通过理性思辨发现偏好并做出选择，选择由道德个性激发，道德目的左右选择偏好，一个社会的核心道德规范构成合法性原则，合法性原则与政治权威的结构正向关联，崇尚个人自由、平等道德价值的欧洲现代社会将政府作为工具，倾向选择世俗——自由政体模式的现代政府形式，建构现代主权国家宪政代议制基本政治制度结构。① 查尔斯·蒂利批判集权主义、地缘主义、生产方式、世界体系等几种分析方法，从强制资源和资本资源的分布及组合方式来解释欧洲现代国家形成路径的差异，资本积累、集中形成城市，以武装力量为中心的强制资源与资本、文职行政官僚组织结合来控制统治区域市民日常生活及公共事务，历经战争、国家强制结构建设、资本榨取积累财富过程形成国家，资本密集、强制密集、资本化强制等资本与强制资源的不同组合方式产生不同国家形成路径，塑造不同国家类型，民族国家作为与帝国、城邦并列的一种政权结构类型，是强制资源从地方当权者及间接统治者手中转移到中央国家主权者的无意结果，逐渐在欧洲国家体系竞争中取得优势，成为一种压倒性的现代国家类型。② 欧洲中世纪基督教联合体的宗教等级和世俗政治等级对立并存，国王通过战争积累和集中军队，掌握优势强制资源，冲破笼罩君主头上的宗教——政治权威，二元权威转变为一元权威，将权力集中到国王的政府来建构唯一权力中心，政府作为独立统一的政治组织在明确的边界内维护秩序，"权力和权威被集中到

---

① 参见［美］戴维·E. 阿普特《现代化的政治》，陈尧译，上海世纪出版集团2011年版。
② 参见［美］查尔斯·蒂利《强制、资本与欧洲国家（公元990—1992年）》，魏洪钟译，上海世纪出版集团2007年版。

一点：国王和他的政府。现在，国王统治的领土有明确的边界，以抵御外界的侵扰。国王成为一国之中所有国民得最高权威，不必在通过中间权威统治者来发挥作用。这种根本的政治变革标志着近现代时代的开端"①。欧洲经过君主集权建构主权国家建构和权力分立制衡建构宪政国家两个步骤建立现代国家合理化的权威结构和基本制度结构，这种欧洲经验成为清朝在西方冲击下建构现代国家的参照系，但是清朝建构现代国家的路径与之截然不同。

第二节　地方分权式政治权威合理化的政治背景

西方的冲击打破中国数千年来治乱兴衰的朝代循环，被强行拉进欧洲国家主导的国际关系体系，终结停滞，走进现代化。清朝政治现代转型的政治背景是君主专制中央集权，君主掌握专制权力，权力来源自上而下，行政官僚秉承皇权，将中央权威渗透到地方直到府厅州县，之下由官吏、士绅、宗族共同治理。现代化需要政治权威合理化，清清朝政治权威合理化方向与西方现代国家正好相反，是摆脱王朝循环路径依赖，政治权威合理化不是将分散的地方权力集中到中央，而是走地方督抚分权和士绅政治精英分权道路。太平天国运动后中央权威跌落，督抚专权，地方士绅控制公共事务，守旧的士大夫在西方冲击下转向革新，在同治中兴时期在沿海沿江地区兴办现代化事业，随着现代化展开，地方实力派逐步坐大，扩大权势。现代化政策创制与执行要求将权力赋予积极变革的督抚和士绅，这与清朝部族特权制、君主专制、中央集权官僚制等固有政治传统发生冲突。专制君主缺乏现代化观念，无力创制现代化政策，满人权贵守旧颟顸，无能协助君主推行现代化政策，丧失了统治的有效性和合法性，不能获得政治权威合理化机会，无力收回督抚权力。清朝现代国家建构时刻权威合理化方向与西方相反，现代化的起始点截然相反，欧洲在宗教与世俗权力二元化的封建社会中建构现代君主主权

---

① ［加］罗伯特·杰克逊等：《国际关系学理论与方法》，吴勇、宋德星译，天津人民出版社2008年版，第19页。

国家，政治单元间地缘竞争使权力集中到优胜者君主手中形成君主主权政治权威合理化。欧洲现代国家的形成路径是由分裂的政治单元间地缘竞争决定的，欧洲从封建庄园、自治城市、主教领地、公国、王国等四分五裂的政治单元竞争中形成君主主权国家，清朝则是受到西方冲击后由大一统传统帝国向现代国家转型，其政治背景与欧洲正好相反。国家建构论者托马斯·埃德曼提出君主为了应对地缘政治竞争建构动员和提取资源的行政官僚管理体系，集中权力，建立起民族国家，利用国家力量将资本主义扩张到全世界，在此过程中兴起的社会力量要求参与政治决策过程，逼迫君主妥协，确立相互间对等权利义务契约关系，奠立现代国家权威结构。① 王国斌将此国家建构模式简化为竞争—能力—义务范式，即地缘政治竞争的挑战—政治单元主权者的应对能力—统治者和精英达成权利义务关系。② 弗朗西斯·福山也认为近代欧洲国家的形成机制只是和先秦春秋战国时期的历史情境相似，商周时代的封建国家经过兼并战争，形成战国七雄，最终一统于秦。秦汉王朝奠定了中华帝国的基本形态，建立了具有一些现代国家特征的官僚帝国。③ 秦汉王朝奠定中国基本政治权力结构和儒家政治意识形态地位，君主权威获得社会中坚力量士大夫的认可与合作，国家与社会界限模糊而非二元对立，帝国面对的军事竞争主要是北方草原游牧民族，维持内部政治秩序的方式是利用郡县官僚制将中央权威渗透到基层，与士绅合作对社会进行政治控制，清代主要通过限制民间结社、登记人口户籍限制流动、实施保甲乡约制度来控制社会。④ 在西方冲击到来之前，帝国基本政治结构停滞循环往复，维持与恢复重建形成路径依赖，入主中原草原游牧民族也同样承袭帝国政治体系模式。西方冲击带来路径替代，要参照西方现代国家模型

---

① ［美］参见托马斯·埃特曼《利维坦的诞生：中世纪及现代早期欧洲的国家与政权建设》，郭台辉译，上海世纪出版集团2016年版，第30页。
② 参见［美］王国斌《转变的中国：历史变迁与欧洲经验的局限》，李伯重、连玲玲译，江苏人民出版社2010年版，第89—91页。
③ 参见［美］弗朗西斯·福山《政治秩序的起源》，广西师范大学出版社2012年版，第109—134页。
④ 参见［美］王国斌《转变的中国：历史变迁与欧洲经验的局限》，李伯重、连玲玲译，江苏人民出版社2010年版，第98—104页。

推动帝国转型。在西方的冲击到来前夕清廷的政治结构具有西方现代国家特质所规定的中央集权、君主专权、行政官僚制度等核心要素，但是这并没有成为推动中国现代化政策创制和执行的本土资源优势，相反，清朝对现代知识和制度的反应愚钝迟缓，延误现代化时机，直到旧秩序受到西方新秩序强烈冲击到危机重重无法自存时也没像日本那样正视自身虚弱，罗兹曼解释说是由于以中国为中心的天下体系及其华夷之辨世界观阻碍中国向发达的西方对手学习，"中国在对外关系方面的制度和中国对世界的看法，其强度和顽固性尽管的确少见，但他们本身并没有承担起中国对现代化挑战做出反应的重大责任。并没有什么东西阻止中国人掌握外交手法和国际法；中国谈判者超乎寻常的外交技能，证据也是极多的。明清时代，中国人对儒家秩序的仁德和完善的信赖确实有所加强，这或许造成当局对时事反应迟钝"①，"问题的症结在于中国的环境，在于政治衰弱、人口增长、社会大动乱和经济不稳定，在摇摇欲坠的政治体制上，强加了它所承受不了的变革抉择。一方面，即使在所有外来侵犯下，中国仍然保持了统一；但另一方面，尽管竭力强调了帝国的中央地位和统一性，内部骚动还是导致了使地方和家族占据优势的大权旁落的颓势"②。在面对内部叛乱和外部入侵时的挑战时，帝国内重外轻、军力虚弱，一时手足无措，为了应对时局只好由地方督抚和士绅筹饷练兵平内乱，办洋务学习西洋工业科技，由此地方督抚、士绅权力上升，掌握现代化政策创制和执行权，权力集中于中央的政治格局受到地方实力派挑战，朝廷越来越难以控制地方政治新势力，政治权威合理化的地方分权化路径已经不可逆转了。

---

① ［美］吉尔伯特·罗兹曼：《中国的现代化》，国家社会科学基金"比较现代化"课题组译，上海人民出版社1989年版，第57页。
② ［美］吉尔伯特·罗兹曼：《中国的现代化》，国家社会科学基金"比较现代化"课题组译，上海人民出版社1989年版，第58页。

第三节　地方分权式政治权威合理化路径的多重自变量

清朝政治现代化转型时刻与西方截然相反的政治权威合理化路径是中央集权君主专制政治背景下政权累积合法性危机、帝国统治能力孱弱、满汉区隔的部族政治及其政治体系现代化适应能力低等自变量的复变函数，是多重变量交互作用产生的结果。

一　清王朝统治秩序发生累积合法性危机

世界新知识新道德观替代传统天命观使清朝统治秩序发生累积合法性危机。君主专断权力、中央集权政治权威结构与有限理性化的行政官僚制度构成的基础性权力、制度儒学意识形态体系及其三纲五常政治伦理构成的政治文化共同支撑着清朝的社会政治旧秩序。与历代王朝一样，清朝也借助天命观来提供统治的正当性论证，用一种超自然力量来解释王朝的兴替，兴亡结果显示天命转移，统治者要以德配天以民为本才能显示得天命，而内乱外患表征清王朝失天命。太平天国时尊奉儒家君臣纲常且与清王朝利益与共的士大夫选择站在朝廷一边镇压"粤匪"，朝廷以"中兴"的面目出现，试图挽回合法性，求得臣民的服从和士绅的合作。其实所谓同治中兴，只是平乱，吏治朽腐，内政腐败，外患纷乘，财政竭蹶，抵抗不住外患则思变法自强，模仿西洋技术。外患日亟，裂土分疆，赔款巨额，昧于世界局势，因应失宜。原因之一是文化自负，中国文化绵延既久，鄙视商贸，排斥西方。虚骄不实，粉饰太平。白银外流，财政亏空，征钱代银，官吏乘机贪渎，中饱私囊。[①] 腐败无能削弱清王朝统治正当性，与欧洲、日本君主可以从宗教获得神圣权威相比，天命观赋予皇权的神圣性是很微弱的，危机重重显示天命转移，君主要靠确保天下太平显示得天命的眷顾，治理绩效低劣表征王朝气数已尽。西学东渐代来契约论、立宪、议会、权利新观念，主权在民新观念替代

[①] 参见钱穆《国史大纲》，商务印书馆1996年版，第813—864页。

传统天命政治观，世俗的法理型政治权威观念挑战传统型权威，改变人们的政治文化和政治心理。新观念塑造新道德，道德观念决定合法性原则，依照合法性原则选择相应政府形式的权威结构，"政治的道德基础决定了合法权威的意义。权威可以说是在一个特定背景下对政治道德的定义"，① 新观念稀释旧权威，按照现代政治合法性原则塑造现代法理型权威，正如吉尔伯特·罗兹曼指出："中国的思想意识中又出现了新因素，使得古老的天命理论再不像以前那样作为中国人解释王朝覆灭这一政治变革的唯一的理论基础。在新的因素中就有新的革命概念，那是从法国、美国和其他西方国家的经验中传来的。"② 接受新观念的政治精英们推动政治现代化变革，变专制政体为立宪政体，越来越激进，在清廷还能控制统治权时模仿日本大权君主制，辛亥之后立宪派转向革命，转向模仿英国行虚位君主立宪制，各方迫使朝廷接受十九条宪纲，由政治实力派领袖袁世凯主持完全责任内阁。革命派坚持要废除清朝君主政统，废除帝制，采用美式共和立宪政体。君主专制在日俄战争后失去正当性，一变为君主立宪制，日本模式二元君主制在辛亥革命时刻失去正当性，只有民主共和政体才具有正当性。

二 朝廷统治能力孱弱无力适应现代化

清朝政权靠军事暴力乘明王朝内乱之机攻克其都城北京，依靠八旗兵平定关内，开朝皇帝雄才大略励精图治，承袭明王朝君主专制，依靠"强制性组织"维持政治秩序，萧公权先生对此深入分析："清政府和以前的政权一样是一个独裁政府……帝国的统治者出于实际需要不得不维持对广大国土尽可能地控制，以保证政治的稳定和持久的统治。由于他们不信任他们的臣民，也就不能指望他们的忠诚，他们就寻求通过各种手段使臣民们变得俯首帖耳，以消除他们所有可能对帝国安全不利的思想和行动。清朝统治者是来自外部少数民族的征服者，这一事实使得这

---

① 参见［美］戴维·E.阿普特《现代化的政治》，魏洪钟译，上海世纪出版集团2011年版，第11页。
② ［美］吉尔伯特·罗兹曼：《中国的现代化》，国家社会科学基金"比较现代化"课题组译，上海人民出版社1989版，第68页。

种必要性更为明显和急迫……那些有能力在政府任职的人，同样也是人民的一部分，他们只是帝国统治臣民的媒介。皇帝一方面统治他们，同时又似乎为了他们的利益而进行统治。"① 帝国统治权专属皇帝，军机处是决策中枢，协助皇帝秘密决策，暗箱操作，用密折制度收集情报更让朝臣心怀恐惧而顺从，用暴力压制汉人反抗，与士大夫结成利益同盟，利用士大夫维持统治秩序。专制君主主宰王朝命运，国家之兴衰系于一人，君主专制成功需要君主德能兼备，君主个人智愚禀赋可以直接影响国家、民族命运。乾隆以降皇帝越发无能，代际衰退，嘉庆、道光、咸丰、同治、光绪、宣统，一代不如一代，乾隆末期清王朝内乱外患接踵而至，表面兴盛掩盖不了衰败，皇权接班人们平庸无能，在最需要精力充沛的能干君主的时刻却偏偏屡屡碰上羸弱无能之辈临朝当政，也没有出现有如张居正者类型的首席内阁大学士来担任实权，弥补君主的无能，"由于帝国领导的衰弱，主权已损害到什么程度？领导的衰弱和其他一些情况同时发生：中央集权对外国的侮辱攻击的妥协，是由于满族统治阶级不得不以前所未有的程度，依赖于那些在19世纪中期大规模叛乱中挽救王朝而组织起来的中国地方军事政权。内部的虚弱酿成地方竞争势力的新形式，加上入侵的力量和领土被蚕食，这一切使得同代西方人认为中国的统治者是无能的"②，统治者无能，军事虚弱，只得假手汉人士大夫编练地方军队来维系清朝的苟延残喘。

　　清朝在西方的冲击下转向现代的过程中统治权的正当性逐步丧失，发生累积合法性危机，清朝顶层的政治领导能力代际下降，没有军事权力维护政治秩序，在现代转型关口上失去制定和执行现代化政策的能力。而那些汉人封疆大吏督抚、士绅等地方精英在协助朝廷平定内乱过程中掌握王朝军事权力，兴办现代化事业，发展实业，调整观念与行动以适应"千年未有之大变局"。地方督抚、士绅获得现代化决策制定执行权是现代化的需要，分权式政治权威合理化是大势所趋。与最高统治者越发

---

① ［美］萧公权：《中国乡村：论19世纪的帝国控制》，张皓、张升译，台北联经出版事业有限责任公司2014年版，第501—506页。

② ［美］吉尔伯特·罗兹曼：《中国的现代化》，国家社会科学基金"比较现代化"课题组译，上海人民出版社1989年版，第73页。

无能相继出现的是虚弱的皇帝—太后二元权威格局,皇权实际控制在皇太后慈禧手中。可是,慈禧不是武则天那样有远见卓识能安邦治国的女皇,更不是俄国叶卡捷琳娜女皇,精通权术阴谋善于控制群臣却毫无现代世界知识。按照清朝祖制,慈禧的权威是非正当、不合法的,无法以她为权威合理化的承载者,可是符合继位程序的皇帝却无能无权。光绪长在深宫,在慈禧的护佑下成长,在慈禧面前战栗怯懦,性格喜怒无常,反复多变,心智不成熟,毫无理政治国能力,无能皇帝加上帝后二元权威结构阻止了君主政治权威合理化。

三 满汉畛域难泯限制朝廷政治权威合理化

清朝统治者入关前主动模仿明朝君主专权独裁中央集权制,入关后以明朝政统的继承者自居,垄断统治大权,让汉人分享行政治理权,吸纳汉人士大夫为行政官僚,权位实行满汉双轨制,所谓满汉共治,中央高层职官一职两位,满人旗人同时占据重要地方总督巡抚官位,满人掌权,汉人做事,排斥汉人。本着大权在握而小权分散的原则将地方亲民官州县官委诸汉人。直到太平天国之后才逐步改变满人在高层的权位优势,晚清掌握统治权的满人亲贵面对羽翼丰满汉人士大夫,依旧采取猜忌防范姿态,名义上满汉平权不分畛域,实际上自强运动中兴起的汉人督抚时时遭到清廷满人权贵掣肘,比如曾国藩、李鸿章、曾纪泽、康有为、袁世凯等四处遭到满人排挤,现代化事业如铁路计划、海军计划、银行计划等多次搁浅。康梁的体制改革计划被满人说成是损满肥汉的政治阴谋,守旧派典型刚毅攻击说"汉强则满灭,汉衰则满盛"[1],正是表达清廷和满人亲贵的心声。继戊戌政变尽废西化改革措施后仇洋开战,时论批评直指满人统治特权,"满人统治者是阻碍中国通过改革获得新生的最主要的,甚至是唯一的障碍。革命者对满人的指责越来越激烈,反满运动也在义和团运动失败后日渐高涨"[2],反满压力逼迫朝廷以新政来

---

[1] 孙甄陶:《清史述论》,香港中文大学出版社1957年版,第218页。
[2] [美] 路康乐:《满与汉:清末民初的族群关系与政治权力(1861—1928)》,王琴、刘润堂译,中国人民大学出版社2010年版,第89页。

化解排满革命。辛丑重启新政至丙午立宪，清廷用改革来消弭革命，仿行日本大权君主立宪制，试图"大权统于朝廷"，确保清廷统治大权不坠落，收束汉人督抚既得权势，唯恐满人大权旁落到汉人政治精英手中，宣统朝极力收束汉人督抚既有权力集中到清廷满人亲贵手上。预备立宪从中央官制改革入手，慈禧回避责任内阁制取代军机处，八旗制不变，虽然用一尚书两侍郎新式权责制度取代传统二尚书四侍郎模式，新军机处满汉各占两名，但是十三部尚书中满人占八名，革命派称之为"满人立宪"①。满人集权刺激汉人排满革命，革命派兴起刺杀满人高官风潮，安徽巡警学堂会办徐锡麟刺杀其恩主巡抚恩铭让满人心惊胆战，供词曰"满人虏我汉族将近三百年矣，观其表面立宪，不过牢笼天下人心，实主中央集权……再杀端方、铁良、良弼，为汉人复仇……"②满人不安，连慈禧太后也说担忧被徐锡麟鬼混纠缠不休，刺杀迫使朝廷谕令改善满汉关系，化除满汉职缺、服饰、法律地位差异。满汉畛域难弥合，汉人督抚之间也互相猜忌，拆台，典型事件是甲午战争中张之洞控制的南洋舰队按兵不动，北洋舰队孤军奋战，李鸿章进退维谷，以一人敌一国，还有丁卯政潮中袁世凯、奕劻派与瞿鸿禨、岑春煊派权力争斗，波谲云诡，政争使改革派不能像日本明治维新大臣那样团结一致。督抚们独自开展现代化事业，没能形成一个团结的领导集团作为"富有创造力的少数"来合力实施现代化计划，汉人政治精英也未形成有如日本明治维新团结一致的变革力量。③戊戌变法，帝后冲突，康有为等有围园杀后孟浪之举，加深慈禧对汉人政治精英猜忌防范。④在义和团运动中，刘坤一、张之洞等督抚与列强实行东南互保政策，不奉诏对列强开战，还指斥宣战诏书是伪诏，又加深朝廷当家人慈禧猜忌汉臣。汉人督抚地方专权已是事实，情势所迫不得不授以重任，但随时遭弹劾，比如说袁世凯派饷练兵，权势过重，慈禧迫使他辞去兼差，交出兵权，北洋六镇新军只保住

---

① 《民报》第10号，1906年12月20日。
② 冯自由：《革命逸史》第五集，香港中文大学出版社2001年版，第453页。
③ 参见徐中约《中国近代史》(the Rise of Modern China)，香港中文大学出版社2001年版，第447—456页。
④ 杨天石：《晚清史事》，中国人民大学出版社2009年版，第98—139页。

直隶境内天津、保定的两镇军事权力。借禁止兼职削夺袁世凯权力，铁良掌控陆军部节制各镇军事权力，1907年秋操排斥袁世凯，部署第一镇守卫京师安全，满人取得中央行政权和军事权力优势。光绪弥留之际还自言"十年困辱，均由袁世凯致之"，仇恨满怀。宣统继位，载沣摄政，沿袭慈禧太后加强中央集权政策，进一步集权到皇帝，皇族亲贵掌朝廷大权。摄政王视袁世凯为仇敌，满人亲贵载涛、载洵、毓朗、善耆，还要旗人铁良等，甚至一度与袁共谋立宪变革的镇国公载泽，均欲置袁世凯于死地而后快，袁世凯虽得张之洞等汉人重臣及外国驻华公使朱尔典等人斡旋解围而保全性命，还是被尽夺权力放逐回老家彰德。袁既被罢黜，袁的支持者徐世昌、唐绍仪被内召回京，心腹赵秉钧被休致，满人亲贵伺机集中军权、财权。立宪潮流不可违逆，但是皇族满人亲贵集团为保私利不肯放权，预备立宪清单无法执行，责任内阁反倒变成皇族内阁，立宪派开国会定宪法的参政呼吁被拒绝。满人权贵"借预备立宪改革官制之机会，在名义上破除满汉畛域，在实际上则重用较多满人。满人得势则援引姻亲，布满朝列，致使新官制改革之结果，满人占据要津，社会上因由排汉政策之新名词出现。各部员司候补者，每部多至千余人，满汉司员见面不交语，对于政务，满人专断处置，一无顾忌，汉人敢怒不敢言"①。宣统冲龄践阼，摄政王试图依照德皇建议训练亲兵禁卫军来维持君主大权，"载沣只感觉皇室与满人地位之危险，深恐大权旁落，满人将受汉人宰制，无以自存；希望一纸宪法，可以遮蔽汉人之耳目，保障皇室之大权。彼以此种精神筹备宪政，则所谓宪政者，乃谋皇族集权之一种手段也。其集权之计划，第一即为兵权"②。1909年7月，摄政王载沣任海陆军大元帅，毓朗、载涛分任军咨府、参谋本部大臣，派载洵、萨镇冰筹办控制海军，③载沣、载涛、载洵三兄弟年纪轻轻就大权在握了，军事权力重归满人。1909秋，张之洞卒，汉人大员相继失权，行政中枢军机处四大臣中唯有徐世昌为汉人。这样，中央军权、行政权都被

---

① 萧一山：《清代通史》，华东师范大学出版社2006年版，第872页。
② 萧一山：《清代通史》，华东师范大学出版社2006年版，第911页。
③ 参见郭廷《近代中国史纲》，上海人民出版社2009年版，第264页。

满人收回。摄政王载沣政策抉择优柔寡断，但是在收束汉人权力归满人亲贵方面却刚硬不妥协，发布《监国摄政王礼节总目》声明君上军政大权，在执行预备立宪逐年办理清单过程中加紧集权。集权于满人亲贵激发革命，丧失消弭满汉畛域的诚意，否定立宪原则，面对国会请愿，摄政王引用没有合法性的《钦定宪法大纲》规定的君上大权来回绝，面对资政院弹劾军机大臣，摄政王一再用君权袒护军机大臣，回击议员。皇族内阁十三人中五位是皇亲国戚，八位满人，一位蒙古旗人，汉人仅有四位，将满人收权推向顶端。御史陆启霖、江春霖、赵炳霖奏劾，无效，反遭贬抑。各省谘议局联合会先后两次据宪法大纲之精神及各国立宪皇族不得担任内阁总理之惯例上奏，结果是遭到摄政王降旨回绝，依《钦定宪法大纲》之君上大权驳斥谘议局奏请曰："黜陟百司，系君上大权，载在先朝钦定宪法大纲，并注明议员不得干预，值兹预备立宪之时，凡我君臣上下，何得稍出乎大纲之外？乃该议员一再陈请，议论渐近嚣张，若不亟为申明，日久恐滋流弊！朝廷用人，审时度势，一秉大公，尔臣民等均当恪遵钦定宪法大纲，不得率行干请，以符君主立宪之本旨。"①立宪派以立宪国宪法之精神奏请取消皇族内阁，皇族依据钦定宪法大纲拒绝奏请，致使立宪派大失所望。皇族形式上虽还能握权，但是无力驾驭，"可惜载沣兄弟辈均非有作为之人，志大才疏，无所成就"②，抓在手里的君上大权并无实力来行使。③ 武昌兵变，立宪派转而同情革命，立宪派、革命派郁积的排满情绪如洪水般将清朝政权像纸房子一般推倒了。立宪变革满人亲贵陷入收权还是放权的困境，他们深感立宪是挽救危亡的唯一途径，要富强就得立宪，但是立宪就得将权力封闭系统向汉人开放，政治权力向所有人平等开放，汉人的人口、素质优势超越满人，注定颠覆满人的政治特权地位，民族主义会颠覆清朝皇统万世一系。正如梁启超早在戊戌政变流亡海外时就以深邃的目光预示"平满汉之界"合

---

① 萧一山：《清代通史》，华东师范大学出版社2006年版，第919页。
② 萧一山：《清代通史》，华东师范大学出版社2006年版，第912页。
③ 李细珠先生分析清末新政时期督抚实际权力的消长，将督抚权力和清廷中央集权的实际效率做比较，认为当时形成内外皆轻的权力格局。参见李细珠《地方督抚与清末新政——晚清权力格局的再研究》，中国社会科学出版社2012年版，第363—412页。

满汉种界是推动政体变革和与列强竞逐的关键:"抑压政策行之既久,激力所发,遂生大动,全国志士,必将有美利坚独立之事,有法兰西、西班牙革命之举。彼时满人噬脐无及,固无论矣,即不然,守今日顽固之政体不及数年,必受分割"①,集权满人亲贵而抑压汉人导致汉人离心离德,不信任清政府,倾向改革的政治精英疏远朝廷,分道扬镳。满人亲贵的特权和国家利益发生冲突,收权是为保满人亲贵既得私利而置国家社会利益于不顾,这种皇族自保本能是非理性的,结局是不但没有确保皇权万世一系,最终就剩下个孤儿寡母隆裕太后小宣统皇帝,连性命保全都要托付新任责任内阁总理袁世凯。清朝权贵形式上集权中央不能根本扭转实质上汉人督抚、士绅分权扩权的满汉权势分配格局。立宪不成则革命到来,一朝一族的私利损害整个国家、民族整体利益,满汉冲突阻止国族认同,无法建构现代民族国家共同体。部族专权传统在向现代国家转型时刻阻碍帝国建构强大有效率的中央政府,阻碍中央政治权威合理化,却无法抵制汉人地方督抚、士绅在现代化政策创制执行中权势扩张大趋势。

第四节 地方政治精英分权式政治权威
合理化形成权力新格局

清朝部族政治满人亲贵掌权,垄断政治权力、军事权力,依靠暴力威吓汉人维持统治权,直到乾嘉之际地方督抚疆吏主要还是满蒙旗人。嘉道以降,内乱渐起,八旗绿营战斗力下降,南方太平军兴,北方捻乱,八旗绿营无力平叛,步步溃退,清廷被迫放任汉人士绅练兵平叛,湘淮军崛起,使用现代兵器,部分采用西洋操法兵制,汉人军事将领掌握帝国军事权力,借军事权力获得政治权力,升任督抚或府厅州县主官,地方人事任免权归督抚。为筹集军饷开征厘金,督抚掌握财政税收权力,在开办现代军工、民用工业过程中扩大经济权力,形成朝廷中央大权下移,地方督抚专权的新权力格局。士绅权势随督抚一起扩大,控制地方

---

① 马勇编:《梁启超语萃》,华夏出版社1993年版,第75页。

公共事务。从此开始了与西方民族国家建构时期相反的政治权威合理化路径，从中央集权向地方督抚分权，地方政府向士绅分权。第一阶段是太平天国逼迫朝廷承认汉人督抚权力扩张；第二阶段是清末新政立宪时期，士绅已经持续半个多世纪治理地方公共事务，兴办现代企业，政治参与热情高涨，朝廷建立地方自治机关参事会、董事会、谘议局提供参政渠道，汉人士绅与之分享权力。地方自治被规定为立宪的基础，由新成立的各省谘议局来负责筹设城镇乡、府厅州县地方自治机关，为士绅的分权提供制度化渠道。地方官僚制度无法治理日益复杂的地方公共事务，需要借助士绅的自治力量"补官治之不足"，传统的士绅自治转化为现代地方自治制度，这是对士绅分权合理化的法律承认。督抚、士绅权力上升是晚清以降分权式政治权威合理化的两步阶梯。

一　地方督抚权势高涨形成外重内轻权力分配新格局

清朝君主专制中央集权郡县官僚制利用行省府州县各级官僚制控制地方，却难以控制官僚集团本身。清朝君主专制中央集权官僚制下统治者难以驾驭地方官僚，统治过程中存在着满汉关系、中央与地方关系、政治机构与行政官僚机构之间的紧张，统治者难以控制官僚机构。主权通过行政官僚制度来行使，统治权的渗透依靠行政权对社会的控制。皇权是帝国的专断权力，透过庞大的科层制官僚机构渗透到地方，行政官僚拥有基础权力，下层有力量抗拒上层。典型的案例是康熙皇帝对其包衣曹寅的告诫，"生一事不如省一事，只管为目前之计，恐后尾大难收，遗累后人，亦非久远可行，再留心细议"①，帝国权力向基层渗透时遭遇到地方精英的抵制，地方精英追求自身利益、家族利益和社区利益，并不顺从官府指令。清朝通过对明朝政治结构调适性变迁来建构中央集权，这和欧陆民族国家形成时发生的政治权威合理化有着本质差别，"清代成功地积极变革其帝国制度实际上阻碍了中国（与欧洲相反）向更有创造

---

① ［美］史景迁：《曹寅与康熙皇帝：包衣与主子》，温洽溢译，广西师范大学出版社2014年版，第189页。

性的方向发展"①，依靠前现代的官僚体制将统治权从中央延伸到地方，沿袭明朝旧制建立官僚制度以控制地方，直接控制到农村。乾隆后期，在镇压四川、湖广白莲教起义中已经露出衰退迹象，依靠军事征服建立的帝国对广袤的国土只能实行消极的政治控制。帝国漫长历史形成因循守旧的意识形态和行为模式，阻碍领导集团学习现代知识，没有兴办现代事业的积极意愿。中央越来越无力控制地方官僚，军功出身的地方督抚控制行省的军政、财政、人事大权，在兴办现代化事业过程中扩大权力总量，这直接决定了政治权威合理化方向是地方分权而不是中央集权。

太平天国遍及长江流域，士绅领军平叛，在地方军事化中崛起，掌握帝国军事权力。太平天国运动以前虽为行省地方军政首长，但军权集中于兵部，各地常备军受制于兵部，八旗军驻防各省战略要地，提督统率绿营军镇守地方，全为经制兵，特简钦差大臣亲自调遣、指挥，督抚的军政权局限在维持地方治安，"全国之军队为单元体，中央对于兵权之控制极严。总督、巡抚仅得利用统属之兵以维持治安，绝无拥兵自雄之实力也"②。太平天国运动，无力弹压，"常备军废弛已久，不能为用，太平军之士卒皆以年壮气锐者充之"，③ 萧一山先生总结说"洪杨之乱，经制之绿营兵，既腐败不能作战，而总司兵符之钦差大臣，亦往往得罪已去"，④ 被迫恢复士绅主持的地方团练，假汉人士绅之手平定。王闿运在《湘军志》中记载常备军绿营武器落后，行军中利用地方民众为其搬运器械、锅碗帐篷，官兵则去住旅馆，引起民怨沸腾，处处不欢迎，大失民心，战斗中则筑壁垒以遁藏，"自军兴，绿营将帅虽统率几千调发之兵，然武器腐钝不堪用。彼等以地方州县之人夫搬运其武器锅帐，己则拱手乘车马，征地方之公馆为宿舍，兵卒或步行而不担武器。徒征发民家旅店，使居人惶怖，而恨其不去。其遇敌也，先作低矮之壁垒，居于其中，

---

① [美]韩书瑞：《十八世纪中国社会》，陈仲丹译，江苏人民出版社2009年版，第11页。

② 萧一山：《清代通史》（第四册），华东师范大学出版社2006年版，第30页。

③ [日]稻叶君山：《清朝全史》（下二），但焘译，上海社会科学院出版社2006年版，第92页。

④ 萧一山：《清代通史》（第四册），华东师范大学出版社2006年版，第30页。

而营门之负贩则往来杂糅焉，诸将帅虽欲划一而不能，惟满蒙军稍整齐，而骄傲贵倨，虽督抚不能易置，无已，多使用绿营而其弊又如此"，八旗、绿营兵无战斗力，无奈之下只好任用汉人士绅编练军队来平定叛乱，"北京朝廷知八旗亲贵之无用，乃起湘乡家居之侍郎曾国藩，命其帮同办理本省团练"。① 团练本是由民间士大夫掌控以维持本地治安的传统地方武装，嘉庆时解散，太平军兴，不得不再次召集。"书生与农民为湘军之基础"，② 征募农民，以士绅统率之，湘军、淮军遵循这种组织模式在地方军事化中崛起。官兵同乡，生死与共，协同作战，"此种军队，既非经制之兵，无从受兵部节制，皆惟将领之命令是从，其将存则军完，将亡则军散，于是单元体之军权化为多元体，国家之军队变为私人之军队。凡为钦差大臣者，若无得力之军队支持之，则固不能如中叶以前可代表皇帝任意征调矣"，"清廷亦渐视典兵为地方疆吏当然之事，且有随意编练之权"，练兵起家的曾国藩升任直隶总督，朝廷鼓励他编练军队拱卫京师，控制华北、东北一带，"统辖督标四营，节制一提督，七总兵，有练军六军，兼辖保定城守，热河、吉林、奉天、永定河、运河，固有兵力，已积雄厚"。③ 李鸿章继曾侯督直，淮军除刘铭传部、张树声部、潘鼎新部外，均移军直隶、辽东，兵力更大，还负责筹划北洋海防，编练北洋海军。汉人军事力量足以覆灭清廷，"发乱既平，大势悉归于汉人，而曾国藩、左宗棠、李鸿章等尚不自觉"④。汉人督抚士绅掌握清廷军事权力，左宗棠有收复新疆之赫赫战功，李鸿章继曾国藩做直隶总督，权倾朝野，驱逐满人朝廷唾手可得，"李鸿章苟有异图，则北京咄嗟可办，而李竟不敢发，宁不令人诧异？副岛种臣亦曾向李切言扑灭太平党之失计，无如

---

① ［日］稻叶君山：《清朝全史》（下二），但焘译，上海社会科学院出版社2006年版，第94页。

② 参见［日］稻叶君山《清朝全史》（下二），但焘译，上海社会科学院出版社2006年版，第93—107页。

③ ［日］稻叶君山：《清朝全史》（下二），但焘译，上海社会科学院出版社2006年版，第107页。

④ ［日］稻叶君山：《清朝全史》（下四），但焘译，上海社会科学院出版社2006年版，第22页。

李终不纳也,惜哉"①。掌握军事权力的汉人督抚士绅本可颠覆清廷江山社稷,推翻统治权,但是,中兴名臣们服膺理学,守君臣之理,旧观念阻碍其光复汉人政权,中兴名臣们并没有因掌握军事权力而取清朝而代之,不利于推进改革,日相伊藤博文等人也为之遗憾不已,"凡百改革之政因此遂不能见诸实行"②。至清末新政,编练三十六镇新军作为实现清政府富国强军目标的重要改革内容,新军分布全国各省由督抚统帅指挥,集中在北洋、武昌,军事权力悉归督抚,康有为描述之为:"朝廷皆拱手而待之督抚。"督抚掌握军事权力就需要扩张权力以应对征募、给养、训练,朝廷不得不同意督抚征收过境商品厘金以应军需,久之则中央户部财政税收征缴、收支解送协款权遭到行省督抚侵蚀,原来身居朝廷使者控制行省藩库的布政使转变为行省最高长官督抚的幕僚属官,到清末新政,工商业发展快速,税基规模空前,税源丰富,督抚控制的税款收支权随之膨胀,"创办厘金,劝捐加课,多由各省分别举办,一纸奏闻;各项报销已成有名无实……清末举办新政,筹备自治,地方收支自行经营,隐具独立意味之局"③。督抚掌握直省军事权力、财政收支权力后,进一步掌握地方官员的人事任命权、陟罚臧否权。按照清制度安排,总督在辖区内职权是"统辖文武军民,为一方保障"④,巡抚"掌考察布按诸道及府、州、县官吏之不称职者以举劾而黜陟之"⑤,督抚遂由此扩张权力,干预朝廷人事简任权,掌握实际人事任免权。督抚作为封疆大吏在太平军兴之际被朝廷委以平叛重任,应对战争客观上要求朝廷放权让督抚便宜从事,督抚乘势扩权,"督抚为应非常之变,而破格用人,人才多出于

---

① [日]稻叶君山:《清朝全史》(下四),但焘译,上海社会科学院出版社2006年版,第22页。
② [日]稻叶君山:《清朝全史》(下四),但焘译,上海社会科学院出版社2006年版,第22页。
③ 彭雨新:《清末中央与各省财政关系》,李定一编:《中国近代史论丛》第二辑第五册,台北:正中书局1963年版,第3页。转引自胡春惠《民初地方主义与联省自治》,中国社会科学出版社2011年版,第2页。
④ 王云五编:《清朝文献通考》,商务印书馆1936年版,卷八五,职官九。
⑤ 王云五编:《清朝文献通考》,商务印书馆1936年版,卷八五,职官九。

督抚之幕府，官幕交相输转，黜陟日渐操之督抚之手"①，督抚掌握地方文武官员任免权，具奏朝廷后一般都获得任命，升迁贬抑操诸督抚，平定粤匪后，曾国藩升任总督，他能保举左宗棠、李鸿章做巡抚。恭亲王奕訢在同治中兴时期创下援引曾国藩等封疆大吏意见做清廷重大决策参考的先例，久之成惯例，督抚获得中央重大事务决策参与权，举足轻重，辖区举办新政、外交内务、修路开矿办企业、练兵办警察等事务悉由督抚决策，朝廷军国大事也准督抚复奏，督抚参与朝廷重大决策渐成成规，新政重启变革，督抚掌握现代化政策创制执行权，刘坤一、张之洞主导复奏的《江楚会奏三疏》成为清廷新政行动纲领显示督抚干预中央重大决策，为帝国制定变革纲领，掌握国是决策权。

汉人督抚士绅借军事权力获取政治权力，位高权重，左右朝政。汉人士绅依靠军功获得政治权力的渐多，官拜地方督抚、军机大臣者多为湘、淮两军之将领。汉人任军机大臣者有沈桂芬、李鸿藻、王文韶、左宗棠、翁同龢、潘祖荫、张之万、阎敬铭、孙毓汶、许庚身、徐用仪等，其中沈、李、王、翁、张、孙等长期掌握实权。就中央宰辅位置而言，李鸿藻与翁同龢先后任同治、光绪的师傅，长达数十年。戊戌之后张之万、阎敬铭、孙毓汶、徐用仪等做宰辅。同治以来，宰辅多为汉人。② 其次，直隶总督作为疆寄之首，由曾国藩、李鸿章师徒相继担任数十年，李鸿章丁忧期间张树声署理，甲午战败，李鸿章为清议所中伤，调署两广总督，庚子事变随即复任，临终前荐举袁世凯继任，负责北洋通商，掌管外交，掌京师之锁匙，执北京门户。曾、李、袁均主要靠军功和兴办现代事业的业绩占据此要职。"清室以军权之统一而存，军权之下移而亡，南北洋二督臣，不过各省疆吏之特著者耳。其实他省督抚能于辛亥革命时，纷纷独立，亦可为权移地方之明验矣。"③ 各地军头积累战功以致升为督抚、军机大臣，新兴士绅升任各地方府厅州县官员者比比皆是。

---

① 缪全吉：《曾国藩幕府之盛况与晚清地方权力之变化》，《中山学术文化集刊》第四集，台湾商务印书馆1968年版。

② 参见萧一山《清代宰辅表》《清代军机大臣表》，《清代通史》（第五册），华东师范大学出版社2006年版，第45—142页。

③ 萧一山：《清代通史》（第四册），华东师范大学出版社2006年版，第34页。

"江忠源、曾国藩以团练起兵远征，所向奏功，其部下营官，皆积勋致督抚、提镇，而全国之地方大吏，在同治年间，几尽为湘、淮军人物所占据。其不由湘、淮军出身者，如张曜之嵩武军、丁宝桢之东军，亦皆以军工而获得督抚之地位，是以太平乱后之地方长官，胥借军队之实力以为重"①，以军功获得地方长官之权位，军功与政治权力互相加强。两江总督位置，沈葆桢任五年，刘坤一三度就任，长达十余年，左宗棠任三年，曾国荃任七年。两广总督，刘坤一、张树声、曾国荃、张之洞、李瀚章先后就任，总计二十多年。湖广总督占据华中湖南湖北，李瀚章、张之洞任期最长，近二十年。华南、华东、华中、华北为帝国富庶之区，军政重镇，基本上由军功出身者占据。张之洞为科举出身，办洋务业绩首屈一指，奠定武汉的近代重工业基础。四川、云贵、陕甘、闽浙等总督位置在庚子前也为汉人占据。② 新式教育出身者唐绍仪、吴禄贞、段芝贵、王士珍、张怀芝、段祺瑞也挤入督抚高位，接替出身儒家正统经典教育的士大夫。就族籍而言，旗人比例继续下降，而汉人比例升至高峰，汉人在一百一十九位督抚中占九十一位，比例超过百分之七十六③，占绝对优势。西方资本主义世界以扩张到清朝沿海沿江，汉人士绅在现代化过程中崛起，占据督抚权位比例上升，并逐渐超过旗人，至清末占绝对优势。④ 平时科考中举，登进高位者多来自江浙经济文化充繁之地。籍贯为湘、淮者占二十二位，多为积军功办洋务业绩卓著者，超过承平时期江苏、浙江。⑤ 督抚占据一省地盘，掌握一省财政、军事，人事，正如薛福成所言："是故疆臣建树之基，在得一省为之用，而其绩效所就之大

---

① 萧一山：《清代通史》（第四册），华东师范大学出版社2006年版，第30页。
② 萧一山：《清代通史》（第四册），华东师范大学出版社2006年版，第734—739页。
③ 魏秀梅：《从量的观察探讨清季督抚的人事嬗递》，《"中央研究院"近代史研究所集刊》1976第4期，第265页。
④ 魏秀梅：《从量的观察探讨清季督抚的人事嬗递》，《"中央研究院"近代史研究所集刊》1976年第4期，第266页。
⑤ 参见萧一山《清代督抚表》，《清代通史》（第五册），华东师范大学出版社2006年版，第143—255页；李细珠：《清末新政时期地方督抚履历表》，《地方督抚与清末新政——晚清权力格局的再研究》，社会科学文献出版社2012年版，第450—464页。

小，尤视其所凭之地以为准焉。"① 占据富庶之地，掌握帝国要津。督抚、士绅借军权以增进政治权力，染指国防、外交，甚至主导政策制定过程。至此，帝国财政、刑罚、军事、行政集中到督抚手中，督抚专权改变了原来满重汉轻、内重外轻的权力格局。晚清政治权威由中央集权转向地方督抚专权，开启分权式政治权威合理化的第一阶段。

督抚专权的社会力量支撑在于士绅在镇压太平军过程中崛起，支持督抚练兵，在督抚号召下筹集军饷，编练湘勇、淮勇，控制地方捐纳租税，动员乡民从军，社会影响力上升。② 同治中兴，督抚又联盟士绅创办现代工商业，启动清朝工业现代化，中兴名臣办洋务，学习西方的科学技术，军事、民用工业起步，士绅参与投资、经营企业，转变为商人，绅商合一，在"官为民倡""官督商办"运营模式下发展现代工商业，士绅将作为地主拥有的农业剩余转移到城镇现代工商业，创办现代工商路矿企业，继掌握地方团练军事权力后增加经济权力。士绅代表地方利益，支持督抚，督抚需要与士绅利害与共，官绅合谋，对抗中央。督抚在地方推进现代化事业，地方实力雄厚，要求获得现代化的政策创制权，现代化政策创新首先在地方发生，中兴名臣们在中体西用的哲学观指导下开启洋务运动，模仿西方的科学技术，采用现代科技和组织技术相继兴办军工、民用企业，在推动国家的现代化过程中增强权势，而朝廷拒斥现代化只能使自身权力总量锐减，最高决策层缺乏具备现代化意识的领导集团，皇太后有大权但不合法，光绪无权无能，均不具备现代知识，③不能形成可堪领导现代化变革的政治权威，这就注定了实施现代化政策

---

① 萧一山：《清代通史》（第四册），华东师范大学出版社2006年版，第32页。
② 参见罗玉东《厘金制度的起源》，包遵彭等编：《中国近代史论丛》第二辑第三册，台北：正中书局1963年版。
③ 吴永在《庚子西狩丛谈》中描述光绪皇帝"发长数寸，蓬首垢面"。盛宣怀与陶湘通信中谈到光绪令太监限时为其装电话，不成就要掌嘴，因恐太后知晓才免罚。说光绪性情急躁，雷霆雨露均无一定，难以有为。太后一死，局势将不测，不堪设想等语。参见《辛亥革命前后：盛宣怀档案资料选编之一》，第12页。另据萧一山所考，甲午战败，割地赔款，光绪对诸臣曰：时事至此，和战皆无可恃，台湾去则人心皆去，朕何以为天下主？言罢声泪并发。宰辅孙毓汶和李鸿章相结纳，深知不可战，请光绪签署，光绪流涕书之。参见萧一山《清代通史》（第四册），华东师范大学出版社2006年版，第739页。

的重任只能由智识开化勇于革新的汉人臣僚、督抚、士绅等精英人物来发动，权力会倾向集中于改革者，这是政治权威合理化的方向。

二 地方政府权力向士绅转移形成官权—绅权二元化权力格局

唐宋以降古代中国政治权力结构渐成皇权与绅权共治格局，皇权一统世袭，治权由帝国行政官僚与地方士绅共享，士绅控制地方公共事务到清朝已成传统，但是满族入主承袭皇权政统，部族政治使满汉畛域分明，对汉人士大夫打压猜忌，士大夫权力收缩，直到洪杨起事才获得发反抒时机，地方士绅权力与督抚权力呈正相关扩张态势。清朝中央权威渗透的广度和深度受到财政、官僚数量及基层政权组织结构限制，需要与作为地方社会精英的士绅共同控制和治理地方社会。士绅控制地方事务的传统权力借镇压太平天国运动而扩张，政府权力向士绅转移。

第一，士绅在帝国传统政治体系中的固有权势为士绅权势扩张提供制度化渠道。专制皇权之下地主、士绅、官僚"三位一体"的士大夫政治传统是清朝后期士绅政治权威合理化的政治背景，士大夫通过察举、九品中正制、科举制等录用渠道进入帝国政治体系，"士人拥有深厚的文化教养，从事哲学、艺术和教育等等文化性活动，特别是，他们承担着王朝奉为正统的儒家意识形态。科举制度，构成了士人加入帝国政府的制度化渠道"①。这些掌握帝国意识形态阐释权力的士大夫与地主、官僚合为一体，共享社会资本，"官僚、士大夫、知识分子、地主，这四者实在是一个东西，虽然在不同的场合，同一个人可能有几种身份，然而，在本质上，到底还是一个……官僚就是士大夫在官位时的称号，绅士是士大夫的社会身份"②。中央集权的专制皇权铨选士大夫官僚行使帝国行政权力，"为了实施管理，最高统治者需要辅佐。这种辅佐是由官吏来提供的。因此，这里的统治者不再是统治者的家族成员或亲戚，而是他的雇佣，即仆人或者统治工具"③。士大夫的多重角色是混融性的、弥散性

---

① 阎步克：《士大夫政治演生史稿》，北京大学出版社1996年版，第3页。
② 吴晗、费孝通：《皇权与绅权》，天津人民出版社1988年版，第66页。
③ 费孝通：《中国士绅——城乡关系论集》，赵旭东等译，外语教学与研究出版社2011年版，第25页。

的，没有职业分化，缺乏专业技能，"士大夫基本上是受过古老文学教育的一个有功名的人，但他丝毫没有受过行政训练，根本不懂法律，但却是写文章的好手，懂八股，擅长古文，并能诠释讲解。在政治服务方面，他不具有任何重要性"，① 士大夫不能适应农业社会向现代工商业社会转型必不可少的专业技能化行政管理的客观理性需要。士绅有机会补缺即成为官吏，未入仕者身处民间，掌控地方社会的公共事务管理，如兴修水利，赈灾慈善，新办义仓等，代表地方社会或者宗族利益，与官府或者合作，或者抗衡。士绅与官员平等，官府要利用士绅的社会影响力来控制和管理社会，尊重士绅地位和权势，讲究体面的礼节，"为政不得罪于巨室，交以道，接以礼，固不可权势相加。即士之为齐民之首，朝廷法纪尽喻于民，唯士与民亲，易于取信。如有读书敦品之士，正赖其转相劝诫，俾官之教化得行，自当爱之重之。"② 这是地方官员与士绅合作的行为守则，利用士绅力量来教化乡民。士绅亲自操办地方公共事务，筹集或捐助资金来办理公共事业，承担赈灾，兴修水利路桥，办理慈善事业，管理粮仓，兴办地方学校，贡院等职责。士绅是连接百姓与官府的中介，作为本地利益的代言人，如冯桂芬凭借其影响力为家乡苏州争取税收减免权利，太平天国运动期间上海士绅说服劝说曾国藩派李鸿章保护上海，重占苏州。士绅、地主、官员三种身份相互转化，势力互相滋生，控制帝国的文化、经济和政治资源，构成"三位一体"的统治阶级，在皇权的主导下行使统治权。在这种独特的社会政治体制中，"皇帝的绝对统治是由一个有机的统治阶级支撑和推行的。这一统治阶级是由在社会生活的三个领域中最有权力的分子所组成：经济系统中的地主，文化领域中的学者，以及政治领域中的官员。这三类人员本身就十分有力量的，并且他们又由有效的机制联系在一起。土地所有制是财富的源泉，使得地主的儿子、亲戚以及由他们赏识的年轻人有时间读书，成为学者。学者然后通过强调正统意识形态和文化的考试制度被选拔为政府

---

① [德] 马克斯·韦伯：《世界经济通史》，姚曾廙译，上海人民出版社1981年版，第287页。

② [美] 张仲礼：《中国绅士：关于其在19世纪中国社会中作用的研究》，李荣昌译，上海社会科学出版社1991年版，第33页。

官员。官员进入中央集权的官僚机构，这一机构又再转过来管理着选拔新人员的考试制度。官员通过合法方式或权力寻租等腐败手段而积累起来的财富又重新投资到土地上。土地所有者家庭在其成员成为官员以后所获得的土地很可能要多于其用耕种土地的收入而购置的土地。所以流行的说法是：地不生地。统治阶级控制着国家，取得了社会中意识形态和文化的领导权，并且支配者经济"①。地主、士绅、官员三种势力通过科举制连接成为一个相互支撑，利益与共的统治阶级，在宗法制的社会组织结构和小农经济的经济形态上维持帝国。帝国的力量源泉在于作为社会中坚力量的士绅的权势地位能够持续，接受儒家伦理，拥有土地的士绅是官僚人才来源，是连接作为行政中心的城镇和作为财富源泉的农村的纽带，王朝统治秩序的稳定依赖士绅群体，"稳定的关键因素看来是传统名流的延续不断的权势。士绅从 11 世纪开始在很大程度上垄断了中国的思想和政治生活。名流提供了有才能和受过教育的人才来源，新政权得以从中配置官僚机构的人员。名流保证了村社那些例行事务的延续，离开这些事务，中国的地方政府是不能运转的；同时，通过他们对社会现状的贡献，地方秩序的重建才有可能，而没有地方秩序，可靠的户籍和税收制度就不能建立。名流在全国范围内起到官僚机构和当地村社之间、城市行政中心和农村腹地之间的不可或缺的联系作用。正是名流，凭借他们历久不衰的社会影响、他们的正统学术的传统以及他们的管理公务的伦理观念，才使得传统政权有可能以近似于从前的形式重新建立起来"②。士绅通过科举制和王朝官僚体系连为一体，以对帝国官僚体制的忠诚义务换取官职、特权、财产，科举功名身份使得士绅发挥对地方社会的持久影响力，"绅士生活的特有面貌来源于绅士为自己塑造的各种角色的综合。一个功名拥有者由于他的正式地位，是帝国的儒家体制的

---

① ［美］邹谠：《二十世纪中国政治：从宏观历史与微观行动角度看》，崔之元等译，香港牛津大学出版社 1994 年版，第 140 页。

② ［美］孔飞力：《中华帝国晚期的叛乱及其敌人》，谢亮生、杨品泉、谢思炜译，中国社会科学出版社 1990 年版，第 3 页。

支柱，这个体制使他个人事业的目标得以实现，使他的法定特权得到加强"①。政治结构在社会系统中占据核心地位，官僚掌握社会价值分配权，官本位意识塑造士大夫的事业格式。掌握经济权力的地主、掌握政治权力的官僚、掌握意识形态权力的儒绅三种势力通过科举制联合而成统治阶级，这种政治权力分配格局规定了士绅对地方公共事务控制权，正如邹谠先生所说，"在明清两代，中国的统治阶级是由地主阶级、知识分子、官僚阶级三部分组成的，科举考试是联合这三个组成部分的纽带，帝王则是这三个阶级的集中代表"②。晚清以降，士绅在现代化变迁中创办实业，参与政治，输入西学，传播新潮观念，接受新思想和现代专业科学技术训练的知识人超越了传统士大夫入仕做官的单一生涯规划，走向多元化，士绅转化为买办、商人、报人、军人，参与政治的制度化渠道从科举制变成地方自治机构董事会、议事会、谘议局、资政院和地方公共事务机构，多元精英在多元化渠道中发挥对国家社会的影响力。

第二，士绅权势在洪杨起势后发舒高涨。士绅处境从清初遭受黜辱打压，在洪杨之乱后自主性增强，扩张权势，控制地方公共事务。清军入关，政治大权统于满人亲贵，治理地方的小权力让渡给士绅，利用和打压两手政策交替并用，压制汉人士绅。满人入主，对待汉人的态度由高压到怀柔，消减汉人排满情绪，"清室对待汉人，无论其为怀柔或高压，要之十分防猜"，"世祖入关，初则重用降臣，开科取士，继则一转而用高压"③，"康熙嗣位之后，小民已服，惟士大夫内心有叛逆，清廷复以文字狱诛戮士大夫，康熙五十年戴名世遭遇文字狱"，"乾隆朝，清室已臻全盛，汉人反动心理，殆亦消失净尽，清廷乃益肆高压，达于极点"④，清廷采高压、怀柔两手政策打压汉人，奴役黜辱士大夫。士大夫委屈妥协，入仕者渐多，反清复明之志隐讳不露。"他们以力量单薄的书

---

① ［美］孔飞力：《中华帝国晚期的叛乱及其敌人》，谢亮生、杨品泉、谢思炜译，中国社会科学出版社1990年版，第215页。

② 邹谠：《二十世纪中国政治：从宏观历史与微观行动角度看》，香港牛津大学出版社1994年版，第52页。

③ 钱穆：《国史大纲》，商务印书馆1996年版，第830—831页。

④ 钱穆：《国史大纲》，商务印书馆1996年版，第832页。

生，而要来发动广大民众从事于大一统之政权争夺，其势实不易，故转而思及于此"，"而屈膝清廷的中国士人，因遗民榜样摆在一旁，亦足使他们良心时时发露，吏治渐上轨道"，① 士人从对立转而入仕，成为帝国统治力量的中坚。清廷为控制士人而将明代民办书院收归官办，"以廪食收买士气"，士人求出身以谋食，朝廷则以区区之廪食控制士人，打压士气，书院收归官府，廪食控制于官府，学者即乏士气。打压士大夫而讨好民众，汉官与百姓疏离，结局是当士大夫腐化导致吏治不振时民众更加受苦，于是揭竿而起反抗清廷，清廷反利用士大夫镇压民变。太平天国运动给士大夫重新振作权势之机。

乾隆末叶，民变之事已数见不鲜，三十九年（1774）王伦、林清叛乱，四十六年（1781）甘肃回人叛乱，六十年（1795）湘桂苗族叛乱，川楚教匪起事。② 乾嘉以降民乱纷起，士绅编练地方团练维持治安，开始地方军事化，在洪杨之乱后控制地方军政财税权，积军功而升任官位，士绅与督抚合谋，权势膨胀。吏治腐败，士人堕落，民生日困，民乱四起，帝国绿营、旗营等驻防军平乱无力，不得不假汉人督抚士绅之手剿发捻。清王朝衰败原因是"满汉官僚，贪污放肆"；③ "汉人志节日衰，吏治日偷"；④ "户口激增，民间经济情形转坏"；⑤ 民不聊生则生民变，满族旗营、绿营正规部队不足平乱，毫无战斗力，于是遂借乡绅团练剿办，乡勇、乡兵跟随乡绅，兵为将有，将灭兵散，生死与共，富有战斗力，起而挑战清朝政权垄断之暴力资源，民变日急则乡兵日强，逐步凌驾满人部族。洪杨之乱是民变的高峰，为汉人士绅崛起并最终剪灭满人亲贵专权提供机会。洪杨借耶教倡民变，威胁儒家正统观念，引起士大夫的普遍反感，士大夫起而协助清廷镇压叛乱。太平天国运动导致湘淮军兴，太平军三千人广西起势，旗军近四万却不能镇压，太平军初起，凶猛不可挡，旋即攻下金陵。对之反感的读书人如曾、左、胡、李组织另

---

① 钱穆：《国史大纲》，商务印书馆1996年版，第852—853页。
② 钱穆：《国史大纲》，商务印书馆1996年版，第870页。
③ 钱穆：《国史大纲》，商务印书馆1996年版，第866页。
④ 钱穆：《国史大纲》，商务印书馆1996年版，第866页。
⑤ 钱穆：《国史大纲》，商务印书馆1996年版，第869页。

一批农民成为湘淮军,予以镇压。"洪、杨的耶教宣传,激动了一辈传统的读书人的反感。洪、杨的骚扰政策,惹起了一辈安居乐业的农民的敌意,曾国藩的湘军即由此而起。"① 曾、左、胡、李等读书人希图保全民族文化礼教,书生领导乡民,自筹饷给,组织兵勇,护卫社会民生秩序。满人无能,亟须汉将"剿贼",曾左胡李荐拔汉人才俊,"曾国藩虽在军中,隐然以一身任天下之重。网络人才,提倡新风,注意学术文化,而幕府宾僚之盛,冠绝一时"②,形成有权势的政治派系,曾胡等受满人排斥猜忌,且多在军旅主持平叛贼氛,仅为封疆大吏,无机会改革朝政。士绅编练的私人地方军队具有帝国正规军无可比拟的能动性,"清朝对1796至1804年白莲教叛乱的反应暴露了它的正规军的虚弱,并且提高了地方名流在民兵防务方面的能动性,可是使力量对比不利于中央控制的官办帝国军队而有利于在地方征募的私人军队的因素,主要是19世纪40年代和50年代的地方军事化"③,在地方军事化中独占鳌头的士绅逐步在行政领域占有权力,扩张权势。地方士绅为抵挡太平天国运动而编练民团作为私人控制的非正规军队,能动性远远高于朝廷控制的八旗、绿营正规军,地方军事化过程中政府权力下移,地方精英进而抵制漕运等附加税,自行收取厘金作为其私自征募军队的粮饷,干预清朝的财政体系,对此,政府态度由最初的不可容忍逐步转为承认现实,赋予合法性,"与其说军事化是给了名流动员的机会,倒不如说是它给了发展初期已经进行的活动合法化的机会"④。帝国依靠乡绅镇压内部叛乱,维持社会治安,这使得乡绅的权力空前扩张,乡绅以往通过非正式渠道行使的权力变得合理化。政府控制军队的权力在太平天国运动后迅速转移给士绅,湘军、淮军在镇压太平军和捻军中崛起,"由于政府军队的腐败,绅士们成为地方武装组织的军事首领。政府不得不坐视其势力的剧增,并设法利用他

---

① 钱穆:《国史大纲》,商务印书馆1996年版,第878页。
② 钱穆:《国史大纲》,商务印书馆1996年版,第882页。
③ [美]孔飞力:《中华帝国晚期的叛乱及其敌人》,谢亮生、杨品泉、谢思炜译,中国社会科学出版社1990年版,第1页。
④ [美]孔飞力:《中华帝国晚期的叛乱及其敌人》,谢亮生、杨品泉、谢思炜译,中国社会科学出版社1990年版,第2页。

们去镇压太平军和当时其他的起义军。"① 朝廷依靠士绅练兵维护统治秩序，不得不承认士绅权势的合法性。士绅权势在内忧外患中逐步递增，到了清末基本控制了地方的军政，财政，税收等权力，控制地方公共事务，"自寇乱以来，地方公事，官不能离绅士而有为。"② 清廷政治力量主要局限在中央高层掌控帝国政治统治权力，地方行政、军政、财政权转移给地方名流，士绅有机会接管地方公共事务的治理权，进入政治体系，"内战的混乱局势造成地方名流权力的扩大，这种权力常在县以下政府的正式机构中行使"③。

第三，士绅突破帝国官僚制控制，借治理地方公共事务扩张权势。士绅在清末分化出报人、商人和军人，形成新的参政力量，要求建立制度化的参政机构，拥有地方公共事务自治权，推动地方自治机构的建立。县级行政官僚知县来自外地，当地人组成的非官方性质的"六房"民事机构操作日常行政事务，这是帝国控制社会的行政机构。由数个邻近村庄及其之间的集市组成地域社会经济共同体分为城、镇、乡等基本单元，在村庄建立保甲制度维护治安，里甲制度负责编造"黄册"，利于征收地丁税。帝国透过郡县制将中央权力渗透到地方，利用保甲、里甲制来控制乡村。④ 士绅拥有的自治权没有法律依据，农村不是自治的，只能在官府的默许下通过宗族组织自我管理，"清朝以前很久，合理的官僚模式已使所有的行政管理工作标准化，取消了地方政治独立的政策，绝对拒绝给予任何地区自治的权力"⑤。清朝地方亲民官雇佣师爷、长随、书吏、衙役来实施统治，官吏和乡绅合作治理地方，但是地方宗族和乡绅在法理上都没有自治权，萧公权先生分析说，"地方自治的概念与乡村控制的体系是不相干的。农村表现出来的任何地方上自发或社区性的生活，之

---

① ［美］张仲礼：《中国绅士：关于其在19世纪中国社会中作用的研究》，李荣昌译，上海社会科学出版社1991年版，第70页。
② 胡林翼：《胡文忠公全集》第四册，世界书局1936年版，第1757页。
③ ［美］孔飞力：《中华帝国晚期的叛乱及其敌人》，谢亮生、杨品泉、谢思炜译，中国社会科学出版社1990年版，第221页。
④ 参见徐中约《中国近代史》第六版，世界图书出版公司2006年版，第42—44页。
⑤ ［美］吉尔伯特·罗兹曼：《中国的现代化》，上海人民出版社1989年版，第78页。

所以能被政府容忍，要嘛是因为它可以用来加强控制，要嘛是由于政府认为不必要进行干预。在政府眼里，村庄、宗族和其他乡村团体，正是能够把基层控制伸入到乡下地区的切入点"，清朝还将有利于维护统治秩序的程朱理学正统道德信念树立为政治意识形态，试图通过科举制将这些价值观念体系灌输给士大夫，"借由士绅的影响力，并利用各种各样的制度，包括乡村学校、通俗宗教和宗族组织，他们致力于把这种意识形态延伸到乡下地区数以百万计的未受过教育者"①。在西方，贵族、城市精英是对抗国家的社会势力，形成市民社会中坚，与国家平衡，中国则没有独立的社会势力抗衡国家权力，皇权渗透到基层乡村，士绅作为中坚力量是依附官僚体系的，正如王国斌先生描述："中国国家很早就解决了贵族要求独立于国家之外的权力和权威问题，到了宋代，已无贵族能够向国家的权威挑战。社会精英可能会动摇皇室，但国家并无必要与之妥协交易。强有力的精英人物也不要求政治代表制度。国家努力把个人作为独立的人加以统治，但并不需要排斥中介集团，相反倒依靠中介集团来承担维持地方的责任。"② 士绅是政府和社会的中介，连接官府与百姓，拥有教化乡民，仲裁纠纷，编练乡勇防卫地方的非正式权力，"士绅是中国社会最重要的集团"③。朝廷借士绅来控制社会，这赋予士绅管理地方公共事务的权力，宗族首脑、士绅在维持社会秩序中的作用是相当可观的，"在中国，为达到中央对地方秩序的控制所必需的垂直结合的程度，远远超过任何欧洲国家"④。清朝通过经济福利和道德说教等方式控制社会，依靠士绅力量用乡约、保甲、义学、社仓、义仓等社会制度控制地方社会。在皇权渗透不到的地方存在士绅、宗族长老治理地方社会公共事务的空间，太平天国运动后地方政府权力向士绅让渡，这与君主

---

① ［美］萧公权：《中国乡村：论19世纪的帝国控制》，张皓、张升译，台北联经出版事业有限责任公司2014年版，第7页。
② ［美］王国斌：《转变的中国：历史变迁与欧洲经验的局限》，李伯重、连玲玲译，江苏人民出版社2010年版，第109页。
③ 参见徐中约《中国近代史》第六版，世界图书出版公司2006年版，第60—66页。
④ ［美］王国斌：《转变的中国：历史变迁与欧洲经验的局限》，李伯重、连玲玲译，江苏人民出版社2010年版，第111页。

专制中央集权制官僚政治发生冲突，费正清将这个政治过程解释为："脱出从旧政权控制的社会革命运动、新社会阶级的出现、政治关系的重新确定，以及新的国家结构和观念形态的创立。这是一个不平衡的、阵发性的和常常流血的过程。"① 官僚机构膨胀，吏治腐败，皇帝昏庸无能，政府无力治理社会，国家与社会关系更加紧张，"清政府的结构充满缺点，但崩溃主要不是由官僚制度内部的不当，或朝廷的堕落引起的，而是未能与社会发展相协调。19 世纪中期大规模叛乱表明了问题的存在，但未能瓦解政治和社会的结构"②。传统政治结构已经无能应对内忧外患下的重重危机，无力控制社会，士绅乘机控制地方事务，"到 19 世纪初，日益扩大的社会积极性，在经济、社会和管理的非官方活动的增长中明显地表现出来，而专制政府却阻碍政治表现或政治权力再分配的任何相应发展"③。

第四，士绅从事现代化事业，多元分化，绅商掌握帝国经济权力，参与政治过程，追求政治权力。传统士农工商社会结构中有功名者和富人处于上层，世家大族中的精英人物控制着地方社会的治理。④ 士绅从事现代工商业，办报，参政期望提高。商绅最先在江南、浙江等经济文化发达地区出现，清军入关后就有富有的书香世家只读书不应试，不走仕途，分化为商人。清代士人在政治上遭遇排斥，在学术上受到文字狱高压，但是以市镇为中心的商业网络比较发达，形成行商、经纪人、同乡会馆、同业公会等商业组织。富商捐买功名，绅商合一，官绅一体。乡绅是地方精英的代表，士绅弃官经商，张謇是个典型，科举废则学堂兴，富裕家庭子弟进入新式学堂接受现代教育，从政从商从军，从事现代事业，职业生涯多元化。这些新潮人物先在通商口岸产生，扩展向上流动

---

① ［美］费正清、费维恺编：《剑桥中华民国史》下卷，刘敬坤等译，中国社会科学出版社 1994 年版，第 52 页。
② ［美］费正清、费维恺编：《剑桥中华民国史》下卷，刘敬坤等译，中国社会科学出版社 1994 年版，第 54 页。
③ ［美］费正清、费维恺编：《剑桥中华民国史》下卷，刘敬坤等译，中国社会科学出版社 1994 年版，第 55 页。
④ 参见［美］费正清、费维恺编《剑桥中华民国史》下卷，刘敬坤等译，中国社会科学出版社 1994 年版，第 32 页。

路径，转向现代事业。① 绅商融合，他们并不反对现制度，积极承担治理责任，在政府无能管理的公共工程、社会救济等方面组织绅董提供公共管理。在太平天国运动期间组织民团乡勇保村护寨抵挡盗匪，开征厘金税收作军饷。同治中兴时期主持劫后重建，动员物资拯济灾民，兴办教育。甲午前后正式组成协会、商会、局所来兴办教育，发展实业，原来官府控制公共领域也交给绅等社会名流主持。士绅对朝廷内外政策制定过程表达意志主张，甲午之后政治结社达到一个高峰，在维新变法期间掀起遍及全国的维新运动，在北京、湖南、江浙沿海尤为突出。绅商办理公共事务的能力超过政府，具有社会凝聚力，自信有能力管理国家事务，常与下层官吏竞争，扩展自治空间。

尽管部族政治、君主专制、中央集权官僚制相结合的帝国政治结构并不愿意为新兴社会势力参与政治重新分配国家权力的政治诉求让道，在戊戌政变中曾经对以政治结社形式出现的维新势力予以沉重打击。但是，新社会势力参政的期望是不可阻遏的，辛丑事件，守旧势力遭遇重创，清廷在主权危机和统治秩序摇摇欲坠时刻不得不启动新政，社会新兴势力复苏，商贸实业获得发展机遇，以立宪派为主体的士绅参政群体发展壮大。面对权力下移，士绅控制地方事务问题，政府采用地方自治制度，建立士绅、商人等新兴势力的参政渠道，利用士绅来办理官府无力办理的亟须公共事务，补官治之不足，同时利用官府的监督来控制参政力量，"参与和控制，而不是维新，继续处于清朝最后十年冲突的核心地位。北京政府把维新与集权和延续官僚控制的目的结合起来"②。官督绅办的地方自治算是协调国家与社会关系的一种制度安排，是君主官僚制对士绅社会的一种妥协，取得较为良好治理绩效，地方自治是士绅政治权威合理化的结果。

---

① 参见［美］费正清、费维恺编《剑桥中华民国史》下卷，刘敬坤等译，中国社会科学出版社1994年版，第36—41页。

② ［美］费正清、费维恺编：《剑桥中华民国史》下卷，刘敬坤等译，中国社会科学出版社1994年版，第63页。

第五节　督抚与士绅主导新政与立宪政体变革的政策创制与抉择过程

从义和团运动到预备立宪启动，督抚士绅权力一路高涨，标志性事件是东南互保。义和团运动，江浙名绅张謇、汤寿潜、沈曾植、施理卿等支持两江总督刘坤一联合湖广总督张之洞、两广总督李鸿章发动东南互保，佯称朝廷圣旨为伪诏，不奉朝廷诏令对东西洋十一国开战。朝廷在西安下诏重启新政，江督刘坤一、鄂督张之洞主导外省督抚复奏，最后联奏《江楚会奏变法三折》，成为新政变法纲领，主导帝国现代化政策创制权，督抚权势在政策执行中高涨，日俄战争后立宪被看成富强的不二法门，江浙立宪派与外省督抚在变革专制政体上达成共识，奏请立宪，推动清朝君主专制政体向立宪政体转型。督抚掌握的军事权力、财政税收权力、人事任命权力、外交权力、现代化政策的创制权和执行权力在预备立宪抉择时刻达到顶峰。历史学者李细珠认为"预备立宪是清廷加强中央集权与地方督抚干政的影响力减弱的转折点"①。

一　督抚主导新政立宪政策创制及执行权

东南沿海沿江诸省督抚在义和团运动危急时刻实施东南互保稳住东南和平稳定，扭转清朝颓败政局，带动外省督抚趋向维新，张之洞、刘坤一将外省督抚变法主张总结凝聚成《江楚会奏三疏》上奏，被朝廷批准为新政变法纲领，朝廷辛丑八月懿旨谓之曰："昨据刘坤一、张之洞会奏整顿中法，仿行西法各条，事多可行，即当按照所陈，随时设法，择要举办。各省疆吏亦应一律通饬切实举行，大要不外言归于实，用得其人。予与皇帝宵旰焦劳，母子一心，力图兴复。大小臣工其各实力奉行，以称予意，将此通谕知之。"② 督抚掌握新政决策权，朝廷顺应东南督抚

---

① 李细珠：《地方督抚与清末新政——晚清权力格局的再研究》，社会科学文献出版社 2012 年版，第 392 页。
② 萧一山：《清代通史》，华东师范大学出版社 2006 年版，第 791 页。

主导的现代化政策主张。江督刘坤一、鄂督张之洞共执外省督抚之牛耳，主导朝廷新政变法政策创制权，左右大政方针决策权，正如史家萧一山所言："故江楚会奏三折，乃清廷随时摘要举办之张本。换言之，即清廷变法之举，实循刘、张意见为之也"①，变法动议出于张之洞、刘坤一、袁世凯等汉人督抚，"五年间的新政，办到'废科举，设学校，派游学'九个字的实际，还是依照刘、张会奏所提出的'整顿中法以行西法'的纲领而来的"②。1900年之后，朝廷中枢由满人控制，荣禄死后由奕劻掌大权，汉人督抚李鸿章死后由袁世凯继承权势，奕劻不及荣禄、袁世凯精明能干，贿赂利用庆亲王奕劻来巩固朝廷的信任，奕劻作为满人亲贵元老派与袁世凯稳健变法新政势力联盟，有利于推动新政，"庆亲王奕劻自继荣禄而为军机领袖，直隶总督袁世凯深与接纳，为其盟主。于是北洋遥制朝政，其权力之伟，更远过于李鸿章"③，新政变法前期，锐意变革，除旧布新，汉人督抚权势随着新政推进而高涨，中枢、外省权势实际上由汉人督抚掌控。

外省督抚在日俄战争后推动君主专制政体向立宪政体变革。时论将日胜俄败归因于立宪政体战胜专制政体，立宪被视为富强之本，"万世不变之常经"让位于政体进化之时代公理。此新观念推动江浙立宪派、使臣、督抚、枢臣政治精英转变政治取向，结成立宪同盟，形成政治变革内在动力，提出变革专制政体的主张。改革派政治势力超过反对派，取得优势，媒体描述曰："宣布立宪，当以泽公等为首功，而庆王、袁制军实左右之。"④ 促成清廷立宪，袁世凯功莫大焉，正如张謇赞许曰："自朝廷宣布立宪之诏，流闻海内外，公之功烈，昭然如揭日月而行。……吴武壮有知，必为凌云一笑！而南坛、汉城之间，下走昔日之窥公，固不

---

① 萧一山：《清代通史》，华东师范大学出版社2006年版，第810页。
② 李剑农：《中国近百年政治史》，复旦大学出版社2002年版，第206页。
③ 张国淦：《北洋军阀的起源》，杜春和等编：《北洋军阀史料选辑》上册，中国社会科学出版社1981年版，第54页。
④ 《考察大臣之陈奏及廷臣会议立宪情形》，《东风杂志》增刊《宪政初纲·立宪纪闻》，光绪三十二年，第5页。

足尽公之量也。"① 出使大臣、诸省督抚、朝廷枢臣、立宪派对立宪寄予共同的期待——立宪是通向富国强兵的政治制度工具,宪法是跻身文明国家的关键标识。出使大臣应诏向朝廷条陈立宪政见,主动奏陈立宪主张,钦差大臣载泽连上两折陈请预备立宪,端方上一折奏请预备立宪,这些立宪主张公诸朝野,群臣议论,待各方观点和力量展现无遗之后,在军机大臣,直省督抚、亲贵王公均参加的御前会议上辩论交锋,两派妥协,变革派力量占优势,中立派调和政见冲突,达成预备立宪共识,慈禧支持立宪,最终促成立宪决策,启动政治结构变革,光绪三十二年(1906)七月发布预备立宪上谕:"……国势不振,实由于上下相睽,内外隔阂,官不知所以保民,民不知所以卫国。而各国之所以富强者,实由于实行宪法,取决公论,军民一体,呼吸相通,博采众长,明定权限,以及筹备财用,经画政务,无不公之于黎庶。又兼各国相师,变通尽利,政通民和,有由来矣。时处今日,唯有及时详悉甄核,仿行宪政,大权统于朝廷,庶政公诸舆论,以立国家万年有道之基……"② 地方政治势力督抚、士绅奏请掌握专制权力的清朝最高政治权威皇太后慈禧谕令启动政治结构性变革,主导清朝传统中央集权君主专制政治的现代变革过程,推进专制政体向立宪政体转型,步入现代国家建构时刻。

二 督抚编练新军掌握帝国军事权力和政治权力

甲午战败将编练新式现代军队作为强兵御辱的迫切需要,袁世凯在北洋的新建陆军与张之洞在武汉三镇的自强军实为翘楚,成为各省效仿的楷模。汉人督抚权势借军事权力而高涨,辛丑前后张之洞、刘坤一掌握清朝大政方针制定权,刘坤一死后,张之洞、袁世凯联盟主宰新政走向,张之洞拥有宿望,袁世凯则代李鸿章掌握北方军事权力。李鸿章借议和之机从两广总督回归直隶总督位置,借助可堪平定北方的淮军势力,继承祖公曾国藩权势再次继续掌控京畿,李鸿章作为现代化先驱为清朝中兴变革殚精竭虑,权势显赫,袁世凯接替李鸿章督直,权势进一步上

---

① 萧一山:《清代通史》,华东师范大学出版社2006年版,第825页。
② 《光绪宣统两朝上谕档》第32册,广西师范大学出版社1996年版,第128—129页。

升,在野袁世凯继承淮军根底又新添定武军武卫右军现代新式军队实力,在朝则结托晚清朝廷权势所寄重之枢机领班王大臣奕劻权势,不择手段控制利用奕劻,袁世凯权势堪为中兴名臣之后汉人督抚权势之波峰,正如史家萧一山所描述:"鸿章督直二十余年,国防操于其手,由甲午战败以后,淮军势力,仍足镇压北方。慈禧虽一度使荣禄督直,欲收回北洋军权,但武卫军多为鸿章旧部,而荣禄之中军,与聂士成之前军,董福祥之后军,宋庆之左军,皆遭拳乱而覆没,北洋所余武力,仅有袁世凯之武卫右军而已。除此尚有何人可以镇抚畿疆?故世凯于接承鸿章之后"①,新编练北洋军将领皆小站练兵旧部,对上司忠诚甚于朝廷,听命于袁世凯,朝廷无力指挥控制,与之前湘军、淮军兵为将有控制模式如出一辙,"所谓北洋军阀者,皆小站练兵时之旧侣,群惟世凯之马首是瞻,听其指挥,过于朝廷命令。较之在李鸿章'脚跟下盘旋'之淮军更进而全属于私人军队矣。以故朝廷虽颇忌北洋军权有外重之势,欲借整军练兵之名,收归中央,使奕劻、铁良主其事,并将袁世凯、张之洞皆调充军机大臣,致之枢廷,然革命军一起,对外用兵,又非假手袁世凯不可。此可见同、光以后之清廷命运,无形间已为中兴名臣之势力所掌握,袁世凯特以幸运而继李鸿章之后耳"②。曾国藩、李鸿章、袁世凯任直隶总督皆凭借军事权力支撑,袁世凯在义和团运动中提兵北进至山东与直隶交界而止,没有如聂士成般军队尽毁于拳民和联军夹击之下,袁世凯保存军事权力,李鸿章"环顾左右无出其右者也"就临终推荐袁世凯继任直隶总督兼署北洋大臣,掌控京畿得以扩张北洋新军,"自咸同以来,兵权寄于各省督抚,直隶总督尤为军权所寄的中心"③,满汉争夺直隶总督甚为激烈,李鸿章因甲午战败受舆论攻击而失去直隶总督,王文韶任职至戊戌年,太后为控制京畿军事权力而让亲信荣禄、裕禄相继接任,义和团运动因议和之需要给李鸿章得以夺回直隶总督要职之机会,京畿回到汉人督抚掌控之中。诸省督抚编练新军也归督抚统率,实际上

---

① 萧一山:《清代通史》,华东师范大学出版社2006年版,第811页。
② 萧一山:《清代通史》,华东师范大学出版社2006年版,第811页。
③ 李剑农:《中国近百年政治史》,复旦大学出版社2002年版,第192页。

均是私人军队。自新政开始仿照东西洋编练新式军队，在军队控制权上出现满人亲贵的中央集权和汉人督抚士绅抵制之间二元张力，预备立宪期间成立陆军部欲将各省新军收归中央统一控制指挥，陆军部、军咨府也在形式上拥有军队指挥调遣权力，朝廷集权计划受直省督抚抵制，形式上满人中央集权不能改变实质上汉人督抚掌握实权的权势转移大趋势，北洋军算是典型，听命于北洋将领，势力足以左右朝廷命运。按照新政整顿中法计划要裁撤绿营、防营，仿习西法编练、装备新军，辛丑年谕令各省督抚筹设武备学堂训练军官，1904年制订练兵计划，预计训练装备三十六镇新军，分布各省，由督抚节制，这与清政府"大权统于朝廷，庶政公诸舆论"的立宪初衷背道而驰，为此由1903年设立的练兵处来掌控新军的征募、训练，1906年成立陆军部来接管旧兵部和练兵处权力，统辖全国军队，满人铁良任尚书，袁世凯控制的北洋六镇新军中有四镇被划归陆军部，1907年将袁世凯、张之洞两位外省督抚首领调任军机大臣，以明升暗降的策略剥夺军事权力，北洋第二、第四镇到1910年全归陆军部直接统辖，铁良1910年辞职，摄政王载沣任海陆军大元帅，其弟载洵任海军大臣，载涛任军咨府大臣，至此，皇族亲贵形式上掌控全国军队，军事权力形式上统于朝廷。新政所确立的富国强兵目标客观上需要由中央政府来指挥清朝境内的军队，建构国家控制的军队，编练由中央政府控制的现代新式军队，"新政展现出朝廷致力创造一支强大、中央化的现代军队，用以取代破败不堪的八旗军和绿营军，同时终于将太平天国时代地方军队的残存部分收归中央控制"①，练兵处和陆军部均是旨在掌控全国军队的中央国家机构，1910年摄政王载沣还模仿德国建立一支听命于皇室亲贵的禁卫军，努力集中军事权力，但是军队地方化局势还是没有根本扭转。为重振旗营，挑选旗人训练为新建陆军第一镇，裁撤汉人绿营而保留旗营为新军，创立陆军、海军贵胄学堂或派遣游学训练旗人军官，企图恢复旗人军事雄风，保留军事特权，然而，粪土之墙不可圬也，旗军终不复振。清廷收回汉人军事权力的努力遭遇汉人督抚、

---

① ［美］罗威廉：《最后的中华帝国：大清》，［加］卜正民主编，李任渊、张远译，中信出版社2016年版，第233页。

士绅抵制，编练新军耗饷巨额，需要外省财政支持，督抚们阳奉阴违，合力抵制，练军规模受限，不能按计划进行。百姓跟随士绅参军，士绅跟随督抚，军事权力实际上操控在汉人督抚手中，"由于士绅从军担任军官，百姓乐于当兵，致而造成各省军事当局效法督抚抵制军队的中央集权"①。形式上军事权力收归中央载沣三兄弟与满人亲贵，但是实际上只有汉人督抚士绅才有能力控制军队，辛亥武昌兵变危急时刻满人亲贵荫昌等人无能指挥北洋军就是明证，只好重新将军事权力、政治权力交还袁世凯。②

第六节 晚清地方分权式政治权威合理化困境

晚清以降，在西方冲击下清朝在与西方早期现代国家建构时刻截然不同的政治背景中开启传统政治体系的现代化转型，与西方在封建社会世俗权力分散，神权—世俗权力二元对立政治背景中建构君主集权式主权国家的政治权威合理化路径相反，清朝政治权威合理化路径是分权，历经督抚专权和士绅分权两个台阶实现中央权力向各省督抚转移，清朝权贵主导的帝国权力向汉人督抚转移，地方政府权力向士绅转移，这种权力转移有利于维持政治秩序，推进现代化政策的创制与执行。地方督抚、士绅逐步获得清朝地方军事权力、财政税收权力、地方官任免权、现代化政策创制权，权势总量持续递增。新政期间江督、鄂督奉诏复奏的《江楚会奏变法三折》成为新政纲领，日俄战争后士绅、督抚乘势策划立宪，驱动朝廷启动立宪变革。中央朝廷虽然继续掌握清朝专制权力，但是权力下移不可根本逆转，这种分权式政治权威合理化路径与西方封

---

① 参见〔美〕费正清、刘广京编《剑桥中国史》第十一册，张玉法主译，台北：南天书局1987年版，第436页。
② 对于晚清中央和地方权力格局，罗尔纲先生提出的外重内轻、汉重满轻、督抚集权、军阀割据论断被中国大陆学者普遍接受，中国台湾地区学者王尔敏、美籍华人学者刘广京等提出质疑，认为督抚权力增加是事实，但是督抚集权而不割据，地方分权而不对抗中央，仍然受中央节制。中国社科院李细珠教授认为晚清督抚权力上升，到新政预备立宪启动时达至顶峰，之后朝廷以"大权统于朝廷"为中央集权目标，收束督抚权力，形成内外皆轻权力格局。参见李细珠《地方督抚与清末新政——晚清权力格局再研究》，社会科学文献出版社2012年版。

建社会向现代国家转型过程中宗教权力被置于世俗王权之下、封建领主、贵族权力向上集中到君主手中以推动现代化政策创制与执行的政治权威合理化方向截然相反，清朝传统政治体制现代化变迁路径是中央集权君主专制权威下移给地方政治精英，这对亨廷顿政治现代化中君主集权式政治权威合理化理论是一种突破。亨廷顿的政治权威合理化理论遭遇中国经验反驳，本书基于中国经验提出新理论。清朝古典国家现代转型时刻发生分权式政治权威合理化，究其原因，一是清朝政治现代化的历史起点是中央集权官僚制，这种政治背景下传统守旧势力强大，阻碍国家现代化政策创制与执行，典型是戊戌政变和庚子西狩；二是西方冲击在沿海沿江地区产生现代性，东南诸省督抚、士绅顺应时势转移，创制和执行现代化政策，权势增加，驱逼落后守旧的清廷在庚子事变之后按照地方政治精英规划的新政纲领重启变革，在日俄战争后政治精英联合策划立宪，主导朝廷立宪变革。预备立宪时期朝廷以"大权统于朝廷"为目标实施中央集权，将督抚军事权力、财政税收权力、司法审判权力、人事任免权力等既有大权收束到中央各部或分离到新建机构中，宣统朝摄政王载沣加速将督抚权力收归中央皇室亲贵，在形式上实现中央集权，形成内外皆轻新权力格局。但是朝廷当家人慈禧太后、载沣均缺乏世界智识，中央高层缺乏能担当改革大任的政治家，能臣如袁世凯、瞿鸿禨、岑春煊、张之洞者也在政治斗争中失去施展才能的机会，派系斗争复杂诡谲，利益冲突无法协调，这样就不能形成强大有效率的中央政府来控制改革过程，无力推动变革。中央形式上集权，但实效不彰，不能形成运转有效的强大政府，无力控制军队、财政，没有强制力资源、资本资源来支撑中央权威，徒剩帝制皇权传统权威。地方督抚任免权在朝廷，在君臣之义旧伦理政治还能获得督抚尊奉时尚能维持朝廷权威，以朝廷诏旨削夺督抚权力归中央各部，使督抚权力失去合法依据，督抚军事权力、财政税收权力收归中央皇室亲贵，这样督抚无财政收入来执行新政政策，不能调动军队平定辛亥革命新军起义。朝廷惯用频繁调动权谋来防止形成督抚势力范围，督抚不团结，后任否定前任，不能一致行动。地方分权式政治权威合理化导致缺乏一个能号令全国的政治权威中心，权力分散到地方，中央缺乏足够权威创制和执行现代化政策，在与地方利益博弈不占优势时中央变革政策无力推行，在政治参与制度化未形成时无力压制地方参政势力对现存政治体系的冲击，从而带来政治失序，或导致变革中辍。这种政治权威合理化困境体现在丙午官制变革、立宪运动、督抚与地方立法和独立司法审判权冲突、整理财政、军权收归中央、铁路国有化等改革政策执行过程中，致使改革难以推进。辛亥革命后共和立宪新体制也不能摆脱这个困境，军事权力支配政治权力，这为军人政治家崛起腾出空间，军人变成一支现代化程度更高的政治势力干预政治，演变成军阀政治。在欧洲现代国家形成时刻是强制资源、资本资源集中到作为国家主权者的君主手中，晚清现代国家建构时刻是地方督抚在平定内乱维持政治秩序和创制执行现代化政策中军事权力、财政税收权力总量超过中央，新政中崛起的军人政治家在内外皆空权力格局下脱离朝廷与督抚支配，反过来支配政治权力，袁世凯作为政治强人尚能将政治权力、军事权力合为一体，试图借用君主立宪制来树立中央权威，可是遭遇政体进化论的反击，袁世凯之后军事权力支配政治权力，军绅政权四处滥觞，陷入政治权威合理化陷阱。传统权威跌落后并没有产生现代合理化权威来取而代之，帝国崩溃后没有替代性的现代法理型权威来维持政治秩序，传统帝国权威既倒而现代政治权威未立，政治权威合理化困境成为建构现代国家亟待解决的重大问题，需要走向权威集中化路径来重构中央权威。

第 三 章

传统儒法政治思想的现代转型引领立宪政治变革

  从规范制度主义看，作为思想与行动的新政立宪政治变革，一个时代的政治变革是从政治观念变革开始的，观念引导行动，行为习惯的长久重复就形成制度。共享的思想观念和文化语言铸就同质的政治共同体，形塑与政治文化类型相适应的政体。"既然持有某个概念就意味着在某种环境下以某种方式行事；那么，改变概念，无论是通过修改现存的概念创制新概念，还是取消旧概念来实现，就是改变行为。"概念变迁带动社会的发展，一种文明类型的核心概念被另一种文明的核心概念取代，行动因之变迁，共同体发生转型。批判用以解释旧政体的旧概念是要着手改造旧政体，创造新式政治概念正是要建构新政体，"概念本身变化乃是一种政治革新"①。从古典皇权专制政体向现代君主立宪政体转型正是在西方现代政治思想观念冲击下从新式政治概念的创制开始的。早期接触西方书报、目睹西方现代性新事物、投身洋务运动的士绅最先抛弃中国中心观，服膺西方民族国家、主权在民、立宪、法治观念，接受新学的文人精英质疑传统伦理政治观，成为变革时代的弄潮儿，新潮人物引领着时代变革。作为政治变革行动者的政治精英们的进化论和立宪论政治思想观念引领着他们的行动选择，他们对时局的认知和政治变革信念引导着制度变迁过程。在制度变迁的动力源和形成机制方面，道格拉斯·

---

① ［美］特伦斯·鲍尔：《政治创新与政治变革》，朱进东译，译林出版社2013年版，第2页。

C. 诺斯在《理解经济变迁过程》中论述道："人类演化变迁的关键在于参与者的意向性，人类演化是由参与者的感知所支配的，选择—决策—是在对旨在追求政治、经济和社会组织的目标的过程中的不确定性的感知中做出的"，"人类所持的信念决定了他们的选择，而这些选择反过来又构造了人类处境的变化"，"在信念体系和制度框架之间存在着密切的联系。信念体系体现了人类处境的内在表诠，制度则是人类施加在所处环境之上以达致合意结果的结构。因而，信念体系是内在表诠，制度则是这种内在表诠的外在显现"。① 清末政治精英们依据新政治思想观念对社会环境形成认知，确立政治变革目标，选择行动策略，追求目标过程中的报酬递增是对政治行动的正向激励。众多政治行动者在时代的主流思潮引导下形成"集体意向性"，推动政治变革。"制度变迁的直接工具是政治的或经济的企业家，他们试图在那些看起来最能赢利的机会上实现最大化。"② 政治精英们的预期利益刺激他们趋向变革。改革方案的出笼是利益博弈结果，改革者利益递增是改革得以启动和持续的动力源，清廷权贵希望在政治变革中将地方政治精英控制的军事、财政权集中到中央新设立的机构中，将行省督抚置于责任内阁的控制下，实现中央利益的边际递增。而行省督抚的目标正好相反，袁世凯、端方、岑春煊、徐世昌是政治改革的积极推动者，朝臣、官僚、地方精英们在地方自治观念引导下设计地方自治制度，在权力分立制衡观念引导下设计司法审判制度，推动地方政治变革。

第一节　传统儒表法里统治思想发生现代转型

一　儒法统治观念向现代立宪政治思潮过渡

秦汉王朝建立郡县制支撑皇权专制，终结封建制，与之相对应是儒表法里的统治思想论述皇权来源和统治方式，以儒家伦理政治观念作为

---

① ［美］道格拉斯·C. 诺斯：《理解经济变迁过程》，钟正生、邢华译，中国人民大学出版社 2013 年版，第 5 页。
② ［美］道格拉斯·C. 诺斯：《制度、制度变迁与经济绩效》，杭行译，格致出版社 2008 年版，第 137 页。

意识形态，以法家权术势思想作为统治方法。儒家推崇仁政、德治、德主刑辅、敬天保民，皇帝秉承天命统治天下。孟子道高于君以道事君的思想在现实政治利害权衡和利益冲突中起到调节和限制君主行为的作用，仁君或许会自愿接受道统制约，但是在多数时候道只是掩饰君主专制集权的面纱，专制君主在现实政治中采用法家权、术、势相结合的统治伎俩维护君主权势。董仲舒在天人关系上提出天人感应论，在人世间至高无上的皇权上安置一个更高的抽象神秘的权威"天"，皇权来自天命，皇帝要以德配天，施行仁政德治，无道之君必将受天谴，天灾即是天谴的征兆，以天道限制皇权。皇帝利用天命来赋予自己权力和行为的神圣感和正当性。法家认为复旧制匡乱返封建的道路不可行，应当顺应君权争霸形势，主张君主要任法，有权势，运用御臣治民之术来维持权位。势即是权势，位分权力等级，处高位则具有权威，与个人品德无涉，所谓"君之所以为君者，势也"，"贤而诎于不肖者，则权轻位卑也。不肖而能服贤者，则权重位尊也。尧为匹夫不能治三人，而桀为天子而能乱天下。吾以此知势位之足恃而贤智之不足慕也"，治天下不依赖贤人，中材抱法处势即可统治天下。法家主张无条件服从君主，势下位服从势上位。以君利为中心，君主是目的，臣民服从君主法度，"民者固服于势，寡能怀于义"。韩非主张尊君抑民，认为人性自私，凉薄愚蒙，无可教化，惯于服从权势，寡怀仁义，需要用权势压制方可为善，与儒家发挥善端即可达到善治之主张背道而驰。君主道德与政治二分，君利不顾私德，舍道德而就权力。明清之际心学反抗程朱理学，认为作为世界本体的理就在人的内心而不是外在于人的，心即理，发挥人心的良知良能即可为善为仁，发现人的主体性，追求思想自由，启迪民本思想。西方观念的输入冲击固有的儒表法里政治思想观念，甲午战争警醒有识之士，他们意识到西方强大的根源在于政体优良，学习西方科技工业以求富国强兵的中体西用信念被立宪政体通向国家富强时代精神取代。传统儒家民本观与西方主权在民观念结合产生新政治观念，新观念引领新制度建构。"明清之际，西洋教士虽已东来，国人尚狃于专治天下之结习，对其所传来之西学，未发生普遍之影响。必经辛丑、庚申、甲午、庚子诸役丧师辱国，然后朝野人士始渐觉专治天下之旧制度旧思想不足以图存。于是效法西人，维新变法之议大起。欧美近代国家观念乃传入中国，与传统思想互相斗争，局部调和。"① 从近代化早期传教士、士大夫、驻外使节译介民权思想到甲午中日战争落幕，立宪政体方可达到富国强兵的政治观念成为时代思潮的主流，立宪政体核心概念民权、民主、宪政、议会、自治成为新潮观念，兴民权、鼓民力、开民智成为政治变革主张。鸦片战争是西方资本主义世界体系对清朝的第一次强劲冲击，门户洞开，商品涌进，传教深入，观念丕变，早期来华传教士传播福音的同时就开始创办报纸杂志，兴办教育、医学、慈善事业，结社组团，传播科学技术。早期开眼看世界的士大夫林则徐、魏源、徐继畬译介西书，介绍西方地理、经济、政治制度、地方议会。鸦片战争之后朝野政治精英没有在被西方入侵征服中反省旧制度弊端，而是以看待过去北方草原民族南下入侵中原的旧眼光看待现代化的西方世界，不是谦卑学习，而是仇视鄙夷，自大封闭心态阻碍现代化的起步，荒废了二十多年。直到第二次鸦片战争西洋列强再次入侵，坚船利炮长驱直入占领都城北京，"师夷长技以制夷"的观念才开始转化为行动，兴起洋务运动，学习西方的技术。甲午之后产生变法维新思潮，新学流行，要学习西洋政教以变祖宗之法，辛丑之后新政立宪成为朝野主流话语。在西方冲击加剧时刻产生新思潮，"中国与外洋接触日趋频繁，西方现代知识逐步传入，无论直接或间接，对于中国思想制度，均发生重大影响"，"晚清政治思想与现代大致是同一步调，与悠久的传统思想来比，则显然是大的变革"，"晚清政治思想的转变是循着接受西化的道路向前推进"。② 甲午中日战争之前，中国人多认为学习西方科学技术即可达到富强，西方坚船利炮即可制止内乱，防御外部侵略，在中体西用思想观念下寻求富国强兵。甲午中日战争清廷败给刚刚经过明治维新建构君主立宪政体的日本，对于怀着朝贡体系中心之国幻象的士大夫犹如一声棒喝，倍感奇耻大辱，立刻警醒，承认自身政教落后，抛弃天朝上国迷梦，奋起直追东西洋立宪国列强。中体西用论让位于西洋政教本体论，政教为本，科技为末，对西方政治的认

---

① 萧公权：《中国政治思想史》，新星出版社2010年版，第10页。
② 王尔敏：《晚清政治思想史》，广西师范大学出版社2005年版，第1页。

识从浅层描述与羡慕深入探寻运作机制及其背后的思想观念。之前游历欧美人士与驻外使节还是从中国政治的视角去认识西方，用中国政制中的词汇来比附西方议会政治、地方自治制度，甲午之后将西方现代国家立宪政治基本原理与中国词汇勾连，创生民权、民族、主权、宪政、政体、国体、共和、民主、自治一系列现代政治概念，提出学习西方政治制度，设议会，立宪法，建立君主或共和立宪政体变革主张。主权在民理念彰显人的主体性，臣民观让位于公民观，平等、自由、博爱观念奏响政治变革的时代强音，唤醒古老帝制专制政体之下没有个人主体意识和主格观念的昏睡臣民，催生少年中国的憧憬。新政预备立宪时刻朝廷派重臣出洋欧美专司考察东西洋宪政，策划立宪程序，执行立宪筹备事宜清单。出洋考察团发回奏折称赞西洋政教良善，奏请朝廷仿行日本大权君主立宪政体模式启动政治变革。

二 政治精英意识到西方强盛的根基在于议会政治"开眼看世界第一人"

林则徐早在广东主持禁烟期间就对西方的政治制度有所介绍，在其主编的《四洲志》中对英国的议会运行机制进行描述，议会的税收议定和财政审批权、监督行政权、弹劾官员权、外交缔约、和战决定权及其与行政机关、司法机构、国王之间权力的制衡关系都有涉及："国中有大事，王及官民俱至巴厘满（议会 parliment）衙门，公议乃行。大事则三年始一会议。设有用兵和战之事，虽国王裁夺，亦必由巴厘满议定。国王行事有失，将成行之人交巴厘满议罚。凡新改条例、新设职官、增减税饷及行铸币，皆王颁巴厘满转行甘文好司（政府 government）而分布之。惟除授大臣及刑官，则权在国王。各官承行之事，得失勤怠，每岁终会核于巴厘满，而行其黜陟。"① 在《海国图志》中还介绍美国及其欧洲国家议会制度。徐继畲继林则徐之后进一步介绍西洋议会制度，他在《瀛环志略》中较为具体地描述英国的贵族院和下议院的权限关系及议事

---

① 林则徐：《四洲志·英吉利国》，林则徐全集编委会：《林则徐全集》第十册，海峡文艺出版社2002年版，第100页。

程序："都城有会公所，内分两所，一曰爵房，一曰乡绅房。爵房者，有爵位贵人及西教士处之；乡绅房者，由庶民推择有才识学术者处之。国有大事，王谕相，相告爵房，聚众公议，参以条例，决其可否，复转告乡绅房，必乡绅大众允诺而后行，否则寝其事勿论。其民间有利病欲兴除者，先陈说于乡绅房，乡绅酌核，上之爵房，爵房酌议，可行则上下相与闻于王，否则报罢。刑赏、征伐、条例诸事，有爵者主议；增减税课，筹办帑饷，则全由乡绅主议。"① 将英国贵族院和下议院的组成、权限、议事程序及其与国王的权力关系描述清楚，凭借文献资料收集来认识西半球政治制度。身临欧美观察体认西洋政治者向国内传达异国见闻，清朝被迫与西方国家签订国际条约，亚洲朝贡体系中心地位崩溃，"总理各国事务衙门"成立体现被动卷入世界民族国家组成的国际体系后朝廷还要在本国臣民面前保留天下中心的虚假权威。枢臣高官如文祥、张树声者也意识到议会政治的优良，文祥在离世前一年上奏《密陈大计疏》曰："国中偶有动作，必由其国主付上议院议之，所谓谋及卿士也；付之下议院议之，所谓谋及庶人也。议之可行则行，否则止，事事必合乎民情而后决然行之。"② 决策之前先由上下议院议决议案，合乎民意才批准执行。张树声在遗折中将议院政治看作体，西洋科学技艺只是用，颠倒了中体西用观，西方文明中自有体用，中体不能结合西用而致富强，敦促帝国采行西体以维时艰："夫西人立国自有本末，虽礼乐教化远逊中华，然驯致富强，具有体用。育才于学堂，论政于议院，君民一体，上下一心，务实而戒虚，谋定而后动，此其体也；大炮、洋枪、水雷、铁路、电线，此其用也。中国遗其体而求其用，无论竭蹶步趋，常不相及，就令铁舰成行，铁路四达，果足恃欤？"张树声解构中体西用论，意识到仅仅学习西用不足以强国，看到洋务运动存在的根本症结问题，如要富强就必须"采西人之体，以行其用，中外臣工，同心图治。勿以游移而误事，勿以浮议而隳功，尽穷变通久之宜，以奠国家灵长之业"③，老臣

---

① 徐继畬：《瀛寰志略》，上海书店出版社2001年版，第235页。
② 《清史稿》，中华书局1977年版，第173页。
③ 何嗣焜编：《遗折》，《张靖达公奏议》卷八，沈云龙主编：《近代中国史料丛刊》一编第23辑（222种），台北：文海出版社1966年版。

临终犹念为国家起衰振弊寻求富强，忧国忧民的近代化先驱们梦想富国强兵。对西方政治制度的观察介绍渐多，有先见之明的士大夫注意到西方政治制度的优良，在中西对比中提出改良中国政教的主张。

驻外使臣出游欧美身临异邦观察西方议会政治。1875 年，开始向世界派驻外交使节，驻英公使郭嵩焘借机观察西方的议院和地方自治，英国议会政治制度是国家强盛的根源，"推其立国之本，所以持久而国势益张者，则在巴力门（panliament），议政院有维持国是之义。设买阿尔（mayor）治民，有顺从民愿之情。二者相持，是以君与民交相维系，迭盛迭衰，而立国千余年终以不弊，人才学问相承以起，而皆有以自效，此其立国之本也"，郭嵩焘将西方强盛不衰的根源归于议会政治结构的立法监督功能和政府地方治理效力，中国盛衰循环正是缺乏议会政治作为立国之本，"中国秦汉以来二千余年适得其反，能辩此者鲜矣"①。郭嵩焘观察英国议会政治和地方自治制度后将西政提升到本，将西艺降低为末，颠覆中体西用本末论。郭嵩焘认识到西方的富强之本在于民权得以伸张，政府施政顺应民意，实行民主制度，国民富裕，藏富于民，国家才能富强，"西洋政教以民为重，故一切顺应民意。既诸君主之国，大政一出自议绅，民权常重于君"，② 西方富强之源在于"政教修明，风俗纯厚，百姓家给人足，乐于趋公，以成国家磐固之基"，郭嵩焘意识到西洋之所以富强，其根本在政教而不在科技，批判国人对西方本末的肤浅认知："今言富强者，一视为国家本计，与百姓无关，抑不知西洋之富专在民而不在国家也。"③ 先知先觉的郭嵩焘超越当时学习西方技艺以求自强的洋务运动指导思想中体西用论，进而明确提出西洋各国之所以富强，根本在于以政教为立国之本，而以坚船利炮技艺为末："西洋立国有本有末，其本在朝廷政教，其末在商贾、造船、制器。"④ 中国要富强就必须学习西

---

① 郭嵩焘：《郭嵩焘日记》第三卷，湖南人民出版社 1983 年版，第 373 页。
② 郭嵩焘：《伦敦与巴黎日记》，岳麓书社 1984 年版，第 182 页。
③ 郭嵩焘：《与友人仿行西法》，《洋务运动》（一），上海人民出版社 1961 年版，第 322 页。
④ 郭嵩焘：《福建按察使郭嵩焘条议海防事宜》，《洋务运动》（一），上海人民出版社 1961 年版，第 142 页。

洋政教，实行地方自治，地尽其利即可富，人尽其才即可强，"中国之大，土田之广，因地之利，皆可使富也，用民之力，皆可使强也，即吾之所以自治也"①。郭嵩焘在同光中兴时代就意识到要采行西洋政治制度来作为寻求中国富强的根本方略。薛福成出使欧洲，观察到西洋强盛之根源在于议院沟通君民，保障公民权利，"泰西诸大国，自俄罗斯而外，无不有议院"，"议院者，所以通君民之情也。凡议政事，以协民心为本"，②"今之立国，不能不讲西法者，亦宇宙之大势使然也"，③ 薛福成举暹罗小国行西法也能自立为例论证中国要转弱为强只有推行西法一途。继最初通过翻译西方文献和亲身观察西方政治运作机制后，同治中兴后期在香港、沿海沿江通商口岸产生一种新思潮，主张仿行西方议会制度实现君民共主，君民共主折中君为主和民为主，合四万万国民于一体，可以达到国家强盛的目的，"欲张国势，莫要于得民心；欲得民心，莫要于通下情；欲通下情，莫要于设议院"，"中国户口不下四万万，果能设立议院，联络众情，如身使臂，如臂使指，合四万万之众如一人，虽以并吞四海无难也。何至坐视彼族越九万里而群逞批猖，肆其非分之情，要以无礼之求，事无大小，一有龃龉动辄称戈，显违公法哉！故议院者，大用之则大效，小用之则小效也"④。追求富国强兵心切的思想者们把国势强弱和议院有无直接关联起来。认为西方富强之根本在于君民共主的议会政治，西洋技术铁甲战舰是次要的，国家大事必在议院中讨论，"必君民意见相同，而后可颁之于远近"，"惟君民共治，上下相通，民隐得以上达，君惠得以下逮"⑤。将西方君民共主的政治制度比作中国士大夫理想中的唐虞三代之治。刘锡鸿在《英轺私记》中详细记载了英国的政教法律、地方自治情形，英美乡镇自治，自治机构由议事会、参事会组

---

① 郭嵩焘：《福建按察使郭嵩焘条议海防事宜》，《洋务运动》（一），上海人民出版社1961年版，第143页。

② 薛福成：《出使英法义比四国日记》，岳麓书社1985年版，第231页。

③ 薛福成：《出使英法义比四国日记》，岳麓书社1985年版，第515页。

④ 郑观应：《盛世危言·议院》，《郑观应集》上册，夏东元编，上海人民出版社1988年版，第311—318页。

⑤ 王韬：《重民》，《弢园文录外编》（卷一），上海书店出版社2002年版，第18—19页。

成，统属于市长，"英制酮城乡大小各设看司勒（Councilor）数十员，伦敦则二百零六员；奥德门（Aldermen）数员或数十员，伦敦则二十六员；以美亚（Mayor）一员统之"①。乡镇自治实行分区治理，由选区绅民选举议员，候选资格有财产限制，富人支持，职务是义务职，不领薪俸，负责议决教育、治安、公共工程、商业管理公共事务，将议案提交市长，自治经费由税收提供，"奥德门分辖地段，看司勒由各按奥德门所分之地段而分理焉。由绅商士民产业多在其地者公议举充，非富民不得预选，皆不得食薪俸。凡所辖地段教养之政，词讼之事，以及工程兴作，商贾贸易，奥德门均得举治上诸美亚，岁收煤酒牛羊市之税以为经费"②。官府不干预自治事务，选民和当选者都是富人，没有贪渎、贿赂之嫌，制度良善，绩效显著，"其所举者富民，举之者亦富民，官不复参其事。惟所举者富，故无贪渎之忧。惟举之者富，故无贿赂之患……用是教无遗法，养无缺财，讼无冤民，贸易无欺伪，道路整洁，桥梁毕修，巡捕人役勤于厥职而不敢惰"③。驻外使节们观察访问欧美各国地方政府和自治机构，叙述描写，颇觉新奇，羡慕不已，对比中西政教之优劣，颠覆国人对西方政教和技艺本末关系的认识。

沿海沿江通商口岸思想家冯桂芬、郑观应、陈虬将儒家民本论与西方个人权利观结合形成民权思想，借用儒家思想观念提出恢复乡董、开设地方议院、选举地方官员、实行地方自治主张。冯桂芬在《校邠庐抗议·复乡职议》中运用分治与合治概念来表达权力的分离和统一在政治制度建构中的影响，中央和地方纵向权力结构天下、省、郡、县、乡镇层层分权方可治理："治天下者，宜合治亦宜分治，不合治，则不能齐亿万以统一，而天下争，不分治，则不能推一以及乎亿万，而天下大乱……天子之不能独治天下，任之大吏，大吏不能独治一省，任之郡守，

---

① 刘锡鸿：《英轺私记》，沈云龙主编：《近代中国史料丛刊》，台北：文海出版社1968年版，第9页。

② 刘锡鸿：《英轺私记》，沈云龙主编：《近代中国史料丛刊》，台北：文海出版社1968年版，第10页。

③ 刘锡鸿：《英轺私记》，沈云龙主编：《近代中国史料丛刊》，台北：文海出版社1968年版，第12页

郡守不能独治一郡，任之县令，县令不能独治一县，任之以下各官，此分之说也。"① 冯桂芬提出地方分权于中央，恢复秦汉时代的乡董制，在传统话语中寻求建立现代政治制度的本土资源。中国周代"乡遂"制、汉代"三老啬夫"、明清时代的社区、里甲、保甲制是基于乡村社区和宗族聚居条件，以家庭为基本单位治理和控制乡村。清末政府控制乡村保甲制，乡绅控制地方公共事务，两者互相渗透，冯桂芬设想由一定数量家庭保举乡董组成自治公所，"满百家公举一副董，满千家公举一正董，里中人各以片楮书姓名保举一人，交公所审核，择其得举最多者用之，皆以诸生以下为限，不为官，不立署，不设仪，以本地土神祠为公所"，② 自治公所组成人员由村民选举，调解村民间纠纷，和官府机构共同治理乡村公共事务。郑观应设想将本土乡举里选习惯和现代西方地方自治结合起来建立议绅局作为地方议院，将乡镇治理问题提交给官府，作为民意调查中心起到通上下之情防止君民暌隔作用，"每乡每镇皆设一议绅之局，举本地之利弊，详查确论而后达之县令，达之府道，以告于朝廷"，③ 陈炽居留香港时间长，视野更广阔，思想更开放，批判以夷夏之防旧理念鄙睨西洋良法美制者的愚昧无知，"恶西人而兼顾摒西法，迂固陋不知变通，坐井观天，终至自闭者，愚也"，陈炽设想建立地方议会，按照西方选举方法定期选举议员，"各府州县应仿西洋议院制度，由百姓公举乡官，每乡二人，一正一副，其年必三十岁，其产必有千金，然后出示晓谕，置甄通衢，以期三月，责保人多者用之"，候选人有年龄、财产资格限制，候选人公示后，以多数票者当选，议会的功能是会商公共事务，"邑中有大政疑狱，聚而咨之，兴养立教，兴利除弊，有意国计民生之事，则分而任之"，任期满成绩优良者可连任，贪溃无能者由选民罢免，"贪婪专愎者，官得随时撤之，檄令再举，乡民吁留者，准其再任"，④ 先知先觉的思想家已经意识到西方政治制度，尤其是议院制度才是西方富

---

① 冯桂芬：《校邠庐抗议·复乡职议》，沈云龙主编：《近代中国史料丛刊》，台北：文海出版社1971年版，第33页。
② 冯桂芬：《校邠庐抗议·复乡职议》，台北：文海出版社1971年版，第36页。
③ 夏东元编：《郑观应集》（上），上海人民出版社1998年版，第373页。
④ 陈炽：《庸书·西法》，（外篇，卷上），台北：文海出版社1971年版。

强、雄踞地球的根基,坚船利炮、新奇器用技艺只是国家实力的外在展现,"议院者,公议政事之院也,集众思,广众议,用人行政,一秉至公,法诚良,意诚美也","折冲御辱,合众志以成城,制治故有本也","欲藉公法以维大局,必先设议院以固民心",① 他们坚信中国欲转弱为强,舍立议院无他途也。

三 期待议院政治发挥兴民权和富国强兵功能

维新变法时刻现代个人、自我、民族、国民、国家、民权、民主、民治、平等、自由、博爱、自治核心观念输入传播,发现人的主体性,兴民权、鼓民力、新民德。甲午之前是在中国传统政治语境中看待西方,利用中国政治话语来描述西方,发掘历史上与西方相似的制度要素和圣贤古训。甲午战争惨败,在亡国灭种危机刺激下思想观念根本扭转,从西方看中国,维新变法思想的前驱先路康梁深刻指出:"非经甲午之役,割台偿款,创巨痛深,未有肯翻然而改革者"②,"吾国四千余年大梦之唤醒,实自甲午一役始也"③。甲午之后文人精英们才从孤立世界之外封闭自大的天下中心幻象中惊醒,放弃中体西用观,脱离中国话语中的核心观念,不再从中国经验视角去看待西方,接受现代国家思想观念,在西方现代国家理想类型参照下思考中国问题,从西方国家的视角来反思中国衰弱的根源所在,"随着外患的加深,内政的废弛,及西方个人权利与自由等学说的传入,在甲午战争以后,逐渐兴起了变法及立宪运动,中国知识分子终于由民本思想发展向民主领域"④。利用现代西方政治思想核心概念作为思想渊源,从他者看自身,发现中国与世界的差距,奋起直追,指向国家富强。依托民权、民主观思想资源从国民的角度去思考国家强弱的根源,意识到国民是国家兴亡的本源,兴国必自兴民权始,"夫国之兴也,人民自兴之,其人民而有可兴之品行也者,虽他人而不得而亡之;国之亡也,人民自亡之,其人民而有可亡之质点也者,虽他人

---

① 夏东元编:《郑观应集·议院》(上),上海人民出版社1998年版,第311页。
② 汤志钧编:《康有为政论集》(上),中华书局1981年版,第238页。
③ 梁启超:《戊戌政变记》(卷七),台北:文海出版社1973年版,第313页。
④ 《中国近现代史论集》第18编,台湾商务印书馆1986年版,第311页。

不得而兴之"，① 将国民品质作为国家兴衰的关键，要使中国转弱为强，就需要提高国民质素。梁启超认为国民构成国家，国民自爱其身，自治其事，自兴权利，国家必然兴盛，"国者何？积民而成。国政者何？民自治其事也。爱国者何？民自爱其身也。故民权兴，则国权立，民权灭则国权亡"，② 明确提出兴民权是兴国的前提条件。

革命和立宪目标指向都是建构以立宪政体为基本政治制度结构的现代民族国家。西方输入天赋人权观，主权在民观冲击儒家伦理政治观，运用民主、民权、自由、平等、博爱新思想资源批判君主专制。要伸民权、开民智、新民德就必须要发现国民的主体性，要人民能够独立自主，意识到自身的政治权利并能积极捍卫，对权利行使能负责任，具有参与政治的基本知识，养成自治能力。权利是天赋的而并非统治者授予的恩赐，国民有权利参与公共事务，不受统治者任意摆布，"生命自由，及一切利益之事，皆属于天赋权利，人人当知平等自由之大义：有生之初，无人不自由，即无人不平等，初无所谓君也"。邹容受到洛克、卢梭自然法和社会契约论影响，假定人是自由平等的，政府权力来自被统治者的同意，人民有革命的权利，憎恨专制君主，"杀尽专制我之君主，以复我天赋人权"③。既然主权在民，国民就有自治之权，"政府者，主权之用事机关也，主权所以出治，而通之国民，自其全体汇合而言之，为主权之真主，自其个人而一一言之，则处受治之地位。同是民也，合则为君，分则为臣，此政家所以有国民自治之名词也"④。自由和自治是相互依存的，互为条件，自治是自由的社会条件，"不先发明自治而空言自由则谓自乱，愿四万万同胞，先言自治，以造自由之资格"，⑤ "不能自治者不足以言自由，欲自由先自治"。⑥ 将国民作为国家的主体，不再是专制政治

---

① 《新民丛报》第 26 号，1903 年 2 月 26 日。
② 《清议报》，1899 年 7 月 28 日。
③ 邹容：《革命军》，《辛亥革命前十年间时论选集》第一卷下，生活·读书·新知三联书店 1960 年版，第 675—676 页。
④ 严复：《严复集》（二），中华书局 1986 年版，第 241 页。
⑤ 《东方杂志》，第 2 卷第 5 号，1905 年 6 月 27 日。
⑥ 《东方杂志》，第 1 卷第 10 号，1904 年 12 月 1 日。

统治下的臣民和毫无平等人格的草民。公民、国民新概念本身就意味着有参政权，与政府处于对等地位，"人人有议政之权，人人有忧国之责，人人皆视其国为己之家，其得失肥瘠皆有关焉。一举公民，则举国四万万之民，进于爱国，进于公益，进于自重，进于好施，进于学识，踊跃磨濯"，① 公民有参政权，对国家和社会公益富有责任，促进公共利益，个体权利和国家利益密切相关。将自治能力作为自由的保障，民权是人人自主之权、自治之权，"民权者，以众得权之谓也，不问其人所居何位，所为之事何事，轻重皆同，不分轩轾故也"，② 从民权、自由观念推导出自治的必要性，以自治制度来保证自由。自治是提高人民程度，开民智、兴民权的制度安排，"就天下万国比较之，大抵其地方自治之力愈厚者，则其国基愈巩固，而民愈文明"，③ "国家既予人民以举官之权，人民自有国家之思想，人民既有国家之思想，必各具其作用之机关，有议院然后有民权，有民权然后有民智，其理故相因者也"，④ 人民有选举官员和组织议院的权利就有民权，就能开民智。自治程度和自由程度间存在正相关关系，民权的程度高低取决于自治力量的强弱，国民"苟欲享有完全之自由，不可不先组织巩固之自治者也"，"民权之有无，不徒在议院参政也，而尤在地方自治，地方自治之力强者，则其民权必胜，否则必衰，法国号称民主，而其民权远逊英国者，以其地方自治之力微也。地方自治者，民权之第一基础也"，⑤ 民权的实现途径不仅在议院，更在地方自治，自治能力和民权程度成正比。自治将国民的利益和国家的利益连在一起，民权因地方自治而兴，国家因民权之兴而至于富强，"抑私而为公者，实以民权为之关键，故不佞窃谓居今而为中国谋自强，议院代表之制，虽不即行，而设地方自治之规，使与中央所命之官，而同为治"，自治则国民关心公益，关心国家，公私互利，设议院是自强之本，

---

① 汤志钧编：《康有为政论集》（上），中华书局1981年版，238页。
② 何启、胡礼垣：《胡翼南全集》第18卷，台北：文海出版社1976年影印版，第1028页。
③ 梁启超：《商会议》，《清议报》，1898年4月1日。
④ 陈公民：《开民智法》，《大公报》第51号，1902年8月6日。
⑤ 梁启超：《答某君问德国日本裁抑民权事》，《新民丛报》第20号，1902年11月14日。

宜先设立自治机构。要抵御外辱，最关键的是设议院，赋予人民参政议政权，人人有自主之权，兴民权可以保障国家主权，民权兴则国家富强，"人人有权，其国必兴，人人无权，其国必废，此理如日月经天，江河行地，古今不易，遐迩无殊。议院者，合人人之权以为兴国之用者也"，"古今中外不易之理者，其为设议院立议员而复民权矣"，① 设议院以兴民权，议院连接民权和国家主权两端，期待议院政治带来国家富强。

第二节　立宪政体观念引领政治精英推动专制政体转型

　　国门打开之际文人精英传播立宪政治思想，现代政治思潮在沿海沿江滥觞，从外围传播到京畿政治中心，引领朝廷枢臣、封疆大吏、地方官僚、士绅政治精英推动政治变革。洋务运动学习西方的技术，认为中国制度文物精良，政教远超西洋，奉行中体西用，采用西洋技艺就可强国御辱。甲午战败，开国会、设议院，俾使上下一心君民一体成为时代呼声。戊戌维新为《辛丑条约》推动的新政立宪预设了变革路径，慈禧成了戊戌变法的遗嘱执行人。清末新政立宪是清朝遭遇西方冲击半个多世纪后被迫顺应时局做出的政治抉择。朝廷枢臣、疆寄督抚、立宪派士绅、新兴商人新潮人物推动帝制专制政体向现代国家立宪政体转型。清廷当家人皇太后慈禧接受自己信得过的满族重臣载泽奏请立宪，听到载泽说立宪可以弭内乱、止外患、保君权，利君利民而只是不利于官时允准立宪，启动政治改革，制定九年预备立宪筹备事项清单，成立宪政编查馆具体规划设计制度结构，督促实施立宪计划，制定钦定宪法大纲和宪法草案，制定法律规章，成立资政院、谘议局、地方自治机构，建立立宪派、地方精英的制度化政治参与渠道。

　　幻想高居朝贡体系天下中心地位的大清朝廷在甲午中日战争中竟然速败惨败于昔日蕞尔小邦日本的结局使文人精英们思想观念遭受前所未

---

① 何启、胡礼垣：《胡翼南全集》第 18 卷，台北：文海出版社 1976 年影印版，第 1032 页。

有的冲击,日本明治维新建立君主立宪制才二十余年居然能打败清朝。两国同一年代在西方冲击下开始现代化,差距居然如此巨大,强烈刺激中国人虚骄麻木的政治心理,迫使朝野上下重估洋务运动的功用,富国强兵路径探索从学习西方科学技术转向采用立宪政体。堪称政治维新一面旗帜的康有为在前期议院强国论的基础上根据现实条件提出实行议院制度的可行性方案,从设想进展到制度设计和行动策划阶段,将西方议会政治和中国远古的三代政治相媲美,指出当下政治的弊端在于君民上下雍塞隔绝,"中国之大病,首在雍塞,君与臣隔绝,官与民隔绝",只有采用议院政治才能民情上达,君恩下逮,实现"合四万万人之心以为心,天下莫强焉"的强国目标。在议院制度设计方面,康有为提出具体主张是:"令士民公举博古通今,通中外,明政体,方正直言之士,略分府县,约十万户而举一人,不论已仕未仕,皆得充选,因用汉制,名曰议郎。皇上开武英殿,广悬图书,俾轮班入值,以备顾问。并准其随时请对,上驳诏书,下达民词。凡内外兴革大政,筹饷事宜,皆令会议于太和门,三占从二,下部施行。所有人员,岁一更换"①,选举政治精英士绅组成议会,担当皇帝的决策咨询顾问,连接民情与君意,议决政事。康有为注意到西方政治制度不仅在议院议政,三权分立、权力相互制衡是西方立宪政治制度建立的原理,"泰西之强,其在政体之善也。其言政权有三:其一立法官,其一行政官,其一司法官。立法者,议论之官,主造作制度,撰定章程者也;行法官,主承宣布政、率作兴事者也;司法官,主执宪掌律,绳衍纠谬者也。三官立而政体立,三官不相侵而政事举"②。"臣考泰西论政,有三权鼎立之义。三权者,有议政之官,有行政之官,有司法之官也。"③ 立法、行政、司法三种功能不同的权力相互分离,三权鼎立,独立运行,相互制约而非一权独大。梁启超戊戌政变之际逃亡日本,观察世界各国政体,认为君主专制政体和民主政体对于

---

① 康有为:《上清帝第二书》,姜义华、张荣华编校:《康有为全集》第二集,中国人民大学出版社2007年版,第32—45页。

② 康有为:《日本变政考》卷一,姜义华、张荣华编校:《康有为全集》第四集,中国人民大学出版社2007年版,第115页。

③ 国家档案局明清档案馆编:《戊戌变法档案史料》,中华书局1958年版,第3页。

清朝都有弊病，盛赞君主立宪政体是最优良的政体，"民主立宪政体，其施政之方略，变易太数，选举总统时，竞争太烈，于国家幸福，未尝不见有阻力。君主专制政体，朝廷之视民如草芥，而其防之如盗贼；民之畏朝廷如狱吏，而其嫉之如仇敌，故其民极苦，而其君与大臣亦极危。如彼俄罗斯者，虽有虎狼之威于一时，而其国中杌陧而不可终日也。是故君主立宪者，政体之最良者也。地球各国既行之而有效，而按之中国历古之风俗，与今日之形势，又采之而无弊也。"① 梁启超认为君主立宪政体最适宜于清朝，选择君主立宪政体是基于人民程度而制定的政治变革方案，具有现实可行性。在野立宪派人物呼吁立宪，他们将立宪政体看作文明进步的政体，专制则是野蛮愚昧落后的政体，"专制国中，人民无参政之权，国家对于人民，既以干预政务为越权；人民对于国家，亦以不闻国事为本分。是故政府孤立于上，人民漠视于下。此等政体在于昔日借以镇压国内则有余，在于今日用以抵御他人则不足"②，认为立宪能够保障民权，民权伸张则国民知爱国，国权因集合民权而强大，带来国家富强，"国者何？集民而成也；立宪政体者何？民自治其事也；爱国者何？民自爱其身也。故民权兴则国权立，民权灭则国权亡"，"爱国必自兴民权始"③。倾向共和立宪制的革命党不满足于君主立宪，要颁布民定宪法，建立共和立宪政体，主张国民皆有平等参政权，"今者由平民革命以建国民政府，凡为国民皆平等以有参政权。大总统由国民公举，议会以国民公举之议院构成之"④。

庚子事变两宫西狩避居西安表明，朝廷守旧势力和民间仇洋势力抵制西方冲击遭遇惨败，清廷被迫变法维新，揭开千年皇权专制向现代国家立宪政体转型序幕。提出中体西用论的中兴名臣张之洞成为新政立宪纲领性文件——《江楚会奏三疏》的主要领衔人，认为议院政治是西法的根本，"变法有一紧要之事，实为诸法之根，言之骇人尔。西法最善者，上下议院互相维持之法也"。在暂时缺乏开设上下议院条件时可先仿

---

① 梁启超：《立宪法议》，《饮冰室合集》第五册，中华书局1989年版，第7页。
② 故宫博物院明清档案部编：《清末预备立宪档案史料》，中华书局1979年版，第610页。
③ 梁启超：《爱国论三·民权论》，《清议报》第22册。
④ 《孙中山全集》第一卷，中华书局1981年版，第297页。

行西洋立宪国成例开设上议院，各级官员均由公举产生。两江总督刘坤一回应张之洞曰："议院意美法良，但恐事多阻隔，未能照行。"① 议会是人民与闻政事参与政治的机构，设立议会来体察民情表达民意，"由人民分区选举，以为议会之议员，以议会之可决否决而观国民意思之从违焉"。议会连接人民和政府，通上下情，"一国之有议会，则政府之行动，人民可以知之，人民之意志，政府亦可以知之。上下之情相通，合谋以求一国之利益，故国事因此而得理，国家亦因此而得安矣"②。议会的功能构想是代表社会舆论监督政府，"立宪政体之要义，在予人民以与闻政事之权，而使为行政官吏之监察，故不可无议院以为人民闻政之地。东西立宪各国，虽国体不同，法制各异，而要之无不设立议院，使人民选举议员，代表舆论，是以上下之情通，而暌隔之弊少"③。设立议院来通内外上下之情，绅商士庶通过谘议局、资政院参与政事，创设制度化的参政渠道。与朝廷的昏聩无知相比，封疆大吏张之洞、刘坤一、袁世凯目击时艰，放眼世界，头脑清醒，深知欲强国必学西方，学西方就必以议院政治为根本，以现实主义态度具体策划新政计划。

预备立宪政治抉择和之前的戊戌维新、庚子新政都是在严峻的外患威逼危机重重下启动的。日俄为争夺中国东北而发动战争，激发中国人的民族危机感，亚洲小国日本首次击败欧洲大国沙皇俄国让中国人意识到日胜俄败是立宪政体战胜专制政体，激发朝野日益高涨的立宪呼声，当时影响力巨大的主流媒体《东方杂志》认为日俄战争是政体优劣的较量，立宪战胜专制刺激俄国人奋起立宪，中国主张立宪者因之骤增，"乃甲辰日俄战起，识者咸为之说曰，此非日俄之战，而立宪专制二政体之战也。自海陆交绥，而日无不胜，俄无不败，于是俄国人民，乃群起而为立宪之争。吾国士夫，亦恍然知专制昏乱之国家，不足容于廿世纪清明之世界，于是立宪之议，主者渐多"④。立宪思潮在此国际政治重大事件刺激下加快传播，成为思想舆论主流，引导驻外使节、地方督抚、枢

---

① 苑书义主编：《张之洞全集》第十册，河北人民出版社1998年版，第8540—8541页。
② 端方：《国会之设立》，《欧美政治要义》，广西师范大学出版社2016年版，第145页。
③ 故宫博物院明清档案部编：《清末预备立宪档案史料》，中华书局1979年版，第668页。
④ 《东方杂志》增刊《宪政初纲·立宪纪闻》，光绪三十二年。

机大臣群起推动君主专制向立宪制度转型，政治精英们凭借社会资本通过个人交往相互影响，传递政见，从外围波及核心，影响最高层决策者。1906年，驻比、英、法、俄公使杨兆钧、杨德彝、孙宝琦、胡惟德联名奏请立宪变革。孙宝琦是推动立宪的前驱人物，他试图通过影响端方、袁世凯、奕劻、张之洞等权势人物而推动朝廷最高统治者慈禧太后做出立宪决策，在致端方的信中曰："诚恐俄日战罢，各国对待吾华有进无退。日前曾偕各馆电陈，吁恳趁此俄日构兵，各国待时之际，颁行新政，振奋自强，以维危局"，① 通过私人关系影响朝政是君主专制制度下政治行动的一个有效途径，能发挥政治影响力者多为政治结构中的重要人物，体制外的普通民众无法向政治体系的决策中心输入自己的利益诉求和政治意见。林绍年批评以往之变法不过是皮毛，变法的根本在于立宪，"尤有所最要者，则无如改专制为立宪法，实足以固人心而维国祚于无穷也"，② "兹复深加体察，似唯有预定政体，乃足挽衰弱而救阽危"，沙俄土地面积、人口数量、财力均雄踞日本之上，交战却屡屡失败，"战辄不胜者，政体异也。则我中国之所以屡受外辱，莫由自振者，亦必因政体之异，不待言也"，"立宪则小如日本而勃兴，专制则大如俄罗斯而亦败"，实行立宪政体能够动员国民真诚爱国心，捐输财力与生命保卫国家，"人人知共卫国家，而团结郁结，输财输命，皆有出于不期然而然者"，③ 立宪能激发起个人对国家的热爱之情，团结御辱，甘愿纳税服役。立宪政体的强国御辱功能令国势阽危的中国对立宪救国抱以莫大的期望，立宪政体能够"集天下之公论以治天下之政事，而永无官民隔阂之弊"，处于列强侵凌中的清王朝欲摆脱困境只有立宪一途，"欲挽回危局，力图自强，非仿效日本改定立宪政体不为功"。④ 在清末重重危机中，时人关

---

① 中国第一历史档案馆编：《清代军机处电报档案汇编》，端方档，函字28号。
② 林绍年：《遵旨敬陈管见折》，《林文直公奏稿》卷二，林葆恒编《近代中国史料丛刊》正编第31辑第301种，台北：文海出版社1976年版。
③ 林绍年：《速定政体以救阽危折》，《林文直公奏稿》卷二，林葆恒编《近代中国史料丛刊》正编第31辑第301种，台北：文海出版社1976年版。
④ 唐文治：《茹经堂奏疏》卷四，《近代中国史料丛刊》正编第6辑第56种，台北：文海出版社1976年版。

注国家前途者多认为救国舍立宪无他途。得到慈禧太后信任的满洲正白旗端方上奏预备立宪密折，对朝廷立宪政治变革抉择产生巨大推动力，促成立宪。端方历任江苏、湖南巡抚，颇有政治经验，广交士林，和立宪派代表人物张謇、熊希龄关系密切，时有往还，借慈禧太后召见之机成功劝说太后做出立宪抉择，在历史演进的岔道口促进了君主专制政体转向立宪政体，端方奏对曰立宪能保皇位世袭罔替，由可信之人打消慈禧太后的担忧，太后"乙巳召见端方，孝钦知其为戊戌党，因问曰：新政皆已举行，当无复有未办者。对曰：尚未立宪。孝亲素闻立宪为民主之义，遽变色曰：立宪如何？曰：立宪则皇上可世袭罔替。孝亲唏曰：吾今乃闻天子亦有世袭罔替之目者。乃命泽公、端方、戴鸿慈、尚其亨、李盛铎五大臣出使，考察宪政。端方等回国，乃议立宪"①。既然立宪能保住清朝权贵江山社稷，对最高统治权无妨碍，那立宪就可以选择。清廷发布预备立宪上谕，派五大臣分赴东西洋考察宪政，重点考察英、日君主立宪政体，最终仿日预备立宪。身处帝制政治体系内有政治影响力和行动绩效感的驻外使臣、封疆大吏高层政治精英群体志在立宪，推动最高统治者做出立宪决断。

第三节　政治精英奏请朝廷派遣重臣出使东西洋考察立宪政体

清末朝廷重臣、封疆大吏、地方绅商学军各界精英接受立宪政治民权、议会、自治、宪政观念，体制内外向往政治革新者应者云集。出洋考察宪政是立宪变革的政治动员，从朝廷高层统治集团内发出政治变革声音更能动员国民支持立宪政治变革。

一　考察东西洋宪政开阔国际视野

朝廷下诏变法，力图锐意革新，"起衰弱而救阽危"，派考察大臣

---

① 魏元旷：《坚冰志》，《魏氏全书潜园杂编》卷一，南昌万载辛述轩 1926 年刊本，第 18 页。

"分赴东西洋各国考求一切政治,以期择善而从",对西洋政治洞达原委。谕令考察团出使东西洋各立宪国"悉心体察,用备甄采"。① 革命与立宪变革对立,革命党唯恐改革替代革命,五大臣在正阳门火车站起步登程之际,刺客吴樾在车站公共场合引爆炸弹发动恐怖袭击,大臣载泽、绍英受伤,炸死炸伤无辜民众四人。② 清廷并未因此放弃考察计划,谕令待伤愈后再行出国完成既定考察计划。出使大臣经天津听候直督袁世凯"密为布置""极其周妥"后于阴历十一月二十日(10月26日)乘船抵达上海,戴鸿慈使团转乘美国公司轮船先赴美洲,③ 考察得知美国"与中国政体本属不能强同,然其规划之周详,秩序之不絮,当日设施成迹,具在简编,要其驯致富强,实非无故,借资取镜,所益甚多",羡慕美国商业兴盛,民权有保障,但认为美国为新造之国,难以效仿,建议清政府与美国竞争太平洋航运。④ 载泽使团赴日,在神户登陆,经西京、名古屋,到达东京,考察日本议院、学校、机关,得到大隈重信、伊藤博文接见,认为日本"一切政治取法欧洲,复斟酌与本国人情风俗之异同,以为措施之本","公议公之臣民,政柄操之君上,民无不通之隐,君有独尊之权",法律良善,教育乃强制,培养国民精神和生存技能,法律、教育、军事、工商业各行各业均因强制教育而发达,国家崛起的根本在于教育普及。⑤ 德国强在军事,国民有尚武之精神,服从之主义。"朝无妨民之政,而国体自尊,人有独立之心,而进步甚猛",日本规随德国,三十年就勃兴。德皇接见清廷使者时劝勉道:"变法必以练兵为先,至于政治措施,正宜自审国势,求其各当事机,贵有独具之规模,不在徒慕

---

① 《派载泽等分赴东西洋考察政治谕》,《清末筹备立宪档案史料》,中华书局1979年版,第1页。
② 《出使各国考察政治大臣载泽等奏出京乘坐火车遇炸情形折》,《清末筹备立宪档案史料》,中华书局,1979年,第3页。
③ 《出使各国考察政治大臣戴鸿慈等奏出事各国考察政治放洋日期折》,《清末筹备立宪档案史料》,中华书局1979年版,第4页。
④ 《出使各国考察政治大臣戴鸿慈等奏在美国考察大概情形并赴欧日期折》,《清末筹备立宪档案史料》,中华书局1979年版,第7页。
⑤ 《出使各国考察政治大臣载泽等奏在日本考察大概情形暨赴英日期折》,《清末筹备立宪档案史料》,中华书局1979年版,第6页。

夫形式。"① 考察大臣对英国政治演变过程之繁杂不得原委，政治规模与东方大异其趣，遍查英国行政机构、学校、工厂、议院、警察、司法裁判、监狱、市政，在宪法专家、博士的讲解中知悉英国议会、君主、内阁大臣权责分明，"立法操之议会，行政责之大臣，宪典掌之司法，君主裁成于上，以总核之"，对英帝国虚君立宪制立法、行政、司法三权分立有所洞见。凡事兴革皆由上、下议院议定后由枢密院呈交君主签押执行，众人议事则耳目周，君主裁成则事权一，下有百官承流，集思广益，上有君主垂拱。英国本是虚君制，考察大臣却误认为君权至上，或许是想以立宪不减弱君权的言辞打消清廷的顾虑。但是考察大臣准确认识到英国政治特有之精神"实在于地方自治之完密"，用中国地方官制词汇来描述英国地方政府管辖区划，"全国之制，府分为乡，乡分为区，区有长，乡有正"，官员由当地选民选举，熟悉当地风土民情，"府有官司，率由各地方自行举充，于风土民情，靡不周知熟记"。自治事务包含甚广，包括民居、沟渠、道路公共工程，办理学校、救灾恤民公益慈善事业，"凡地邑民居，沟渠道路，勤工兴学，救灾恤贫诸事，责其兴办，委曲详尽，织悉靡遗"。考察大臣们看到英国地方自治的主体是地方之人，自治经费是地方之财，当地人利用地方之财来办理地方公共事务，由当地利益相关者参与议决后共同执行，自负其责，劳而不怨，"以地方之人，行地方之事，故条规严密而民不嫌苛，以地方之财供地方之用，故征敛繁多，而民不生怨"，对于自治机构与当地政府的关系，考察大臣认为自治机构隶属政府，议员、参议员受政府考核督导，政府补助财用，"层累曲折以隶于政府，得稽其贤否而奖督之，计其费用而补助之，厚民生而培民俗"，误认为自治机构隶属政府，再将之比附为三代周礼遗制，羡慕赞美。考察大臣得出结论说地方自治"实为内政之本原"，主张采纳英制以重振清政府。② 使英大臣汪大燮会同载泽考察，英国款待来使甚为殷厚，言中国若新政立宪，旋即兴盛，"清国文化最先，文物殷富，倘能提纲挈

---

① 《出使各国考察政治大臣戴鸿慈等奏到德后考察大概情形暨赴丹日期折》，《清末筹备立宪档案史料》，中华书局1979年版，第9页。

② 《出使各国考察政治大臣载泽等奏在英考察大概情形暨赴法日期折》，《清末筹备立宪档案史料》，中华书局1979年版，第11页。

领,一变至道,实可为全球之冠。盱衡时局,中国安则天下之民举安。凡可以敦崇友谊裨我邦治者,英国人人皆愿引为己任"①。英国由古老政治传统中演化出宪政,为列邦所效法。从老练的外交辞令看出对清朝立宪表示支持。法国为"欧洲民主之国",有民主之称而实为帝国,"立国之体,虽有民主之称,统治权实与帝国相似",制度与欧洲各国均渊源于罗马旧制,立法最富统治之力,经拿破仑首创立国治民法典,立法精良,公私权责分明。三权分立,"设官分职,则三权互相维系,无轻重偏倚之嫌"。地方自治与英国模式稍有不同,英国是"人民先有自治之力,而后政府握其纲",法国地方自治的运行机制则是"政府实有总制之规,而后人民贡其议"。考察大臣认为中央集权下的地方自治对于广土众民的国家是适宜的,"施之广土众民之国,自以大权集一为宜",德法战争后法国迅速复兴,"实根源于政治之原理,良非偶致",意识到国家强盛在于政制优良。② 俄国"政体久已专制著称",在日俄战争中战败,工厂停工,人民要求立宪,政府容许,一变而为立宪政体,重振军备,政府权威复振,行君主立宪制,议院虽已建立,但与行政机构僵持,"议院所求各事未能事事容行",舆论放开,政府不能不屈从舆论。③ 比利时取法法兰西,实行地方自治,也有统一之枢府,奖励农桑,土地分配平均,人民宗教信仰虔诚。丹麦、挪威、瑞典、奥国治理有方,制度良善,教育普及,商业繁荣。

考察政治大臣将在欧美所采集政治律法资料择要编译成《欧美政治要义》,以供圣鉴,"现奉明诏,预备立宪,各国政体,自应兼收并采,以备考求"④。《欧美政治要义》可作对朝廷高层认知欧美现代政治基本情形,理解基本政治核心观念的学习手册,是宪政启蒙常识读本,开阔

---

① 《出使英国大臣汪大燮奏会同载泽等考察英国政治事竣折》,《清末筹备立宪档案史料》,中华书局1979年版,第19页。

② 《出使各国考察大臣载泽等奏在法考察大概情形并再赴英呈递国书折》,《清末筹备立宪档案史料》,中华书局1979年版,第14页。

③ 《出使各国考察政治大臣戴鸿慈等奏到俄考察大概情形折》,《清末筹备立宪档案史料》,中华书局1979年版,第17页。

④ 《出使各国考察政治大臣戴鸿慈等奏进呈所编欧美政治要义以备立宪采用折》,《清末筹备立宪档案史料》,中华书局1979年版,第24页。

朝廷臣工官宦眼界。政治考察虽对西洋各国政治了解不深，但是朝廷发起的考察立宪国政治行动本身就是政治变革的思想动员，出洋考察大臣在奏折中多以赞美语调描述西方政治的精良，提出诸多新奇概念和新潮观念，对朝廷权贵与臣僚直接是思想动员和立宪知识传播，日后朝廷下诏立宪，由上至下变革，朝臣官宦、在野绅商士庶读书识字者均有机会熟稔立宪政治概念，朝臣立宪奏章娴熟运用宪政概念。

考察团成员参观列国议院、政府机构、法院、工厂、图书馆运作景象，接受列国高官招待，聆听官员和学者讲解，深受异邦政治文明、工商业、社会治理非凡绩效震撼，观察得知列国富强根本在于立宪政体，"欧洲诸国，政体相维，其德至善，胥此道也"，① 羡慕至极，成为坚定的立宪变革支持者，认为清朝积贫积弱根源在于专制政体，"专制之国任人而不任法，故其国易危。立宪之国任法而不任人，故其国易安。东西洋各国之所以日趋强盛者，实以采用立宪政体之故。因而推之于俄国，其所以骤邻于弱败者，实以仍用专制政体之故。更进而观于我国，数十年来之未臻富强，而外交之事无不失败者，亦与俄国有同一之理由。专制政体之国万无可以致富强兵之理也"，清朝不立宪就无富强可图，"苟内政不修，专制政体不改，立宪政体不成，则富强之效将永无所望"。② 国内外主流媒体争相报道考察宪政事件，传播立宪思潮，朝野上下与列国官民无不欢迎称道，营造支持立宪变革的社会舆论氛围。领衔考察大臣端方、载泽回国即直奔颐和园奏对复命，上折奏请朝廷宣布立宪以定国是，认为日本和德国君主立宪模式与清朝政治制度和传统较为相近，规抚德国参仿日本切实可行，"求其可以为我法者，则莫如日本之仿效欧西，事事为我先导。盖各国国力人格自有不同，而日本则能取彼之长而弃其短，尽彼之利而弃其弊"③。于是有了第二次考察日本宪政。

---

① 戴鸿慈：《出使九国日记》，湖南人民出版社1982年版，第249页。
② 端方：《请定国是以安大计折》，《端忠敏公奏稿》（第6卷），台北：文海出版社1967年版。
③ 《出使各国考察政治大臣戴鸿慈等奏请改定全国官制以为立宪预备折》，《清末筹备立宪档案史料》（上），中华书局1979年版，第368页。

二 奏请参仿日本立宪政体和钦定宪法

日本明治维新建立君主立宪政体，转弱为强，昔日亚洲朝贡体系边缘的蕞尔小国政治革新三十年就能击败妄自以为处于天下中心的清朝，刺激中国人仿行日本宪制。仿行日本君主立宪制有利于维持清廷权柄于不堕，维护满人亲贵既得利益，符合清朝权贵保守家天下江山社稷的政治心理，于是考察的重点转回日本，二次考察既毕，考察大臣请流亡海外的在野立宪派领袖人物梁启超捉刀，以达寿之名写出洋洋洒洒数千言的考察报告，以赞美的基调详细介绍日本大权君主立宪制的优点，以劝慰说服的姿态动员朝廷说如果仿日新政立宪，国家旋可兴盛。梁启超深知朝廷担忧立宪将使君权成虚位，提出政体和国体二分，立宪只是将专制政体变为立宪政体，国体不变，政权仍归属于满人皇族，爱新觉罗氏承递政统，皇位永固，立宪政体可以使帝国振衰起敝，日渐富强，有利于抵制外患消弭内乱，日后还将有利于巩固国体，符合朝廷最高决策者保卫清朝江山社稷的政治保守心理。考察报告立论说朝野皆言救危亡非立宪莫属，需考察立宪政治之本原。有两件事要皇太后决断，一是政体采立宪；二是宪法采钦定。国体承续历史而定，清为君主国体，统治权在君主，此不变者。政体分专制和立宪，随时势而变，变动政体不影响国体，由专制政体改为立宪政体无损君主大权，要说服皇室消除政体变革将大权旁落，权柄下移的担忧。欧美宪政发生有两种途径，一是历史沿革，人民反抗君主，争权利争自由，英法美皆如此。二是学术之阐明，宪政学说议论纷起，权利、自由、独立、平等观念深入人心，激发行动，建构立宪政体。先有三权分立理论作为政府权力配置之指导原则，后有卢梭民约论改变国体；日本封建时代，幕府专制，倾覆幕府后大权归天皇，复古、维新两党见攘夷不成则思变法，虽政争激烈至于流血，但人民拥护天皇如父母。伊藤博文考察西洋宪政后即作立宪准备，明治二十二年（1889）颁布宪法，二十三年（1890）开国会，建立宪政之基础。于是国力日雄，以立宪小国打败专制政府——清政府与沙俄；立宪是国家强盛的本源，立宪可增加国民竞争力，在国际竞争中军事竞争力、财富竞争力、文化竞争力取决于国民而非君主，国民对国家尽纳税服兵役之义务，享有参政权利，协赞立法，监督政府，国民权利受保护，竞争力日进，则在国际立于不败之地，可保全国体；立宪可保皇室安全，专制之下国家、政府与皇室合一，国家与政府遭遇事变就殃及皇室。立宪之后，国家与皇室二分，负责任之事委诸责任内阁国务大臣，不负责任者由皇室自理，皇帝间接统治，国事由依宪法组建之国家权力机构直接负责，君主间接治理；梁启超还想消除皇室对统治权分立制衡将减少君主大权的顾虑，在日本、英国君主立宪政体之下，三权分立，司法独立，但裁判官直辖于天皇或国王。议会立法要君主裁可，内阁负实际责任要奏闻君主，故立宪后国家权力虽然分立制衡，但是君主依旧在总揽大权。因此，政体宜采行立宪。

宪法必采钦定，以定大权政治，仿日立宪，虽然统治权一分为三，司法、议院、责任内阁分权制衡，但是君主仍操持大权。对于大权政治、议院政治、分权政治之优劣，以国体为衡量，则大权政治最能保君主权力，采钦定宪法规定君主大权之类分，君主在君主、臣民、政府、议会、军队关系中处于优位；臣民权利扩张，受法律保护，但也受法律范围约束，不会侵扰君权，且臣民有服从行政命令之义务，特别情况下还可使用武力，用戒严令维护统治秩序；置国务大臣组织政府为国家之行政机关，负责处理政务，明定内阁责任，内阁辅弼君主，对君主负责。英美法等民定宪法国家，君主、总统权力尚大，况钦定宪法之日本乎。中国采钦定宪法必隆君权，况中国传统政制中本有中书省类同内阁之机关，采责任内阁不过是恢复传统而已；开国会不削弱君主大权，议会政治采行民定宪法或协定宪法，议会是权力中心，而大权政治采行钦定宪法，君主是主体，议会是客体，君权主导议会，国会的预算、立法、议案、受理请愿权均受制于君主；军队统帅权和国务大臣权冲突，法、美文职统军，日本则是天皇统率海陆军。朝廷若采钦定宪法规定军队统帅大权在君主，可复列圣成规，可扭转太平军兴以来军权与地方督抚行政权混淆之弊。① 采钦定宪法可以存国体和保住君主主权之理由，其用意在于打

---

① 参见《考察政治大臣达寿奏考察日本宪政情形折》，《清末筹备立宪档案史料》，中华书局1979年版，第25—41页。

消朝廷立宪将损削君主大权之顾虑，促使朝廷采行立宪以兴国安邦，俾使国家度过危难。考察欧美之奏章对西方政治简要描述概写，在行文中充满羡慕赞扬，饱含上奏者支持立宪变革的政治倾向。梁启超代写的日本宪政考察报告完全超越前者，对宪政原理和西洋各国宪政运行机制了如指掌，把握住朝廷既想立宪以致富强，同时担忧立宪削弱君权的二难选择心理，在朝廷进退维谷之际提出政体、国体的相互区隔和相互依存关系，巧妙言说立宪可以兴国的种种理由，朝廷立宪即可度过危机。同时说立宪不改国体，不动摇君权，采行日式钦定大权宪法反倒是有利于巩固君权，巩固国体，说得逻辑严密，无懈可击，劝说朝廷在立宪变革之路上变得坚定。梁启超作为立宪派领袖人物，才华、激情、志向兼具，民族兴亡责任感强烈，既有立宪救国的信念，也具备立宪可行性的责任伦理意识，以其如椽巨笔写出文采飞扬、热情洋溢的不朽奏章，意在动员清廷和朝野政治精英们立即启动立宪政治变革。

第四节　枢臣疆吏策划立宪方略

国际政治变迁推动立宪变革，日俄战起，在清朝的"龙兴之地"厮杀，清朝被迫中立，日本战胜俄国被视为立宪战胜专制，亚洲立宪小国战胜欧洲专制大帝国，黄种人打败白种人，梁启超评论曰："此次战役为专制国与自由国优劣之试验场，其刺激于顽固之眼帘者，未始不有力者也。故犹未也，若此次之要求能成，见乎赫赫积威之政府，遂不能不屈于其民，则夫老朽且死之长官，虽或若无睹焉，若乃次焉，稍有人气者，其必瞠然反视而有所鉴也。"① 社会舆论因日俄战争结局而转向支持立宪。与袁世凯断交二十年的张謇趁势劝说此时权倾朝野的直隶总督袁世凯推动立宪曰："不变政体，枝枝节节之补救无益也，不及此日俄全局未定之先，求变政体而为揖让救焚之迂图无及也"，"而今世犹有外交之关系，与昔不同，不若立宪可以安上全下，国犹可国"。② 处于重重危机中的清

---

① 萧一山：《清代通史》第四册，华东师范大学出版社 2006 年版，第 823 页。
② 萧一山：《清代通史》第四册，华东师范大学出版社 2006 年版，第 824 页。

廷决意政治变革，考察东西洋政治之后颁布立宪上谕曰"各国之所以富强者，实由于实行宪法，取决公论，君民一体，呼吸相通，博采众长，明定权限，以及筹备财政，经划政务，无不公之于黎庶，又兼各国相师，变通尽利，政通人和，有由来也。时处今日，唯有及时详悉甄核，仿行宪政，大权统于朝廷，庶政公诸舆论，以立国家万年有道之基"①。国际政治重大事件驱逼清廷走向立宪时刻。

督抚疆寄推动朝廷启动立宪变革后奏陈立宪变革行动策略，谋划变革方案，规划变革路线图。出使西洋考察宪政大臣载泽是激进改革派，出使归来，奏请实行立宪政体以求富强，奏陈宪法具有安内、攘外、保民之功能，"窃维宪法者，所以安宇内，御外辱，固邦基，而保人民也"，立宪是世界潮流，小国弱国受外部威胁大，往往先于大国立宪而富强，大国兵备足，外来震撼轻，反而立宪晚。对于立宪给各相关利益集团的收益和成本对比，载泽说"立宪政体，利君利民而独不利于官也"，君尊有保证，君主不负责，民事有法律限制，保护民权，官员要负责，权力要受限制。国际环境对中国不利，列强侵逼，且诸国在华势力日渐增长，危机加剧，舍立宪无以挽危局，不可坐失良机，坐以待毙。立宪一要宣示宗旨，仿日本明治维新宣示朝廷立宪大纲，颁布宪法作为臣民奉公治事之指针。二要实行地方自治制度，中国州县广大，官府无力治理，宜仿列国实行地方自治。三要制定集会、言论、出版之法律，不要尽行禁止，而要采用立宪国列邦之成法，保护自由，制定法律章程保护国民权利。此三者是"宪政之精髓，富强之纲纽"②。光绪三十二年（1898），载泽又向朝廷密奏立宪，作为满人，其主张更能得到朝廷信任，载泽重复说立宪利国利民独不利于官，官员常以保护一己私权私利而阻挠立宪，要官员去施行于己不利之宪法，本实难为，需要官员化私心破成见，公忠体国。载泽列举日本立宪后君主十七项大权来劝慰朝廷立宪能够尊崇国体，巩固君权，奏曰立宪有三端大利，一是皇位永固，君主神圣，国

---

① 萧一山：《清代通史》第四册，华东师范大学出版社2006年版，第827页。
② 中国史学会编：《中国近代史资料丛刊·辛亥革命》第四册，上海书店出版社1956年版，第2页。

务大臣代理君主处理政事，对议会负责，政府更迭，首相易职，重组责任内阁，"君位万世不改"。二是外患渐轻，变我专制半开化政体为立宪政体，则与列强政体趋同，得到平等认同，促进平等邦交。三是内乱可弭，革命党常以"政体专务压制，官皆民贼，吏尽贪人，民为鱼肉，民不聊生"为借口来煽惑民众附逆造反，若立宪则乱党就无借口了。载泽接着驳斥人民程度不高就不可立宪之说，驳斥立宪不利满人之说，入关时反清者众，故满人专权，今不分满汉，不为满人之利而害国家，苟有才，不分满汉畛域，可兴国祚。① 接受立宪强国论的政治精英们提出采用东西洋政治制度来达致富强，成立强学会、南学会变法团体推动朝廷变法。先进的社会政治力量推动守旧的朝廷政治革新在戊戌政变中遭遇重挫。《辛丑条约》驱逼清廷变法，清王朝最高统治者改变对待变法维新的态度，转而宽宥立宪言论，立宪思潮勃兴，政治精英推动清廷宣示预备立宪，诏书曰"取外国之长，乃可补中国之短，惩前事之所失，乃可作后事之师"，吸取教训，立意学习外国，将中国积弱日久的原因归结为："我中国之弱，在于习气太深，文法太密，庸俗之吏多，豪杰之士少"，文牍虚文，不务实际，人才消磨，谋私误国，将过去学习西方之得失总结为："至近之学习西法者，语言文字制造机械而已，此西艺之皮毛，而非西政之本源也"，朝廷意识到洋务运动学习西方工业技术只是西方皮毛，政治制度才是富强的本源，"舍其本源而不学，学其皮毛又不精"。②清廷谕令臣工出谋划策，"酌中发论，通变达权，务极精详，以备甄择"，激励朝野讨论政治变革策略。

江苏学政唐景崇提出必须以实行宪政来应对西方挑战，"海禁既启，五洲大通，交涉之事日难，应付之机愈棘，唯有修明政治，以立宪为第一要义"。预备立宪要点有四端，一要发明立宪宗旨。清朝统治二百余年，忽遭西洋重创，采行西方立宪政体，守旧者就以夷夏之防来抵制。今必采行立宪政体方可生存于世界，发布立宪宗旨以安定人心。二要确

---

① 参见《出使各国考察大臣载泽请宣布立宪密折》，《清末筹备立宪档案史料》，中华书局1979年版，第173—176页。

② 萧一山：《清代通史》第四册，华东师范大学出版社2006年版，第790页。

保君主主权，中国有皇皇帝制政俗，适合仿日制定钦定宪法，主权在君，立法、行政、司法主权统一于君主。建立责任内阁，由国务大臣负责国务不是削夺君权，而是保护君权尊严，让大臣对议会负责，受诘责，当其冲，正如明朝之前由宰辅负责。三要国民普及教育，提升人民程度，塑造立宪资格。宪法能保护公民的种种权利，概因有教育普及，人民有权利意识，知道遵守法律。国民无权利意识、无法律观念，就慑服于官吏权威，臣民型政治文化不满足施行宪政的条件，故要普及新式教育，启蒙下层平民，树立权利观念，培养国家主人精神。四要施行地方自治，自治是立宪基础，西洋兴盛在于自治。我国广土众民，地方政府无力治理。欧美与日本比较，日本地方自治最适合中国。将以前中国固有的公举绅议的传统转换为地方自治的本土资源。①

内阁中书刘垣上条陈奏请朝廷发布立宪诏书定立富强大计，颁布钦定宪法。列强均是立宪国，立宪是世界潮流。立宪需要人民程度作基础，但也不可借口人民程度不及而延缓。立宪尚需时日，可先行预备，日本、英国立宪莫不经过漫长过程。预备立宪要注意四端：一要地方自治先行，立宪需与议院相维系，人民有选举知识，议员具备选举实践操作技艺。我国均不具备，故要从地方自治开始训练人民选举，培养议会人才，养成立宪资格。二要编写宪法说明书，全国宣讲普及宪法知识，人民知晓宪法精神，君民共守宪法。三要学堂增设宪法教程教授宪法，准确解释宪法。四要官绅作立宪之支柱，尤应懂宪法，言行不违反宪法本义。②

御史赵炳麟奏陈立宪当慎重，防止大臣侵陵君权，郡县削弱中央权力。立宪国行政权强大，受议院监督制约，不敢陵君虐民，君主尚能统一大权。中国议院未立，无以限制权臣，大权假于权臣，恐形成党羽，不听君主号令，君令不出宫门。郡县离京城远，权力难拘束，不可再加重权力。立宪本为尊君保民，结果大臣专权虐民，恐革命党借民怨起势。预备立宪需注意六点：一是正纲纪，尊君权。赵炳麟引证古圣先贤尊君

---

① 参见《江苏学政唐景崇预筹立宪大要四条折》，《清末筹备立宪档案史料》，中华书局1979年版，第113—118页。

② 参见《内阁中书刘垣条陈预备立宪之法呈》，《清末筹备立宪档案史料》，中华书局1979年版，第120—122页。

抑臣圣训，旁引德、日君主大权事例，言欲制约督抚专权和君权下移之弊，需正纲纪，君主操陟罚臧否大权，不可对权臣和督抚优容。二是重法令，君威专赖法令，官民无视法令则君权不振。不守法就不会遵守即将颁布的宪法，故要重法令，立良法，严格执法。三是养廉耻，养成官民尽职尽责之德行。四是抑倖进，本为劝励人才赞襄庶政，但不才之辈借机晋升，不求恪尽职守，但求贪缘攀附权贵谋私。五是惩贪墨，古汉唐时严惩赃罪，今则过于宽宥，致贪赃枉法，当官发财不惧惩办，今宜严惩。六是设乡职，恢复乡宦之制，采用日本地方自治，任用本地人办本地事。①

江苏巡抚陈夔龙奏请制定法律来约束报刊、电讯、集会、演说，报刊"为广开民智之阶梯，得其道则裨益良多，失其道则阻碍特甚"，陈述时政，开通民智，可作立宪之预备。中国报纸可仿西洋用法律监管，由主办者负责任。电报传递快速，利于沟通，但有借机欺诈者，宜用法律管束，办报者和电报商均要承担责任，保证兴利除弊。演说集会"宣明公理，启发新知，可以助教育之普及"，结社自由，政府保护，"良民开会，本所不禁，近世译书，盛言团体，各省风气所趋，商有商会，学有学会，其余凡有一事，必有一会。其所组织自治规则，果属完善，遇事辅助官力所不及，此亦应竭力提倡者"，集会结社是开通明智的通行方法，但借此传讹、谋私、造反者要严加管束。法治国当有守法的态度，"臣民对于行政机关，各有懔懔森森之气象"，公民言论、集会、出版、结社自由当受法律管束，不出法律范围之外，以提高国民程度，有利于立宪。②

直隶总督袁世凯认为制定宪法是预备立宪第一要务，"宪法一定，永永不易"，朝廷派出大臣考察东西洋政治时间短，访问仓促，了解不够深入，"原为考求一切政治，并非专意宪法，且往返仅八月余，当无暇洞见源流"。参照日本颁行宪法前派伊藤博文带队考察欧美宪政长达九年才提

---

① 参见《御史赵炳麟奏立宪有大臣陵君郡县专横之弊并拟预备立宪六事折》，《清末筹备立宪档案史料》，中华书局1979年版，第123—128页。

② 参见《江苏巡抚陈夔龙奏报纸电讯集会演说宜范围于法律之内折》，《清末筹备立宪档案史料》，中华书局1979年版，第149—150页。

交宪法草案之先例，颁布宪法前必须未雨绸缪审慎斟酌。朝廷倾向采择日本大权宪法，日本移植的立宪政体渊源于德国，因此提议再派大臣出洋，重点考察日本和德国，"特简明达治体之大臣，分赴德、日两国，会同出使大臣专就宪法一门，详细调查，博访通人，详征故事，何者为入手之始，何者为收效之时，悬镜照形，立竿取影，分别后先缓急，随时呈报政府核交资政院会议定夺"，考察宪法"以调查完竣巨细不遗为断"，目标是"俾宪法未定以前，折中至当，层递推行，模范既良，厘定自易"①。袁世凯作为稳健的变革派，对制定宪法持非常审慎的态度，主张立宪要仿照东西洋各立宪国的通行做法，符合规制，切实可行。宪法是政治体系运转的根本规则，影响深远，仿照日本宪法条款制定清朝钦定宪法之前要详细考察德、日宪政，探求德、日宪法的本原，而非简单模仿外国宪法形式。

给事中刘彭年主张立宪宜教育、财政、法律同时推进，刘彭年首先驳斥反对立宪者所谓立宪是削夺君权的论调，申论君上不负责任并非大权旁落，只是总理代其负责，代任其咎，君主依然是主权者，有如日本天皇大权，何况君主神圣不负责任是世界各君主立宪国的通例。立宪亟宜预备者有教育、财政、法律三端，中国文字难通，宜使用简化文字以求便利，要译介西书，学习西洋文明。财政税收当用于公益，官员不得中饱，实行预算决算制度。国民当养成守法意识，制定宪法、民法、刑罚、商法，颁布法典。②给事中王金镕奏请说立宪要罢亩捐以恤农艰，禁刑讯审问以免冤狱，定军装以统一体制，戒游荡以汰浮费。③

出使奥国大臣李经迈奏请立宪应先普及教育，整顿财政。兴学要普及教育，"方今东西洋各国皆言富强之基，由于普及教育"，中国亟须兴办高等、中等教育，普及小学教育。"普及教育之宗旨，固在培植少数之

---

① 参见《直隶总督袁世凯请派大臣赴德日详考宪法并派王公近支赴英德学习政治兵备片》，《清末筹备立宪档案史料》，中华书局 1979 年版，第 202—203 页。

② 参见《给事中刘彭年奏立宪宜教育、财政、法律三者并举折》，《清末筹备立宪档案史料》，中华书局 1979 年版，第 162—164 页。

③ 参见《给事中王金镕奏预备立宪宜罢亩捐禁刑审定军装禁游荡折》，《清末筹备立宪档案史料》，中华书局 1979 年版，第 197—199 页。

人才为国效用，尤在完全多数之人格养成公德，必使人人读书识字，有国家思想，而后宪政之选举，以及纳税征兵之要政，乃得推行而无弊，此中小学学堂之所宜广设也。"①

留日回国新任候选道吴剑丰呈请改良财政、言路、吏治、学务、陆海军、警察，要整顿财政，广开言路，整顿吏治，调查学务，扩张陆军，新建海军，设立水上警察。②

朝廷枢臣、驻外使节、封疆大吏、地方司道及府州县官员奏陈立宪策略，社会政治精英参与讨论出谋划策，共同主张是宣示立宪确定国是，制定新法律，推行地方自治，开设议院、开放舆论，保护民权。主流媒体《东方杂志》《北洋官报》《申报》开设宪政专栏版面传播立宪思潮，译介东西洋宪政学说，介绍各国立宪经验，表达立宪主张，陈述立宪策略。枢臣、督抚、地方官员，社会精英积极建言献策，比较中国与东西洋立宪国制度、社会、民情差异，主张立即宣示立宪者众多，缓行者次之，反对者较少。呈递的条陈、奏折主要围绕整理财政、兴学教育、制定报律、编练和整顿军队、创建海军、整顿吏治、弥合满汉畛域、制定和颁布法典、振兴实业、赈济民生、交涉外事、调整中央和地方权力关系等现实问题展开论述，具体而微，现实可行。

---

① 参见《出使奥国大臣李经迈奏兴学宜重普及教育理财宜由调查入手折》，《清末筹备立宪档案史料》，中华书局1979年版，第200—202页。
② 参见《候选道吴剑丰条陈改良财政言路吏治学务陆海军警察等六事呈》，《清末筹备立宪档案史料》，中华书局1979年版，第179—197页。

第 四 章

中央政治结构的现代性分离与建构

帝制政治体系不适应现代化政策创制与执行，需要从旧制度中分离和建构现代国家立宪政体的政治结构。晚清在内部人口激增、底层叛乱、汉人督抚士绅崛起与外部西方世界国际体系的冲击下发生政治权力格局转换，帝制政治体系不能适应这一旷古未有的"千年大变局"，在太平天国运动被湘军与淮军镇压平定之后君主集权满人专权的旧政治权力格局急遽转变为地方督抚与中央分权，地方政府与士绅分权的新权力分配格局。原来皇帝集权之下六部行政官僚机构分工的政治结构不具备治理现代事业的功能，为应对西洋列国外交而从清朝朝贡体系处理潘邦朝贡外交的理藩院分离出"总理各国事务衙门"，《辛丑条约》规定要改"总理各国事务衙门"为外务部，置于六部之首，外部力量推动新政，清末新政官制改革时分化出十一个现代行政官僚部门。清朝前期政治结构核心是皇帝及协助皇帝决策的军机处，六部行政官僚机构秉承谕令执行政务。镇压太平天国叛乱之后崛起的地方督抚与士绅掌握清朝军事权力、财政税收权力，兵为将有，地方政治精英具有军队调遣指挥权，征收厘金供养军队。在内忧外患下解体的帝制政治体系再也不能按照旧传统模式重建了，于是现代化历程开启，清末新政仿日立宪，皇权专制政体变革方向是君主立宪政体，旧内阁、军机处变为现代立宪国家的行政权力机关责任内阁，建立资政院作为立法权力机构议会的雏形，司法审判权力从官府衙门分离，建立各级审判厅。在地方行省建立谘议局，按照城镇乡自治章程和府州县自治章程建立城镇乡议事会、董事会、参事会自治机构，县以上以县政府作为自治机关议事会与参事会议决事项的执行机构。

在地方军事化过程中崛起的地方精英绅商通过自治机构参与地方公共事务管理，对社会公共事务的控制权实现制度化。

第一节　传统政治结构现代性分离是建构现代民族国家的需要

　　欧洲民族国家在向全世界扩张的过程中将传统政治单元摧毁，推动旧政治共同体朝民族国家方向转型。欧洲民族国家现代性政治结构分离是对君主专制权力进行功能分化和规范约束，君主主权时代权力集中在君主，君主是世俗领袖，还是民族宗教领袖，同时控制军事权、行政权、立法权、司法权，政治结构功能是融合交叉的。要提高行政管理效率明确管理责任就必须建立专门的行政官僚机构来执行政策，立法和司法部门分离出来，确立宪法至上法治规范，君主在代表各社会势力的宪法规则下当政或临朝，宪法为君民共守，形成现代国家的基本制度结构。权力分立制衡理论取代君主主权理论。欧美现代国家向世界扩张将欧洲现代国家的思想观念和政治结构形式推向世界，处于世界每一个角落的社会政治共同体都受到冲击，每一个政治单元都不可能按照之前孤立时代的政治经验来恢复重建原有的政治体系。"现代政治发展的实质就在于实现这种极其复杂的人类制度——现代民族国家，而它原来就是从欧洲国家体系中产生出来的"[①]，民族国家的形成是世界潮流，"欧洲国家体系顽强不懈地致力于把所有的社会改造成民族国家的复制品"[②]。向世界探险和扩张的欧洲人将欧洲现代科学技术、工商业、哲学思想、参与公共事务观念带给他们所能到达的土地上的人群，先是派使者劝说当地统治者接受通商与传教，如果行不通就武力征服，采取殖民主义政策直接改造当地传统社会，移植欧美的新文化观念和制度模式。欧洲资本主义世界体系向全球扩张，摧毁当地传统政治体系和社会经济结构，建立新的社

---

①　[美]鲁恂·W. 派伊：《政治发展面面观》，任晓、王元译，天津人民出版社2009年版，第20页。

②　[美]鲁恂·W. 派伊：《政治发展面面观》，任晓、王元译，天津人民出版社2009年版，第21页。

会政治秩序，这往往会刺激当地民族主义的产生。从传统社会中抽离出来的个体要将对原初共同体的忠诚和归属感转移给新生的民族国家就必须克服认同危机。现代国家是适应工业社会的治理需要的，原初的地域、族群社会经济共同体解体，成员融入社会，频繁流动。工业化、城市化带来社会流动形成陌生人社会取代之前共同体熟人社会，公民权利、平等、法治、政治参与现代观念成为被普遍接受的价值观和行为指南。个人和群体面对复杂化社会，重新结成社会团体，组成利益集团，政治参与扩大化要求政治体系分化出合理化的行政、立法、司法政治结构来承担利益表达和利益综合的功能。古典政治单位帝国、部落、族群的政治体系在欧洲民族国家扩张中纷纷分化出现代民族国家的结构形式和专门化功能，转型中的政治体系要在民族国家作为基本单位的国际关系体系中存在就必须增加维持公共秩序、创制现代化政策、供给公共产品的功能应对变迁中的外交和内政治理需要，这就需要建构民族国家制度化的政治参与机构，建构在政治过程中进行利益表达与综合的政党、议会政治结构及其运行规则，将政治体系外输入的要求和支持输送到政治决策中心，转换为公共政策，向社会供给公共产品。"民族共同体只有采取民族国家的形式并得到国际承认才能真正成为民族国家，政治发展就是建立现代国家"①，现代国家建构需要传统政治结构分化和创建新形式政治结构承载新功能。

建构现代国家的政治逻辑要求政治结构具备特定功能足以维持政治体系正常运转，在政治过程中将输入需求转换成政策输出，制定法律，沟通和聚合利益。不同的政治结构发挥不同的功能，政治发展意味着政治结构功能提升，当功能不能回应政治系统外的支持和需求时就发生功能失调，需要创造新结构，制定新规则来提高或扩展政治体系的维持、转换、执行能力。功能失调、系统运转失序的旧政治体系需要调适和创制政治结构，建构新结构来提供新功能，重新实现政治过程与外部环境之间平衡有序运转。外界环境的变迁需要政治体系作出适应性变革，向

---

① ［美］鲁恂·W. 派伊：《政治发展面面观》，任晓、王元译，天津人民出版社2009年版，第54页。

社会供给自由、福利、经济增长，保障国家安全，推动对外扩张，这就需要政治体系产生相应的管制、提取、分配、象征功能。政治结构要将外界的需求转换为公共政策输出，转换能力依赖利益表达和综合过程过程中政治结构的功能，需要政治结构分化出复杂的专业化功能，"首先是政治结构中分化出各种专门的角色，诸如行政部门、文官机构、政党、利益集团和大众传播工具；其次是与这些角色相适应的社会上的价值观、态度和技艺，特别是服从法律的意愿，参与政治的倾向和对福利期望的广泛普及"①。当政治系统的结构能够转换外部输入的需求、支持和政治统治精英的内部输入时，系统处均衡状态，但是当输入全新的剧烈的要求时就会引起政治系统功能失调，需要创生新政治结构。政治统治精英回应政治系统外环境的变化，发起革新，提升政治系统的适应能力。政治精英是推动现代国家建构的关键动力因，倘若政治统治精英对外界的要求消极怠慢或者拒绝回应，政治体系的结构和能力就无法发展。② 在传统政治体系向现代转型过程中，需要录用具有现代文明知识、有远见卓识、政治经验丰富，敢于创新的政治精英。在前现代社会，社会结构简单，经济增长缓慢，社会流动性小，个人活动基本局限在较小的地域或族群中，对政府的要求少，政府结构是融合的，功能区分不明显，结构融合，功能重叠。现代社会发生急遽全面变化，欧洲在民族国家形成时期发生政治权威合理化，权力总量剧增，为应对复杂的地缘政治竞争和社会复杂化，政治体系分化出专门化结构和部门，功能相应具有明显区分，分化出行政、立法、司法机构。当君主专制变成立宪制时建立权力分立制衡的基本政治结构，政治结构具有独立自主性。原来混合的功能分散在新分离的政治结构之中，每一种特定的功能均由相应的结构和角色来提供，分离的政治结构之间权力不平衡问题常常通过不同结构共享

---

① ［美］加布里埃尔·阿尔蒙德：《比较政治学：体系、过程和政策》，曹沛霖等译，东方出版 2007 年版，第 375 页。

② 参见［美］加布里埃尔·阿尔蒙德《政治系统的发展路径》，《比较政治学：理论、案例与方法》，宁骚、欧阳景根译，北京大学出版社 2008 年版，第 62—75 页。

特定功能来达到制衡目标。①

第二节　政治结构的现代性分离

　　欧洲完成文艺复兴思想启蒙运动、工业革命、政治革命，民族国家与工商业互相支撑着向全球扩张，同时代的明王朝在反抗蒙元游牧民族帝国统治和传承汉唐王朝帝制传统下恢复重建皇权专制的中央集权制度，清部族政权入关承袭明朝政治制度结构，发生新一轮历史停滞循环。明清时期在尚未遭遇西方巨大冲击时保持了几百年较为稳定漫长的政治和社会秩序。明清王朝在中央层级恢复汉唐三省六部制、郡县官僚制、监察制，形成皇权专制中央高度集权统治下的政治结构。帝制政治体系留下君主个人的深刻烙印，孤僻、偏执、残酷、多疑、自负的明太祖朱元璋废除中央决策中枢中书省，废除宰相，原先君主临朝宰相辅政的皇权—相权二元平衡制唐宋政治决策—行政执行模式变成君主直接统治六部行政机构，协助皇帝处理奏章、草拟诏书的内阁实际只是皇帝个人的秘书机构，没有决策参与权，君主专制中央集权制一直持续到清末。地方行省布政使、都指挥使、按察使与中央民政、军事和监察部门相对应接受中央纵向控制。太平天国运动后行省民政、军事、监察三权被督抚控制住，形成督抚专权新政治权力格局。到清末以君主专制为主轴的帝制政治体制向立宪政体民治政治体系转型，分化和创生现代国家政治结构。

一　政治结构现代性分离的历史背景

　　部族专制政权。清部族特权政治在西方冲击下发生内部变迁。满洲兴起，在明朝政治制度腐败流民起势占据京城之际举兵入关，承袭明制建立部族统治政权。满洲女真起初朝贡明廷，后因部落首领和明朝结下杀父深仇，兼并各部建立后金汗国后复仇。清军来势迅猛，明军抵御不

---

① 参见［美］塞缪尔·P. 亨廷顿《变化世界中的社会秩序》，王冠华、刘为译，上海人民出版社 2008 年版，第 89—98 页。

力，纷纷败退。明军久不习战之兵对抗久经鏖战之金兵，军事卫所指挥作战制度腐坏，地方官不支持。袁崇焕奋力抵抗，孤守关隘，未料遭金人离间，被皇帝罢官诛杀，凌迟处死，兵中无将，溃不成军，金兵进至京畿，围攻京城，志在必胜，士气高昂，明将毛文龙原部下尚可喜、耿仲明判明降清，明军士气低落。明朝知兵战将本可御敌守城，却不能自为于疆场，受官宦权力掣肘，受清议指责，战事无法推进。明外患日急，内乱日增，政治腐败，战备废弛，良将不得用，战略不能定，士气不振。清兵步步紧逼，兵力日增，战斗力日高，战略战术得当，一小部族兴起短短几十年就灭掉大明王朝，昔日宗主国百万大军或溃或降，不堪一击，皆因政府腐败无能使然。明末寇乱，农民军攻灭明廷，继而清军入关占领京城剿灭寇匪，灭南明，平叛三藩，西北腹地归顺，清朝建立。清廷权贵一面打压士人，一面申言不加赋讨好农民，以之稳定统治秩序。其实，即使在所谓康乾盛世赋税也很重，永不加赋令实因户口隐匿难以统计征税，遂不得已而免税。江浙富庶之地积亏日增，名义不加税，但是火耗、私派、平余、浮收、折扣依旧存在，贪婪官吏衙门附随巧取豪夺，民众赋税日增不减。外族入主，士大夫遭黜辱，反抗激烈。清廷打压与怀柔两手并用，用文字狱威慑士大夫，不许言政，严加钳制。同时推崇程朱理学，以之网罗士子读书科考入仕，消磨其以天下为己任的士大夫精神。摊丁入亩仅为讨好民众，非为善政，民无实惠。打压士大夫精神则使得为官者仅为名利，久之腐败不堪，败坏吏治。一个狭隘落后部族欲统治广土众民文化相对先进的汉族，既打压社会文化精英，又愚弄广大底层民众，达到长久垄断政权之目的。[①] 静态农业社会汉人文士精英反叛者难以相互联络组织结社以动员力量推翻统治范围广袤的外族政权，部族专制，排斥汉人。

  清朝中前期君主专制中央集权官僚制的政治结构以满洲部族政治统治为特征，满汉畛域阻止满汉族群认同，导致现代民族国家建构缺乏国族认同基础。清军在明朝衰败之时趁李自成农民军内乱入主北京，乘方兴未艾之锐气平定南明残余势力，再平定汉军降将吴三桂、耿精忠、尚

[①] 参见钱穆《国史大纲》，商务印书馆1996年版，第813—864页。

可喜三人被削藩激怒而掀起的三藩之乱。清廷安抚拉拢汉人士绅地主上层势力，任用汉人文士精英为官，经康熙、雍正、乾隆三世文治武功，达到所谓康乾盛世帝国兴盛的顶峰。在国运兴衰系于一人的君主专制政体下，乾隆年迈昏庸，任用宠臣和珅，奸佞当道，贪污成风，吏治朽坏，王朝衰败。保持满人对高层政权的把持，在满汉复职制中满人占有政治优势，握有实权。皇权在明朝君主专制基础上变本加厉，政权通过开科取士笼络士大夫，借编撰传统经籍清理汉文化，控制思想意识形态。"清代统治的三个组成部分是留作后备的主要军事力量、由天子行使的最高统治权力以及满人对行政机构中汉人合作者的监视。"① 皇权专制、部族统治、控制思想文化是清朝顶层政治结构的基本制度框架。

关外满人以区区数百万人统一广袤白山黑水，向西征服蒙古，向南吞并朝鲜，逢明朝衰微之际乘机入主中原，统治大明江山十八行省，将亚洲内陆腹地蒙古、天山南北和西藏纳入清朝疆域。满人占清朝时期人口总数比例极低，统治近三百年，主要是依靠满人政治统治特权和军队控制权制度化，"满人在中国的主要问题是使自己作为一个有凝聚力的少数民族能够一直掌握权力。他们的人数至多只占帝国人口的百分之二，这是一个十分艰巨的任务，他们不得不保持自己特殊的地位、特权和俸禄，与汉人相隔离来保持他们的种族意识和特性"②。满人能够统治中国内地并产生盛世景象，更多原因在于中国当时的地理环境、社会经济结构和政治文化心理。在国家与社会关系中国家权力由君主和官僚垄断，控制帝国的政治秩序，管理帝国的行政区域。对社会实行消极统治，府州县亲民官主要职能就是维持治安、征税和断案。作为中国农村，农民只要尚能安居乐业吃得饱饭就不生事，不起势。"中国人的国家是一个政治生活由官僚垄断的专制国家，因此无论谁掌握权力，中国的民众都与之不相干。帝国的政府是表面的，仅限于社会上层，而没有深入村庄之中。中国的政体是国家与文化的混合体，其国家部分高度集中而文化完

---

① ［美］费正清、赖肖尔：《中国：传统与变革》，陈仲丹、潘兴明、庞朝阳译，江苏人民出版社2012年版，第198页。
② ［美］费正清、赖肖尔：《中国：传统与变革》，陈仲丹、潘兴明、庞朝阳译，江苏人民出版社2012年版，第196页。

全散布于民众之中。国家可以被一个外来的专制政府所统治,而中国文化生活继续牢牢植根于人民之中。"①

政治权力结构是专制政体,皇帝是绝对权威,在皇权专制方面皇帝一人掌握最高统治权,集军事、政治、行政、立法、司法大权于一身,是宗教首脑和世俗文化的精神领袖,还是意识形态的圣贤之师和科考入仕者的恩主。皇权专制在雍正当朝执政期间正式制度化,集权达到高峰,雍正剥夺皇族亲贵的军事指挥权和干政权,由内务府管理皇家事务,宗人府控制满人行为,使用密折制度直接收集政治情报,鼓励告奸,造成朝臣互相猜忌人人自危的恐惧心理,从而对皇帝俯首听命。1729 年建立军机处作为决策咨询机构,由皇帝最亲近的谋臣组成,直接与皇帝商讨计谋,处理重要政务,取代内阁的决策职能,内阁只处理日常事务。军机处是在对付西北叛乱中由雍正密派重臣有效掌握军权而产生的,之后雍正为了排斥满族亲贵干政,巩固皇权,就保留军机处作为权力核心,协助他作机密性决策,独裁集权。明太祖废相集权之后指定大学士组建内阁来协助皇帝决策,军机处作为决策中枢之前内阁是中央政府中最重要的辅助皇帝决策机构,军机处建立后内阁大学士成为虚衔,内阁仅咨议参谋,没有决策权,也不是行政机构。至高无上的皇权名义上要接受儒家道统赋予的义务,受到儒家伦理观念和传统惯例的限制,要按照儒家信条修德行善,以民为本,施行仁义,遵守礼仪,不违祖训。② 行政官僚机构沿用明朝的六部制形式,在此政治结构制度体系内实行满汉复职制,满汉双轨,共同负责,实际上是满人掌权保持满人的政治优势。在行省主要总督、巡抚互相节制,职位由满汉官员平分。督抚对其下的布政使、按察使、学政、府州县官都没有人事任免权,只在行政事务上接受指令。省级之下的府州县一般是汉人士绅出任官吏,外地的知县长官和本地通晓政务的衙门胥吏合作,负责维持治安、断狱、征税交政府,收取陋规归自己。郡县官僚制将皇权渗透到县级,之下乡镇由县政府六

---

① [美] 费正清、赖肖尔:《中国:传统与变革》,陈仲丹、潘兴明、庞朝阳译,江苏人民出版社 2012 年版,第 198 页。

② 参见 [美] 徐中约《中国近代史》,计秋枫、朱庆葆译,世界图书出版公司 2008 年版,第 35—39 页。

房衙门胥吏和地方乡绅共同治理。进入官僚体制的官僚和尚未补缺的体制外乡绅内外联合,由共同利益和儒教连接成为地方政治精英统治同盟。皇权不下县并非事实,不存在类似欧美的地方自治,政府实施保甲制利用村民相互监视来维持乡村治安,防止叛乱,实施里甲制征收田赋丁税,政府权力渗透到乡村基层控制乡村汲取资源。农民但求吃饱穿暖,屈服于官府淫威,消极顺服,养成臣民心态。"清政府实行了一种将帝国控制力扩展到社会最底部的巧妙方法。这个方法就是通过基层管理,利用当地居民来约束他们自己,与此同时则削减了地方政府的开销,并排除了任命官员的需要。"① 君主专制制度一直沿袭到预备立宪时期,皇族内阁保留皇族亲贵统揽大权的同时建构立宪政体责任内阁新制度形式,辛亥革命发生迫使清廷任命北洋军政势力统帅袁世凯重组完全责任内阁,终结皇权专制政体。

清军入关前后主动学习明朝的政治制度和汉人文化,以开放的姿态模仿汉人,但是随着平定江南削平三藩之乱,征服西北,控制中亚,疆域空前广袤,统治者思想观念变得封闭保守,自雍正发布禁教令起,对自明朝中后期就与中国交往频繁的西方关上国门,朝廷走向闭关锁国。在孤立的世界中,在短暂的盛世表象下做着天朝上国的迷梦,"十全老人"乾隆帝不知道在清王朝繁荣顶峰的表象下早已经潜藏着内部动乱的危机,等在大门外的英吉利坚船利炮正在虎视眈眈整装待发,谈判通商失败就武力征服。"以商业立国"的西方国家不满足于广州贸易体系所能提供的狭小市场空间,清廷拒斥西方的市场开拓和国际邦交规则体系,对立紧张引发鸦片战争,清王朝被迫开放通商口岸,容许传教,西方文明在沿江沿海城市登陆,通过一系列条约的先后签订,被卷入欧美现代民族国家主导的世界体系。在西方的冲击下清朝逐渐脱离传统,开启现代化。现代化是经济发展、社会结构分化、公共领域和市民社会形成、价值观念转换,政治参与提高一系列变量指标相互促进的过程,政治现代化主要目标在于建构现代民族国家,对于清朝而言就是传统帝国政治

---

① [美]徐中约:《中国近代史》,计秋枫、朱庆葆译,世界图书出版公司2008年版,第344页。

体系向现代民族国家政治体系的转型，从专制向民治的转型。清朝政教传统和政体类型形成路径依赖，但是以欧美现代国家形态作为参照顺应传统向现代转型大趋势是不可抗拒的，固守现状或者回到传统都不可能，必须应时而变，扭转传统路径依赖。"西方国家的全球性政治扩张，以及起源于欧洲的资本主义制度所导致的经济变革，是推动两百年来世界历史发展的最强大力量。在今天，如果离开民族国家的形成与资本主义的发展这两大进程，就很难去想象欧洲的历史。西方之外的地区，由于原先不存在民族国家和资本主义，所以只有等到欧洲影响所及时，才进入世界历史洪流。"① 欧洲之外其他文明体系文化多元性和政治单位独特性遭遇欧洲资本与政治扩张带来的冲击摧毁，失去本土文明体系的完整性、连续性和独立性，被卷入全球化浪潮，开启不同于以往的现代化发展新路径。西方世界文艺复兴后发生的科技革命、工业革命、政治革命使得资本主义工商业经济体系和现代民族国家形式随着西方列国在全球的强势扩张而具有世界性。"到1700年，西欧国家已经发展形成了它自己独特的政治模式，这种模式决定了今天普遍实行的国家结构。"② 清朝末期的新政立宪正是建构现代民族国家政治结构的起点，满人在传统儒家伦理政治秩序中统治凡二百余年，在西方世界尚未延伸到国门面前时还能统治此基本上算是长期与外界孤立的静态农耕文明国度，专制皇权和部族集权甚至还可以创造盛世气象。待西力东渐，西方列强作为外部势力强势冲击旧政治秩序，社会经济文化体系解体，新观念冲击旧古训，政治体系的传统功能不能适应现代化需要，无法应对新事件新事物，产生累积性持续性政治危机。在政治与行政权力主导型国家，国运日衰，责任在于清廷当局。清朝的掌权者必须应对社会变革的时代要求，但是缺乏现代法政知识，幻想立宪的同时保住对政权的持续垄断，"大权统于朝廷"。但是形势比人强，变革刻不容缓，就算是虚假的维新也必须做出真变革姿态。历史结果是很难由发动者的主观意愿控制的，一旦大转型

---

① ［美］王国斌：《转变的中国：历史变迁与欧洲经验的局限》，李伯重、连玲玲译，江苏人民出版社2010年版，第1页。
② ［美］约瑟夫·R. 司徒雷耶：《现代国家的起源》，华佳、王夏、宗福常译，上海人民出版社2011年版，第59页。

"历史之三峡"的闸门打开,也就堵不住了,江河就必然汇流向海洋。清廷皇族亲贵就算是虚假的预备立宪计划也催生了社会的立宪期望,谘议局一开,地方议会一设立,社会各界就要求中央资政院召开国会,发生"假维新中的真变革",参政势力要求清廷颁布宪法,召开国会,重组责任内阁。当政治体系外这些要求受到清廷高层政治精英们拒绝时,变革的期望严重受挫,民心尽失,统治的正当性一下子就丧失殆尽,士绅转向同情革命。作为地方政治精英的立宪派绅商士庶对君主立宪变革成败举足轻重,立宪期望受挫就转向态度冷漠,怨声载道,革命事件发生就转向支持革命。部族专制王朝至此既无合法性也无统治实力,无意间偶发的一次武昌兵变就立即得到南方十余省的独立光复响应,致命一击,悄然毙命。王朝一垮,君主立宪变革就完了,在动荡摇晃的政治失序中国会、责任内阁都难以正常运转,各种政治势力重新分化组合,勉力建构各方都认可的民治政治结构和运行规则。初创民国长久处于摇晃之中难以巩固,但是现代国家政治结构的基本制度形式和运作规则还是在千年专制帝国的肥厚土壤中播种生根,改变千年帝制路径依赖。

二 政治结构分离的基本原则:三权分立制衡

政治变革从行政改革开始,预备立宪从官制变革入手。官制改革目标是要建立现代国家行政官僚机构,适应现代性政策创制与执行需要,推动政治体系整体性转型,"更张必分乎次第,创制贵合乎时宜,乃可外访良规,内成善法",基于现实条件依循立宪国的通例,采择西法良善者改造旧制度。朝廷谕令厘定官制的宗旨是要"参照君权立宪国官制厘定,以符合圣训而利推选",在预备立宪初期率先变革行政与司法,"现拟官制应就行政、司法各官,以此厘定,凡与司法、行政无甚关系之衙门,一律照旧"。旧制度事无专责,人无专事,互相推诿,效率低下,亟须厘定官制,实现"官无旷位,事有专司,以期各负责任,尽心职守"变革目标。依据现代国家权力分立制衡基本原理和宪制秩序制度规范厘定官制,与立宪国接轨,"立宪国通例,具分为立法、行政、司法为三权,各不相侵,互相维持,用意最善。立法者,议院公议全国通行的法律而奏请君主裁定颁行之事也。行政者,阁部按法律命令而施行国家之政务也。

司法者，裁判官纠判臣民有无违背法律命令之事也。三权分立而以君主大权统之，现在议院遽难成立，先从司法、行政厘定，采用君主立宪国制度，以仰合大权统于朝廷之谕旨"，① 在君主大权统率之下行政、立法、司法三权分立制衡。宪政编查馆在厘定官制时参照西方立宪国家三权分立，权责明确的政治经验来审视旧官制的弊端，"立宪国官制，在立法、行政、司法三权并峙，各有专属，相辅而行，其意美法良"，反观自身则积弊深重权责不定，一是权限不定，功能模糊，角色混乱，一官员兼有多种不同性质的权力，责任不明，效率低下，弊病丛生，"以行政官而兼有立法权，则必有借行政之名义创为不平质法律而未协舆情。以行政官而兼有司法权，则必有循平时之爱憎，变更一定之法律，以私意为出入。以司法官而兼有立法权，则必有谋听段之便利，制为严峻之法律，以肆行武健而法律寝失其本意，举人民之权利、生命遂妨害于无形，此权限不分，责成不能定者一也"。二是职任之不明，数人共任一职，冗员浮于事，术业无专工，名不副实。解决问题之道在于"参列邦规制之善，为主义而尤以清积弊，定责成，渐图宪政成立为指归"，依照三权分立制衡原则从帝制政治体系中分离或者创设新的国家行政、立法、司法机关，"首分权以定限，立法、行政、司法三者，除立法当属议院，今日尚难实行，拟暂设资政院以为预备外，行政之事，则专属之内阁，各部大臣，内阁有总理大臣，各部尚书亦为内阁政务大臣，故分之为各部，合之皆为政府，而情无隔阂。入则参阁议，出则各治部务，而事可贯通。如是，则中央集权之事成，而政策统一之效著。司法之权，则专属之法部，以大理院任审判而法部监督之。与行政官相对峙，而不受节制。此三权分立之梗概也"，在立法机关议会尚不具备建构条件时先设立资政院，设立责任内阁统率中央各行政部门实现行政权集中，大理院成为最高法院专司审判。创建资政院、审计院，保留传统的都察院，监督行政权力，防止其滥用，"有资政院以持公论，有都察院以任纠弹，有审计院以查滥

---

① 《编纂官制大臣奏厘定官制宗旨折》，《大清新法令（1901—1911）》第一卷，点校本，商务印书馆2010年版，第673页。

费，亦皆独立，不为内阁所节制而转并监督阁臣，此分权定限之大要也"①。清廷仿照日本明治维新推进立宪变革，认为采用日本大权君主立宪制顺应时代潮流以挽救政治危机，保留君主大权统御三权，力保君权不堕落，万世一系，永久世袭。清廷主导的预备立宪计划在保守君上大权和政治结构分权二元紧张之间踟蹰前行，朝廷满人亲贵借立宪收回兵权、财权的权谋并不能阻挡住政治变革的历史车轮滚滚向前。

政治精英渴望通过立宪实现富国强兵，打算按照立宪国家的政治权力结构改革旧官制，主流舆论希望从君主专制郡县官僚制一步跨越，建构现代国家立宪政体政治权力结构，"改定官制既为立宪之基，自以所定官制与宪政相近为要义。按立宪国官制，凡立法、行政、司法之权并立，各有专属，相辅而行"②。将官制变革作为立宪的基础，按照立宪国三权分立宪制规范从旧官制中分离出现代行政与司法机构。官制改革不是单纯的行政机构改革，而是牵涉整个帝制专制政权及其地方基础权力结构。传统地方政治权力结构没有发生现代性分化，在府州县更是结构简单，功能融合，权限不分，行政官府兼有司法审判权，弊端重重，祸害无穷，导致个人自由遭受压迫，三权分立思想成为舆论界的通识，成为立宪变革的指导思想。要用现代国家三权分立基本理念变革延续千年的传统政治权力结构，"立宪之国于立法、司法之外首重行政，而行政官厅之组织不外乎统一机关，划分权限为入手两大方针。机关不统一，必有复杂凌乱之机，权限不划分则必有纠葛纷争之弊"③。依照三权分立制衡权责明确的原则，帝制政治体系中央层级政治结构分化为行政机构责任内阁、立法机构资政院（国会的预备机构）、司法机构大理院。中央政治权力结构分离过程中发生满汉政治权力与利益博弈，清廷借组建责任内阁之机收回地方督抚军事、政治、财政权力，满人占据责任内阁总理大臣职位，控制十一个行政部门中的八个，排斥汉人，组建的是皇族内阁，但责任

---

① 《总核大臣奏厘定京内官制折》，《大清新法令（1901—1911）》第一卷，点校本，商务印书馆2010年版，第674页。
② 《庆亲王奕劻等奏厘定中央各衙门官制缮单进呈折》，《清末筹备立宪档案史料》，中华书局1979年版，第462页。
③ 《论外省官制与中央官制之关系》，《大公报》1911年2月26日。

内阁的制度形式安排和各部长官尚书负责制是符合现代官僚行政机构的制度规范的。在行省地方，谘议局作为准立法机构制约督抚行政权，在府州县成立自治机构议事会与参事会，扮演地方议会的立法、预算、监督功能，代表社会监督地方政府行政权。地方司法权从原先混合的官府行政衙门里面独立出来，建立基层初级与高等审判厅、检察厅作为独立的司法机构。中央资政院与地方自治机关将在野绅商士庶的参政权制度化，集聚社会力量来制约政府行政权，立法权监督行政权，改变政治权力结构。新成立的司法机构大理院作为全国最高法院独立行使审判权，"平反重辟，审决狱成"，地方层级审判厅取代传统的府州县官府衙门断案。从中央到地方，立宪政体权力分立制衡运行规则从思想观念转化为行动，建立起现代国家政治权力结构的雏形，推动现代国家建构进程。

第三节 建构现代国家基本政治制度结构

一 推动旧官制变革和建构责任内阁

传统官制向现代行政、司法体制转型是现代社会经济发展的客观需要，是专制政体向立宪政体转型的制度基础。明清统治者在秦汉以降郡县制基础上设置行省行政区划控制地方，加强中央集权，保持政治秩序稳定，维持帝国的统一和安定，"政逮于大夫"，"陪官执国命"。建立在农业文明和宗法社会之上的"两千年官吏与农民的国家"，王朝兴衰循环，政治制度结构亘古不变，被黑格尔称之为没有时间，没有历史的"空间的国家"，传统官制的功能主要是维持统治秩序。到了近代被动卷入西方国家主导的世界体系之中，重在维系政治秩序而疏于社会与经济管理的传统官制不再具有适应性，传统官制结构简单，功能单一，不能适应日益复杂的社会经济治理需要，必须向现代行政管理体制转型。王亚南先生基于西方现代国家成长阶段产生官僚制的经验，认为官僚政治是专制政治的副产物，中国的官僚政治是以地主经济为基础的，是君主专制的执行机构，具有延续性、包容性和渗透性。在鸦片战争前后随着现代性工商业的发展而发生转型，但是转型速度很缓慢，"中国旧型的封建官僚政治，虽然逐渐为其自身在新国际关系中的矛盾要求、为帝国主义的矛盾政策,以及为从那些矛盾孔隙中逐渐增长起来的新兴经济政治力量、社会力量所冲销了、改变了,但毕竟为它所寄托的农村封建社会经济基础始终只有动摇、分解而不曾根本变革,同时又因帝国主义在中国一直需要维系既成统治,以保障并扩增其既得利益,于是在经过多少次政治风波后,我们即使还是在受着封建官僚的支配,但它已具有另一种形态和另一种特质"①。王亚南先生认为旧官制在西方冲击下发生现代性转向,晚清到辛亥革命期间是旧官僚政治的覆败期,之后到抗战前是推荡接续期,战后才是新官僚政治的成长期,他在中西官僚政治的比较中认为新官僚政治成长是伴随着西方冲击而产生的。② 传统官制的现代转型方式历经洋务运动以降自发性诱致型制度变迁和预备立宪期间强制型变迁两个阶段。官制变革在洋务运动时期初见端倪,模仿西方工业技术启动中国工业化的洋务派官僚在旧制度之外建立洋务管理机构作为制度供给方案。官制变革在洋务运动期间就萌芽,应洋务运动而生,江南制造局、天津机器局等官办企业管理机构是起初的制度供给。洋务派镇压太平天国运动之后兴办军事工业和民用工业,在天津、南京、武汉创办机器局,各类局所遍布沿江沿海通商口岸城市,但是这些临时添设的工商业管理机构并不是传统官僚制的衍生物,建制很灵活,由督抚根据现实需要设置,人事、行政权掌握在督抚手中,有利于扩大督抚权力总量,使得传统内外相维上下相制的权力结构向督抚倾斜。预备立宪时期外官制变革与内官制变革互相推动,在行省一级设置司道官僚机构将之前的各类局所整合归并为建制规范化统一化的现代科层制行政管理机构。早先建立局所是自发的诱致性制度创新,创新的动力源是官僚精英要应对内忧外患,适应管理现代工商业的需要,促进地区利益。督抚权势和管辖区域利益边际递增促进局所管理机构形成。预备立宪时期仿日立宪,官制变革成为预备立宪的首要环节,中央与行省地方官制先后由官制编纂馆、宪政编查馆和内阁法制院负责规划设计后在全国推行,制度性变迁方式转换为强制性制度变迁,变迁的动力源是朝廷和地方督抚政治精

---

① 王亚南:《中国的官僚政治研究》,商务印书馆2010年版,第160页。
② 参见王亚南《中国的官僚政治研究》,商务印书馆2010年版,第161—195页。

英的权势博弈，在地方分权和中央集权抉择过程中各方都在追求边际利益递增。地方政治精英掌握着现代工商业经济权力和地方军事权力，督抚士绅要在官制变革中确保既得权势，扩张权力，朝廷要收束地方财政税收和军事权力，中央和地方发生利益冲突，难以在利益冲突中达成平衡，在中央和地方权势竞争中推动官制变革。中央与地方权力博弈造成政治权威合理化困境，形成政治结构性变革的路径依赖。世界民族国家体系带来的外部国际压力是政治结构分化的动力，总理衙门改为外务部就是按照《辛丑条约》办理的，设立新行政官僚机构来管理国门敞开后发生的现代性新事物，处理国际外交事务和通商事务。新旧机构新陈代谢，改革的发起者主要是朝廷中央高层和行省督抚与绅商，"北京的改革一般是由新机构发动的，这些新机构或设在政府的旧部门中或处于其管辖之下。随着新机构的日益强大，旧衙门便败落下去"，"在北京建立新的机构比在全国推行新政容易"。①

中央旧官制变革目标是建立由责任内阁统一行使行政权力的科层制行政官僚机构。历朝末期官僚机构都会膨胀，叠床架屋，互相牵掣，清朝亦复如此，衙门之间权限模糊，多个机构共管一事，实际上没有机构负责，一人兼任多项职务，其实精力不济，专业事务委诸幕僚胥吏，滥用权力，滋生腐败。中央和地方之间权限不明，清初督抚职责是中央派驻地方监督行省布政使与按察使，到乾嘉时代演变成为地方最高军政与民政长官，控制布政使、按察使权力，单独对朝廷负责，维持皇权专制中央集权内重外轻的权力格局。督抚在镇压太平天国运动过程中获得征收厘金地方财政税负权，在地方军事化过程中手握重兵的督抚军事权力远远超过一直支撑着清朝政权的旗兵、绿营旧式军队。地方督抚权势在兴办洋务运动过程中增加经济权力，扭转权力分配格局，外重内轻，在地方分权与中央集权博弈过程中地方处于优势，中央和地方权力争夺冲突不断，权限与责任不明确。官衙内部官员之间权责模糊，满汉双轨，多个长官共同负责一事，结果是见利就捞，遇事就躲，互相推诿，人浮

---

① ［美］费正清、赖肖尔：《中国：传统与变革》，陈仲丹、潘兴明、庞朝阳译，江苏人民出版社2012年版，第358页。

于事，无人负责，"中国现行官制，中央各部尚书似为主任官，而侍郎则其辅佐官也。惟是尚、侍职处平等，既不能受其指挥，即不可命为辅佐。而一部之中有二尚书、四侍郎，又加以管部的亲王、大学士，则以一部有七主任官矣，绝无分劳赴功之效，唯有推诿牵掣之能，官制之弊，莫此为甚"①。旧官制结构、功能与角色混乱，积弊深重，阻碍现代化政策创制。变革旧官制"要旨惟在专责成，清积弊，求实事，去浮文，期于厘百工而熙庶绩"②。仿照日本明治维新经验实施预备立宪国策，选择官制改革作为突破口。中央与地方官制变革方向一是调整政府结构，增加政府的现代经济社会管理功能，以适应现代化政策创制与执行的需要；二是分科治事，由专门的行政机构来执行专业化的行政管理功能；三是责权明确，废除满汉双重长官制，权力和责任对应，由具体的角色负责具体的职守。

庚子事变之后清廷重启变法，实施新政，在官制变革方面设立外务部、商部、巡警部、学部，以之适应国际外交、发展工商业、维持社会治安、办新式学堂的现代化需要。设立财政处整理财政，设立练兵处负责编练新军。新政期间设置的新式行政机构具有现代官僚制的特征，在科层化和专业化方面与旧制度中的吏、户、礼、兵、刑、工六部存在功能性差异，人事任命摆脱满汉复职制，不再设置满汉两尚书、四侍郎，满汉双轨分缺制被废止，单一行政长官尚书单独负责，设左、右二侍郎辅佐，权责明确。新任职官多数是受过新式教育的专业人才，虽然商部尚书载振是不学无术的权贵纨绔子弟，但是侍郎伍廷芳，右丞唐文治接受过现代教育，留洋海外，熟悉商务。学部新任辅佐官员严修、罗振玉、张元济、李家驹、范源濂、陈玉泉是具有现代专业知识的教育家。

预备立宪期间拟定现代行政机构改革方案，中央官制变革目标是建构责任内阁制统率行政官僚机构对皇帝和即将成立的立法机关国会负责。五大臣出洋考察宪政归来，变革派与守旧派争论后达成妥协，朝廷宣示预备立宪，从变革官制着手。端方、戴鸿慈归来即上奏《请改定全国官

---

① 《清末筹备立宪档案史料》，中华书局1979年版，第370页。
② 《清末筹备立宪档案史料》，中华书局1979年版，第471—472页。

制为立宪预备》，奏请变革内官制，立宪之前仿行日本明治维新之成例，先行变革官制，建构责任内阁，厘清中央和地方权限，中央各部衙门职官设置主任官一人，辅佐官两人，明确责任。必须革除原来长官众多而无人负责的弊端，"六七堂官之制，必须首先更改。最善者迳采各国之制，定位一大臣，一次官，大臣负阁臣之责成，次官综一部之庶务"，"如商、学、警三部成例，设一尚书、两侍郎，不置管部大臣，以尚书为主任官，而侍郎为之辅佐，受其指挥"，裁减归并现有各部衙署，裁除闲散机构，按照功能整合为内务部、外交部、财政部、兵部、法部、商部、交通部、殖恳部、学部九个现代性行政管理部门，"九部者为一国最高行政官署，总于内阁，如各国责任内阁之制。九部长官皆为阁臣，加以总理大臣、左右副大臣，为十二人。上之代皇太后、皇上负责任，下之各率其职，尽力于本部，是为中央政府之制"①。朝廷采纳奏章，于朗润园成立官制编查馆，委派王公大臣领衔，由直隶总督袁世凯负责编纂新官制，重要省份督抚派司道大员来京参议，具体负责起草、评议、考订、审定工作的人是一批留日学习法政知识的精英才俊金邦平、张一麟、曹汝霖、陆宗舆、周树模、钱能训、吴廷燮等人。对官制改革方案进行激烈争议，持激进、缓进、反对、支持各种态度者各抒己见，争议核心是责任内阁制的设置问题，主张者认为设置责任内阁是立宪国的通例，欲立宪则不可回避，在各部之上建立责任内阁总其成，对皇帝负责，待国会成立后对国会负责，责任内阁作为中央政府领导、指挥、协调各部行政行为。各部尚书入阁，打破中央各部与地方督抚平行的旧规制，责任内阁指导监督地方督抚疆寄，将地方督抚置于中央责任内阁管辖之下，由中央政府主导地方行省，收束地方政治精英既得权力，中央政治变革预期边际利益增加。反对者认为设置责任内阁制具体负责将会架空皇室权力，削夺君主大权。在众多分歧中达成官制变革草案，设置责任内阁成为共识，内阁由总理大臣一人负责，"秉承圣谟，翊赞机务，平章内外政事"，由两左右副大臣辅佐之。各部设一尚书负责，设两侍郎辅佐尚书。将新政期间设置的政务处改为资政院，增设集贤院、审计院、行政

---

① 《清末筹备立宪档案史料》，中华书局1979年版，第367—383页。

裁判院、大理院，保留都察院，六院和责任内阁并立，责任内阁是行政机构，大理院是司法审判机构，资政院是立法机构。官制变革方案是仿照日本大权君主立宪制建构皇权之下三权分立的基本制度结构，建构现代国家政治权力结构一般模式。由于官制变革草案涉及君权与责任内阁权限的重新划分，提交朝廷请旨定夺时，朝廷当家人皇太后慈禧担心责任内阁执掌行政权将架空皇权，否定了责任内阁制，但是虑及自己年高，掌权之日不多，同意采取缓进手段逐步建立责任内阁制。高层政治派系权势之争影响变革进程，军机大臣瞿鸿禨、岑春煊派系与袁世凯、奕劻派系发生权力之争，演化为丁卯政潮，瞿鸿禨被开缺回籍，岑春煊被调任云贵总督，但是未赴任，此时瞿鸿禨知道奕劻将出任责任内阁总理，袁世凯出任副总理，奕劻是袁世凯的傀儡，实质上是袁世凯主政，瞿鸿禨向最高统治者密奏说责任内阁制与军机处根本不同，军机处仅是皇帝决策的咨询机构，责任内阁制下内阁将具体执掌一切行政事务，代皇帝对国会负责，皇帝不负责任，这将会削夺皇权，太后将无权。这触动太后对清廷大权旁落的本能性隐忧，太后至少在有生之年还能掌握君主大权时不愿实行责任内阁制。瞿鸿禨以缓行官制变革作为变通办法，建议不遽设责任内阁，改军机处为政务处，军机大臣、各部堂官轮班值守，侍候皇太后召对。① 官制变革建立具备促进现代化新功能的新式行政机构共十一个职能部门。一部分旧机构照旧不变，"内阁、军机处一切规制，著照旧行"，"宗人府、内阁、翰林院、钦天监、銮仪卫、内务府、太医院、各旗营、侍卫处、步军统领衙门、顺天府、仓场衙门，均著毋庸更改"，② 毋庸更改的机构除军机处是核心部门外，其余基本是闲散机构，权力过于小，与现代事业发展关系不大。改组和新建民政部、度支部、学部、陆军部、法部、大理院、农工商部、邮传部等十一个具有推动现代事业的发展和管理功能新部门，"巡警为民政之一端，著改为民政部。户部著改为度支部，以财政处并入。礼部著以太常、光禄、鸿胪三寺并

---

① 参见瞿鸿禨《复核官制说帖》，《瞿鸿禨奏稿选录》，周育民编：《近代史资料83号》，中国社会科学出版社1993年版。

② 《清末筹备立宪档案史料》，中华书局1979年版，第471—472页。

入。学部仍旧。兵部著改为陆军部，以练兵处、太仆寺并入。应行设立的海军部及军咨府，未设之前，均暂归陆军部办理。刑部改为法部，专任司法。大理寺著改为大理院，专掌审判。工部著并入商部，改为农工商部。轮船、铁路、电线、邮政应设专司，著名为邮传部。理藩院改为理藩部"①。建构比较完整的国家行政机构体系。大理院是审判机构，和缓进设立的准立法机构资政院，责任内阁一起构成现代国家立法、司法、行政三权分立的基本政治制度结构。各部堂官设置不再是满汉复职无人负责，而是尚书一人负责，责任明确，"各部堂官均设尚书一员、侍郎二员，不分满汉"②。军机大臣数量减少，除奕劻、瞿鸿禨留任、世续补作军机大臣，林绍年著军机大臣学习上行走外，其余军机大臣鹿传霖、徐世昌、荣庆、铁良转任尚书，专管部务。各部尚书均参知政事，任参与政务大臣，"其各部尚书均著充任参与政务大臣，轮班值日，听候召对"③。

政治结构现代性分化的目标是要将传统六部制改组为现代国家行政官僚机构，在中央各行政部门之上组建责任内阁来总揽各部，统摄全局协调各部行政行为，做到机构统一，责权明确，各司其职，相互配合。晚清行政官僚机构的功能只能勉强维持农耕社会政治控制的需要，不能适应在西方冲击下步入现代工商业社会的现代性变迁。行政改革正是要改变官僚制度机构臃肿、权责不明、功能重叠、官员无能、卖官鬻爵、腐败成风积弊深重现状，创建具有管理农工商业，治理社会，提供安全、秩序、繁荣公共产品新功能的现代行政机构。在1905年前新政期间就废除一些陈旧的官僚机构，如裁汰各官署书吏差役，废止捐纳，将詹事府并入翰林院，撤销云南、湖北、广东的巡抚建制，撤销漕运总督、东河道总督。同时为适应新学制变革、创办新学堂、发展实业、国际外交和编练新军的现实需要而创设新政府行政机构督办政务处、学部、商部、外务部、练兵处、巡警部。④ 原先在旧衙门中设置的新机构渐渐获得了新

---

① 《清末筹备立宪档案史料》，中华书局1979年版，第471—472页。
② 《清末筹备立宪档案史料》，中华书局1979年版，第471—472页。
③ 《清末筹备立宪档案史料》，中华书局1979年版，第471—472页。
④ 《清末筹备立宪档案史料》，中华书局1979年版，第326页。

功能，在 1906 年预备立宪变革谕令发布后独立成新机构，取代了原来的部门。厘定官制作为立宪的准备，清廷特派满人变革派重臣载泽编撰新官制，由庆亲王奕劻核定，力求因时制宜做到法良意美，"专责成、清积弊、求实事、去浮文，期于厘百工而熙庶绩"。将旧行政机构归并入新部门，巡警部改为民政部，财政处并入户部，户部改为度支部，各部尚书著充参预政务大臣，但是皇太后慈禧决定旧决策辅助机关军机处毋庸变革，吏部规制著照旧行；太常、光禄、鸿胪三寺并入礼部；外务部、学部持续变革；兵部改为陆军部，练兵处、太仆寺并入陆军部，筹备成立海军部与军咨府；为建构现代司法审判制度而将刑部更改为法部，掌握司法权，负责建立和监督地方司法审判机构审判厅和检察机构；将原先与刑部分享部分审判权的大理寺改组为大理院，集中掌管审判权，为终审法院；为适应现代工商业管理需要而将工部合并到商部，更名为农工商部；创设邮传部管理轮船、铁路、电线、邮政；理藩院改为理藩部，处理满蒙回藏地区边疆归附中心相关问题。废除满汉双轨制，各部设尚书一员，权责统一，设侍郎二员辅助尚书。职位设置改变原来的满汉复职制，尚书负责，侍郎协理，权责明确。[①]

按照君主立宪国责任内阁统揽行政权通例撤除原来辅佐皇帝决策的军机处和旧内阁，组建新式责任内阁作为中央权力结构中的行政中枢，代表中央政府，内阁总理大臣总揽政务负全责，设置两名协理大臣，各部长官作为当然成员入阁担任内阁政务大臣参与决策。设置提调局、制诰局、庸勋局、编制局、统计局、印铸局六个局作为内阁办公机构分职办公，处理案牍庶务。[②] "内阁政务大臣共十四人，均辅弼君上，代负责任。总理大臣一人，秉承圣谟，翊赞机务，平章内外政事。凡用人、行政一切重要事宜，均由该大臣承旨施行。除立法、司法各官外，所有行政各官，该大臣皆有表率之责，并有督饬纠查之权。"[③] 内阁在君主主权

[①] 参见《大清新法令（1901—1911）》第一卷，点校本，商务印书馆 2010 年版，第 38 页。
[②] 参见《内阁属员官制》，《大清新法令（1901—1911）》第一卷，点校本，商务印书馆 2010 年版，第 681 页。
[③] 《内阁官制初议草案》，《大清新法令（1901—1911）》第一卷，点校本，商务印书馆 2010 年版，第 680 页。

下对具体政务负责任,内阁总理大臣作为最高行政长官统率各部政务大臣,督饬各部行政长官执行政务。司法、立法机关与行政机关分立,不受内阁节制。各部长官尚书专司一部政务,权责明确,负责任,不兼职。各内阁大臣对事关全体和与本部行政事务相关的政务决策有署名的责任。法律草案、预算、决算、军国大事、外交缔约、部长任免黜陟、部际争端、臣民陈请及奉旨交议的重要事件由总理大臣主持阁议议决,"中央政府即以各部行政长官会和而成,盖一国之政至为殷繁,非有分司之官以各任其责,则丛脞必多,而庶政之行尤贵划一,非有合议之地以互通其情,则分歧可虑。故分之则为各部,合之则为内阁,出则为各部长官,入则为内阁政务大臣"。内阁与君主权力关系是内阁"秉承圣谟"负实际责任,君主神圣不可侵犯,发布谕旨指示而不负责任。君主作为国家元首拥有君上大权,承天命居中心治天下,是最高政治权威,总理大臣是连接内阁和君主的枢纽,"仰承圣裁","内阁既总集群卿,协商要政,而万几所出,一秉圣裁,不可无承宣之人为之枢纽,故设总理大臣一人,以资表率","且夫君主神圣不可侵犯,各国立宪之通例。善则归君,过则归己,昔我先正之格言。是以发纵指示之权,操诸君主,而承旨施行之责,端在臣工。故内阁各大臣,不可不负责任。人有专事,事有专司,无兼营并鹜之虞,乃有趋事赴功之效,故内阁大臣不可以兼充繁重差缺"。① 预备立宪时期清廷君主有大权,权责分离,有权无责,内阁代君主承担过错。武昌起义后滦州新军将领联名发布政纲要求清廷君主放弃大权还政于国民,实行立宪国君主不负责任的虚位君主立宪制,实权归责任内阁。责任内阁代君主对国会负责。完全责任内阁开始运行,君权下放,君主专制政体终结,内阁作为中央政府统一行使国家行政权,各部长官负责本部庶务,权责明确,各有专司。内阁依循立宪国惯例仰承圣意负责具体行政事务。

变革派政治精英依照责任内阁统率中央政府各行政部门对国会负责的君主立宪国通例推动清廷君主专制政体向虚位君主立宪制转型。变革

---

① 《厘定内阁官制总说帖》,《大清新法令(1901—1911)》第一卷,点校本,商务印书馆2010年版,第677页。

派政治精英袁世凯等等汉臣实际上控制变革过程,名义上赞同建立二元制大权君主立宪制,实际上在行动方向上是建立虚位君主立宪制,建立代替君主对国会负责的完全内阁责任制,国务大臣掌握实权,名义上是大权君主下的三权分立政治结构,实际上是责任内阁总揽实权的虚君立宪制。虚位君主立宪制符合汉臣政治精英的预期利益,虚君立宪事关满汉政治利益再分配,袁世凯深知渐已老去的朝廷当家人慈禧太后不能再长久宠眷自己,失去最坚实可靠的后台保护伞,在戊戌政变中和他结下深仇大恨的光绪皇帝一旦重新亲政就对自己十分不利,在致世兄袁世勋的家书中表达了他的隐忧:"朝中公正老臣都已谢世,朝政尽入贵胄之手,弟此次得跻高位者,赖有太后之宠眷耳。然而慈宫春秋已近,犹如风中之烛,一旦冰山崩,皇上独断朝政,岂肯忘怀昔日之仇,则弟之位置必不保。目前得过且过,太后苟有不测,弟即辞官归隐。"① 一旦虚位君主立宪制建成,就算太后驾崩,光绪亲政,对袁世凯也没有致命威胁了。袁世凯在编订官制改革草案时就力主建立责任内阁制,认为原有官制权限不分,职任不明,名实不副,要变革就需要"旁参列邦规制之善为主义,而尤以清积弊,定责成,渐图宪政成立为指归",中央政治权力分离为立法、行政、司法,"行政之事则专属之内阁各部大臣,内阁有总理大臣,各部尚书亦均为内阁政务大臣,故分之为各部,合之皆为政府,而情无隔阂,入则参阁议,出则各治部务,而事可贯通。如是则中央集权之势成,而政策统一之效著。司法之权则专属之法部,以大理院任审判,而法部监督之,均与行政官相对峙,而不为所节制。此三权分立之梗概也",② 三权分立,各专其责,实现政治结构现代性分化和功能专门化。总理大臣作为内阁总理,统率群臣与各部尚书一起组成中央政府,具体负责处理政务,可收中央集权、政令统一之效。袁世凯以为这符合清廷削夺督抚权势实行中央集权的政治利益,但是并没有得到朝廷照准。1907 年,袁世凯密奏朝廷立宪十件大事,国信必须昭彰、人才必须善任、

---

① 《袁世凯家书》,台北:"中央研究院"近代史研究所编印 1990 年版,第 42—43 页。
② 《庆亲王奕劻等奏厘定中央各衙门官制缮单进呈折》,《清末筹备立宪档案史料》,中华书局 1979 年版,第 463—465 页。

国势必须振兴、满汉必须融化、赏罚必须并行、党派必须分明、政府必须早建、资政院必须设立、地方自治必须试办、教育必须普及。变革计划牵涉帝制专制政体向立宪政体转型中责任内阁制政府、议会立法、党派政治竞争、地方自治现代国家建构的根本议程。时机已到，不可错失，当着眼国家利益，锐意进取，力争建成实权责任内阁制的虚君立宪政体。在《密陈管见条举十事缮单备采由》中敦促朝廷亟宜建立责任内阁制，认为朝廷官制改革上谕否定责任内阁制的做法是舍本逐末，舍责任内阁则政府无主脑，"今日改官制而去内阁制度，舍其本而末是图，主脑既差，精神胥失"，建立责任内阁制是立宪国通例，"东西立宪各国，皆用责任内阁之义，使其君主超然为不可侵犯之神圣，故万年共戴一尊。盖立宪国之宪法，恒使国务大臣代任君主之责"，① 君主端拱于上，超然于行政、立法、司法权力之上，内阁代替君主对议会负责，首当其冲，保证君主权威神圣不受侵犯。

在政治结构现代性分化中充满中央和地方督抚的权力之争，特别是满汉权势之争，中央朝廷、行省督抚、地方士绅利益集团之间的变革诉求相互冲突，致使改革进展缓慢，困难重重。第二次鸦片战争后为应对西方国际外交需要而设置总理各国事务衙门，大规模的政治结构分化发生在继戊戌变法之后新政立宪过程中。清末政治结构分离是亘古千年的帝制君主专制政治体系向现代国家民治政治体系转型的起点，为应对内忧外患，回应社会势力的支持与需求，为绅商士庶提供制度化政治参与渠道，仿照欧美和日本立宪国创生出新式政治结构。政治结构分化是社会变迁中各相关政治势力权力和利益博弈的结果，要突破价值分配的传统惯例。清末新政立宪时刻，朝廷政治势力中慈禧太后、皇族权贵变革的动机是要借立宪挽救满人政治统治的合法性危机，保住大清政权不堕落，在宣统朝载沣摄政时尤其加紧将早已被地方汉人督抚士绅控制的行政权、财政权、军事权集中到中央，试图实现立宪和集权这两个相互排斥的政治目标。地方督抚士绅早在同治中兴时代地方军事化过程中就形

---

① 参见袁世凯《密陈管见条举十事缮单备采由》，《清末宪政史料》，中国第一历史档案馆藏，编号114。

成外重内轻权力分配格局，在新政前期办教育、练新军、兴实业，增添地方实力，在预备立宪期间改官制、建谘议局、资政院，将既得权势制度化合法化，在中央资政院、国会中获得参政权，与朝廷满人亲贵展开利益博弈。地方精英士绅群体在太平天国运动产生地方军事化过程中获得控制地方公共事务的自治权力，在乡村取代衙门胥吏，直接和县官共治地方公共事务。地方自治作为预备立宪基础，成立议事会、董事会、参事会自治机构办理地方教育、实业、警察、道路、卫生公共事务，士绅有资格参与地方自治机构，将士绅的既得权力制度化。各方对立宪都抱以期望，各有目标，朝廷、地方政府官员、士绅多方相关利益集团都在推动新政立宪。

立宪变革范围广泛，触动既得利益集团，引发深层利益冲突。除了中央集权与地方主义之争外，还有君权与责任内阁行政权之争，满人权贵和汉人政治精英权势之争，尤以满汉之争最为突出，阻碍政治结构分离。清廷中央集权同时面对地方主义、立宪主义和汉民族主义三重挑战，载沣监国摄政后没有顺应立宪放权的时代潮流而推进政治现代性变革，没有将早已失去正当性的专制权力交给政治素质较高和政治权力较强的汉人政治家，让汉人政治精英们来主宰现代国家政治结构建构过程，而是逆变革潮流而动，收权整人，排斥汉人。名义上最高君主权力在军事权力转移地方后变得虚弱无能，迟早要像纸房子一般坍塌。新政立宪，错误在集权，关键症结在排斥汉人。"满人则把它（立宪）看作是实行集权和把汉人排除出核心集团的机会，从而攫取各省汉人总督的权力。于是，立宪成了满族人反汉的一个工具。"倘若把权力交给汉人政治精英，满人能把国家民族利益放在首位，勿逞一族一集团之特权与私利，实行虚位君主立宪制，立宪或能成功，清廷或能全身而退。立宪成则革命消，因为辛亥前革命党并无实力颠覆清朝政权。可惜清廷当家人没有一个能看清世界大势，更不能正视自身政权的潜在危机，拼死固守既得利益和满人权贵江山。结局是事与愿违，一失俱失，王朝奔溃之际隆裕太后与幼年宣统皇帝孤儿寡母只得祈求刚重新出山的汉臣袁世凯保护其母子安全。"朝廷在 1906 年 11 月 7 日签署了一道改革法令，仅把六部扩大成十一个听起来是现代化的部门，除此之外并无其他内容。这道法令创造了现代立宪政体的表象，但保留了旧政府程序的本质；也带来了一次倒退的机构重整，因为与汉人的权力相比满人的权力更为加大。重整后，汉人在政府高层中占据了不足三分之一的职位。满汉之间扩大了裂痕，使很多立宪政体的支持者失望。在个地方政府中，满人的权力也得到了巩固。1907年，朝廷通过直接任命各省的司法、巡警、农工商局官员来约束总督和巡抚的权力。朝廷详细地制定措施并按照执行，以收回各地政权中两项最令人垂涎的权力：朝廷任命各省的财政局长，并把各省的军队移交给新成立的陆军部。袁世凯失去了他六镇北洋军中的四镇。"① 清朝权贵借各部首长由满汉复职制变为单一长官负责制及消除满汉畛域之机占据十一个行政部门之中八各长官职位，奕劻担任总理大臣控制内阁。以大臣尽可能减少兼职，最多暂时兼任一职的法令逼迫袁世凯辞去八项兼差。将直隶总督袁世凯和湖广总督张之洞调任军机大臣，明升暗降，削减汉臣在地方财政、军政控制权。皇太后、光绪帝两宫同时驾崩，幼主宣统帝登基，由摄政王载沣主政，立宪继续推进，官制变革持续。载沣政治阅历肤浅幼稚，摄政后认为袁世凯是其心腹大患，也要为他的弟兄光绪皇帝报仇，以袁世凯外交失败为理由将他解职，还差点杀掉袁，幸亏张之洞等老臣劝阻，英国驻华公使朱尔典出面保护袁世凯，袁世凯绝处逢生。袁世凯一时英雄气短，权柄一释，贱若匹夫，带着妻儿回到河南彰德老家养疴，乔装钓叟，静待时机，保持与北洋将士的密切控制，徐图东山再起。载沣和他的两个弟弟载涛、载洵趁建陆军部、海军部、参谋部之机控制了军队，载沣任海陆军大元，载涛控制海军，载洵控制参谋部（军咨府）。建立十一个现代行政机构，势必要建立责任内阁来协调指挥，全国支持建立责任内阁的呼声日高，朝廷在1911年5月成立一个对君主（暂由摄政王载沣代理）负责的皇族内阁，十三个国务大臣中满人占据八人，其中皇族占五人，至此满人集权汉人释权达到高峰，载沣率领皇族控制军事、政治大权，不说是汉人，就连非皇族的满人也不信任，就把君主大权死死抓在手中。"皇族内阁大臣任命，可以说是面临

---

① ［美］徐中约：《中国近代史》，计秋枫、朱庆葆译，世界图书出版公司2008年版，第329页。

瓦解边缘清廷所做的最后困兽之斗。"① 皇族抓紧君主专制权力,但是地方汉人政治精英官僚与士绅掌握基础权力,专制权力缺乏基础权力支撑就不能渗透和控制国家。皇族内阁在人事任命上皇族占优势,但制度形式是责任内阁制。当国会请愿代表的要求遭到清廷拒斥,反对皇室主宰责任内阁并重组责任内阁的抗议遭到拒绝,掌握意识形态权力和基础权力的立宪派就转向同情革命,清廷众叛亲离。"幻灭和失望导致了逐渐升级的反满情绪,并把公众的情感转向了革命派的事业。不出数月,孙中山的政治团体就把清王朝扫进了历史废墟。"② 清廷表面上集权并非政治权威合理化,在主权在民思潮冲毁程朱理学意识形态三纲五常政治伦理之后满人政权失去正当性,满人没有现实可用的经济权力与军事权力支撑政治权力,形式上集中权力是没有实力后盾的,不过是传统部族政治统治特权一度形成的路径依赖在王朝临终时刻掌权人物出于权力恋栈自卫本能的顽固反击,如同秋天的蚂蚱最后做几声声嘶力竭的嘶鸣而已。暴力和同意是政治权力的构成变量,载沣三兄弟虽握有中央军权,但是袁世凯编练的北洋新军和其余行省地方新军并不就听候直接将领之外的人调遣指挥。满人亲贵形式上控制责任内阁行政权,实际上只是把握住总理和多数部长职位,无力收回地方财政税收权力、地方政府行政权、地方自治权,形式上的最高权力实际上非常虚弱。几个月后清王朝就在武昌兵变中摇摇欲坠,政治与军事大权重新回归实力派政治人物袁世凯手中。清廷君主大权在政治革命冲击下迅速消退,从旧内阁、军机处、会议政务处分离出来的行政机构具有现代国家行政机构的基本制度形式和运行规则,官制变革循序渐进,为建立责任内阁制做预备。武汉新军起势引发政治革命后,袁世凯取代庆亲王奕劻出任内阁总理大臣,皇族内阁在军事权力驱逼下转变为完全责任内阁,大权君主立宪制变为虚位君主立宪制。政治变革目标是要建构可以平衡各方利益分配的稳定的普遍认同的现代政治结构和价值分配规则,规模空前的新政立宪变革直接

---

① [日]市古宙三:《政治及制度的改革,1901—1911》,《剑桥中国史》第十一册,晚清篇(下),张玉法主译,台北:南天书局有限公司1987年版,第443页。
② [美]徐中约:《中国近代史》,世界图书出版公司2008年版,第332页。

影响到民国初年的现代国家建构路径，为民国共和政制肇造预备制度基础。

二 肇造立法机关资政院

资政院是国会的预备机关，钦定宪法大纲规定议院协赞君主立法，"立宪政体，取决公论，上下议院，实为行政之本。中国上下议院一时未能成立，亟宜设资政院，以立议院基础"。庚子事变迫使清廷接受《辛丑条约》，外部国际力量推动清廷重启变法，兴办现代教育废除科举制，编练现代新式军队，发展工商业，广派留学生。俄日在华利益发生冲突，日俄战争结局警醒满汉朝野政治精英追求国家富强舍立宪无他途，推动清廷谕令立宪政治变革。日本战胜俄国在当时被普遍认为是立宪政体战胜专制政体，战争的胜负、国力的强弱取决于政体的类型而非人种，立宪才是兴国富强的根本途径，"唯有一事可言者，则以日本之小国而能战胜大国，一般以为立宪之效果，而清国立宪问题起矣"，① 立宪思潮通过报纸杂志传播成为时代精神，一时颁布宪法召开国会成为舆论长时段关注之焦点。形势所迫，朝廷派遣五大臣出洋考察列国宪政，在日本考察者发回奏折称扬日本立宪政治、义务教育、地方自治、出版言论自由为日本强盛的原因，清国要应对形势之危迫，要保全国祚就必须仿行日本宪政。五大臣考察回国上奏《考察日本宪政情形折》，主张救亡非立宪不可，颁行宪法钦定，仿照日本推进君主专制政体变革，实行立宪政体。清廷接受朝野政治精英们的变革主张，在《立宪预备上谕》中明言"国势之不振，实因上下相睽，内外隔阂，官不知所以保民，民不知所以卫国。而各国之所以富强者，实因共遵宪法，取决公论，君民一体，呼吸相通，博采众长，明定权限，是以筹备财用，精划政务，无不公之黎庶，又兼各国相师变通尽利，政通民和"，清廷高层认知到西方强盛的根本原因在于立宪政体。解决国家积弱问题之成法就是仿行宪政，"唯有详悉甄

---

① 光绪三十二年《七月十三日上谕》，《大清新法令（1901—1911）》第一卷，商务印书馆2010年版，第37页。

核,仿行宪政。大权统于朝廷,庶政公之舆论,以立国家万年有道之基"①。启动立宪变革的入手之法是厘定新官制,编订新法律,广兴现代教育,夯实预备立宪之基础。《立宪预备上谕》是设立资政院的宪法性法律,庶政要公诸舆论,而舆论是个人和社会政治团体势力对政治系统输入的要求,为此要建构参与政治的制度化渠道,按照立宪国选举议员作为国民代表组成国家立法机关议院的通例建立舆论中枢资政院,"惟舆论贤否不齐,究以何者为标准,采取舆论之法究以何者为枢机,此各国所以有议院选举之法,为国民代表也"②。日本明治维新政治变革设立议院,"君民一体,上下同心,有战事则人尽当兵,有巨费则人愿加税",动员人力物力资源实现国家富强。日本设立议院,征税倍增而民无怨气,实是效仿之动机。清朝为追求富强就要采摘社会舆论,要提取税收就当仿照日本明治维新设立议院,预先成立资政院作为议院的准备机构。设立立法机关议院来制约行政机关责任内阁,防止内阁总理大臣专断独裁,政府不敢公然违逆议院多数议员所持之政见,要求政府对议院负责,立法与行政冲突由君主宣布解散议院重组议院来对抗责任内阁,政府行政权力必有所节制。"内阁设总理大臣一人,言官交章弹奏,多以政府权重为词,不知东西各国内阁只总理大臣一人,从无专权之事,因有议院持其后。舆论所是者,政府不得尽非之,舆论所非者,政府不得尽是之。不得已而解散议院,唯君主大权可行,虽政府无权焉。所以尊君权而抑相权,有互相维持之妙用,安有前明阁臣自作威福之事乎,此不能不采舆论者一也。"立法监督和限制行政权力,抑制内阁权力而伸张君主大权,符合清廷皇族亲贵政治利益。新学堂扩张,报纸杂志传播舆论,思想观念快速转变,绅商士庶参政意识勃兴,提出参政要求,然而,清廷君主专制政体缺乏适应性,应接不暇,迫使清廷向朝野政治精英宣示立宪。选举议员组成议院,议员代表选民向议院输入要求,议院就成为舆论汇集地,经过议院法定程序制定议案,舆论有序输入,有效表达社会

---

① [日]稻叶君山:《清朝全史》(下四),但焘译定,上海社会科学出版社2006年版,第46页。

② 《资政院官制草案》,《大清新法令(1901—1911)》第一卷,点校本,商务印书馆2010年版,第692页。

各界的利益诉求，输送到政府决策中心。"惟专设一舆论总汇之地，非经由资政院者不得上闻，则资政院以百数十人为四万万人之代表，通国之欲言于政府者移而归诸资政院，化散为整，化嚣为静，又限制该院只有建言之权而无强政府施行之力，使资政院当舆论之冲，政府得安行其政策，而民气舒达亦不致横决难收。"①清廷设立资政院接收社会舆论输入，缓解舆论直接冲击政府，同时限制议院立法权力对政府行政权实施监督，维持政府权威。设立资政院采纳政治体系外的参政诉求，议院作为选民意志的制度化传输通道，民意上达天听，君惠下逮苍生。议院作为独立于政府的政治权力制约政府，限制政府专断，限制内阁总理独裁，防止内阁行政权侵凌君主大权。资政院作为议院的预备，遵循现代国家建构的基本原理和制度规范在传统政治体系之外建立立法机构，从传统政治体系分化出现代政治结构，推动政治发展。

建立资政院作为未来国会的预备机构，承载立法机关的功能，与责任内阁相对峙，监督行政权力。资政院依托地方自治机构，地方自治是建构国会的基础，从地方自治机关府州县议事会、参事会议员中选举谘议局议员，再从谘议局议员中间接选举资政院议员，"各府县举其议事会之尤者以升于省谘议局，各省谘议局举其尤者以升于资政院"，资政院是"采取舆论之地，全国舆论可以丝连绳贯，若网在纲"，国会代表全体国民意志。国会是立宪政体政治权力结构和基本政治制度框架的重要分支，议会政治是立宪政治的同义语，变革派政治精英普遍视立宪政体为开国会、设议院，认为国家富强之根本在于兴民权、开民智，新民德、鼓民力，为此必须开设议院，通过议会制度来"采群言""资群力"，发扬和集合民智、民力达致国家富强，正如变革派代表人物袁世凯在其密陈十事折中所说："采群言以作公言，资群力以厚国力，则气象必有大异于前者"，"预备立宪之方，莫亟于此"，②建成资政院，为建立未来正式国会奠基，建构完备的立宪政体制度体系，追求国家富强。

---

① 《资政院官制草案》，《大清新法令（1901—1911）》第一卷，点校本，商务印书馆2010年版，第692页。

② 参见袁世凯《密陈管见条举十事缮单备采由》，《清末宪政史料》，中国第一历史档案馆藏，编号114。

资政院制度安排是现代国家立宪政体立法机构的预备雏形，设置总裁一人，副总裁两人。议员角色由钦选和民选两部分组成，主要来自满人皇族权贵、显达京官、地方绅商头面人物，作为社会结构的上层代表组成资政院。资政院作为皇族亲贵、中央高层官僚、地方绅商士庶会商国事的立法机构，为建构立宪政体提供制度供给。资政院的立法权力范围涵括议决奉旨饬商事项、新定法律事项、岁出入之预算事项、税法及公债事项、人民呈请事项，"立宪国之有议院，所以代表民情，其议员多由人民公举。凡立法及预算、决算，必经议院协赞，方足启国人信服之心"①，资政院具有立宪国家议院制定法律、财政预算决算、税收征收审批权力。在预备立宪阶段资政院权限与功能被限定为咨询机构，不能强制政府执行资政院决议的议案，对政府的监督权力较小，但是资政院在实际运行中扩张立法权力，1909年行省谘议局选举议员组成中央资政院，翌年十月资政院开幕，开始议决议案，监督中央政府，地方行省谘议局也试图监督督抚行政衙门，立法权与行政权相互监督。政治精英和社会舆论均认同立宪政体运行机制的一般规则，"东西立宪各国，虽政体不同，法制各异，而要之，无不设立议院，使人民选举议员，代表舆论，是以上下之情通，而暌隔之弊少"，设立中央资政院与行省谘议局，与立宪国家主流政治思想及其制度建构模式趋向一致，"立宪政体之要义，在予人民以与闻政事之权，而使为行政官吏之监察，故不可无议院以为人民闻政之地"②。设立议院作为人民参与政治和监督政府的制度化渠道，建构国家立法机关。

三 肇造现代司法审判机构大理院

清末立宪思潮将司法独立看作立宪政体的基本制度规范，政治变革者将司法审判从行政官僚机构中分离出来，建立现代审判制度。司法审判权的分立表现在将大理寺重组为大理院专司审判，将刑部改为法部，

---

① 《资政院奏拟定资政院章程折并单》，《大清新法令（1901—1911）》第一卷，点校本，商务印书馆2010年版，第75页。
② 《宪政编查馆奏各省谘议局章程及案语并选举章程折并章程》，《大清新法令（1901—1911）》第一卷，点校本，商务印书馆2010年版，第77页。

监督审判机关。先在各通商口岸、大中城市、行政中心设立审判厅，逐步推进到内地城市和乡村，最终遍及地方府州县，原先属于官府衙门行政权一部分的司法审判权从古老帝制政治体系中分离出来，成为独立的司法审判机构。民国承继前清司法改革成果，建成较为完备的现代司法机构及法律体系。立宪政体遵循权力分立制衡以限制权力滥用的政治思想，建构独立的司法审判机构保证公平公正审判，以之维护公民自由权利。立宪、法治、民权思潮在晚清滥觞，成为主流时代思潮，司法审判机构分离顺应时代精神。"司法之权，各国本皆独立，中国急应取法。所有各省执法司、各级裁判所及监狱之监督，皆为本部分支，必须层层独立，然后始为实行。"① 按照立宪国司法独立通例将旧官制中的大理寺改组为立宪政体中的终审法院大理院，"大理寺之职颇似各国大审院，中国今日实行变法，则行政与司法两权亟应独立，而一国最高之大审院必不可无。应俟司法独立之后，改大理寺为都裁判厅，以当其职"②。权力分立制衡和司法独立思想成为清末司法变革的基本理念，推进司法审判制度设计，废除旧司法制度中行政官僚兼充法官、滥施酷刑、民刑不分、职任不明、缺乏法律专业知识的野蛮落后积弊，划定行政与司法权力界限，"司法之权，则专属之法部，以大理院任审判，而法部监督之，均与行政官相对峙，而不为所节制"，③ 建构独立的司法审判机构和制度规范，不受官府衙门行政权横加干预。

西方列强享有治外法权是推动司法审判制度变革的外来动力，在西方国家法治规范和独立司法审判制度参照下，西方人认为清朝司法制度是野蛮的，要收回治外法权就得与列强趋同化，仿照西洋各国整顿律例，制定新法律，建构现代司法审判建构。④ 建构现代司法审判制度是法制变

---

① 《出使各国考察大臣政治大臣戴鸿慈等奏请改定全国官制以为预备立宪折》，《清末预备立宪档案史》（上），中华书局1979年版，第372页。
② 《出使各国考察大臣政治大臣戴鸿慈等奏请改定全国官制以为预备立宪折》，《清末预备立宪档案史》（上），中华书局1979年版，第376页。
③ 朱寿朋：《总核大臣奏厘定京内官制折》，《大清法规大全》，《东华实录（光绪朝）》，第5365页。
④ 黄源盛：《晚清法制近代化的动因及其开展》，《法律继受与近代中国法》，台北：元照出版社2007年版，第45页。

革的重点,修律大臣沈家本、伍廷芳以脱亚入欧的日本司法审判制度作参照改革清朝法制,时任法部尚书的沈家本论述中西方司法审判制度的根本差异曰:"西国司法独立,无论何人皆不能干涉裁判之事。虽有君主之命,总统之权,但有赦免而无改正。中国则由州县而道府、而司、而督抚、而部,层层辖制,不能自由。从前刑部权力颇有独立之势,而大理稽查,言官纠核,每为所牵制而不免掣肘。西方无刑讯,而中法以拷问为常,西方虽重犯亦立而训之,中法虽宗室亦一体长跪,此中与西之不同也。"① 在东西方对比中意识到中国法制落后,仿照日本改革中国古老的法制和建构新型司法审判制度成为清末民初法制变革的主题。司法审判结构从行政官僚机构中分离出来,从下至上建立不同级别的审判机构乡狱局、地方审判厅、高等审判厅和大理院四级审判机构。与之相适应,改革诉讼程序,颁布程序法,修订实体法,民法和刑法二分。变革派政治精英主导司法制度改革,直隶总督袁世凯首先在天津策划司法审判制度改革,拟定《天津府属试办审判章程》,在天津试办高等审判厅,与试办地方自治一起开立宪政体变革之先风。宪政编查馆 1907 年基于天津司法审判试办经验编成《各级审判厅试办章程》,民事、刑事二分,适用不同部门法律,划分审判等级,确定审判程序和规则,到 1910 年颁布《大清民事诉讼法》和《大清刑事诉讼法》,一直沿用到国民政府时期。采择西方法律制度成例,仿照东西洋法律体系编撰新型法律,法政学堂培训法律专业人才,重用留学归国法政人才,聘请日本法学家来华讲授法律和充当法律修订顾问,在清末民初建成初具规模的现代司法制度和法律体系。

---

① 黄源盛:《民初大理院与裁判》,台北:元照出版社 2011 年版,第 9 页。

第 五 章

建构直隶地方行政—司法分立式政治权力结构

旧行省制度的功能是将中央专制权力渗透到地方，维持帝国社会政治秩序。外省官制变革是和中央官制变革相对应的，中央官制变革推动地方官制作出相应变革。皇权专制中央集权的基础权力结构是郡县官僚制，中央通过任免和控制郡县官僚来控制广袤的疆域，维系帝国的统一。中央和地方一直处于统一与分裂的周期性循环动荡中，所谓分久必合合久必分，明朝建立行省制度，将行省置于郡县之上，在纵向权威结构方面增加一层级行政机关控制郡县，有利于维系中央权威。行省制度是中央集权的调适性制度供给，元明清三朝端赖行省制度。清代帝制政治体系"立法之意，但以为国，非以为民；但求不乱，非以求治"①。太平天国运动之前布政使、按察使与督抚并立，中央利用布政使与按察使制约督抚，维持中央集权，之后清朝遭遇内部叛乱和外部西方世界的强烈冲击，面临严峻的内忧外患，地方政治精英督抚与士绅在地方军事化过程中逐渐控制帝国军事权力和经济权力，督抚权势在镇压内乱和办理洋务中膨胀，形成督抚专权、外重内轻的权力分配格局，外重内轻，权力下移。清末地方官制变革是在朝廷和地方督抚之间经过反复博弈产生的，朝廷要将行省督抚权力收归中央政府，由新设置的责任内阁和中央各行政机构部门监管地方行省，地方督抚则试图维持和扩张既得权力，中央

---

① 康有为：《公民自治篇》，《康南海官制议》，载沈云龙主编《近代中国史料丛刊续编》第四辑，台北：文海出版社1968年版，第116页。

与地方权势争夺形成官制改革的动力源,推动传统地方官制向现代行政官僚机构转型,建构地方司法审判制度。

第一节 直隶现代政治结构的制度渊源:天津临时政府都统衙门

义和团运动,华北混乱失序,官员逃散,政府瘫痪,列强军队占领天津,联军司令官委员会命令成立战时临时政府委员会天津都统衙门,建立行政、警察、法庭机构维护治安控制社会秩序,提供卫生防疫公共产品,赈济饥荒,修建道路桥梁公共工程。临时政府实行委员会集体决策制,列强按照在华军事权力大小争夺对临时政府委员会的控制权,最初俄、日、英三国控制委员会,随后法、美、德争得委员资格组成六国委员会,临时政府基本职能是"暂时管理津郡城厢内外地方事务"。列强争夺对都统衙门控制权,博弈结果是联军统帅德国人瓦德西主导委员会,控制区域范围是天津城市及近郊村庄。都统衙门下设秘书处、巡捕局、卫生局、会计处、库务司、粮食供应部、司法部。作为天津地区临时政府,制定章程规定都统衙门行使立法权、行政权、司法权,立法权制定法律条例,规定税收义务;行政权负责征税与执法,接管原中国政府财产和暂时无主的私人财产;司法权负责逮捕和审判中国人,在华外籍嫌犯移交该国领事审判,享有领事裁判权。都统衙门将西方的权力分离制衡的政治权力结构和行政官僚机构组织模式移植到战时的军事殖民地天津,建构一套全新的地方公共事务治理结构。联军司令官委员会的军事权力凌驾于文官政府委员会之上,由司令官派遣政府委员会成员,但是军文分离,军事权力不干预日常政务,政府委员会及其之下行政、司法部门独立管理具体公共事务。

一 临时政府的组织机构和权力结构

联军司令官委派本国委员组成临时政府委员会,军事权力控制行政权力,"委员由在北直隶作战的联军司令官会议选举产生",军事司令官主导临时政府委员会文官,"委员会代表各国司令",委员之间决策分歧

"只能请军事司令官会议裁定",① 政府委员会与联军司令官或驻华领事发生巨大分歧时由联军司令官会议和各国外交使团斡旋协商解决,直至"分别提交各自政府裁决"。文官政府在辖区内独立行使权力,有权力"制定并颁布与临时政府有关的条例",征收税款,处置中国政府和暂时无人认领的当地人私人财产,"查封或接收政府公廨及遗弃的私人住宅内部的全部有价证券及文件","有权出售被没收的当地人财产、动产和不动产"。临时政府权力在委员之间平等分配,限制权力集中,委员轮流主持会议,不得连续主持,当天主持会议者负责审核法庭诉状和签署逮捕证,委员分工,每个委员负责管理一两个部门,明确规定委员必须履行的具体职责。② 临时政府先将天津划分为城内四区与城外四区,任命区长作区段内军民行政长官,负责治理日常公共事务,治理城外乡村要联合当地绅董参与治理,"各村庄须公举绅董三名充当村正"③。之后再将天津城厢内外重新划分为五个区,区长由政府委员会任命,制定行政条例规定区长的权力清单和工作纪律,划定临时政府与区长之间权限关系,区长"是该区工作的军人和职员的长官",对军民有陟罚臧否权力,区长职责是"保证安全、安宁和维护秩序",任用当地士绅精英人物参与公共事务管理,超过区长审判权限的民事、刑事案件要提交临时政府审理。巡警局向各行政区派遣巡捕,华捕也配备枪支,司法局长制定法规和维持法庭诉讼程序,库务司依照条例征税,规定庚子年不征收土地税。所有司法行政机构及行政区职员都要向临时政府书面承诺守法履职,宣誓"公务高于一切",政府向社会公告区长姓名、官邸、权限和责任,要民众恪遵政府法令章程,可向政府提交诉状,政府要保护民众,禁止军人与文官职员接收百姓馈赠礼物,规定"临时政府任何军人及职员,均不

---

① 《天津都统衙门会议纪要选》,《近代史资料文库》(第六卷),上海书店出版社2009年版,第502—503页。

② 《天津都统衙门会议纪要选》,《近代史资料文库》(第六卷),上海书店出版社2009年版,第509页。

③ 《庚子㧱蜂录·联军告示》,《近代史资料文库》(第六卷),上海书店出版社2009年版,第239页。

准以任何理由接受百姓赠送的礼物,违者严加惩办"①。

二 临时政府创建现代警察制度

联军司令官联名宣称军事征服中国本为保卫中外商民和剿匪,"各国出师,无非为剿伐匪类、保护商民起见","以清理地方保全良善为念",因天津地方政府官员溃逃导致政府机构瘫痪就设立临时政府维持地方治安,"清国官员全行奔逃,地方事务无由清理,兹各国公同酌议,拟暂行便法,遴派英俄日三国武员办理地方事务,所有地方事务宜会同办理"。都统衙门将天津城市划分区域分段设立巡捕,洋巡捕领导华巡捕,在天津城市郊区村镇推广巡警制度,"各村镇设立华捕保护地方",当地公正绅商参与协助管理警务,创办现代警察制度,以之"绥靖地方,保护绅商得以安居复业"。巡警搜捕义和团首领从重处罚,对"义和拳匪首、拳匪领袖"定死罪行刑无赦。②都统衙门敦请在津列强军队司令官组建专为驻防之用的治安部队,"所有驻天津部队均已派出士兵维护城区治安",军民分离,军人"不准进入华人居住区",防止军队扰民侵凌百姓,"不准在天津中国城区发布公告"。联军司令官会议支持临时政府委员会,英军将领代表联军表示向临时政府提供军事和治安部队。临时政府将在美国地段内组建的华人巡捕队"置于临时政府巡捕局长的监督之下"。命令华人缴械,将武器送交巡捕房。在城区内外每个地段均"请商人和资产者在某些地区内协助组建一支华人巡捕队"③,临时政府依照巡捕局长建议由在津军队司令官派骑兵组建国际巡捕。在城区由区长划分治安地段,招募巡捕,每个治安段由一名外国巡捕担任监察员带领数名外国骑警与华捕巡察治安。在乡村由绅董控制乡村华捕,绅董配备步枪,管理枪支,接受巡捕监察员检查,华捕制服、装备、薪金参照天津城区国际巡捕标

---

① 《天津都统衙门会议纪要选》,《近代史资料文库》(第六卷),上海书店出版社2009年版,第513—514页。

② 《庚子拜蜂录·联军告示》,《近代史资料文库》(第六卷),上海书店出版社2009年版,第236页。

③ 《天津都统衙门会议纪要选》,《近代史资料文库》(第六卷),上海书店出版社2009年版,第496页。

准配备，华捕领薪，不得再接受类似昔日衙门胥吏收受的陋规或馈赠，不准收受薪金外的财物，村庄建立巡捕房与拘留所，限时三十六小时内押送嫌犯到区巡捕房，严厉处罚巡捕滥用职权行为和失职渎职行为。[①] 移交中国政府之际临时政府"要求中国政府切实建立一个管理海河和桥梁的警察机构"[②]。

三 临时政府创建现代司法审判制度

美国领事出任临时政府司法局局长掌握司法审判权，有权力"对当地华人处以罚款和没收财产，必要时，可以判处华人流放甚至死刑"，但是对非华人逮捕讯问后要移交在津该国军事或领事当局审判。逮捕令须由一名临时政府委员签字。审判权由区长、区法院、司法局局长和临时政府委员会依照审判权大小逐级分配，审判依既定法律和法定程序进行。区长维持审判秩序，执行判决，对轻罪和诉讼总额较小的民事官司有审判权，对非重大案件嫌犯有保释权。超过区长司法权限的案件由区法院审理，区级法院刑事审判权范围是监禁、强制劳动、铐枷、板打。大案件要将案卷移交临时政府委员会决定审判权归属。在诉讼程序方面，案件一般要公开开庭审理，以法院公报形式发布通知，法院文书与命令均加盖公章归档保存，须将民事与刑事案件分类登记在册交由区长保存以备查考。不服从判决者可上诉到都统衙门作终审判决。[③]

四 修筑公共交通路桥设施与治理公共卫生事务

辖区内桥梁开闭由巡捕局管理，船只过往要预先申请，安排在白昼有序通行，发布桥梁开闭信号指导过往船只行止，制定详细桥梁管理条

[①] 《天津都统衙门会议纪要选》，《近代史资料文库》（第六卷），上海书店出版社2009年版，第498—516页。

[②] 《天津都统衙门会议纪要选》，《近代史资料文库》（第六卷），上海书店出版社2009年版，第530页。

[③] 《天津都统衙门会议纪要选》，《近代史资料文库》（第六卷），上海书店出版社2009年版，第512—518页。

例在辖区内公布，遵照执行。① 修建市政公共工程，拆除城墙修建宽阔公路以便利交通运输，命令将津郡"所有周围城墙，全行拆尽，即以此地改筑马路之用"。房砖瓦木准房主领回收用。对被拆迁房屋赔偿金额由临时政府议定，限期领取，过期不再理赔。临时政府有责任保护公、私财产安全，清理溃退逃散的政府与私人遗留的动产与不动产。行政条例规定临时政府的管辖权范围是"保障天津市的安全、完成公共工程、维护河道和运河运输、保护供应天津市和国内外市场的货物运输通道安全"，成立公共工程局规划和修建城区道路、桥梁、改造海河河道，扩宽取直，兴修市政工程项目，工程款通过征收税捐支付。② 在都统衙门移交中国政府之际将正在施工或未完成工程项目清单移交中国政府继续修建，"要求中国政府保证继续临时政府尚未完成的工程项目，建设资金已单独存放，以便在政府移交时交给中国当局"③。临时政府要负责提供秩序和治安，为辖区提供公共卫生防疫服务，"采取卫生防疫措施预防发生流行性疾病和其他病患"④。储粮备荒预防饥馑。

五　建立现代财政税收制度

临时政府刚成立时先是"要求每位司令官向委员会缴纳五万墨西哥元"用于维持政府正常运转。⑤ 临时政府成员国预先垫付款"将用首批征得的税款偿还"⑥。临时政府成立财务小组委员会草拟征税制度，计划恢

---

① 《天津都统衙门会议纪要选》，《近代史资料文库》（第六卷），上海书店出版社2009年版，第510页。
② 《天津都统衙门会议纪要选》，《近代史资料文库》（第六卷），上海书店出版社2009年版，第505页。
③ 《天津都统衙门会议纪要选》，《近代史资料文库》（第六卷），上海书店出版社2009年版，第530页。
④ 《天津都统衙门会议纪要选》，《近代史资料文库》（第六卷），上海书店出版社2009年版，第505页。
⑤ 《天津都统衙门会议纪要选》，《近代史资料文库》（第六卷），上海书店出版社2009年版，第499页。
⑥ 《天津都统衙门会议纪要选》，《近代史资料文库》（第六卷），上海书店出版社2009年版，第505页。

复入市税①，制定行政条例规定临时政府有权力"向当地人课税，并向中国政府征收应缴的税款"②，由库务司制定区长课税种类与办法上报临时政府委员会审批，庚子年暂不征收土地税，收税要开具收据。③ 税收按照行业分类定额，税额分等次，设置税额上限，制定库务司征税总则，分区域对不同行业设置税种征税，要求区长调查和说明所得税、营业税新税种征税可行性，对直隶境内烧酒店征收特别税，在塘沽区对货船征收吨位税，对发往军政当局之外的食盐征收盐田税，在塘沽厘金站对发往山海关和北京的货物按规定税率纳税，在天津装运的海盐与煤炭直接由库务司征税后发给特别许可证，税率是每六十八两白银货值纳税一百元。④ 临时政府与天津海关税务司争夺税收，临时政府章程规定"一切税收都应属于临时政府所有"，但是海关税务司宣布"凡申请免税过境者均须与他们联系"，临时政府为此敦请外交使团关注此事并通知商业界，声明"所有税收仍按照以往规定办理，以避免在税卡出现麻烦"，"海关税务司在不曾通知临时政府的情况下发布通知，把一直由临时政府征收的税款从临时政府手中夺走，这种做法是不能允许的"⑤。临时政府开征地产契约登记税，制定房地产土地产权转让法令，规定房地产权租售契约签订程序，天津县属境内不涉及外国人的房地产不动产转让须到临时政府汉文秘书管理的田产局办理，签订契约需要两名得到区长认可的绅董签字作证和具保，出售地块须附上公共工程局绘制的平面图，平面图须与丈量土地亩数相符合，由公共工程局出具证明，产权证书由汉文秘书出具证明，价款在产权转让登记官面前付清，地契文书由临时政府盖章

---

① 《天津都统衙门会议纪要选》，《近代史资料文库》（第六卷），上海书店出版社2009年版，第500页。

② 《天津都统衙门会议纪要选》，《近代史资料文库》（第六卷），上海书店出版社2009年版，第505页。

③ 《天津都统衙门会议纪要选》，《近代史资料文库》（第六卷），上海书店出版社2009年版，第514页。

④ 《天津都统衙门会议纪要选》，《近代史资料文库》（第六卷），上海书店出版社2009年版，第518—520页。

⑤ 《天津都统衙门会议纪要选》，《近代史资料文库》（第六卷），上海书店出版社2009年版，第522页。

生效，交临时政府存档备案。出租和典押办理程序与此一致，税款由债权人和出租人缴付。产权纠纷诉讼由临时政府法庭审理，产权登记生效后否认契约的一方必须提供更有力的确凿证据给田产局官员，必要时由田产局官员以书面提呈形式咨请法院调查，法院按照一般诉讼程序判决，不服从判决的一方可上诉到临时政府委员会申请终审裁决。① 变动现行税制须要提前三个月公布改变办法。②

《辛丑条约》签订后都统衙门依约移交直隶总督袁世凯，成为直隶新政地方政治变革的制度渊源。临时政府要求中国政府当局承认委员会立法、法院、巡警制度、市政规划、公共建筑工程移交中国后持续有效，要求中国政府承诺继续执行。临时政府要求中国当局接受都统衙门移交建议书作为交还领土主权的前提条件，"中国政府必须保持本委员会会议纪要原稿的权威性，必须完全承认本委员会制定的各项法令，必须赋予上述法令以权威和效力"。为此要求中国政府当局声明保证临时政府立法、司法、行政制度持续有效，"要求中国当局在接管天津时发布一项公告，明确提出政府的延续性未被中断，以前颁布的各项法令就像中国自己颁布的各项皇家法令一样有效"。临时政府委员会会议纪要具有政府法令的效力，原稿暂由"资格最老的军事统帅"保存，待部队缩编到常备状态时再交给领事和外交使团，翻译成中文与法文存档，执行法令的全部和详细报告属于会议纪要范畴，国际和个人权利争议可用会议纪要作证据，区政府法令和部门法令效力低于会议纪要，临时政府委员会人事变迁不影响会议纪要的永久有效性。临时政府声称委员会成员所属国家与中国都不是交战国，中国政府"应该承认临时政府各项法令的合法性如同中国朝廷法令一样有效"，威胁说否认法令任何细节的有效性都可能引发国际争端，将会"为一场国际性的争执和混乱敞开门户"，希望中国政府继续执行与中国风俗不相冲突的通告抄件，敦劝中国政府不得歧视和虐待曾在临时政府服务过的华籍职员。临时政府移交中国后暂时保留

---

① 《天津都统衙门会议纪要选》，《近代史资料文库》（第六卷），上海书店出版社2009年版，第523—525页。

② 《天津都统衙门会议纪要选》，《近代史资料文库》（第六卷），上海书店出版社2009年版，第529页。

总秘书处汇集整编档案和执行联军司令官委员会的命令。移交协议各项细则由军事占领国组成的国际军事委员会负责监督中国政府执行。① 临时政府命令各区长与各部门长官在移交权力前须与库务司结清账目，将档案运送到总秘书处保存，将临时政府成立以来的财政税收收支清单及其临时政府购买资产、装备清单全部移交直隶总督袁世凯。移交程序和仪式由临时政府委员会呈请联军司令官委员会批准，由直隶总督袁世凯向临时政府提交与现临时政府各部门长官职位对应的官员名单，维持现有政府部门组织结构不变。临时政府委员会成员群体亲自到火车站迎接直隶总督袁世凯与随同官员一行到都统衙门举行主权移交仪式，由华捕负责全天护卫安全，仪式顺利完毕后邀请直隶总督袁世凯及其随行官员午宴，当天委员会成员应邀到直隶总督府出席晚宴，中外主宾保持联系以解决善后事宜。②

第二节 在中央与地方权势博弈中推进地方官制变革

新政以来官制改革中制度变迁方式是强制性的，旧制度的结构和功能不能满足现代化需要，现代工商业兴起和民权思潮的传播产生新制度需求，政府是制度供给者，官制变革正是提供制度供给，实现制度供需平衡。朝廷谕令厘定官制曰"前经降旨宣示立宪之预备，饬令先行厘定官制，特派载泽等公同编纂，悉心妥定，并派庆亲王奕劻等总司核定，候旨遵行。兹据该大臣等将所编原案详核定拟，一并缮单具奏。披览之余，权衡裁择，用特明白宣谕。仰维列圣成宪昭垂，良法美意，设官分职，莫不因时制宜。今昔情形既有不同，自应变通尽利。其要旨惟在专

---

① 《天津都统衙门会议纪要选》，《近代史资料文库》（第六卷），上海书店出版社2009年版，第527—530页。
② 《天津都统衙门会议纪要选》，《近代史资料文库》（第六卷），上海书店出版社2009年版，第531—535页。

责成，清积弊，求实事，去浮文，期于厘百工而熙庶绩"①。朝廷将厘定官制作为预备立宪的先期准备工作，派王公贵戚主导新官制编纂，倾向改革的端方、张之洞、周馥、岑春煊派司道大员来京参议，由军机大臣奕劻、瞿鸿禨和大学士孙家鼐总司核定，改革旧制度积弊，建构新制度。

传统官制的痼弊是结构混乱，机关杂乱，权限不分，纠葛纷争。改革朝机关统一，权责划分明确方向推进，将新行政机关层级分为中央责任内阁及其各部、行省督抚司道、地方府州县三级，内、外行政机关结构统一，各级行政机构纵向对应设置，各级行政机关对同级行政长官负责，服从政令，辅佐长官。督抚要求行省司道不对责任内阁及各部负责，而是要对督抚负责，人事任免、财政税收、行政事务归督抚节制和调度，同理府州县长官控制其佐治官，属下服从长官，由府州县长官对上级督抚负责，"外省官制自当规仿内阁，分为上下两级。以督抚为上级行政长官，以司道各官附属之，以府州县为下级行政长官，以佐治各官附属之，以府州县直接督抚，以督抚直接内阁，司道但有辅助督抚行政之责，而不能管辖府州县。府州县佐治官但有辅助府州县行政之责，而不能管辖地方"。三级政府权限明确，各级辅佐行政官僚机构服从同级行政长官政令，统辖权掌握在行政长官手中，佐治官僚只有按照政府行政长官指令办理事务的职责，政务官和事务官的权限划分清楚，上下级权限划分明确。行省司道官佐服从督抚而非中央各部，抵制中央权力渗透到地方，维持督抚专权。外官制和内官制设计关系到责任内阁及其各部院和行省督抚及其司道机构的权限争夺，在官制变革中督抚要保住既得权力，抵制朝廷削夺早已羽翼丰满的督抚权势，重申"督抚本有节制全省便宜行政之权，自大部为集权起见，于是举督抚固有之权削夺殆尽，而司道之归部简放者，反可直接大部，以侵督抚之权"，主张司道归督抚节制而不归中央部院简放，反对司道隶属各部，抵制各部直接控制行省地方，维持督抚既得权势。除了巩固督抚权力外，官制改革在地方政府层面要削夺知府权力而加强州县长官权力，指出府州县官制弊病是"知府虽有监

---

① 《官制改革上谕》，《清末筹备立宪档案史料》（上），中华书局1979年版，第471—472页。

督州县之名，而无监督州县之实，州县虽有地方之责，而事事皆需禀命，无自由行政之权。权限之不分，弊端所以百出也"，变革办法是调整上下级长官之间权限关系，上级考核下级而不干预其行政权限，各级行政官僚机构辅佐行政长官，服从同级行政长官政令，不对上级官僚机构负责。官制改革的具体要领是权责明确，机构统一，各负其责，"改良官制必先区分界限，以内阁考核督抚，而不能干预督抚之权；以督抚考核府州县，而不能干预府州县之权；司道附属于督抚，其进退由督抚主之，佐治官附属于府州县，其进退亦由府州县主之，如此则权有专归，责无旁贷，而无推诿因循之弊"①。行政长官统率下属官佐，对其有人事任免权、陟罚臧否权，使其对同级长官负责，上下级政务、事务官权限责任划分明确。

外官制变革是和中央官制变革互相制约的，京官制和外官制是官制变革的两个层面，是中央权力和地方权力范围的调整，中央要建立新型各部机构之上的责任内阁作为中央政府，统率各行省地方督抚及其行政机构，实现机构统一，上下级行政机构组织垂直对应，分科治事以专责成，权责明确以各负其责的行政改革目标。将和中央六部平行，直接对专制君主负责的各省督抚置于新近设立的责任内阁与各部的监督领导之下，在各省设立直接隶属于度支部的财政所来监管地方财政税收，设立陆军部来集中掌控各省训练的新军，袁世凯的北洋六镇新兵只保留住两镇的指挥调遣权，按照军队国家化原则归陆军部统率指挥。地方督抚，尤其是汉人，竭力保留既得利益，巩固既得权力，于是中央和地方形成权势争夺拉锯战。满人皇族凭借传统政治特权借立宪之机集中权力，排斥汉人，泯除满汉畛域的初衷非但没有实现，反倒增加满汉民族隔阂，中央政治权威合理化的变革目标遭遇满人亲贵保持满族政治特权狭隘部族政治利益企图的阻挠，阻碍传统官制向现代政治结构转型，刺激汉族排满情绪的高涨，革命党群起排满，掀起暴力革命，引发边缘性政治变迁。皇族亲贵保守传统政治特权捍卫满人江山社稷的本能冲动阻碍立宪变革，清廷幻想保住大清部族永久政治统治特权，大权君主世代永替，

---

① 《论外省官制与中央官制之关系》，《大公报》，1911年2月26日。

抵制作为时代精神和世界潮流的立宪变革，结局是事与愿违，王朝崩溃，政治革命颠覆帝制。宣统朝官制改革的清皇族集权倾向受到地方督抚绅商反对，官制改革中的地方主义和汉民族主义是削减中央集权和满人亲贵专权的有效政治力量。中央官制变革的难点在于完全责任内阁制的建立，地方官制变革的难点在于难得在中央和地方之间形成利益平衡以推动现代行政与司法审判制度规划与建构。部族政治特权是横亘在满汉平权路途上的主要障碍，集权于皇族亲贵引发地方势力的反叛，激发汉民族主义的排满政治革命。倘非如此，由早已崛起的汉人政治精英主政，控制要津，满汉畛域既平，皇族亲贵全身而退，则立宪变革想必会少些人为障碍。中央和地方、内阁与督抚、满汉种族之间的利益冲突是官制改革中的三对二元紧张关系，传统部族特权利益集团和新兴地方督抚士绅政治精英群体之间的利益冲突和力量对比是官制变革进展迟速成败的决定因素，制约现代行政与司法制度建构。

一 光绪朝地方现代行政官僚制度建构蹒跚而行

中央和地方官制变革相互推动和制约，朝廷允准将君主专制中央集权制变为责任内阁制，由责任内阁统率中央行政官僚机构对皇帝负责，收束地方督抚既得权势以实现中央集权。地方政治精英督抚与士绅期待责任内阁对资政院和即将成立的国会负责，扩张权力。旧官制下中央六部和地方督抚权力位阶平行，均直辖于皇帝，皇帝对中央行政、司法拥有最高决断权，旧内阁与军机处只是皇帝独断决策的辅佐咨询机构。新官制变革方案中由内阁总理大臣统率中央所有行政官僚机构和地方督抚对皇帝负责，各部行政官僚机构直接隶属于责任内阁，皇帝间接统治。立法、行政、司法分立对峙，最高司法审判机关大理院与责任内阁分立。由责任内阁即中央政府行使国家主权，行省督抚受责任内阁节制监督，维持单一制国家纵向权力结构。实现变革目标需要在地方行省督抚和中央责任内阁及其各行政部门之间重新划分权限，各种政治势力之间要进行权势争夺，制度变迁面临重重阻力，使得责任内阁制和地方行省官制改革成为变革难点，"在行政改革中，其中有两项重要者，清政府无法顺利达成。一是各省官制的改革,一是实行责任内阁制"①。建构责任内阁后各部长官将在内阁总理大臣统率下掌握中央政府行政权,将地方行省督抚置于中央责任内阁之下,接受责任内阁领导、监督和控制,军事权由陆军部统辖,财政税收权收归财政部,由财政部进行税收征管分配。责任内阁集中权力就将削弱早已坐大的地方政府权力,遭到抵制。中央的保守势力也认为各部由行政长官负责会产生独断,责任内阁侵犯皇权,反对改革。晚清进入现代化时期,要改革就得实现政治权威合理化,能够快速主动地制定和执行新的法律与政策,中央政府现代性政策贯彻执行到各省直至基层,"这种一元化的国家一级的行政机构将会打破北京和各省之间那种自古以来的平衡",降低在镇压内乱和兴办洋务中崛起的地方政府在国家权力结构中的分量,"中央集权就既要对付旧既得利益者的官僚主义惰性,同时又要正视各省新兴势力的不安分的妒意"。② 中央集权变革取向被地方分权趋势抵消,外重内轻的权力结构消解中央收权取向。"清政府原列为最优先改革的两个项目:削减督抚权力和采行内阁制度,并未实现。1907 年省制革新,但督抚的权力实质依旧;稍有改动的,只不过是机构的名称而已。唯一有意义的改变大概是依据大理院的模式在各省设置审判厅,清政府意图借此来建立地方的独立司法权。"③ 建立与督抚行政官衙分立的地方审判厅,削弱督抚权力。

行省官制改革方案在中央与地方、督抚与内阁的权势博弈中艰难决策,在地方督抚和责任内阁权限划分争议中经过反复博弈,变革派仿照立宪国通例,按照权力分立制衡制度规范提出建立行省行政官僚机构和独立司法审判机构的改革方案,多次奏请,朝廷当家人慈禧太后有所保留地指示允准。端方、戴鸿慈考察宪政归国所上《请改定全国官制为立宪预备》折提出初步方案,出洋欧美开阔视野,具有世界眼光,在中西对比中提出具体可行的官制改革方案,要扩大行省官制规模,建立科层

---

① [日] 市古宙三:《1901—1911 年政治及制度的改革》,《剑桥中国史》第十一册,晚清篇(下),张玉法主译,台北:南天书局有限公司 1987 年版,第 441 页。
② [美] 费正清、赖肖尔:《中国:传统与变革》,江苏人民出版社 2012 年版,第 356 页。
③ [日] 市古宙三:《1901—1911 年政治及制度的改革》,《剑桥中国史》第十一册,晚清篇(下),张玉法主译,台北:南天书局有限公司 1987 年版,第 442 页。

化行政官僚体制,"今一督抚之所辖,足当欧洲一国而有余,故省中制置各司,宜略具中央政府之规范",已设布政使司、按察使司、提学使三司不能适应行政管理需要,要重组和增设民政、财政、提学、巡警、军政、外交、邮政七个司,"除执法司为司法官,军政司应直隶中央外,其余六司皆为督抚之最高辅佐官",符合现代国家司法独立、军队国家化的宪制规范,"每司之下分置分局,或以事分,或以地分,局设一长而统其属,而受成于本司","为督抚者总其大纲,全省无不举之事",① 司下设局,分科治事,服从督抚指令,提高行政效率,建构专业化和科层化的行政官僚机构。中央官制编纂馆依据行省官制改革方案拟定地方官制草案,但是没有得到各督抚认同。慈禧深知官制变革对中央和地方权限划分事关全局,发布懿旨,对官制编纂作出指示曰"各直省官制著即接续编订,仍妥核具奏","会商各省督抚一并妥为筹议",② 官制编纂馆于是拿出两套官制改革方案,一是仿照现代西方立宪国科层化行政官僚制模式进行激进全面变革,省城各司道新设行政机构在行省督抚衙门内合署办公,"督抚总理本衙门政务,略如各部尚书。藩臬两司,略如部丞。其下参酌京部官制,合并藩臬以外司道局所,分设各司,酌设官,略如参议者领之。以下分设各曹,置五品至九品官分掌之。每督抚率同属官定时入署,事关急速者即可决议司行,疑难者亦可悉心商榷,一稿同画,不必彼此移送申详。各府州县公牍直达于省,由省径行府州县。每省各设高等审判厅,置省审判官,受理上控案件。行政、司法各有专职,文牍简一,机关灵通,与立宪国官制最为接近"。督抚作为行省长官控制行省官僚机构和府州县,督抚之下设置各司,各司之下设官分职,建立科层化官僚体制,遇事各机关商讨,由督抚发布指令决议执行,提高行政效率。各省设置审判厅专掌审判,和行政官僚机构并立,审判权从行政权的控制下独立出来。这是仿照立宪国官制成例提出的变革方案。第二种变革方案则是较为保守的,基本维持现行行省官制,适度作出变通性的机构调

---

① 《出使各国考察政治大臣戴鸿慈等奏请改定全国官制以为立宪预备折》,《清末筹备立宪档案史料》,中华书局1979年版,第367—377页。

② 《光绪宣统两朝上谕档》第32册,广西师范大学出版社1996年版,第197页。

整重组，增设新机构，"督抚径管外务、军政，并监督一切行政司法。以布政司管民政，兼管农工商；以按察司专管司法上之行政，监督高等审判厅；另设财政司，专管财政，兼管交通事务。均酌属官佐理一切。此外，学、盐、粮、关、河各司道仍旧制。以上司道均按主管事务，秉承督抚办理，并监督各局所。此系按照现行官制变通，以专责成而清权限"①。基于现实可行性调整现行官制，巩固督抚权力，维持旧机构，增设新机构适应社会经济现代化需要，变革范围小，力度低，不触动既得利益集团，不激发反对力量。这两种变革方案都是有利于巩固督抚权限的，但是各省督抚意见不一，各有支持，也有不置可否态度晦暗者。颇具政治影响力的湖广总督张之洞对两层办法都不满，称合署办公"必致草率敷衍"，"一省之中，臬司即是高等审判厅，另设一司为何？"认为不必增设独立的高等审判厅削弱督抚既得权势。张之洞主张"立宪本意在于补救专制之偏，果能事事虚衷咨访，好恶同民，虽官制仍旧，无害其为立宪政体。如不能集思广听，事事皆为国民公益计，则虽尽改照日、德官制名目，仍无解于上下之暌隔、民情之困苦怨咨也"②。张之洞认为政体变革应优先于官制变革，徒有官制变革而专制政体未向立宪政体转变，于社会公共事务治理并无裨益。官制改革和政体变革的次序究竟谁先谁后问题争议延宕官制改革推进速度。张之洞否定官制改革方案背后隐藏原因是张之洞和袁世凯斗争，袁世凯提出官制改革办法，张之洞借机打击袁世凯派系势力。③ 督抚们对巩固既得权势的关心甚于变革本身，不希望新设机构分解既得权力，致使官制变革陷入僵局。袁世凯凭借其在京畿的政治影响力和担任厘定官制大臣的权力支配官制编纂过程，重启外省官制变革议程，改革派端方、岑春煊通电响应，支持袁世凯奏劝

---

① 侯宜杰编：《厘定官制大臣至各省督抚通电》，《清末督抚答复厘定地方官制电稿》，《近代史资料》总第 76 号，中国社会科学出版社 1989 年版，第 52—53 页。

② 侯宜杰编：《湖广总督来电》，《清末督抚答复厘定地方官制电稿》，《近代史资料》总第 76 号，中国社会科学出版社 1989 年版，第 82—86 页。

③ 萧一山：《张之洞与袁世凯的关系》，《清代通史》，华东师范大学出版社 2006 年版，第 877 页。

朝廷筹划改制。① 最终达成《各省官制通则》，初步形成地方官制改革的纲领："留各省关道以便办理交涉事宜；于省会地方设立省裁判所；设立度支司专管财政，各省原有的布政使司专管民政、农工商实业；各省设立办理警察、盐务、军政之局所；各省设立巡警司。"② 清廷利用张之洞权势制衡袁世凯，官制改革草案编撰需要参照"参酌直鄂两督复电办法"，③ 张之洞的意见得到附议，"连日议论主从鄂督意见者实居多数"，④ 张之洞的意见趋向保守，对省级官制基本维持不动，之下府州县略加调整，引起激进改革派不满。外官制改革草案在载泽、袁世凯推动下完成起草，但是官制编纂馆总司核定处三大臣奕劻、瞿鸿禨、孙家鼐没有及时修缮上奏。直接原因是慈禧太后作为清廷最高统治者要综合权衡各方利害后做出最终决断，鉴于京官制改革中出现的利益博弈难于达到平衡而没有及时达成变革方案，于是对外官制变革持保留态度，指示说"是以外省官制不欲大加更动"，于是官制编撰馆群臣"虽议妥尚未敢入奏"。⑤ 朝野反对外官制改革之声不绝如缕，御史赵启霖上折建议外官制暂从缓议，江苏巡抚陈夔龙申言外官制改革宜暂缓施行，"多更一制，即多一耗材之地，多设一官，转多一倖进衙门"⑥。外官制改革遇挫。

面对外官制变革的反对声浪，改革派徐世昌、岑春煊发出支持的声音。徐世昌驳斥守旧派陈夔龙等人的论调曰："廷臣之言事者于用人则谓为倖进，于用款则谓为虚糜，于章程法令则谓为自私，因革损益则谓之多事。窥其意，欲以此为揣摩尝试，而令当局者不办事、不用人、不用款，长此因循而后快"，徐世昌敦促朝廷速定大计曰："凡有应兴之事，应革之政毅然力持于上"，⑦ 上任东三省总督后将东北作为外官制改革试

---

① 《西报访事论改外官制事》，《申报》1907年1月22日。
② 《袁督拟改外省官制之计划》，《申报》1906年12月18日。
③ 《外省官制揭晓之先声》，《大公报》1907年1月18日。
④ 《专电二外省官制年终入奏》《外省官制开议消息》，《申报》1907年1月16日。
⑤ 《外官制未入奏》，《大公报》1907年2月28日。
⑥ 《江苏巡抚陈夔龙奏新政请毋庸扩充立宪变法或暂缓施行折》，《清末筹备立宪档案史料》，中华书局1979年版，第176—178页。
⑦ 徐世昌：《请定大计弭祸折》，《退耕堂政书》卷八，沈云龙主编：《近代中国史料丛刊》第23辑，台北：文海出版社1968年版，第441页。

验地，对全国产生示范效应。岑春煊出任邮传部尚书被两宫召见时趁机面奏"外官制请变通议改"折，未获批准，但一直竭力提倡，在调任两广总督出京时上折力陈政见曰："钦惟上年懿旨，原以变通官制为立宪之预备，又以厘定外省官制为饬治恤民之要务，煌煌圣谟，中外同仰。乃厘定外省官制之举，始而电讯，则各疆臣意见不一，继而拟出草案，言者又谓为可缓，计自饬议至今，已逾半岁，而改定之制颁行之期，尚无端绪，来揣摩之疑，遭讥刺之口，非所以昭信于天下者也"，① 接着岑春煊驳斥无财用无人才来支持官制变革的观点曰："总之，现议官制已系酌就时宜，将来尚需厘改，方合宪法，并此不能，何望进步。伏恳严饬总司核定官制王大臣迅速议上，以慰中外望治之忱"②。岑春煊谓预备立宪宣示庶政公诸舆论，必需建构采择舆论的民意机关资政院，议院代表四万万国民的心声向政府提出建议案，致万民于外朝，而循国危国迁，民隐相通，民气疏达。中国幅员辽阔，省界如欧洲之国界，督抚是行省最高行政长官，前届和后任政令不同，宜需奉宪法为依归，用宪法来统一政令，改都察院为下院，考核督抚。同理，一省州县风俗、财力各异，宜设谘议局，选举绅商士庶为议员，督抚负责汇集官绅商讨全省政事。国民有参政权才可谓之宪政，府州县设立议事会，人人遵守宪法，人人权利得以自保。在京设资政院，在省设谘议局，在府州县设议事会，笼络人才，发挥其聪明才智，不让之与海外啸聚者同声相应，"非先颁行厘定外省官制及设资政院，则不足以昭示天下人之信义，非在京设都察院会议，在省设谘议局会议，则不足提振行政官之精神。而亟亟焉为培养全国命脉计，即为宪政本源计者，则地方议事会与夫地方自治，二者相位表里，其尤要也"③。与设立省级新式行政机构的奏议相比，岑春煊力主设立各级立法机关议会，变革地方政治权力结构。同时，袁世凯等人

---

① 《两广总督岑春煊奏请速设资政院代上院以都察院代下院并设省谘议局暨府州县议事会折》，《清末预备立宪档案史料》，中华书局1979年版，第498页。

② 《两广总督岑春煊奏请速设资政院代上院以都察院代下院并设省谘议局暨府州县议事会折》，《清末预备立宪档案史料》，中华书局1979年版，第499页。

③ 《两广总督岑春煊奏请速设资政院代上院以都察院代下院并设省谘议局暨府州县议事会折》，《清末预备立宪档案史料》，中华书局1979年版，第502页。

奏请速定外省官制，帝国最高政治决策者慈禧太后考虑利弊得失，依旧持保留意见，指示曰"此事利少弊多，暂从缓议不必太急"，① 但是容许在直隶、江苏试行官制变革，待有成效再推向全国。变革不可遏抑，瞿鸿禨、孙家鼐修订外省官制草案，最后由奕劻、孙家鼐上奏，形成《各省官制通则》宪法性法律，明确在行省一级原有布政使、提学使两司毋庸议改，按察使改为提法使，对原有功能做出适应性调整，提法司"专管司法上之行政，监督各级审判"，"增设巡警道一员，专管全省警政事务"，"增设劝业道一员，专管全身农工商业及各项交通事务"。② 增设巡警道、劝业道，各有分工，劝业道接管原按察使经营的驿传业务，盐、粮、关、河各司仍旧，撤销分守分巡道。厘定外省官制是立宪之预备，必须设立各级审判厅，建立独立司法制度。旧官制府州县亲民官掌握行政权兼审判权，为外国诟病，是列强要求在华享有治外法权的理由。司法独立不减少行政权威，法官独立不会枉法，法为天下共守，审判公正性受全社会成员监督，中央既已成立法部专管司法行政，大理院专掌审判，外省自应分设独立于行政权的各级审判厅，"现在法部、大理院，既经分设，外省审判之事，自应由此划分权限，别立专司，俾内外均归一律。此各省审判各厅不能不按级分立者也"③。

行省官制改革取得突破，建立具有管理现代社会经济事务功能的督抚行政官厅、司道行政机构、司法审判机构。外省官制改革重点是改革省级行政机构和府州县行政制度，改革旧制度，添设适应地方社会经济发展的对外交涉机构，从行政机构中分离司法审判机构，建立现代审判、检察制度。从外省官制变革清单看，前两条规定总督巡抚权限，总督负责地方外交、行政、军政事务，统辖文武官员，巡抚受总督节制，负责一省行政，督抚不同省，保持督抚既有权限。第三条规定是要重新划分地方督抚与新设中央各部之间管辖权限，要督抚奉行各部命令，将督抚置于中央各部控制之下，趋向中央集权，但是督抚可以根据地方情形变

---

① 《外省官制决计从缓改定》，《申报》1907 年 6 月 10 日。
② 《外省官制决计从缓改定》，《申报》1907 年 6 月 10 日。
③ 《总司核定官制大臣奕劻等奏续订各直省官制情形折》，《清末筹备立宪档案史料》，中华书局1979 年版，第 504 页。

通执行，"督抚认为于地方情形窒碍难行者，得咨商各部酌量变通，或奏明请旨办理"，"总督巡抚于各省咨行筹办事件，均有奉行之责"。① 给予督抚变通执行权。督抚衙门设幕职，分科办事，改变之前督抚自行招募衙门师爷胥吏开幕的传统，建立现代行政官僚制度。第六条规定在督抚衙门设置会议厅，召集司道员及府州县官员商定紧要事件，有关地方公共事务还酌择公正乡绅参议，"各省督抚应于本署设会议厅，定期传集司道以下官会议紧要事件，决定施行。如有关地方之事，亦可由官酌择公正乡绅与议"，② 召集行政官厅与府州县基层地方政府主要官员会商政务，将乡绅取代胥吏参与地方政府行政管理的既有权力制度化。为了适应现代经济社会事业发展需要，增设劝业道和巡警道，司、道都受督抚节制，增加督抚权限，赢得督抚支持。督抚衙门、司、道行政机构都按照西方立宪国成例建立专业化科层化行政官僚制度体系。

二 宣统朝地方官制变革在政治权威合理化困境中山重水复

载沣摄政后试图收回督抚绅商的既有权势，扭转地方分权式权力分配格局，遭到地方抵制，利用君主专制权力收权归满人亲贵的努力与地方分权的现实权力格局之间形成二元张力，外重内轻权力格局演变为内外皆轻新权力格局，陷入政治权威合理化困境，阻碍改革目标实现。督抚要求建立各种新式行政机构辅佐督抚处理政务，各机构财权、人事权归督抚节制。经过多轮博弈，中央各部与行省地方权限关系、督抚与内阁关系依旧难以妥协达成各方认同的改革方案。宣统朝载沣摄政，试图借官制改革收回督抚权力，引起督抚的强烈反弹，争论到武昌起义前夕也没有制定出让朝廷和行省督抚各方都勉强认可的内、外官制改革方案。行省新设各司与中央各部的纵向权限划分，督抚和责任内阁权限之争是官制变革方案迟迟不能达成共识的原因。官制编纂已经转移到宪政编查馆，与会议政务处一同续订外省官制。鉴于前次官制改革方案需待督抚

---

① 《总司核定官制大臣奕劻等奏续订各直省官制情形折》，《清末筹备立宪档案史料》，中华书局1979年版，第506页。

② 《总司核定官制大臣奕劻等奏续订各直省官制情形折》，《清末筹备立宪档案史料》，中华书局1979年版，第507页。

复电表达意见再修缮奏准，给予督抚干预中央政治决策的机会，朝廷担忧督抚权势导致藩镇割据局面，故要裁抑地方督抚权势，张之洞、袁世凯已经入值军机大臣，明升暗降，褫夺重权，又借官制改革之机收回地方督抚权力归中央，载沣试图限制督抚干预官制改革，不征求地方督抚意见，而由朝廷枢臣与各省在京官员代行督抚职权，"缮具说帖，再由各条陈官制折内采择切要之论，加以枢臣见解汇录奏呈，听候两宫核夺施行"①。宣统二年（1910）按照预备立宪《逐年筹备事宜清单》厘定地方官制，载沣按集权计划力图在推行立宪过程中裁夺地方督抚权力，在官制中规定原定由督抚节制的行省各司、道直辖于中央各部院，每省均设一总督，督抚同省，相互争夺权力，相互掣肘，分散督抚的权力，以之加强中央权威。② 收束疆寄大权引起督抚们强烈抵制，地方督抚和朝廷、责任内阁、部院权限之争愈演愈烈，1910 年 10 月，督抚们支持国会请愿运动，云贵总督李经羲、湖广总督瑞澂、东三省总督锡良通电发起支持，全国共十八位封疆大吏附议赞同，通电全国支持速开国会和组织责任内阁，对朝廷施加压力，试图将地方官制的制定和执行权抓回手中，李经羲通电各省督抚筹商外省官制改革方案，提出中央责任内阁、行省督抚、府州厅县三级行政机构组织方案，重点是加强省制规模，建立分科治事的行省行政官僚体制，"省制略如部制，司道如部中各司司长，辅助督抚同一公署办事，不宜独设衙门"，行省各司皆为督抚的辅佐机构，督抚掌握行省各司人事权，各司对督抚负责，"各司对于督抚分事负责，各司由督抚辟荐，用舍决于内阁，溺职者内阁督抚均得勒退，惟另选必由督抚"③。李经羲的提议得到多数督抚的赞同，经进一步磋商，到 1911 年初全国十五名督抚联衔提出地方官制改革方案，重申督抚权力，维护督抚们的政治共识和政治利益是官制变革的推动力。④ 督抚在官制变革中获得

---

① 《醇亲王拟议定官制办法》《改定外省官制办法仍未确定》，《大公报》1907 年 10 月 21 日、11 月 22 日。
② 参见《大公报》1910 年 3 月 11 日、4 月 19 日、11 月 12 日、24 日、27 日。
③ 《各省督抚筹商官制电》，《国风报》第一年三十号，1910 年 12 月 2 日。
④ 中国第一历史档案馆编：《清末筹备立宪档案史料补遗》，《历史档案》1993 年第 3 期，第 63 页。

主动权，随后锡良、张人俊、陈夔龙、瑞澂、李经羲五督获准参与编制外省官制。① 按照筹备宪政事宜清单规定之时间表，1911年2月初步厘定行省官制，行省分设度支、民政、劝业、提学、提法、交涉六司，六司对督抚负责，人事、行政等归督抚节制，在督抚衙门同署办公。② 但是中央部院和行省权限划分博弈争议还是悬而未决，摄政王载沣试图在推进立宪的过程中削夺督抚权力，限制地方督抚干预官制核定，谕令那桐和徐世昌分别负责京官制和外官制编制，借官制修定裁减督抚权力，集权于中央部院。关涉督抚切身利益，参与修订官制的五位督抚主动抵制，重申督抚既有的军政、人事、财政税收支配权必须保留。争论不休，五督抚派员来京商议，行省和部院权限关系划分达成部分共识，地方官制分为行省督抚和府州县两级，各司、道为督抚的辅佐，关、盐、粮、河各道不再兼理地方行政事务，事权归并到各相应司、道机构。③ 督抚在与中央的权力争夺中明显获得优势，但是责任内阁制规定"督抚秉承内阁，受其监督"，④ 要将督抚既得军政、财政、人事、司法大权收归责任内阁节制，削减督抚既得权力，还是要改变同治中兴以来外重内轻督抚专权的政治权力格局，督抚不同意，明确抵制，直接阻碍内、外官制的颁定与执行，悬而未决之际武昌新兵起势掀起全国政治革命，清末留下的官制变革问题就推宕到民国，民初地方主义和中央集权之争持续不绝。

第三节　建构直隶现代行政官僚制度

一　建立新型总督行政官署

清代督抚渊源于蒙元行省，疆域辽阔，朝廷鞭长莫及，朝廷为控制地方而派督抚驻监督控制地方，集权于中央。督抚不设常职属官，按照惯例由督抚延聘幕友来辅佐处理政务，咸丰之后建立与中央六部对应的

---

① 中国第一历史档案馆编：《清代军机处电报档案汇编》第三册，中国人民大学出版社2005年版，第496页。
② 《探志新外官制草案之概略》，《大公报》1911年2月14日。
③ 参见《郑孝胥日记》第三册，中华书局1993年版，第1345页。
④ 《限制新外官制之发表期》，《大公报》1911年10月1日。

六房书吏。督抚衙门要适应现代化政策创制与执行需要就要按照现代科层化行政官僚机构的要求设置分科治事的职官。新政预备立宪时期，建立科层化分科治事的行政机构以提高行政效率是办理新政的客观要求，"宣布外省官制后即饬各省督抚将署内文案等项名目裁撤，另外保举幕职若干员即行分派值守，设置秘书官一员为长，之下设置与各部对应的九朝，每朝设参事官一人，其事简不便备官者，令其酌量兼摄，以上各员如果三年无过，办事勤能，准由各督抚奏保升阶，以示鼓励"①，设立幕职后传统的幕友转化为行政官僚机构常设职官。《直省官制通则》第四条规定督抚衙门设立幕职，分设交涉科、民政科、法科、度支科、吏科、学科、礼科、农工商科、邮传科、军政科十科办理公务，佐理文牍，每一科与中央相应各部对接业务。② 秘书科设秘书员，各科设参事员，按照办事章程办理督抚指令的事务。原来的幕僚转变为新行政官僚机构中的职位角色，薪金固定，名单奏报朝廷备案，传统幕友转化为行政官僚机构的公务人员。1908 年外官制变革，清廷饬令督抚速设幕职建构现代行政机构，"若非遴员专司其事，权限必致不清"③。1909 年 4 月，督宪杨士骧奏设督抚衙门幕职，"衙署内所设幕职人员有秘书、助理秘书、参事等，并设会议厅。秘书员掌理机密文电、奏章及不属于各科之事，并参与一切要政；参事员掌理各科文牍。在秘书员和参事员之外，各科另设副员若干，收发员，缮写员、书记员数人，承办收发、撰拟、誊写等事宜"④。末代总督陈夔龙接替督宪端方后虽然弹压过国会请愿运动，但还是顺应改革潮流的，提出"分科治事，以专责成"变革方案，将总督衙署分设为七科执掌相应事务，"一曰洋务科，办理交涉事件。一曰度支科，办理局所款目事件。一曰宪法科，办理关涉宪政事件。一曰民政科，办理巡警事件。禁烟、卫生、清讼等事亦归监管。一曰学务科，办理教育行政事件。一曰农工商科，办理农工商矿事件。航路邮电等事亦归监

---

① 《督抚衙门添设幕职》，《申报》1907 年 3 月 29 日。
② 《总司核定官制大臣奕劻等奏续订各直省官制情形折》，《清末筹备立宪档案史料》，中华书局 1979 年版，第 507 页。
③ 《议饬各督抚分科理事》，《大公报》1908 年 8 月 21 日。
④ 河北省地方志编撰委员会：《河北省志·政府志》，人民出版社 2000 年版，第 18 页。

管。一曰庶务科，分办收发公文，缮校折件"①。各科与中央各部对应，某些科负责与中央数个部对接业务，如农工商科与农工商部和邮传部对应，机构精简统一，权责明确，效率提升，适应现代工商业和社会治理需要。

二 建立督署会议厅

建立督署会议厅召集司道官员与士绅商讨要政，由幕僚辅佐督抚专断决策转向行政官员与社会精英合议制决策模式，督署会议厅连接谘议局，咨商驳回或执行谘议局议决通过的议案，会议厅成为督抚的决策咨询机构。《各省官制通则》规定"督抚应于本署设会议厅，定期传集司道以下官员会议紧要事件，决定施行。如有关地方之事，亦可由官酌择公正乡绅与议"，②由各司道机构行政长官参与会商公共行政事务，召集乡绅参与讨论地方事务，认可乡绅控制地方的现实，官绅共同决策，由督抚独断制走向官绅合议制，社会精英参政观念已经渗透到官府的日常政务中。宪政编查馆在1909年据《直省官制通则》具体拟定会议厅规则，"各省会议厅为负责会议全省事务之最高机关，并需设于督抚官署之内。会议厅以本省督抚为议长，其下设议员及参事、审查两科办事。以参事科专司参议本省庶政的推行，以审查科专司审查谘议局议决的案件"，将会议厅的职能定位为官绅共同商议全省公共事务和审查谘议局议案，由督抚负责召集和主持会议，是督抚的咨询和辅助决策机构，为督抚的决策提供资讯建议，有利于集思广益，各司道官员和乡绅的意见可资改进督抚决策的正确性和可行性。具体事务由参事、审查两科依照法定程序分科治事，"会议时两科人员必须有在省会员三分之二出席，始得开议。必须经出席人员半数之同意，方可为议决"，③ 议事规则与议院民主规则议决规则类似，司道以下行政长官为会议厅当然议员，会议实行多数决规

---

① 《督宪陈裁留幕职各员札文》，《大公报》1910年3月16日。
② 《总司核定官制大臣奕劻等奏续订各直省官制情形折》，《清末筹备立宪档案史料》，中华书局1979年版，第507页。
③ 《督宪杨奏定督署会议厅规则暨会议厅办事规则札饬各属查照文》，《北洋公牍类纂续编》卷三，吏治一，台北：文海出版社1990年版，第2页。

则，有利于限制督抚独断专行，"省政事项既经参事及审查两科多数人员之审查及拟议，督抚自无法独断独行，为所欲为"，① 设置督署会议厅来限制督抚专权是朝廷收束督抚权力的一种努力。

督宪杨士骧依据《直省官制通则》制定督署会议厅制度规范和会议厅办事程序。稳健的改革派代表人物端方继杨士骧之后出任直隶总督，进一步调整督抚会议厅建制，制定章程，规定督署会议厅的功能是要在行政过程中化解分歧，由总督召集司道官员、府州县长官、乡绅来商议公共事务，集思广益，对财政、民政、学务、警政、审判、实业新政公共事务展开协商讨论，促进新政事业持续发展，推进预备立宪。"行政之道最忌分歧，方今筹商宪政，百事待举，凡财政、民政、学务、警务、审判、实业诸大端，无不有息息相通之势，亟应共同讨论，切实研究，籍收集思广益之功而获相须为用之效"，② 对会议厅的功能赋予理性预期。章程将会议厅定位为"总督咨询政务之所，时有交议事件议决后仍应呈侯总督核定施行"，督抚掌握最终决策权。会议厅作为总督的决策咨询机关，其功能是"共同讨论，切实研究，洞于筹备宪政"。③ 会议厅设于总督署内，作为总督召集属官与绅董商讨公共事务治理之所，会议由总督定期召集。督宪杨士骧规定总督任议长，议员是司道官员和与所议事件密切相关的各局所总办，总督的幕职属官听候总督之命参与会议，但是没有议决权。端方总督不再将总督作为当然议长，而是以藩司为议长，学臬运三司为副议长，议长出缺则由副议长代行其责。调整议员资格，规定"现任道府厅州及应行召集之局所总会办均为议员"，④ 总督的幕职属官不再列席会议。督署通过会议厅与谘议局形成行政—议会互动关系，如果所议事项与府州县地方相关，"可传集谘议局议员到会以备询考"，

---

① 王家俭：《晚清地方行政现代化的探讨》，《中国近现代史论集》第 16 编，台湾商务印书馆 1986 年版，第 165 页。
② 《督宪杨奏定督署会议厅规则暨会议厅办事规则札饬各属查照文》，《北洋公牍类纂续编》卷三，吏治一，台北：文海出版社 1990 年版，第 2 页。
③ 《督宪端改定督署会议厅章程札饬各属查照文》，《北洋公牍类纂续编》卷三，吏治一，台北：文海出版社 1990 年版，第 4 页。
④ 《督宪端改定督署会议厅章程札饬各属查照文》，《北洋公牍类纂续编》卷三，吏治一，台北：文海出版社 1990 年版，第 4 页。

因为谘议局议员由府州县地方间接选举产生。会议厅所议事件范围包括"总督交议事件暨谘议局议案、谘议局呈请裁夺事件,对于总督所提出谘议局议案得陈述意见,答申总督咨询事件、其他本省行政重要事件",①章程明确将议事范围定为"总督提交谘议局会议事件,谘议局议定呈侯施行事件,谘议局提议裁夺事件,行政重要事件",②议事范围覆盖总督和谘议局提议的重要事项,范围广,官绅一起合议,限制督抚专断权力的同时向士绅开放参政权。会议期限分定期会议和临时会议,定期会议是召集全体会员商讨全年的重大政务,临时会议商讨各司道各局所具体事件,由总督召集,"定期会议于每年正月举行,筹议全年政务,传集全体议员并本省各府直隶厅州地方官公同举议。临时会议遇有应议事件,由总督随时定期开议,会议事件与局所有关系者,总办始得参与会议"③。督宪端方将会期改为大会和通常会,大会每年两次,二月和八月定期开会,筹议全省重要事件。通常会每月朔望日召集,参会人员是"所有驻津司道、府厅县及应行召集之局所总会办"及"各道府直隶厅州遇有该管事件者",④议案提议权由总督掌握,总督交议事件须由会议议决,议员提议事件要由总督许可后提交会议,"交议系由总督饬议者,提议系由议员发议而经总督许可者",⑤议事方式是议员口述或具说帖,由总督裁定。会议厅是常设机构,按照分科治事的规则建立议事科和庶务科,议事科管理会议有关事项,排列每日议事次序,处理议案文牍,处理议院质问事项,编辑会议记录资料,庶务科管理日常事务,公文收发,会议仪式,用度会计,统计报告等一切庶务,设立提调、书记员、文案职官,

---

① 《督宪杨奏定督署会议厅规则暨会议厅办事规则札饬各属查照文》,《北洋公牍类纂续编》卷三,吏治一,台北:文海出版社1990年版,第3页。
② 《督宪端改定督署会议厅章程札饬各属查照文》,《北洋公牍类纂续编》卷三,吏治一,台北:文海出版社1990年版,第4页。
③ 《督宪杨奏定督署会议厅规则暨会议厅办事规则札饬各属查照文》,《北洋公牍类纂续编》卷三,吏治一,台北:文海出版社1990年版,第3页。
④ 《督宪端改定督署会议厅章程札饬各属查照文》,《北洋公牍类纂续编》卷三,吏治一,台北:文海出版社1990年版,第4页。
⑤ 《督宪杨奏定督署会议厅规则暨会议厅办事规则札饬各属查照文》,《北洋公牍类纂续编》卷三,吏治一,台北:文海出版社1990年版,第3页。

各有专责,按章办事。督署会议厅是各司道、新设各局所行政长官、府厅州县行政长官与乡绅组成的常设议事机构,"参与基础的扩大,凡省内外现任司道府厅州县,及重要局所总会办,均得参与会议,这是过去没有的。会议采取公开及秘密二种方式,与会者对政府之重要决案与考核,均可以口头或书面方式表达意见。因此,决策不再是总督一人及其幕府的事。政府部门透过会议厅,得与谘议局保持联络。这是旧行政体制的一项改革",① 督署会议厅制度扩大行政决策过程参与的包容度,在任官员与士绅参与决策,有机会对议案表达意见,将各种利益诉求整合进决策过程中,会议厅将行政机构和议会机构谘议局连接起来,谘议局参与决策,改变督抚专断决策模式。

三 建立司道行政官僚机构

司道行政官僚机构承宣执行督抚政令。新政伊始在中央建立外务部、农工商部、学部、法部,在行省增设与之相应的局所机构,由督抚节制。预备立宪时期在官制改革方案出台过程中充满中央新设各部和行省司道机构的权限划分之争,督抚与责任内阁争夺对司道机构控制权,行省各司道是听命于督抚还是直辖于中央部院,各司道是参照立宪国陈规创设还是将旧体制适度调整等种种权力划分争议问题影响行省官僚机构的建制规模和运转程序。作为疆寄之首的直督袁世凯要捍卫督抚权力,主张新设司道局所均直接听命于督抚,"国家设官,内外各有责成,各部司员,受成于堂官,而不得径行之于疆吏。各省僚佐,秉承于疆吏,而不能径达于部曹,此内外之权限也。如部臣以疆吏不足问,而与司道直接,则疆吏为虚设",② 抵制中央部院跨越督抚控制行省地方司道行政机构。端方、戴鸿慈主张要明确界定中央和地方权限,行省司道局所应秉承督抚政令,"各部用其权,以裁制督抚,若不量地方之情势,则善政几不得举行;督抚张其权,而轻视各部,又破坏一部之机关,而政令几同于虚

---

① 苏云峰:《中国现代化的区域研究 湖北省,1860—1916》,台北:"中央研究院"近代史研究所专刊(41),1981年,第172页。

② 《请饬另行核议路务办事章程折》,《袁世凯奏议》下册,天津古籍出版社1987年版,第1293页。

设；彼此之龃龉尚小，而事机之贻误实多，诚宜明定职权，划分限制，以某项属之各部，虽疆吏亦必奉行；以某项属之督抚，虽部臣不能掺越；如此则部臣疆吏于其权限内应行之事，无所用其推诿，于其权限外侵秩之事，无所施其阻挠，庶政不致分歧，而精神自能统一矣"，① 督抚和部院事权应当划分明晰，中央与地方不互相侵越，中央不裁夺地方督抚权力，督抚执行中央政令，责任明确，权责统一，专司其职，不推诿拖沓，政令畅通，提高行政效率。《各省官制通则》是袁世凯、徐世昌、岑春煊、端方等变革派政治精英积极推动朝廷颁布的，出任东三省总督的徐世昌在东北率先启动行省官制变革，徐世昌位居巡抚与将军之上主导变革，设立行省行政官僚机构度支司、民政司、劝业司、提法司、提学司、交涉司六司。《各省官制通则》受东北影响，内地保留布政司和提学司，按察司改组为提法司，增设巡警道、劝业道。行省各司道对督抚负责，执行督抚政令，业务对接部院，接受纵向指导。直隶是率先试办官制变革的三个省份之一，参照《各省官制通则》，将在直督曾国藩、李鸿章洋务运动时期的洋务机构和袁世凯主持北洋新政以来创设的局所整合为新型行政官僚机构。

四 建立现代教育行政机构

直隶大规模兴办新式学堂，发展现代教育。袁世凯从山东巡抚升任直隶总督兼北洋大臣之后将其在山东办理新式教育的经验推广到直隶，建立教育行政机构管理新学堂。作为清末新政中领袖群能的变革倡导者和力行者，袁世凯在朝鲜监国任上参与过甲午战争，深知兴办现代教育事业是富国强兵的人才基础，在担任直隶总督的六年期间顺应地方社会精英们的呼声推行现代教育政策。袁世凯和刘坤一、张之洞联袂废除科举，引导莘莘学子接受现代专业教育，为兴办现代教育配置资源。新政伊始，袁世凯在1901年上奏清廷科举考试用经济、科技新考试科目来取

---

① 《出使各国考察政治大臣戴鸿慈等奏请改定全国官制以为立宪预备折》，《清末筹备立宪档案史料》，中华书局1979年版，第369—370页。

代儒家经典，逐步用现代教育取代科举。① 慈禧太后没接受袁世凯废科举奏议，但是在 1901 年底下达懿旨肯定袁世凯在山东创办新式学堂的成绩是兴办全国新式学堂的范本。② 1903 年袁世凯和张之洞联衔再奏废除科举，1904 年受日俄战争结局刺激，朝廷意识到亟须具有现代专业知识的官员和新政人才，1905 年袁世凯、张之洞、周馥乘势筹划再奏，慈禧终于批准，采纳张之洞、刘坤一废除科举建立新式现代教育的主张。袁世凯督直后即着手兴办现代教育，采纳时任美国在华外交官丁家立博士的主张，1902 年春在保定建立学校司，任命具有现代新知识观念的严修为直隶学校司督办，在学校司下建置编译处、普通教育司、专门教育司三处具体负责教育行政，之后由胡景桂任督办，袁世凯的心腹直隶藩司杨士骧兼任总理。学校司结构分化程度、功能专门化程度和角色的专业知识化程度今非昔比，同年在天津和保定两个现代化程度较高的华北中心城市各建成一所师范学堂，为建立众多初等新式学堂培训师资力量。1904 年依照朝廷在各省设立学务处的饬令，根据中央《学务纲要》规定将直隶学校司改为直隶学务处。1905 年袁世凯将学务处迁往总督府所在地天津，扩建为财务处、专门教育处、普通教育处、监督管理处、职业教育处、测绘处、留学处七处科层化专业化教育行政管理机构。袁世凯求贤若渴，不拘一格延揽人才，起用具有留学经理和世界视野的新潮人物担任职司和官员，这些知识精英将日本、欧美的教育经验引进到直隶，新式教育与世界接轨，1902 年开始时任命八位新潮人士担任高级教育官员，1908 年达到 52 位，其中有 23 位是海外留学生或新式学堂毕业生。1905 年朝廷下旨废科举之后清政府设立学部，负责兴办和管理现代教育，1906 年饬令各省设立提学使司，与之对应，直隶学务处改为直隶提学使司，之下按照分科治事原则在 1908 年分设庶务科、财会科、专门教育科、普通教育科、职业（实业）教育科、图书测绘科 6 个科室③，建立功能专门化的教育行政机构，推进新式教育发展。

---

① 沈云龙主编，沈祖宪辑录，袁克桓校刊：《养寿园奏议辑要》卷 9，台北：文海出版社 1966 年版，第 4—5 页。

② 《清实录》卷 488，中华书局 2012 年影印本，第 8 页。

③ 河北省地方志编纂委员会：《河北省志·教育志》，中华书局 1995 年版。

直隶1905年首创劝学所，同时颁行《劝学所章程》作为行政规范，府厅州县逐步建立劝学所，负责乡村初等小学堂、中学堂的建设，筹集经费，管理教学，县令任命比较有名望的正绅贤达任所长，在地方官监督下负责为全县筹款兴学，所长之下设劝学员作辅助，劝导、督促、视察县乡村新式教育的兴办。县政府、乡绅、地主、新式知识精英社会群体积极提供资金、师资办学资源，社会力量资助办学。政府奖励民间办学，甚至勒令捐款。政府主要兴办示范学堂、职业技术学堂、专门教育学堂、师范学堂和一所大学堂即北洋大学堂。① 直隶新式教育是政府主导下以民间力量为支撑的，各社会群体是主要办学力量，成立教育会、教育研究所，与劝学所在各属设立的教育宣讲所一起促进县城、乡村教育发展。旧式私塾遍布民间，与新式学堂竞争生源、经费和师资，清苑县"地居省会，虽学堂林立而私塾尚多，倘能教授合法，则家弦户诵，即教育统一之捷图；否则，实为莫大障碍"②。将旧私塾改变为新式学堂是兴办现代教育的一种方式，提学司、劝学所和广育学会一起努力，致力于私塾改良。教授塾师现代知识，主要是理工科技格致之学，"查塾师所最困难者则在算学一科，若从本城入手，由地方官谕令塾师每日晚间到本城劝学所传习算学2小时，延本城曾习师范者教之"③，带领私塾学生到新式示范学堂和宣讲所观摩学习，将私塾单纯背诵脱盲层次儒家经典的传统教法改为采用现代讲解、实验教学方法，以科学技术为主体的新式学堂教材教授塾师，私塾教材和教学方法逐渐与新式学堂趋同。杨士骧接任袁世凯任直隶总督期间，继续执行袁世凯的教育政策，进一步改良私塾，1908年下令："凡教授渐期合法的乡间私塾，劝其改良为私立初（高）等小学堂"；反之，"不合师资，贻误青年者，立予解散"，④ 逐渐将传统民间私塾改造为现代新式学堂。直隶现代教育行政机构的设立先

---

① ［美］斯蒂芬·R. 麦金农：《中华帝国晚期的权力与政治：袁世凯在北京与天津（1901—1908）》，牛秋实、于英红译，天津人民出版社2013年版，第140—143页。
② 河北省地方志编纂委员会：《清苑县私塾改良简章》，《河北省志·教育志》，中华书局1995年版，第403页。
③ 河北省地方志编纂委员会：《河北省志·教育志》，中华书局1995年版，第36页。
④ 河北省地方志编纂委员会：《河北省志·教育志》，中华书局1995年版，第133页。

于全国，1905年在直隶成立的劝学所被朝廷推广到全国作为新式教育的行政管理机构，清政府在1906年颁布《奏定劝学所章程》，在各省建立劝学所。

直隶教育新政中创立学务公所，率先自发诱致性制度变迁为全国的强制性制度变迁提供经验基础，学部在各省建立提学使司和学务公所的总体性制度安排规划对地方教育行政机构建制提供制度规范。① 直隶是现代教育制度的首创之地，辖地广，学堂多，学部批准其机构设置和教育资源配置都可以据本地情况酌情实施，学务公所总务及普通科室应办事宜繁杂，与他省学务科相比，可以酌量增加科员，且限制他省援以为例扩张行政官僚机构规模。② 废科举之后为办新式教育而在中央设置学部，在各省设提学使司，废除以前专管科举考试的学政。学部为求全国教育行政机构统一，颁定《各省学务官制章程》，规定各省业经裁撤之学务处即改为学务公所，之下设总务科、专门科、普通科、实业科、图书科、会计科六科，各科职能专业化。总务科算是核心负责日常庶务，收发文书、编撰报告，印发教育官报，考核属员，专门科管理学生与教师，普通科管理社会教育，图书科管理教材编写书籍印制订购。③ 提学使之下设视学六人，巡视各属学务，各府州县设劝学所。之前设立的学务公所与新设劝学所合作，由学务公所的议长和议绅接受提学使的领导，议绅是乡绅中颇具社会影响力的知名人物，整合社会力量办学，在学务公所成立教育会，互相联络，"借绅力以辅助官力之不足，辅助教育行政"④。学务公所和教育会连接官府和社会，聚合民间人力物力资助办学。直隶教育新政影响深远，其教育管理机构和办学模式通过学部将其推广向全国。直隶现代新式教育引领全国，初等小学堂层次的强制教育（义务教育）、女子教育、社会教育、师范教育都是全国学习的模范。直隶教育新政成果卓著，到1907年袁世凯离任调入中央和张之洞一同任军机大臣时已经

---

① 《直隶学务处分课章程》，《东方杂志》第三年第一期，教育。
② 《札直隶学司总务普通二科准酌设额外科员一二员文》，《学部官报》第135期，1910年10月13日。
③ 《咨各省督抚本部学务公所六课为六科文》，《政治官报》第67期，1908年9月25日。
④ 《酌拟教育会章程折》，《学部公报》第三期，1906年10月18日。

建立遍布城镇和乡村的初等小学堂和中学堂近9000所，注册入学者近17万人①，办学规模和江苏、四川等量齐观。在直隶办学成绩最显著的区域是保定府，新政以来教育发展迅速，一群知识精英建立新式学堂，将传统书院改造为学堂。与江苏、江西、广东省区主要在城市兴办新式学堂相比较，直隶新学堂更多地扩展到偏远乡村。

五　建立农工商业行政管理机构

天津开埠通商，外商进驻，推动现代工商业发展，刺激洋务派创办现代工商企业，企业组织形式是官办、官督商办、商办类型，建立行政官僚机构管理洋务企业，开启中国第一波工业化。李鸿章延续曾国藩政策创办官僚、买办企业，袁世凯接任直隶总督兼北洋大臣后沿用官督商办政策，"在经济和商业发展方式上，袁世凯与其前任提出用官督商办方式建立现代企业的李鸿章一样传统，可能比李鸿章更强调官方机构的作用。袁世凯多次申明提高商人的积极性对发展直隶经济的必要性，但在实践中，他没有为商人团体采取什么措施。很明显，袁世凯更希望建立起由政府控制的经济"②。采取政府主导模式模仿西方科学技术启动中国工业化。袁世凯任用有士大夫家庭背景的知识精英周学熙、杨士琦等人管理洋务企业。1903年，袁世凯成立直隶工艺总局，任命刚从日本学习工业回国的周学熙做总办，掌握经济调控权，开办工厂，建立工业职业技术学校，推介商品，促进投资融资，成就斐然，开办算是当时很大的国有企业滦州煤矿公司、启新洋灰公司，鼓励绅商投资现代企业而不是传统的买田置地，到袁离任前夕就建立几十家采用现代工业机器的工厂，还一度提议与天津商团合作开办天津银行以适应企业融资贷款投资的需要。③ 袁世凯振兴实业的思路和发展教育相当，建立官僚机构来主导产业发展，政府办示范企业为民间绅商做样板，政府兴办各类工、商业学校，

---

① ［美］斯蒂芬·R. 麦金农：《中华帝国晚期的权力与政治：袁世凯在北京与天津（1901—1908）》，牛秋实、于英红译，天津人民出版社2013年版，第139页。

② ［美］斯蒂芬·R. 麦金农：《中华帝国晚期的权力与政治：袁世凯在北京与天津（1901—1908）》，牛秋实、于英红译，天津人民出版社2013年版，第157页。

③ 汪敬虞：《中国近代工业史资料》第2辑，中华书局1957年版，第934页。

办实习工厂，培养人才。袁世凯将新式学堂普及乡村，也将现代工业发展到乡村，乡村学员和来农村的实习工厂学徒将技术和管理技能带回农村，开办具有地域比较优势的丝织业轻工业。为在乡村发展工业，直隶在县一级建立工艺局，建立示范工厂，利用学徒们带回来的科学技术改造农村丝织业，开办小型工厂，推动农村工业化。绅商投资是工业发展的资金来源，政府工艺局和示范工厂的主导和推动则是关键因素①，建立示范工厂的县乡村工业发展较快些，比如直隶东北部的蓟州南宫，保定府的束鹿、新城、栾州、磁州，直隶中西部的正定府州县抚宁、晋州，直隶东北部的朝阳府，知县陶藻华建立示范工厂从事纺织和印染加工，带动当地人将经济作物烟草、蓝靛、鸦片、蓖麻、大麻、棉花在当地工厂加工后销售。② 但是依靠政府主导的经济发展缺乏社会坚实基础，容易受到政治变动的消极影响，袁世凯卸任后直隶工业化发展速度减慢。③ 相反由商会主导的高阳县保持纺织业中心地位，商人和农民提供商业资本、原料、劳动力，成立商会，派遣学徒外出学习技术，引进现代机器铁轮机。地处直隶东北，连接热河的宝坻县先期在政府示范工厂的主导下发展起来，之后由商会主导，他们筹集资本引进纱线和织布机，建立纺织厂，一直到20世纪20年代还保持天津之外为数不多的纺织业中心地位。④ 商会在直隶工商业发展中起着举足轻重的作用，农工商部鼓励成立商会，省城和口岸商埠成立总商会，府厅州县设立统属于总商会的商务分会，乡镇成立商务会所，按照农工商部制定的《商会简明章程》规章组织起来，商人只需缴纳少量会费就可加入，入会门槛低，具有包容性，"无论何项商业，凡认可常年会费四元以上者，均得入会"⑤，商会影响力因之增强，起到联络商人组成团体，连接商人与政府机构，调查市场情

---

① ［美］吉尔伯特·罗兹曼：《中国清代和德川幕府时代的城市网》，普林斯顿大学出版社1973年版，第168—171页。
② 《东风杂志》第4卷，实业，1907年12期，第197页。
③ ［美］斯蒂芬·R. 麦金农：《中华帝国晚期的权力与政治：袁世凯在北京与天津（1901—1908）》，牛秋实、于英红译，天津人民出版社2013年版，第167—168页。
④ ［美］斯蒂芬·R. 麦金农：《中华帝国晚期的权力与政治：袁世凯在北京与天津（1901—1908）》，牛秋实、于英红译，天津人民出版社2013年版，第168—169页。
⑤ 《天津商务总会试办便宜章程》，《北洋公牍类纂》卷21，商务2，第8页。

况的功能。

　　直督袁世凯鼓励开矿，认为矿务关系国计民生，设立直隶矿务局来勘探矿产，组织开矿，调解纠纷，监督矿务。杨士骧继任总督后，执行袁世凯定下的官督商办政策，派专员或地方官监理矿务，控制矿产开发，利润归政府支配。督宪杨士骧上奏朝廷曰："已开著名之矿酌委专员办理，其余有矿各地即以该处地方官兼充，或由地方官举一廉政绅董充当，俟矿利大兴，再派专员办理。"① 官府要监管外商合资矿业，"凡与外人合股开办之矿务公司无论大小均需遴派官员监督"②。直隶矿业以政府主办为主，官商合办，官方控股，限制本小势弱的民营企业开采。容许土法开采存在的同时支持新式矿业公司发展。

　　袁世凯督直期间成立行政官僚机构来改造传统农业和发展现代农业，开办农业学校培训农业技术人才，成立农民为主体的农会、林会组织农民合作耕种与经营，建立农业科技实验场所来改进农业生产技术，像举办工业产品营销推介会那样举办农产品博览会、品评会。1902年成立直隶农务总局来管理直隶农业，1905年在先前成立的屯田水利局基础上组建直隶屯垦总局，到了1910年，成立劝业道，将之前的农务局、屯垦局合并到劝业道之下的农业科，分为农政、森林、水产三个科室，有关农田水利调查、农业技术试验、屯田垦荒、畜牧改良、农副产品茶棉丝织等业务均在其监管之下。机构分科治事，专业化程度高，业务范围涵盖甚广，负责直隶农林牧业的各个领域的改造和发展。1903年在保定成立直隶农务学堂，仿照日本农科学校办学，采用其教材和教学方法，延聘日本教员，升为高等学堂之后增设林学、水产专业，培养农业科技专业人才。1902年在保定设立直隶农业试验场，调查农田水利，引进农业新品种玉米、棉花等，1906年在天津又一试验场，改进农业品种。成立各类农民协会作为农民合作组织，制定《农务总会规则草案》做行动准则，负责调查粮价，新修水利，保护农民利益，正如众多农会之一的藁城县

---

① 《矿政调查局详酌拟派员往各州县境办理矿务稽征税租文并批》，《北洋公牍类纂》卷18，矿务1，台北：文海出版社1990年版，第9页。
② 《督宪杨准农工商部咨复各处矿产应该拍矿务委员办理一事札饬矿政调查局遵照文》，《北洋公牍类纂》卷18，矿务1，台北：文海出版社1990年版，第9页。

农会简章所云:"本分会以保护农业,改良农事,推广林业、开垦荒地为宗旨,每年二月、九月举办正式会议两次,以研究新理比较物产,藉可交换智识而资改良。"① 农会的结构适应现代企业专业化分工的需要,合理开发土地资源,利于农、林、牧业的互相促进,发展经济,提高收入,"本会专为经营废河长沙,化无用之田为有用,以合群、兴利、裕课、富民为宗旨"②。直隶农务部门和协会模仿国际农业博览会开展各种农产品展览会、品评会、博览会,各行业相互交流,促进农业商品贸易,还参与南洋劝业会举办的农业博览会,参赛者和观察者都因之增加农业知识,开阔眼界,"实业为国民之生机,而赛会乃劝业之要务。盖有所比较始可言改良,非相遇竞争不能求进步"③。

《各省官制通则》规定各省均需设置劝业道,"由该督抚体察情形,分年分地请旨办理",直隶1910年陈夔龙督直时设立劝业道,将之前直隶的农工商矿业管理机构合并,整合成分科治事的直隶劝业道官僚机构。

六 建立巡警制度

《辛丑条约》规定天津至北京不设防驻军,袁世凯就任直隶总督后面临收回天津领土主权的任务,袁世凯应对策略是军队以警察的形式继续在京畿要地维持中国武力。太平天国运动以来,地方士绅编练团练保护乡里免遭祸乱,控制保甲来维持社会治安,团练与保甲挤占编练新军所需的兵源与财政资源。在西方冲击下城市兴起,农村乡绅、地主精英转入城市,人口流动快,产生城乡差距,工商业发展推动城市化,需要维持社会秩序和治安。袁世凯计划建立现代警察制度取代保甲制,"1901年在直隶上任伊始,袁世凯就宣布,联庄会这一农村结社为非法组织,废

---

① 《藁城县农务分会简章》,《北洋公牍类纂续编》卷23,农务,台北:文海出版社1990年版,第7页。
② 《署正定府李守映禀办林会草章请示文并批》,《北洋公牍类纂续编》卷23,农务,台北:文海出版社1990年版,第10页。
③ 《钱观察宝书拟兴办地方物产会并在津创立模范上直督禀》,《大公报》1910年5月9日。

除了团练，也废除了旨在共同维护安全与治安的旧制度——保甲制"①。袁世凯首先在保定试办巡警，成立巡警局，挑五百名军队编制的士兵退伍转变为警察，同时成立一所巡警学堂专为培养、训练警察。袁认为现代巡警制度有着传统保甲制无可比拟的优势，传统保甲制"防盗不足，扰民有余"，叛乱后的直隶急需筹建巡警以恢复秩序，保障治安，上奏后朝廷赞同建立现代巡警制度，"如果朝廷不下旨迅速建立巡警制度，现有的国家机器就无法保证法律的实施，也无法维护现有的秩序"②。1902年收回天津时扩大巡警规模，提高挑选和训练标准，在天津成立巡警总局，任命赵秉钧继续负责管理巡警总局，下设罚审处，由法审官审理小型民、刑纠纷、涉外纠纷、仲裁军民冲突。扩大巡警学堂，扩大教员和学生规模。③ 1905年，出洋考察政治大臣在北京正阳门火车站正当举行完送行仪式登车出发时，被以四处筹钱从事武力袭击和暗杀活动的革命党人所派的敢死杀手吴樾引爆炸弹炸伤，袁世凯派赵秉钧负责侦探，短期几天就查明案情，得到朝廷赏识，袁世凯趁机举荐赵秉钧担任刚成立的巡警部侍郎④，同时兼任天津巡警总局总办，巡警总局日常事务由助手段芝贵负责。赵秉钧侍郎和徐世昌尚书都曾是袁世凯的部属和心腹，在直隶效力过，将直隶新政经验在全国推行，直隶巡警模式影响全国。1906年，袁世凯在天津成立直隶警务处，作为管理全省警政的最高机关。袁世凯办理巡警的方法和兴办教育和农工商业一样，政府示范，乡绅支持，民间跟进学习仿行办理，调动全社会的资源来兴办教育、经济、警察。在厅州县采取政府主导，士绅参与，派员来天津学习观摩后回县城、乡镇办理巡警，将巡警办到偏远乡村。⑤

《各省官制通则》规定各省要在行省一级设立巡警道，1908年宪政编

---

① ［美］斯蒂芬·R. 麦金农：《中华帝国晚期的权力与政治：袁世凯在北京与天津（1901—1908）》，牛秋实、于英红译，天津人民出版社2013年版，第145页。
② 《袁世凯奏议》下册，天津古籍出版社1987年版，第643—644页。
③ 《大公报》1903年2月9日，2月17日，6月3日。
④ 侯宜杰：《宦海沉浮》，中国青年出版社2004年版，第228—244页。
⑤ ［美］斯蒂芬·R. 麦金农：《中华帝国晚期的权力与政治：袁世凯在北京与天津（1901—1908）》，牛秋实、于英红译，天津人民出版社2013年版，第149—157页。

查馆奏定的《各省巡警道官制通则》规定巡警道应就所治地方设立警务公所，督率所属各员，每日定时入所办事，巡警公所下设四科：总务科、行政科、司法科、卫生科。① 直隶在1910年设立巡警道，按照分科治事的原则将警务处机构遵照官制通则改组。

七 建立现代军事制度

袁世凯编练北洋新军，仿照日本模式建立现代性军队，训练有素，纪律严明，熟悉现代军事技术，熟练使用现代军事武器，建立保定陆军军官学校等军事学校训练高素质军官，建立军事指挥和管理机构。军队指挥由中央政府练兵处、陆军部控制，军费三分之二来自中央政府的财政支出，通过设在军机处下的练兵处和之后成立的陆军部从全国各省筹集和调拨。② 军队属于朝廷，而不是像曾国藩的湘军，李鸿章的淮军那样属于私人军队，军队指挥调遣权在中央，总督必须奏请朝廷批准镇指挥官统制和上级统领的调动，奉旨行动，袁世凯主要是靠他在北京的政治影响力和对军官的擢升权力及个人关系来控制军队。袁世凯1902年建立北洋军政司，下辖兵备处、参谋处、教练处三处，③ 按照西方现代军队招募、训练、指挥制度筹建北洋新军，奏请朝廷建立全国统一的军事制度。④ 袁督直后直隶有慈禧宠臣马玉崑提督的六千军队、绿营军、淮军残留的杂牌军、荣禄留在直隶的部分武卫军、南方在日俄战争中临时北调的军队、袁世凯在其幕僚们的谋划下采取改编或解散旧军队，扩张新军规模，排挤外来军队，限制重要对手马玉崑军队发展等手段控制住直隶、山东境内的新军，集中利用军饷、兵源、军事专业人才等军事资源。1902年起，袁世凯在保定陆续组建军官学堂、武备学堂，测绘学堂、讲武学堂、军医学堂等各类军事教育学校，延聘日本教官训练军队，派遣

---

① 《宪政编查馆奏拟定直省巡警道官制并分科办事细则折并单》，《政治官报》159、209号，光绪三十四年三月初八日，四月二十九日。
② ［美］斯蒂芬·R. 麦金农：《中华帝国晚期的权力与政治：袁世凯在北京与天津（1901—1908）》，牛秋实、于英红译，天津人民出版社2013年版，第101—102页。
③ 《袁世凯奏议》下册，天津古籍出版社1987年版，第567页。
④ 《清实录》卷499，中华书局2012年影印本，第14页。

军官赴日学习，接受高等军事训练，提高军官素养，培养军事人才。①1904年，袁趁日俄战争威胁华北之形势奏请扩张军队规模，得到朝廷批准，到第二年就建立起六镇新军，数量达到六万。陆军部成立后袁世凯北洋六镇新兵有四镇归陆军部指挥，奏请保留两镇，辛卯政潮后袁世凯重新击败铁良、瞿鸿禨、岑春煊派系，将陆军部控制的四镇军队抽调一镇和两混成协进驻东北，由其心腹节制，恢复部分军事权力。北洋军的组织结构是科层化等级制的行政官僚制度，仿照日本，指挥系统是中央集权式的，超越了之前湘军、淮军兵为将有的个人忠诚式军队上下级组织结构，制度规范是军队不属于将官，不忠诚于个人，军官频繁调动防止形成兵为将有。军官提升不依靠个人人脉，而是主要依靠依据职业标准衡量的军事成就。②镇是军队组织结构基本单位，之下设置交通、工程、炮兵、骑兵、步兵五个营，各兵种分工合作，专业化程度较高。镇之上的指挥机构是督练处，下设兵备处、参谋处、教练处三处。督练处之上就是总领，处于金字塔顶端的是直隶总督。③从军事组织制度、军事训练模式、掌握的武器、国家化程度指标来衡量，北洋新军具有较高现代性。

第四节 建构直隶现代司法审判制度

千余年来一直与古代中国社会结构、文化观念、政治制度相适应的法律体系晚清以降不能适应现代国际环境和社会经济发展需要了。西方资本主义世界体系从沿海沿江向内陆扩张，通商，传教，兴办现代学校、医院、慈善事业，各国来华人员与清朝官民发生法律纠纷，旧法律和司法制度得不到西方认可，列国纷纷要求治外法权，在坚船利炮威逼下不得不签约。清朝在西方冲击下自身也发生传统向现代转型，工商业发展，

---

① 《北洋公牍类纂续编》卷12，农务，台北：文海出版社1990年版，第19—31页。
② [美]斯蒂芬·R.麦金农：《中华帝国晚期的权力与政治：袁世凯在北京与天津（1901—1908）》，牛秋实、于英红译，天津人民出版社2013年版，第113—132页。
③ [美]斯蒂芬·R.麦金农：《中华帝国晚期的权力与政治：袁世凯在北京与天津（1901—1908）》，牛秋实、于英红译，天津人民出版社2013年版，第98页。

社会结构分化，城市化，建立在儒教伦理礼教观念、宗法血缘、地缘差序格局基础上的法律制度再也无法适应现实需要了。在西方世界看司法审判从属于行政是野蛮落后的，司法审判制度变革是立宪政体政治体系建构必不可少的重要部分。其原则是司法独立于行政，民事和刑事分离，检察和审判并立。建立现代司法审判制度需要修订新法律、培养专门法律人才、建构司法审判机构，而这些筹备条件只能在政府行政力量推动下取得，于是就出现司法独立和政府行政权力扩张的冲突，司法审判改革所面临现代国家建构困境，解决方式是由法部及地方行省的提法使司筹设并监督新建的司法审判机关，待制度运转正常后划清行政与司法机关权限，确保审判、检察机关独立于官府衙门行政权力的控制。直隶是帝国次级区域政治体，变革进度和成效受到国家性层面政治变革制约，清末初步建立现代法律体系和司法审判制度。

一 旧法律体系不适应现代化转型时代

清朝法律体系与政治儒学意识形态对应，三纲五常政治伦理规范主导法律制定与审判过程。儒表法里，德主刑辅，重刑轻民，有罪推定，刑讯逼供，刑罚残酷，在西方人眼中是野蛮残暴的。礼法互补，礼不下庶人，刑不上大夫，法主要是刑法，刑罚主要针对犯上作乱行为，十恶不赦罪行多是为了维护统治秩序的。伦理教化和严酷刑罚互为表里，先教而后杀。宗法社会秩序按血缘亲疏关系由内向外层层递推形成差序格局，血缘关系是维持秩序的主要变量，依靠宗族长老权威和乡绅治理聚族而居的乡村社会是伦理入法的社会基础。用伦理法律来治理身份社会，家族本位和伦理价值优先于法律的形式和理性，人一出生就具备尊卑贵贱身份的预先安排，依靠礼教作为行为规范调整人际关系，维护宗法社会的伦理秩序，① 清朝法律体系和司法制度属于马克斯·韦伯划分的实质非理性法律类型。资本主义产生可理性算计和预期的形式理性法，依据法律形式可以理性预期行为后果，法律结果具有可预见性和确定性。中国没有产生过形式理性法律及其司法审判制度。清朝法律体系不具有普

---

① 瞿同祖：《瞿同祖法学论著集》，中国政法大学出版社1998年版，第307页。

适性、预期性，确定性，官府衙门断案具有主观随意性。《大清律例》吏、户、礼、兵、刑、工六篇到清末大多数早已经无用，"传之千年，未尝为根本之改革，则因陋就简固多，叠床架屋亦不少。凡为一时一地所定之条文，在今日视之，其事实既已灭失，而用意尤无从推测，于是有以社会情形绝不相合者"①。清朝的司法审判机关中央三司大理寺、刑部、都察院制度形式在隋唐就正式存在，唐宋王朝审判权在大理寺，复核权在刑部，监察权在御史台，到明朝调整为刑部专掌审判权，大理寺掌复核权，改御史台为都察院专掌监察权。大清沿袭明朝司法制度，刑部"掌天下刑罚之政令，以赞上正万民"，②都察院"掌司风纪，察中外百司之职"，③大理寺"掌平天下之刑名，凡重辟则率其属而会勘"④。清朝司法审判制度演变到非常荒谬的程度，刑部、都察院、大理寺均有司法审判权，最后裁决权都在皇帝，没有专门司法审判机构，各机构长官权力与责任模糊，最终裁决权均归皇帝，专制集权达于极点，治理绩效滑落到低谷。此等专制集权，即使勤政仁德之明君大帝也不能应对，何况清廷皇帝越发屡弱昏庸，连续数届皇帝均无嫡系成年男丁在先帝驾崩时刻入承大统，同光中兴以来最高统治权集中到一个违反清初祖制干政的女主皇太后慈禧手中。在地方从行省到府厅州县均是行政官兼司法审判官，缺乏专门的司法审判机构，也没有专职的司法审判人员，司法审判权寓于官府衙门行政权之中，行政官同时兼任法官，处理逮捕、侦查、起诉、审判、执行一揽子程序。省按察使负责司法刑名外还管驿传，且职任不固定，调动频繁，今天任按察使，明天任布政使，对于司法审判既没有专门职任，也无专业水平。府厅州县则直接由行政官兼理司法审判，没专门机构，更没专业角色，亟须分化出专门结构来承担司法审判功能。改革派大臣端方出洋考察列国政治归来，从中西对比中看到清朝司法审判制度的重重弊端，深知变革势在必行，"中国裁判之制度，比于泰西为复杂矣。中央之刑部既有秋审之制，而内务府别有慎刑司以裁判

---

① 杜亚泉：《辛亥前十年中国政治通览》，中华书局2012年版，第141页。
② 《大清会典·刑部》，台北：文海出版社1991年版，卷53。
③ 《大清会典·都察院》，台北：文海出版社1991年版，卷69。
④ 《大清会典·大理寺》，台北：文海出版社1991年版，卷69。

宫中官员之犯罪，理藩院裁判蒙古王公之犯罪，步军统领有途上听讼之权，地方则自各省之按察使外，巡道、知府、知县亦各于其方面或所管之事务有裁判职权，处分不出于一途"①。地方官兼理审判，集中掌握行政权、司法审判权与执行权，机构的功能和官员的专业知识技能都绝无可能适应现代司法审判所需要的角色标准，无法适应晚清以降日渐复杂万端的现代社会经济发展需要，变革势所必然。西方世界列强不认同清朝的法律体系和审判制度，要求获得治外法权和领事裁判权，不接受中国法律管制。开埠通商口岸城市工商业发展扩张到内地与乡村，逐步形成工商业团体组织，城市化规模日益扩大，市民社会生长起来，西方的平等、权利、义务观念传播广远，挑战传统宗法社会皇权官僚帝国尊卑贵贱等级秩序。固守祖宗之法是行不通的，洋务派领袖人物和新政政治精英们均主张变法，参照东西洋立宪国变革传统法律与政治是必然选择，李鸿章说外须和戎，内须变法，康有为认为法既积久，弊必丛生，无百年不变之法，新政立宪时期西方法律与政治图书不断译介印制传播，精英阶层推动法律与司法审判制度变革。过时的《大清律例》和权限混乱、职责不明的官府衙门断案制度不适应中西方交流日益频繁，融入国际社会必须接受国际社会普遍遵循的法律规则，建构与东西洋相通相融的司法审判制度。司法变革必须修订新法和建构现代审判、检察制度。修律遭受劳乃宣为代表的礼教派反驳，但是在法理派领袖人物沈家本、伍廷芳等人的主持下推进变革，聘请数位日本专家担任顾问，"参照各国成法，体察中国礼教民情"，从修改旧律、更改刑名、另编新律着手，删除按照六官分治的总目，增添电报、铁路、人口、货币等单行律。酌改刑罚，将备受非议指责的凌迟、枭首、戮尸、缘坐、刺字等野蛮酷刑永久废除，还禁止刑讯、笞杖，变通执行其他刑罚，减轻处罚。

二　规划设计独立司法审判机关

依照三权分立原则建立司法审判、检察机构是司法审判制度变革的目标。预备立宪时刻，奕劻、孙家鼐、瞿鸿禨按照官制改革应与宪政相

---

① 端方：《欧美政治要义》，商务印书馆光绪三十三年（1907）印行，第103—104页。

近的要义，依据三权分立原则祛除现行官制结构简单、功能混合、权限不分、责任不明、名实不符的弊端，"窃维此次改定官制既为预备立宪之基，自以所定官制与宪政相近为要义。按立宪国官制，不外立法、行政、司法三权并峙，各有专属，相辅而行，其意美法良，则谕旨所谓廓清积弊，明定责成，两言尽之矣"，现行官制体制不符合立宪国制度规范，祸害无穷，行政、立法与司法融为一体，断案程序武断野蛮，侵犯国民权利，"以行政官而兼有立法权，则必有借行政之名义，创为不平之法律，而未协舆情。以行政官而兼有司法权，则必有循平时之爱憎，变更一定之法律，以意为出入。以司法官而兼有立法权，则必有谋听断之便利，制为严峻之法律，以肆行武健。而法律寖失其本意，举人民之权利生命，遂妨害于无形"，①清朝国家权力机构权限混乱集中导致官府立法就制定恶法，断案就主观武断，徇情枉法，以权谋私，权力不受约束，肆意侵害国民权利。编制官制大臣们以三权分立原则指导现行官制变革，依据权力分立制衡的原理来规划现代国家基本政治制度结构，设计现代司法审判制度。

在中央层级国家权力机关，"司法之权则专属法部，以大理院任审判，而法部监督之，均与行政官相对峙，而不为所节制"，②确立司法权独立于行政权，原先分散于中央各部的审判权集中到大理院，大理院作为司法审判机关与即将组建的行政机关责任内阁和立法机关资政院屹立对峙。端方申述曰："制度等于责任内阁与议会之重要者，又有司法之裁判，所据一定之法律以裁判刑事、民事之诉讼，乃以此保护人民之生命财产，而其所最重要者，则司法权独立于行政之外，不受行政官之干涉"，③端方意识到司法独立对人民财产、权利具有保障功能，还具体规划设计未来司法审判制度，在府州县设第一裁判所，在行省设第二裁判所，在中央设最高裁判所，依审判权限级别分为初级裁判所，控诉裁判

---

① 《庆亲王奕劻等奏厘定中央各衙门官制缮单进呈折》，《清末筹备立宪档案史料》，中华书局1979年版，第463页。
② 《庆亲王奕劻等奏厘定中央各衙门官制缮单进呈折》，《清末筹备立宪档案史料》，中华书局1979年版，第464页。
③ 《请定国是以安大计折》，《端忠敏公奏稿》卷六，台北：文海出版社1968年影印本。

所和终审裁判所。1906 年将刑部改组为法部，设尚书一人负责，置侍郎二人辅佐，尚书为内阁大臣，不再兼任其余职务，权责统一。大理寺改为大理院，修律大臣沈家本出任大理院正卿。

在筹设与建构地方司法审判机构层面，最初计划建立由法部垂直管辖的地方司法审判机构，使得司法审判权从行省督抚官署和地方府州县官府衙门的行政权下分离出来。司法机关独立削弱地方政府既得权力，遭到地方政府行政官僚们反对，经过中央与地方权势博弈，发布的改革方案规定由地方督抚控制司法审判机构的人事任免权和财政拨款权，以政府行政权推动司法行政与审判机关建构进程，设置专门的司法审判机构独立行使审判权，由专门审判角色法官具体负责。1907 年直省官制改革方案将各省按察司改为提法司，按察使更名为提法使，其驿传职任转交劝业道，专管司法行政，监督审判机构，设立各级审判厅。督抚"总辖该管地方外交军政，统辖该管地方文武官吏",① 新设立提法司负责人提法使与提学使、布政使一样受本管督抚节制。专门的司法行政与监督机构提法司由提法使负责，实现地方政治体系的结构分离和角色专门化。建构审判厅是司法独立的制度基础，奕劻奏称三代、两汉执法官士师、廷尉"奉天子之法，以为天下之不平，权既不分，法无所枉"，清朝承袭明制三司，权力"各有所专，截然不紊"，弊端在府州县行政官兼司法审判官，滥用职权作威作福，为外人诟病，外人遂攫取领事裁判权，要收回领事裁判权就得司法审判权与州县官的行政权"不相牵混"，行政官放弃司法审判权，保留行政权，法官独立行使审判权，法律为"天下之公"，不会枉法逞私，中央已经设立专门司法、审判部门，外省也必须设立专门司法、审判机构，审判厅按级分立，和行政官厅划清权限，"自州县身兼其事，始不免凭恃以为威福，今日为外人借口，而自失其权者，正坐于此。若使不相牵混，自能整饬纲纪，由此而收回治外法权，初非难事。如虑行政官一旦不兼司法，号令难施，则不知行政处分之权，尚为地方官所有，况地方保卫，尚有警政担其责成。又有虑及法官独立，

---

① 《庆亲王奕劻等奏续订各省官制情形折》，《清末筹备立宪档案史料》，中华书局 1979 年版，第 507 页。

将有枉法而行其私者，又不知法者，天下之公，岂容其意为左右，且监督之官，检察之法，一切俱在，正不必鳃鳃过虑。现在法部、大理院既经分设，外省审判之事，自应由此划分权限，别立专司，俾使内外均归一律。此各省审判各厅不能不按级分立者也"①。对于审判机构的设置，新外官制变革清单明确规定"各省应就地方情形，分期设立高等审判厅、地方审判厅、初级审判厅。分别受理各项诉讼及上控事件。其细则另以法院编制法定之"，② 三个月后，沈家本上奏《法院编制法》，法部上奏《各级审判厅试办章程》。到1910年，修订颁布新法律，确立三级审判制度，相继颁行《法官考试任用章程》《司法区域分化章程》《初级暨地方审判厅管辖案件章程》法律文件指挥筹建审判机构，录用法官。地方三级审判机构加上大理院，形成四级审判机构。审判为三审终审制，初级审判厅和地方审判厅均为初审法院，依次上诉，初步建成现代司法审判制度的运转机制。

三　建构直隶现代司法审判机构与制度规范

清廷上谕宣示预备立宪，谕令从变革官制入手，九月厘定中央官制，次年五月续订外省官制，提出各省司法、审判机构的建构原则，拟定筹办清单。谕令直隶、奉天、江苏率先试办，颇具成效者为天津与徐世昌总督主政东北治下的奉天。直隶试办审判厅、检察厅的方法和试办地方自治一样都开全国新风气之先，办成全国模范，经朝廷总结经验制成范本，谕令全国各省参照推行，引领全国。司法变革贯彻权力分立制衡的司法独立宪制规范，审判机构从行政机构分离出来，不受外在力量挟持，保证法官独立裁判，不致扭曲法律徇私枉法，法官在审判程序中保持理性和公正，服从法律和良知。

司法审判机构从地方行政机构中分离，建构司法审判机关。外省官制颁定之前，直督袁世凯在天津依据司法独立宪制秩序规范试办审判机

---

① 《庆亲王奕劻等奏续订各省官制情形折》，《清末筹备立宪档案史料》，中华书局1979年版，第504页。

② 《庆亲王奕劻等奏续订各省官制情形折》，《清末筹备立宪档案史料》，中华书局1979年版，第507页。

构,"司法独立,万国通例。吾国地方官兼司听断,救过不遑。近今新政繁兴,诸需整顿,亟宜将司法一事,分员而治,各专责成,以渐合立宪各国制度",①袁世凯意识到由地方官府衙门行使审判权违背立宪政体制度规范,亟待设立独立的司法审判机构,由法官行使审判权,建构立宪国通行的司法独立制度。但是筹设机构、培养和录用法律专业人才、筹措经费均需假以时日,可行途径是择地试办,形成经验模式,渐次推行,"势成积重,若一旦同时并举,使哗然分离,则法官既少专家,布置亦难藉手,唯有逐渐分析,择一二处先行试办,视情形实无窒碍,然后以此推行",②饬令天津府县地方精英们拟定《天津府属试办审判厅章程》,按章程设立天津县地方审判厅和天津府高等审判厅,在天津县属四乡分别设立初等审判厅乡谳局,初步建构独立的审判机构,司法审判机构从地方政府行政机构分离出来。鉴于初办时由政府行政权力推进,在初创时期暂由县令兼任审判厅厅长,"至目前府县虽不专亲审判,而仍兼厅长之职,亦因报案文移,既用守令印信,且一切布置建筑,不能使府县不任责成。应俟法部颁有定章,再行遵守"③。试办章程规定审判机构的设置要件、权限范围及其民事、刑事诉讼程序,审判机构内部分科治事,厅内分设民事部、刑事部、承审厅、会审厅。在未建立独立检察机关之前暂时在审判厅内设检事局作为过渡。④按照审判程序需要设置书记生、承发吏、司法警察担任具体辅助审判角色。书记生负责写状录供,整理公牍,承发吏收受民事诉状,递送文书传票,司法巡警负责搜查、逮捕嫌犯、执行判决、处刑。根据审判的需要设置待质所、管收所科室分工治事,待质所暂时为证人提供居留食宿便利,分为绅商、平民、妇女三

---

① 《奏报天津地方试办审判厅情形折》(光绪三十三年六月初九),《袁世凯奏议》(下),天津古籍出版社1987年版,第1492页。

② 《奏报天津地方试办审判厅情形折》(光绪三十三年六月初九),《袁世凯奏议》(下),天津古籍出版社1987年版,第1492页。

③ 《奏报天津地方试办审判厅情形折》(光绪三十三年六月初九),《袁世凯奏议》(下),天津古籍出版社1987年版,第1494页。

④ 《天津府属试办审判厅章程》,《北洋公牍类纂》卷四,吏治二,台北:文海出版社1990年版,第2页。

室。管收所是羁押人犯待审判定罪的临时看守所。① 侦查、逮捕、羁押事务由司法警察执行，用司法警察取代以前的衙役捕快，将旧差役转换成司法警察，遵照法定行为规范履行职守，负责在检事指挥下暗中侦查案情，监视嫌疑人，视情况候命及时逮捕嫌犯。搜查证据时按法定程序持票搜查，要求巡警、乡董配合，紧急时刻可以单独行动，事后报告，自负其责。持拘捕票逮捕人犯，如果情节恶劣的谋杀、故意杀人、抢劫等重罪行为可不必持票，先行逮捕解送。刑事审判过程中负责押解人犯，平时巡守公堂，昼夜值守，保卫审判厅。② "司法独立，诚未易一蹴而几，但既有端倪，则此后之进步改良，尚非难事"，③ 天津试办审判机关是建构司法审判机关组织结构和审判程序良好开端。"弊当去其太甚，物有开而必先"，④ 往后从天津推广到全省，初步建立比较独立的现代司法审判制度。

　　建立现代民事与刑事二分的司法诉讼和审判程序规则。旧法制司法程序民刑不分，侧重刑罚，《天津试办审判厅章程》将案件分为民事、刑事两类，刑事案件是危害他人生命、财产，破坏金融秩序，扰乱社会治安性质的，包括叛逆、故杀、谋杀、抢劫、伪造印信钱币等，民事类主要是财产权利纠纷，婚姻家庭矛盾，包括婚姻、承继、房屋、地契、钱债赔偿等。直督袁世凯奏报试办情形时总结说，"各国诉讼，民刑二事，办法迥异不同，盖民事只钱债细故，立法不妨从宽，刑事系社会安危，推鞫不可不慎"，⑤ 民事是财产纠纷，刑事关系社会治安，故宽严不一，各有侧重。借鉴日本经验，刑事案件采取检察公诉和审判分离的规则，

---

　　① 《奏报天津地方试办审判厅情形折》（光绪三十三年六月初九），《袁世凯奏议》（下），天津古籍出版社1987年版，第1493页。
　　② 参见《天津府属试办审判厅员弁职守》，《北洋公牍类纂》卷四，吏治二，台北：文海出版社1990年版，第9—10页。
　　③ 《奏报天津地方试办审判厅情形折》，（光绪三十三年六月初九），《袁世凯奏议》（下），天津古籍出版社1987年版，第1494页。
　　④ 《奏报天津地方试办审判厅情形折》，（光绪三十三年六月初九），《袁世凯奏议》（下），天津古籍出版社1987年版，第1494页。
　　⑤ 《奏报天津地方试办审判厅情形折》，（光绪三十三年六月初九），《袁世凯奏议》（下），天津古籍出版社1987年版，第1493页。

由检事提起公诉,法官专司审判,"日本刑事案件,多由检事提起公诉,以免冤狱而省拖累,采取此制,可期庶狱之敉平,而旧日之藉端讹诈,及鬻法私和等事,亦即不禁自绝",① 由专门的检察机关对刑事案件提起公诉,从制度设计上保证减少屈打成招冤枉嫌犯概率,取得良好社会治安绩效。地方审判厅添设预审官,负责在正式审判前侦查、讯问、立卷宗、收集和核实证据,初步判定有无罪行,释放无罪证者,为审理复杂案件做必要准备。预审法官有权力预行秘密讯问,勘验收集证据,决定是否起诉,有目击证人时有权未经起诉而先行预审。证据不确凿者适用无罪推定原则,立即释放。刑事审判程序复杂,先期的侦查、逮捕、讯问程序繁多,为慎重考虑,设置预审官负责正式开庭审判前的预审工作,届时移送公诉,排除无罪案件后将证据确凿的案件卷宗、证据、嫌犯移交刑事部受理,再由刑事部长移交承审厅公开审判。② 刑事案件处理经过预审程序,有利于慎重处置,不制造冤假错案,也不让犯罪者逍遥法外,督宪袁世凯奏报试办情形时总结道:"至起诉后,所有搜查证据,逮捕人犯,必非一二承审官所能为力。是以特设预审一官,以为承转机关。盖既经预审,则案中节目,必已成竹在胸,然后移送公判,重证确凿,供招较易。"③ 刑事案件预审程序制度设计合理,促进案件准确公正审判。试办审判厅期间预审程序设置经验被广为推广,之后审判法规对预审做出详细规定,在地方审判厅起诉的疑难刑事案件应先行预审。已经移交审判厅公判,但在审理过程中发现证人鉴定、供述不实,或者由此发现存在重罪证据的案件应该移送预审。紧急案件可直接预审,不待检察官起诉,事后报请检察官备案。④ 案件公开审判,容许旁听,审判过程公开,审判结果向社会公示,接受监督,取代之前郡县衙门断案传统。根

---

① 《奏报天津地方试办审判厅情形折》,(光绪三十三年六月初九),《袁世凯奏议》(下),天津古籍出版社1987年版,第1493页。

② 参见《天津府属试办审判厅章程》,《北洋公牍类纂》卷四,吏治二,台北:文海出版社1990年版,第2页。

③ 《奏报天津地方试办审判厅情形折》(光绪三十三年六月初九),《袁世凯奏议》(下),天津古籍出版社1987年版,第1493页。

④ 《直隶提法司选送直隶省各级审判检察厅暂行章程》,《河北省志·审判志》,河北人民出版社1994年版,第51页。

据情形，轻罪小案采取法官独任制，复杂大案采取合议制，由三个以上法官共同审理和判决，相互商讨也相互监督，有利于准确审慎的审判，防止冤屈良民，草菅人命。乡谳局处理小案件，独任审判就能适应，府县以上地方审判厅处理较为复杂案件，采取合议制。① 审判公开是促进公正合理审判的必要条件，允许旁听，当事人的亲属及其社会普通民众、舆论媒体、外宾等关注该案者均有权利到法庭旁听。旁听者遵循法庭规则，须领取旁听券按规定端坐于旁听席，不得有与当事人、公诉人、辩护人接话换物以免发生扰乱审判秩序的行为，违规者按相关规定处分。审判遵循无罪推定原则，法官不得做有罪推定，证据不确凿之案件判决无罪，不得刑讯逼供强迫嫌犯自证其罪。纠正有罪推定严刑拷打逼供的野蛮残酷审判习惯。定罪必须证据确凿，形成证据锁链，环环相扣，供招毫无疑窦才可做有罪判决，如嫌犯拒不认罪，而法官认为证据确凿，经合议反复甄核，确证证据，可做有罪判决，但必须审慎对待。没有充分证据，嫌犯也拒绝认罪就只能做无罪判决，立即放人。传统纠问式断案模式向控辩模式转变，检察机关公诉人提起公诉指控，嫌犯和辩护人有权利为己方辩护，法官中立，凭借法律和自身的理性与良知作出判断。刑讯逼供的审判传统颇受西人诟病，成为列强强烈要求领事裁判权的理由，中国法学界有识之士如伍廷芳、沈家本者均主张废除，在主持修订新律过程中付诸实践。袁世凯在试办天津审判厅时明令"禁止刑讯，清理监羁"，② 如有违犯，严格处分，"一经发觉，轻则记过，重则裁参"。③ 在试办司法审判厅时，国人多数缺乏无罪推定和非法刑讯逼供的观念，袁世凯以行政命令方式督饬国民遵行法令。审判程序分为三审终审制，初审不服从判决者可以上诉，上诉分控诉、上告、抗告三种程序，有权利直接到该管的上一级审判厅抗告。在初级审判厅起诉的案件，不服从判决者可去地方审判厅控诉，再不服从判决就去高等审判厅上告，由地

---

① 参见《天津府属试办审判厅章程》，《北洋公牍类纂》，卷四，吏治二，台北：文海出版社1990年版，第3页。
② 《各省内务汇志》，《东方杂志》第三年，第七期，内务，第169页。
③ 《各省内务汇志》，《东方杂志》第三年，第七期，内务，第169页。

方审判厅起诉的案件依此类推，可上诉到大理院。①

建立检察与审判二分的司法制度建立检察机关。刑事诉讼由检察官提起公诉，公诉方和被告方处两端，由法官独立审判，检察公诉与审判分立要求检察官独立，起初在审判厅内附设检事只是权宜之计。试办审判章程规定检事的职权是在审判厅的监督下收受和检阅刑事控告呈状并移交刑事部，监视刑事讯问，指挥司法警察，指挥书记生录写问讯笔录，整理卷宗。② 1907 年试办之际天津高等审判厅和地方审判厅合设一检事局，设检事官和书记官，每个乡谳局设检事一人，初步建立检察机关的雏形。现代司法制度建构亟须建立独立的检察机关，1909 年制定《直隶各级审判检察厅章程》扩展检察官权限，提升检察官独立地位，明确规定检察官有权力公诉刑事案件，受理诉讼请求，指挥司法警察执行侦探、调查案件、逮捕、羁押嫌犯和处决罪犯外，还规定检察官有权力监督预审，监督审判程序，抗诉纠正审判错误，监视执行判决、审查审判资料。检察官在民事案件中有权力监督审判，遭到检察官抗诉否定的判决是无效的，需要重审。③ 外省新官制变革方案规定由各省提法司负责筹设和监督审判、检察机关，在保定建立直隶高等检察厅，在天津建立两所分厅，在保定府、天津府建立地方检察厅，在商埠张家口等地建立地方监检察厅和初级检察厅，在县城建立初级检察厅总计十四所。④ 各级检察厅与审判厅对等设立，初步建立现代司法审判制度结构。

培训法政专业人才，实现法官、检察官，法警角色专业化。建立现代司法审判机关需要训练有素的法律专业人才来担任检察官、法官、司法警察、书记官角色。直隶在戊戌维新时期兴办的新式学堂里就开设现代西方法律课程，新政以降，在保定、天津城市开办专门法律学堂、法

---

① 参见《直隶省各级审判检察厅暂行章程》，《河北省志·审判志》，河北人民出版社 1994 年版，第 51 页。

② 参见《天津府属试办审判厅章程》，《北洋公牍类纂》卷四，吏治二，台北：文海出版社 1990 年版，第 4 页。

③ 参见《直隶各级审判检察厅章程》，《北洋公牍类纂》卷四，吏治二。台北：文海出版社 1990 年版，第 6 页。

④ 参见《河北省志·检察志》，中国书籍出版社 1996 年版，第 1—2 页。

政学堂，培训专业人才。督宪袁世凯到任后扩大办学规模，按照日本、欧美的办学理念制定办学章程，在课程设置、学制、培养计划方面模仿东西洋大学一般规制建立了北洋法政学堂、天津警务学堂、北洋大学堂等具备现代大学规模的学府和专门学校十余所。同时以官派和自费的形式派遣士绅、官员、学生到日本和欧美留学，其中北洋学堂是选派留学生最多的，归国后成为专业知识精英，产生王宠惠、张熠全、马寅初、燕树堂数十名留美学生中的佼佼者，留学日本者更多，人才辈出，如金邦平者达百余人。① 留学精英学成归国成长为法政学术界的骨干人才或者政界重要人物。大规模培训青年才俊成为高层次法政专业人才，还设立临时法官养成所、法政讲习会、法律学堂培训机构对在职官员、士绅进行法律专业培训。法政专业人才规模逐步扩大，推动着司法审判制度建立。试办天津府高等审判厅和府州县地方审判厅及乡谳局的办理人员均从受过专业训练成绩优异者中选用，优先选用留洋学习法政知识者，原先在职发审人员需要接受培训考核合格，基本实现由专业角色组成专门司法审判、检察机关。"所有两厅及乡谳局办事人员，就平时研究谳法暨由日本法政学校回国之成绩最优者，并原有府县发审人员，先令学习研究，试验合格，按照分数高下，分别派充。故人争濯磨，尚无滥等充数之事"，② 以前科举出身文人精英行政官在幕僚师爷协助下断案的旧法制传统转型为法律专业训练有素的检察官、法官依据法律独立公诉、审判案件的现代司法制度。

四 司法审判制度变革的绩效

直隶司法变革经验对全国产生制度建构示范效应，收回治外法权，促进商贸经济发展。建立独立的司法审判制度是预备立宪筹备事宜清单的重要内容，直隶司法审判制度建立促进立宪，推动现代国家司法制度转型。现代国家建构在基本制度结构方面要建立分权制衡的立法、行政、

---

① 参见程燎原《清末法政人的世界》，法律出版社2003年版，第40—50页。
② 《奏报天津地方试办审判厅情形折》（光绪三十三年六月初九），《袁世凯奏议》（下），天津古籍出版社1987年版，第1493页。

司法制度，直隶率先建立现代司法审判制度、现代行政官僚制度、各级地方自治机关及顺直谘议局地方立法制度，在直隶区域建构现代国家的地方政治结构。作为次级区域政治共同体，直隶的现代政治制度变革是与中央变革相互支撑的，中央制度结构规定地方制度安排，中央法部、大理院、总检察厅建构与直隶提法司、审判厅、检察厅对应，而直隶试办经验模式经过中央拟成章程来指导全国各行省的司法变革。直隶京畿要地的地缘政治优势和直隶总督的首席疆寄政治地位与权力资源将直隶的制度变革和国家的新政立宪连为一体。中央立宪制度筹设规划机关宪政编查馆引导直隶地方变革，直隶地方政治变革经验影响全国。

直隶天津、张家口是重要的对外商贸城市，华洋交往频繁，外国人不受中国法律管制，享有治外法权和领事裁判权，天津试办审判成功，原先积压的案件迅速得到审理，社会反响良好，外国人与华人发生纠纷冲突也主动来中国的审判厅上诉，证明新建司法审判制度得到外国认可，有利于收回治外法权。袁世凯在上奏试办审判情形时很有成就感地总结说："向例外国商民控告华人事件，类皆先赴领事衙门投禀，再由领事转交关道，或由关道自行讯断，或发交县署裁决。开厅以来，由县署移交暨关道发交以及洋商径自来厅呈控者，已断结十余起。外人于过堂时则脱帽致敬，于结案时照缴讼费，悉遵该厅定章。亦有不先赴该国领事馆投禀而径赴该厅起诉者，实为将来裁回领事裁判权的嚆矢。"① 典型事例是在审判制度中拒绝外国领事提出华洋会审制，② 其次改革观审制，限制外国人来法庭观审时提出特殊要求，法庭要求外国人也必须和华人同样端坐一旁，不得与承审官交臂并肩，要求一概遵守章程，不得例外。③ 本着不排外也不媚外的开放态度建立审判厅，将原先牵涉外国侨民的案件直接交给审判厅审理，不必仿上海设华洋会审公所，有利于收回治外法权，维护国家主权。④ 直隶司法审判制度革除旧司法审判制度的重重积

---

① 《奏报天津地方试办审判厅情形折》（光绪三十三年六月初九），《袁世凯奏议》（下），天津古籍出版社1987年版，第1494页。
② 参见《天津领事又争裁判权》，《申报》1910年6月10日。
③ 《直督预防观审流弊》，《申报》1910年1月8日。
④ 参见《论天津审判厅之组织》，《大公报》1909年3月20日。

弊，提供给直隶人民较为公正公平的审判，保护国民权利。审判机关和因地制宜设立的基层息讼所、民事裁判所、商务裁判所均致力于调解争端、提供公平判决，解决民商事务纠纷，维护社会治安，"经办数月，积牍一空，民间称便"①。合理公正判决与仲裁民事、商事纠纷推动现代工商业发展，调解商务纠纷，促进合同履行，商品交易更有理性预期，降低交易成本，审判制度产生显著经济绩效。

---

① 《奏报天津地方试办审判厅情形折》（光绪三十三年六月初九），《袁世凯奏议》（下），天津古籍出版社1987年版，第1492页。

第六章

建构直隶地方议会—政府分权制衡式政治权力结构

晚清发生地方分权式政治权威合理化是建构清末民初地方自治和政府—议会分权制衡式政治结构的政治背景。地方自治是现代国家权力结构中纵向权力分配合理化的制度安排，在国家主权统属下将地方公共事务委诸地方治理，地方自治是立宪政体的制度基础，公民结成自治团体形成公共事务的治理主体。清王朝卷入国际关系体系，中国历史融入世界历史演进的浩荡潮流，外来冲击推动内部变迁，扭转变迁路径，突破既往变迁模式，生成现代性。地方政治精英将从日本移植的市町村地方自治制度与本土地方士绅、商人、社会团体参与地方公共事务的现实相结合，建构地方自治机构，形成地方议会—政府分权制衡式政治权力结构。晚清政治权力结构逐步走向外重内轻，督抚专权，士绅崛起，权力下移，形成地方分权式政治权威合理化路径。社会结构分化组合，西方民权观念输入，立宪思潮传播，绅商参政要求高涨。日俄战争结局推动专制政体向立宪政体转型，清政府宣布预备立宪，推行地方自治政策。清政府将地方自治置于立宪基础地位符合东西洋立宪国的通例，将士绅参与地方公共事务容纳进自治机构之中，通过官治控制自治主导地方精英的参政活动。新兴参政势力看到实行地方自治有利于自身通过自治机构参与地方公共事务，既得权势制度化合法化，于是主动支持推行自治政策。地方自治为社会精英提供制度化参政渠道，改变传统地方社会政治权力结构，政治体系向新兴社会力量开放，在国家与社会之间建立沟

第六章　建构直隶地方议会—政府分权制衡式政治权力结构 / 179

通渠道，良性互动。政府控制地方势力的设想与地方精英参与政治的期望形成合力促进地方自治制度化，在一定程度上形成议会立法权与政府行政权分立制衡的地方政治权力结构，推动政治发展。清朝君主专制中央集权制的政治权威来源于天命，皇帝奉天承运统治亿兆臣民，依靠各级行政官僚机构将中央权力渗透到地方府州县，利用保甲制控制乡村，进而控制了国家和社会，臣民没有参政权可言。近代以来西方冲击加剧，西学东渐，士绅逐步接受民权、自治政治观念，甲午战争之后越来越多的开明人士意识到西方文明的内核在于政治制度和文化观念，推动政治变革，参与政治变革过程。作为官僚体制外官僚后备力量的士绅是政治参与的第一波力量，在经济和社会现代化中分化出来的工商业者和接受西学的新知识人结社组团要求获得参政权。在预备立宪时刻推动政治参与渠道自治机构、谘议局、资政院建构，参与政治决策过程，影响利益分配。预备立宪上谕宣示"庶政公之舆论"，揭开君主专制政体向民治政治转型的序幕，在《钦定宪法大纲》宪法性法律中承认臣民的政治权利，为政治参与提供法律依据。地方自治机关城镇乡、府州县议事会、董事会（参事会）为地方精英参与公共事务管理提供制度化渠道。各省从府州县地方自治机关选举议员组成行省谘议局，从谘议局选举议员组成中央资政院作为预备国会，从帝制政治体系中分化出立法机关，建构议会—政府分权制衡式政治权力结构。

直隶在官府主导和绅商参与下试办天津地方自治，建立全省府州县与城镇乡地方自治机构，开通政治参与渠道，改进地方治理绩效。预备立宪以官制变革为突破口，按照筹备清单推进变革计划，谕令奉天、直隶、湖北、江苏先行办理。天津在预备立宪上谕宣示之前试办地方自治，1906年6月开始筹办，翌年7月成立天津县议事会。督宪袁世凯上奏朝廷天津试办地方自治情形，乘势部署筹办直隶全省地方自治，派遣士绅东渡学习日本地方自治实行办法，责令直隶府州县仿照天津，三年一律办成。次年3、4月即成立直隶筹办地方自治总局，任命按察使何彦升、谘议局筹办处总办暨直隶补用道员祁颂威为总办，任命曾经负责策划试办天津自治的翰林院检讨金邦平负责督理,"兼理自治一应筹办事宜",①筹划组建直隶全省自治机关。督宪袁被调任中央枢机重臣后,杨士骧秉承袁世凯政治革新理念继续筹办,1908 年 7 月成立天津县地方自治董事会,完成自治机构的筹设。1908 年底清廷参政天津地方自治试办经验拟定颁布《城镇乡地方自治章程》及《选举章程》,次年颁布《府厅州县地方自治章程》及《选举章程》,直隶与全国同步筹组全省地方自治机关。自治筹办处督理金邦平受天津经验影响,在地方自治制度结构的宏观规划和制度安排的中观设计以及办理过程中的程序均与天津试办过程相仿,建立自治研究所培训自治人才,宣传自治知识,组织自治团体,调查选区,确认选民资格,经初选和复选程序投票选举自治机关议事会、参事会、董事会组成人员,建构地方自治机构,取得良好地方治理绩效。民初顺直谘议局转变为省议会,政治参与主体从士绅扩展到革命党、商人团体、公民团体、新知识分子及普通国民,参政权扩张,省议会作为地方立法机关制约行政机关省政府,议会监督和弹劾政府行政官员都督、司道官员、京兆伊,提交公共政策议案,立法权和行政权发生冲突,直系军政势力控制政府,试图通过控制议长控制议会,议会的政治参与力量与政府的政治控制力量对比显得弱势,但是议会坚持行使立法权监督政府行政权,议会—政府分立制衡制度结构赋予议员监督政府官员的合法权力,合理化的地方政治权力结构产生较为良好的地方治理绩效。

新制度主义以制度和思想观念作为本体论,观念和制度制约行动者的个人偏好内容。假定政治变迁发生的背景是由过去某个时空点上曾经做出的选择制约着的,既有的道路难以扭转到新选择的轨道上来,过去选择的制度制约着后来的重新选择,形成变革时刻的路径依赖。旧制度不变,行动者难得有改变现状的可能。过去的制度选择如果还能带给利益相关者相对较高的报酬,边际报酬递增,既得利益集团就不会改变现有制度,直到边际报酬为零,边际成本上升,边际收益递减,既得利益集团才可能决定变革。清初皇权专制和满洲部族专权的制度选择成为清末立宪时刻的路径依赖,清廷权贵是旧制度的既得利益者,要捍卫旧制

---

① 《直隶总督杨士骧奏遵章筹办地方自治折》,《大公报》宣统元年闰二月二十一日。

度，阻碍变革。太平天国兴起迫使清廷容许汉人士绅组织团练，依靠湘军淮军平定叛乱，士绅崛起，督抚专权，外重内轻。辛丑拳乱，列强占领京畿，外力推动新政，日俄战争引发国际政治变迁，国际环境刺激国内政治变革，旧制度再难维持，政治精英推动朝廷启动变革，从君主专制政体和部族政权转向立宪政体，消除满汉畛域，政权向国民开放，形成地方自治的政治背景。清末民初政治变革是强制性制度变迁类型，朝廷专责宪政编查馆进行立宪政体制度设计，在朝廷的谕令和地方督抚的饬令下由政治精英们主导绅商为主的社会力量推进变革。历史情境中正式与非正式旧制度确定的路径依赖在预备立宪时刻发生路径断裂与转向。朝廷重臣和督抚们受世界政治新思潮的引领，奏请立宪，设计立宪政体制度结构。启动政治变革的最终抉择权在当时清廷最高统治者皇太后慈禧手中，发布预备立宪上谕后责成宪政编查馆进行大权君主立宪制下的政治结构变革规划设计，按照"大权统于朝廷，庶政公之舆论"的变革目标先行变革内外官制，建构中央与地方现代行政官僚机构、司法审判机关与立法机构。变革过程在政府体制内政治精英主导下，在地方精英士绅、商人、报人、知识精英社会力量参与中推进。出洋考察宪政大臣、驻外使节、留洋精英将立宪国的立宪、自治思想及其制度模式介绍和移植过来，先行在直隶天津试办成功后总结经验，撰写成章程颁布，向全国推广。旧制度形成的路径依赖在政治权力结构和政治思想观念转换过程中发生转向，政治精英们设计和建构新制度，新制度运行产生绩效。

新制度主义理性选择研究取向假定行动者个人及其群体是本体，个人偏好和利益预期是首要自变量，制度和观念是实现偏好的工具，政治过程中的行动者群体是从自身利益预期出发来选择行动策略。清廷当家人慈禧太后带领满人亲贵权臣掌握变革的最终抉择权，在政治统治秩序岌岌可危之际接受载泽、达寿、袁世凯、张之洞、岑春煊、周馥革新派政治精英的立宪奏章，启动预备立宪，希望以之保君权、止内乱、弭外患。地方士绅参与公共事务由来已久，正想建立地方自治机构参与地方公共事务，实现既得权势合法化制度化。设立谘议局、资政院，办理地方自治符合士绅们的预期利益。地方自治在朝廷重臣、行省督抚，地方士绅政治精英变革联盟筹划下展开。地方政治制度变迁过程是强制性变迁，变迁的进止成败取决于相关政治势力利益博弈结果，由朝廷委托宪政编查馆具体设计制度结构，依靠政府行政力量推行变革计划，乡绅在政府官员主导下参与变革。

第一节　现代化动员推动政治参与扩大化

政治现代化理论认为从长期来看政治参与是受经济社会变迁制约的，参政主体置身其中的政治文化、政治体系的开放与封闭程度、政治精英的行动策略影响着政治参与过程，变量之间关系复杂，不存在单向决定关系。政治体系的外部社会环境向政治体系输入利益诉求，表达支持或反对，力图影响政治过程和决策结果，实现自身的利益，或者把政治参与作为实现政治权利的目标。政治参与的哲学理念是人人生而平等、主权在民、政府权力正当性来源于被统治者的同意。传统王朝统治权力来源于自身，实行专制独裁统治，政治过程由垄断权力的统治集团封闭操纵，不存在政治参与。参政者的社会经济地位、政治绩效感、政治认同感、政治权利意识是影响参与过程的关键变量，"影响民众政治参与活动的因素不只是每个人的社会经济地位，组织（制度）因素也有影响。组织因素指的是民众介入政党、教会、工会等民间组织的程度"，[①] 社会经济发展提高社会组织化程度，个人或团体利益与政治决策过程密不可分，增加个体介入政治的冲动。

现代化对政治参与发生着重大影响，现代性有机整体牵涉城市化、世俗化、民主化、教育普及、传媒大众化诸多层面，人们在心理层面不再屈服于外界，而是告别传统观念中安分守己，产生改造外在环境以满足自身需要的主观能动性。眼光不再局限于出生的原初共同体，原先狭隘的价值观、态度和期望都发生根本变迁，认识外界的智能水平发生巨大扩展，个人的社会地位由累积性不平等转变为分散性不平等，个人能力和成就在改变出身方面越发重要。现代性变迁影响着人们对政治的态度和期望，发生社会动员，传统的态度、价值观念和期望随着教育的扩

[①] 叶明德：《政治学》，台北：五南图书出版股份有限公司2006年版，第344页。

张、信息传播加速和交际范围的扩大而与传统发生断裂,"一连串的旧的社会、经济和心理信条全部受到侵蚀或被放弃,人们转而选择新的外交格局和行为方式"①。社会动员和政治参与是相辅相成的两个方面,改变了人们的能力,提高了期望,影响对政治的看法,希望政治体系提供福利、自由、安全、教育机会公共产品来满足个体、组织、社会的需要。社会动员将以前和政治不相关的人们与政治联系在一起,他们对身处其中的政治体系输入支持、要求和反对态度,表达利益诉求,政治体系很难回应人们越来越高的期望。经济社会现代化并不必然为政治现代化提供基础,产生政治权威合理化、政治结构分化、政治参与扩大化结果。传统政治的解体并不必然产生现代性政治,现实中可能结果反而是政治动荡,产生极权政治、威权政治、独裁专制,科技现代化可能带来当局政治控制手段的科技化,带来电子独裁专制而不是自由竞争的民主政治。"权威的合理化、结构的离异化及大众参政化就构成了现代政体和传统政体的分水岭",组织化成规模的政治参与是政治现代性的重要变量,"政治现代化意味着增加社会上所有集团参政的程度。广泛的参政可以提高政府对人民的控制,如在集权国家那样。但是在所有现代国家里,公民是直接参与政府事务并受其影响的"②,参政扩大化是政治现代化的目标,是现代性政治体系有机整体的发展趋势,但是这并不意味着这三个方面是传统政治向现代转型过程中的必然产物,现实中的政治现代化过程相反充满动荡不安,政治秩序摇晃不定,经济社会现代化并不必然带来政治现代性如民主选举、秩序安定、政治结构离异化、参政扩大、国家完整性,"实践中的现代化总是意味着传统体制的变革,还常常意味着它的解体,但它却未必就会朝着现代政治体制的方向作显著的运动"③。现代化将原先对政治冷漠的大众和政治过程紧密连接起来,国家权力扩张,

---

① [美]卡尔·W. 多伊奇:《社会动员与政治发展》,《美国政治科学评论》1961 年 9 月第 55 期。
② [美]塞缪尔·P. 亨廷顿:《变化世界中的社会秩序》,王冠华、刘为译,上海人民出版社 2008 年版,第 27 页。
③ [美]塞缪尔·P. 亨廷顿:《变化世界中的社会秩序》,王冠华、刘为译,上海人民出版社 2008 年版,第 27 页。

控制社会，渗透到个人生活，昔日那种"帝力于我何有哉"的孤立于政治之外的闲云野鹤般的生活没有空间了，鲁滨孙孤立的小岛也被纳入国家的行政版图，要求公民脱离依靠地域、血缘连接的原初共同体，效忠于国家，服从国家法令，接受普遍价值规范，在国家控制个人、社团、社会的同时个人也对国家提出前所未有的要求，对政治体系输入要求和支持，力争影响政治过程和决策结果，实现利益诉求，挑战政治体系提取资源、分配价值、保障安全和自由、提供教育医疗福利公共产品的能力，对政府的期望值提高了，国家和个人变得关系密切，相互控制。"区分现代国家和传统国家，最重要的标志乃是人民通过大规模的政治组合参与政治并受到政治的影响。在传统的社会里，政治参与在村落范围内可能是广泛的，但是在高于村落的任何范围内，它都局限于极少数人。规模巨大的传统社会，也许能够获得相对来说高水平的政治权威合理化和结构的离异化，但是同样的政治参与仍然局限于相对来说一小部分贵族和官僚上层人士的范围内。因此政治现代化最基本的方面就是要使全社会的社团得以参政，并且还需要形成诸如政党一类的政治机构来组织这种参政，以便使人民参政能够超越村落和城镇范围。"[1] 政治参与的动力来源于社会动员唤醒的现代生活期望受挫之后缺乏社会流动机会的新潮人物转向政治体系寻求机会实现期望。经济社会发展中处于传统社会的人们受到都市化、教育普及、新价值观传播等现代化要素的深刻影响，纷纷摆脱传统生活方式的束缚，走出原来的生活空间去寻找新的生活，这些新潮人物对未来充满希望，但是社会经济发展的迟缓和波动没有给予他们足够多机会，渴望不断增加，指望却越来越少，需要得不到满足，生活水准达不到期望状态，如此一来，这些被动员起来的新潮人物期望受挫，变得颓丧，牢骚满腹，怨声载道。期望值一经提起就无法降低，但是满足期望的条件却让他们沮丧。他们看到财富和机会在经济领域中无法满足，在现实生活中找不到改善处境的机会，找不到向上流动机会。他们看到上层社会垄断财富和机会，于是不再把自身的失败归罪于自己

---

[1] [美]塞缪尔·P.亨廷顿：《变化世界中的社会秩序》，王冠华、刘为译，上海人民出版社2008年版，第28页。

的能力和品德低下,而是普遍认为是政治体系阻碍了他们发财致富,于是纷纷转向政治参与,影响政府的政策制定,要求合理分配机会和财富,参与政治过程谋求对价值重新进行分配。这时就需要建构制度化的参政渠道来接受社会的利益表达和利益综合,倘若政治参与制度化滞后就会形成过度参与,冲击政治体系,简单脆弱、依附性强而没有独立性、没有凝聚力的政治体系不具有生命力,不能适应参政扩大化需要。亨廷顿分析后发国家政治体系不稳定动因后总结说:"社会颓丧导致对政府提出各种要求,而参政面的扩大则坚持要实现这些要求。一个国家在政治制度化方面的滞后状态,会使对政府的要求很难——如果不是不可能——通过合法渠道得到表达,并在政治体系内部得到缓解和集中。因此,政治参与的剧增就产生政治动乱。"① 政治参与起因于现代化中的社会动员,期望受挫的新潮人物们转向政治参与来改善生存处境,增加社会流动机会,寻求晋身之阶,政治参与是现代化动员的结果。

  清朝政治体系在西方的冲击下从封闭走向开放,西学东渐,传统华夷之辨、天下中心观渐渐被民族国家观念、进化论、契约取代,思想观念转换推动政治变革。西方现代工商业资本、商品、教会、报刊从最初的通商口岸向内地扩张,传统的农业经济、家族宗法社会渐渐解体,产生工商业者群体,农村劳动力向城市转移,乡村精英乡绅、地主移居城市,静态社会变成动态社会,流动性增加,扩展新视野接受新观念的人数不断上升,他们不再眷念传统乡村的生活,对未来产生新的憧憬和期待,社会动员让整个社会躁动不安。西方政治权利平等观念的传播冲击传统儒家伦理政治观,平等、自由观念颠覆三纲五常尊卑等级观念,接受新观念的士绅、商人、学生群体参与政治过程。经济社会现代性变迁推动社会动员,形成清末政治参与的社会背景。在太平天国运动时期地方军事化过程中掌控地方行政和管理地方公共事务的士绅阶层是社会变动中的精英群体,在现代化过程中势力膨胀,接受西方进化论、民权观念之后成为政治参与的主体,支持清廷的新政立宪变革,积极推波助澜,

---

① [美]塞缪尔·P. 亨廷顿:《变化世界中的社会秩序》,王冠华、刘为译,上海人民出版社2008年版,第42页。

形成立宪派核心组织力量，在报刊舆论传播中成为思潮领袖，发表政见，匡扶时局，在地方自治机构、谘议局和资政院中获得政治参与渠道，向政治体系输入要求和支持信息流，冲击皇权专制政治体系，推动政治制度变革。在君主专制政体向立宪政体转型关口，士绅、商人、报人、学生新兴势力要求获得参政权，立宪潮流不可逆转，朝廷不得不开放政治体系，建构参政渠道地方自治机构、谘议局、资政院制度化的参政机关。绅商们对皇族内阁不满，开国会请愿运动遭到清廷拒斥和镇压，作为地方实力派，在商办路矿权遭到朝廷国有化政策剥夺后变得失望颓丧，既无晋身之阶，又失去了发财机会，对清廷最高政治当局的失望促使作为政治参与主体力量的立宪派转而同情和支持革命，革命和立宪在武昌新军起义第一枪后迅速由对垒转向合流，支撑君主立宪的社会力量消失了。清朝家天下江山崩溃，民初立宪派、革命党组成政党参与国会参议院、众议院中的政治竞争。旧政治传统、新政治制度结构、政治精英们的观念和行动策略是影响清末民初政治参与的关键变量。清末新政立宪为民国政治发展提供制度基础，民国肇造，政治体系急遽变迁，各种力量分化组合成为政党，派系竞争激烈，政治参与扩大，参政权包容度从士绅政治精英向外扩展，政治体系外军事权力介入政治竞争过程，总统制与议会制争议不休，导致政治失序，民治政治体系在政局摇晃中持续探索建构。

第二节　地方自治的社会基础：士绅阶层控制地方公共事务

一　政府利用保甲制和里甲制控制地方社会

在国家和社会之间，郡县制行政官僚权力渗透社会直到县一级，知县是亲民官，负责征税、断案、维持治安，来自外地的县官与一群当地人组成的衙门胥吏共同控制地方。县衙门六房书吏与中央六部对应设置，是半官方性质的政务办理机构，衙门胥吏不领取薪俸，以知县名义征收附加税或向当事人收取"陋规"，操办知县衙门繁杂的日常事务。国家权力控制社会的程度受到农耕经济财政捐税堪能供养官僚规模限制。乡村社会空间由数个邻近村庄围绕集市组成地缘亲缘社会经济共同体，城、镇、乡地域单元构成县域区划。政府在村庄建立保甲制度维护治安，建立里甲制度征收地丁税，"将帝国控制力扩展到社会最底部。通过当地居民来约束他们自己，与此同时，则削减了地方政府的开销，并排除了任命官员的需要。处在乡村社会最底层的是温顺、消极、勤劳的农民，他们终年劳动以求温饱。农民们基本上听天由命，认同他们所不得不屈从的社会环境"。国家就通过保甲、里甲制控制乡村，压制农民反抗，提取捐税与劳役。保甲制鼓励告奸，乡民互相猜疑，缺乏信任，人人自危，难以组织行动，以之防止叛乱，保障统治秩序。里甲制用以征税，按丁征收，摊丁入亩后主要任务是查实土地产权，和保甲制部分融合。政府权力通过保甲、里甲制渗透到社会基层，控制乡村。农民只求吃饱穿暖，屈服在权力之下，认命忍受，消极适应环境，养成乡里型、臣民型政治文化。清朝"国家的确是一个专制独裁政权，官场之内的官僚和官场之外的士绅，主宰着政治和社会各个领域；同样，农民向政府交纳了最大部分的赋税、向地主交纳了最高的地租和向高利贷者交纳了最不可思议的利息"，官僚、地主、士绅身份地位相互转换"三位一体"的统治者精英同盟作为劳心者统治着处境悲惨的劳力者农民。①

二　宗族通过宗法制度控制个人

农耕社会的基本组成单位是家庭及其聚族而居的血缘宗族，依靠宗族权威控制个人，形成宗法社会秩序。在家庭内按照长幼尊卑的伦常次序安排个人的身份，谨守儒家三纲五常的礼教伦理规范，个人不存在独立自主意识，不存在自由、平等关系，性别权利不平等，女人从属于男人，接受家长及其之上的族长支配。宗族社会两要素"宗"和"家"互相支撑，个人要尽义务赡养家庭，服从宗法，宗族扶助家庭，拯济穷人，办理私塾、义仓，为族人提供公共产品，家族具有社会保障功能。国家权力渗透家族，将国家的政治控制和执行纲常名教的权力假手族长、家

---

① ［美］徐中约：《中国近代史》第六版，计秋枫、朱庆葆译，世界图书出版公司2006年版，第42—55页。

长，鼓励维系数世同堂大家庭，通过诏令禁止别籍异财，利用家族制度控制个人，"中国家族制度所以能维持长久者，以家主族长握有政治之权威，可以制法（所谓家法）、命令及判决，对属下有生死之权力。政府默认其权，不加干涉。家族实等于一个小王国，其首长即为此小型政治团体之统治者"①。家长拥有控制家庭成员的权威，安排家庭经济活动，支配子女的婚姻，利用宗法权力惩处子女。同宗家庭组成宗族，地位显赫的族长拥有政府默许的宗法权力处置族产、宗祠，调解族内纠纷，惩戒不肖，扶弱济困。宗族制定一套与帝制王法和儒家礼教训诫相仿的族规，族长召集族人执行，处罚违规者，甚至比帝国刑罚还残酷，有权利剥夺族人财产和生命。以家庭而非个人为政治组织的分子，将对个人的控制权留给宗族。

皇权专制郡县官僚制之下社会阶层分层为士、农、工、商四等级，农民占百分之八十以上，其余的士人、缙绅、官吏、不在地主、手工业者、商人、行伍等占不足百分之二十。其中士绅阶层是国家和社会的中介，连接官府与百姓，享有特权，承担传承文化，宣讲谕旨，教化乡民，仲裁纠纷，襄赞公共设施，编练乡勇防卫地方的义务，是乡村社会的主导力量。州县长官以士绅提供的信息和建议做决策参考，通过士绅来控制当地社会。士绅是当地有社会影响力的人物，往往和宗族的领袖合谋，或者兼族长，控制家庭和个人。外来的县官追求短期政绩，无动力去管理地方事务，将当地长期的规划建设任务留给士绅，"士绅筹款修桥和渡口等公共设施，集资疏浚河道、修建河渠和堤坝、改良灌溉系统、也捐款修缮当地庙宇、神殿和古迹。经常介入当地拯济慈善事业"②。士绅因拥有科举功名而与当地州县官身份平等，为其出谋划策，增进当地福利，是连接政府和社会的纽带，"毫无疑问，士绅是中国社会最重要的集团"③。国家通过保甲制来控制社会，压制反叛行动，维持统治秩序，通过里甲制汲取财政税收，维持宗法制度，利用族长、家长权威来控制个

---

① 萧一山：《清代通史》，华东师范大学出版社2006年版，第82页。
② 萧一山：《清代通史》，华东师范大学出版社2006年版，第59页。
③ [美]徐中约：《中国近代史》第六版，计秋译，世界图书出版公司2006年版，第61页。

人。士绅与宗族地方精英的非正式权力可以制约地方政府官员,尤其是组织地方防务的权力在太平天国运动后地方军事化中膨胀,镇压内乱的需要滋生士绅的军政权和筹饷权,士绅军事和经济权力膨胀形成政治权威合理化的内在动力,形成移植地方自治制度的本土条件。

三 士绅作为国家和社会的中介控制地方公共事务

士绅是连接国家和社会的桥梁,既协助政府执行政策,也运用手中掌握的控制公共事务,尤其是组织民团乡勇地方武装防卫力量的非制度化权力来制约政府,太平天国运动带来中央权力向士绅倾斜下移的契机,汉官阶层借机扩张军事权力,在同治中兴洋务事业兴办中扩张经济权力。士绅阶层在地方军事化过程中控制地方军事、财政,权势一路飙升,衰落的清王朝在满人部族无能维持统治秩序时留给信奉儒家政治伦理的士大夫阶层发抒意志的机会,他们的志气已经被异族统治压制太久。士绅阶层中领袖人物凝聚各层次士绅编练湘军、淮军摧毁太平军、捻军势力,捍卫王朝的统治秩序。西方的冲击改变士绅的传统观念和上升流动路径,士绅观念和行动的现代性转向改变王朝的未来走势。西方的扩张冲击了王朝体制,儒家政治伦理广受质疑,西方思想获得传播空间。外部冲击加剧内部叛乱,鸦片贸易导致大量白银外流,改变帝国的财政收支平衡,吸食鸦片改变臣民的生活习惯,因之倾家破产者带来社会治安问题,导致社会动荡,团练自卫成为当务之急。通商导致农村传统手工业在与廉价质优洋货竞争中破产,传统自耕农为主体的小农经济和农村手工业破产,出现更多剩余人口,没有相应的新兴产业来吸纳,于是人口对土地的压力增大,流民四窜,加剧社会冲突,刺激叛乱发生。能够支撑王朝存续的士绅却无法在既有制度和儒家思想观念指导下应对外来的冲击,以1894年甲午中日战争为临界线的外来冲击彻底改变作为王朝基石的士绅的思想观念,他们做出根本不同于旧制度的立宪制度建构设想。传统政治儒学指导下士大夫推动清王朝中兴尚有余力,但是要应对脱亚入欧走上现代化、工业化道路、建构君主立宪制政体的后起之秀日本的挑战则表现得捉襟见肘。觉醒的士大夫意识到西方强盛在于政体优良,于是"师夷长技以制夷"的洋务运动上升到学习西洋政教制度变法维新,吸纳议会、立宪、自治观念与制度,借助迻译和报刊传播立宪思潮。到了清末进化论和立宪论成为时代思潮主流,建构立宪政体成为朝廷和官僚体系中变革派、江浙立宪派、革命党的重叠共识。在西方现代思潮和工商业经济的冲击下,原先支撑宗族组织控制个人的三纲五常伦理价值观、宗法家长的传统权威、小农经济基础动摇了,个人从地缘、血缘共同体中解放出来,脱离宗族控制,以平等、独立的身份出现,社会流动性增加,离乡进城的地方精英组成现代性社会团体,城市和农村二元经济结构形成。传统士农工商社会结构解体,以买办企业家、工商业企业主、留洋精英和新学堂学生为主体的新式知识分子、职业军人为代表的新兴军政势力崛起,颠覆了传统社会结构,主导社会变革。买办先受雇于洋商,学会经营之道,拥有资本后继而发展民族工商业。在富国强兵国策驱动下,新军作为现代军队成为支撑政权的强大力量,崛起的军人凭借军事权力获得政治权力,代表人物是以淮军为基础编练新军的北洋军阀首脑袁世凯。自强运动首先发生在沿海沿江条约口岸,外国通商为经济发展带来资本、企业制度、技术和市场运营规则,小农经济解体释放剩余农民劳动力,土地投资转为工商业资本,士绅群体部分转化为新式商人,模仿东西洋企业发展工商业,城市规模扩张,城市群兴起。① 接受民权、平等、个人主义现代新观念的新潮人物参与政治,改变现状的期望日益上升,推动立宪政治变革,推行地方自治,建立地方议会。

  实行地方自治建立议会制度的动力源泉在于政府与绅商均存在扩张权势的预期利益,政府要借地方自治制度建立统一的简化的地方政治结构,规范乡绅行为,控制乡绅权力,乡绅期待地方自治巩固对地方公共事务的控制权,通过制度化的自治机构建构政治参与渠道,确保既得权力,干预地方政府行政事务。政府和乡绅的边际利益都在递增,地方自治符合改革者的利益诉求,推进改革具备现实力量。清末直隶地方自治办理过程中充满绅权和政府权力博弈,天津地方政治精英仿照日本地方市町村制度形式试办地方自治,承认地方精英的既得权力,将地方精英

---

① [美] 徐中约:《中国近代史》第六版,计秋枫、朱庆葆译,世界图书出版公司 2006 年版,第 341—343 页。

控制公共事务的事实制度化,体制内的官僚主导体制外的士绅,形成官督绅办的地方政治权力分配格局,士绅参与自治机构,与政府互相制约,合作与冲突并存。预备立宪将地方自治列入筹备清单,政府承认地方精英士绅对地方公共事务的控制权,地方精英递增权力获得合法性,设立地方自治机构容纳地方精英参政权,从府州县自治机关议员中选举省谘议局议员,再从谘议局间接选举资政院议员来组建国会。借鉴日本地方自治制度对清朝地方政府制度进行变革,制度变迁是以乡绅权势膨胀为现实基础的,是政府对乡绅权力合法性的承认,以正式的制度化渠道将士绅的权力纳入正规化的制度安排之中。地方自治的推行得到乡绅的积极支持和主动参与,正是因为制度变迁使得乡绅的利益边际递增,士绅就成为地方自治的主动推进者。地方自治制度设计者将自治作为官治的补充,自治"并非离官治而独立",采行地方自治制度来划分官治和绅治范围,划分政府与地方精英士绅团体的事权范围,"地方自治的主要结果只是使农村名流在他们故乡的村社的习惯权力合法化",[①] 将士绅已经控制的地方公共事务如教育、卫生、慈善救济、道路、水利公共工程领域划为自治事务范围,自治机构由政府认同的正绅主持,在政府官员的督导下治理地方公共事务,发展公共事业。承认士绅既得权势的,同时对日益膨胀的士绅权势实施制度化控制。[②] 地方自治是现代国家地方治理的制度形式,19世纪中叶清王朝为应对内乱外患需要而产生的地方军事化使士绅权势空前膨胀是实行地方自治的现实条件,地方自治的制度形式将代表国家权力的地方政府和在一定程度上代表社会的士绅阶层联系起来,形成制度化互动关系。尽管废除获取士绅社会身份地位的传统渠道科举制,士绅阶层随之分化,士绅阶层适应新环境,传统权势还是延续不断,清末到民初自治事务范围基本上是依照士绅的既得势力范围来划定,在传统保甲、团练、宗族的传统势力结构下划分自治事务涵盖范围。由此看来,引进地方自治制度,是国家政权试图将士绅阶层形形色色的

[①] [美]孔飞力:《中华帝国晚期的叛乱及其敌人》,谢亮生、杨品泉、谢思炜译,中国社会科学出版社1990年版,第223页。

[②] 参见《清实录》宣统朝第5卷,中华书局2012年影印本,第35—36页。

权势纳入正规的统一的地方政府行政权力控制之中，从而规范士绅对地方公共事务的参与，监督士绅阶层。士绅阶层传统势力的延续与递增是地方自治制度持续存在的社会基础，士绅出于稳固自身权势的需要而支持地方自治，通过参与地方自治机构维持对地方的控制，"农村名流通过控制自治机构力图维持他们在村社的统治"，[1] 昔日通过科举制获得功名，进而求取特权、地位、财产，当科举制被废除，地方自治又作为士绅获得权势、地位、财产的制度化替代渠道，通过自治机构与国家政权保持精英统治同盟关系。地方自治制度安排无法超越本土条件制约，难以生成类同欧美自治发源地高程度自治的地方自治制度。传统名流士绅掌握地方公共事务是既成事实，士绅符合地方自治机构议事会、董事会选举资格，将士绅的既有权势合法化和制度化。自日本引进的地方自治不同于欧美，朝廷的初衷是鉴于地方政府机构无法适应现代化需要，无人力物力来兴办和管理公共事业，利用地方自治组织将地方名流的社会影响力调动起来治理教育、卫生、慈善、公共工程，以之"弥补官治之不足"。自治"并非离官治而独立"，自治要受到官员的监督，官督绅办。在府州县层级政府长官直接兼任参事会主席执行议事会议案，士绅组成的议事会行使立法审议职能。士绅作为传统名流是社会的脊梁，科举选官机制的废除截断士绅获取功名入仕做官的传统途径，截断士绅与国家之间的传统关联，士绅在西方冲击下发生现代性分化，不再以官僚作为参考群体，上升渠道多元化，从事现代化事业，成为地方自治力量的中坚，自治机构作为绅商参与政治的政治结构将士绅与国家重新连接起来。从府厅州县和城镇乡自治的选民资格和候选人资格来看，参政主体主要是士绅阶层，选民和候选者均主要是士绅、商人、留学生与新学堂学生、新兴现代事业、工商实业、报纸杂志创办者经营者，他们是士绅或者由士绅阶层分化出来的新潮人物，对地方事务具有重要影响力，还直接参与政府行政事务。地方自治符合朝廷预备立宪的需要，也符合士绅的利益，朝野力量都在支持地方自治制度的建立，"至清末改革时，法律对士

---

[1] ［美］孔飞力：《中华帝国晚期的叛乱及其敌人》，谢亮生、杨品泉、谢思炜译，中国社会科学出版社1990年版，第229页。

绅的权力已予明定并保证之。这是清末所计划的地方自治制度的实际内容。由另一观点来看，我们可以说清政府企图在正式承认士绅在地方上的权力的同时，将士绅阶层置于地方官的控制之下，以巩固其在地方上的控制。换言之，即正式将士绅的功能归并到最底层的地方政府行政中去。总而言之，清末部分保守官员和在变局中想维持政治权力的地方保守士绅，基于共同利益而互相合作，才有地方自治政府的产生"①。地方自治将地方士绅纳入政治体系内，承认他们的既得权势，"拥有财产在地方自治中尤具特权。在地方议会中低级士绅占极大数量；当选议事会议员和城乡董事会董事的大部分是士绅阶层。实际上，清末的地方自治可以说便是由士绅包办"②。地方自治制度的现代性和在立宪政体中的普适性提升政治发展水平，推动帝制政治体系向现代国家政治体系的转型，建构现代国家地方政治权力结构。

第三节 枢臣疆吏筹划立宪政体政治参与制度

一 设计君主立宪政体的政治参与制度化渠道

立宪可以强国御辱的主张淋漓尽致地体现在舆论思潮中，思潮引导行动，立宪政体的强国功效期待转化为政治变革抉择动力，"各国之所以富强者，实由于实行宪法，取决公论，君民一体，呼吸相通，博采众长，明定权限，以及筹备财用，经画政务，无不公之于黎庶"，"时处今日，唯有及时详晰甄核，仿行宪政，大权统于朝廷，庶政公诸舆论，以立国家万年有道之基"。③ 宪政编查馆是预备立宪的统摄筹备策划机构，起草宪法纲领和草案，筹备预备立宪事项。宪政编查馆将宪法分为钦定、协定、民定宪法，对应大权政治、议院政治和分权政治，认为中国最宜仿照日本颁布钦定宪法，实行君主大权政治。预备立宪采择三权分立原则

---

① ［日］市古宙三：《政治及制度改革：1901—1911》，《剑桥中国史》第十一册晚清篇（下）1800—1911，张玉法主译，台北：南天书局1987年版，第449页。

② ［日］市古宙三：《政治及制度改革：1901—1911》，《剑桥中国史》第十一册晚清篇（下）1800—1911，张玉法主译，台北：南天书局1987年版，第448页。

③ 《预备立宪上谕》，《清末预备立宪档案史料》，中华书局1979年版，第44页。

作为国家权力结构的基本制度形式，国家权力在君权统揽下分立制衡，改变以往政治结构融合，功能混沌的帝制政治权力结构模式，"窃维君主立宪政体，统治权属诸君上，而立法、司法、行政则分权执行，是为立宪要义。谨按钦定宪法大纲，君上有统治国家之大权，凡立法、行政、司法皆归总揽，而以议院协赞立法，以政府辅弼行政，以法院遵律司法"①。议会、责任内阁、司法权限清晰，在三权之上存在一个超越宪法的不负实际责任的神圣君主，但是君主权力已经由宪法列举，不是无远弗届了，三权分立的基本政治制度结构框架蓝图已经勾画出来，就待预备立宪筹备事项逐步按计划推行了。继1908年颁布《钦定宪法大纲》，制定逐年筹备宪政事宜清单，分九年完成筹备计划，在1908年筹办谘议局，1909年经过初选和复选程序选举议员组成各省谘议局，待各省谘议局正式成立，再从谘议局议员中间接选举资政院议员组成中央的准议会机构资政院。《钦定宪法大纲》是仿照日本1889年宪法拟定的，是在保持皇权至上和立宪强国两个价值目标之间折中妥协的结果，前十四条规定君上大权，在重申皇权的同时列举公民权利与义务，用宪法来列举君主的权力就是对皇权的限制，对权力来源的合法性予以限定，皇权以前来自天命，是神圣的，用宪法来列举君权范围就祛除君权的神圣魅力，是政治权威世俗化的开端。《钦定宪法大纲》体现宪法的普适性精神，君主有服从法律的平等义务，"夫宪法者国家之根本法也，为君民所共守，自天子以至庶人，皆当率循，不容逾越"，"上至朝廷，下至臣庶，均守钦定宪法，以期永远率循，罔有逾越"。② 用宪法限制君权对皇权至高无上不受限制的传统是根本性颠覆。政府即内阁，行使行政权，政府要受议院制约，"以政府受议院责难"。议院的功能和权限是"协赞立法监督财政"，议会制约行政，掌握立法权，审议财政税收，监督财政预算决算，符合立宪国家通例。皇帝的宣战、缔约、财政大权"必须得议会两院同意承认乃为有效"，君权受到议会制约，立法"必经议会协赞"，议

---

① 《行政事务宜明定权限办法折》，《清末预备立宪档案史料》，中国第一历史档案馆藏"宪政编查馆全宗"，7号。

② 《清末预备立宪档案史料》，中华书局1979年版，第56—57页。

院分为贵族院和众议院，众议院议员由法定选区公选议员组成，参与立法，"凡一切法律必经帝国议会之协赞"。清廷在执行立宪计划的情势下制定宪法主动承认人民的权利，赋予人民参与政治权利，由议会限制君主权力。这不同于武昌起义各省宣布独立情势下清廷被迫接受军人将领联名提出《宪法十二条政纲》，颁布《宪法十九信条》，把钦定宪法变成协定宪法，剥夺皇帝的宪法制定和颁布权、责任内阁的组织任命权，把大权君主变为虚位元首。

《钦定宪法大纲》承认人民有参政权，宪政编查馆和资政院所上的奏折和宪法大纲是承认庶民政治参与权利的第一个宪法性文件，是晚清政治转型突破旧制度路径依赖的里程碑，是帝制向民治转型的标志。《钦定宪法大纲》确认公民的权利义务，是对民权思潮的回应，公民人身、财产受到法律平等保护，罪刑法定，符合法治原则。公民的言论、出版、集会、结社政治权利得以伸张就会产生政治参与诉求，产生公共空间，结社形成市民社会，社会力量组织起来就能够有效表达各个社会群体的利益诉求，社会与国家良性互动。清末民初产生市民社会和公共空间的雏形，新兴政治力量推动预备立宪，公民的参政权在宪法大纲中得到承认，"臣民于法律范围内，所有言论、著作、出版及集会、结社等事，均准其自由"。《钦定宪法大纲》承认"宪法者，所以巩固君权，兼保护臣民者也"，"臣民非按照法律所定，不加以逮捕、监禁、处罚"，"臣民之财产和居住，无故不加侵扰"。① 在依据《钦定宪法大纲》和九年筹备计划拟定的宪法草案中具体规定了公民的权利、自由受宪法保障，公民有议政权，有权利对国务表达意见，设置议会作为参政机构，表达社会舆论以监督政府施政，纠正政府专断与非法行为，"人民权利、自由依宪法之负担，各自安图个人及社会之发达"，"人民依宪法受议政权，关于国务之观念甚切，且发一种公共之观念，以助国家之进步"，"代表议会之设置，不但使人民对国家注意甚深，且可使政府注意施政，以矫正专断压制之弊"。

---

① 《清末预备立宪档案史料》，中华书局1979年版，第56—57页。

二　建立制度化政治参与机构

在乡绅、宗族长老地方精英参与政府地方公共事务的现实基础上移植东西洋议会制度，建立地方自治机构、谘议局、资政院准议会立法机构，为士绅参与管理地方公共事务提供制度化渠道。在郡县官僚制上移植议会制度，限制、监督行政权力，议会和政府行政机构分权。谘议局议员主要是有科举功名或者接受过新式教育，在地方从事公益事业，有较大政治影响力的传统名流士绅和新式知识群体。谘议局章程将谘议局作为咨询机构，讨论地方兴革事宜，谘议局是"各省采取舆论之地，以指陈通省利病，筹计地方治安"，"凡地方应兴应革事宜，议员公同集议，候本省大吏裁夺施行"。资政院是国会的预备，议员由钦定王公世爵和由各省谘议局议员中选出的议员各一百人组成，院章规定资政院权力是协赞君主立法，同时具有议决国家预算决算权，议决税法公债权，制定法典权，类似日本帝国议会的权力，"资政院议决事件，若军机大臣或各部行政大臣不以为然，得声叙原委事由，咨送资政院复议，若（资政院）仍执前议，应由资政院总裁、副总裁及军机大臣或各部行政大臣分别具奏，各陈所见，恭候圣裁"①。院章预设的咨询机构在实际运转中发挥了准议会的功能，议员团体发挥政治影响力监督政府，还弹劾军机大臣。谘议局被赋予议决财政收支、税法公债的权力，事实上谘议局获得监督行省行政机构运行的权力，当谘议局和督抚意见相左难以协调时由资政院核议。在实践中发生过多次谘议局和地方督抚的冲突，江苏谘议局在张謇领导下和巡抚张人俊冲突，国会请愿和保路运动是以地方谘议局为活动舞台，议员参与运动。地方精英以自治机构为政治参与通道参与地方公共事务治理。府州县、城镇乡地方自治机构是地方精英的政治参与渠道。全国各省城镇乡、府州县的地方自治同期开展，虽因地理位置，地区现代化程度不同而参差不齐，成就各异，但是都建立了地方自治机构，创设了地方精英政治参与的制度化参政机构。全国多数省份基层城镇乡、上级府厅州办理地方自治机构均较有规模，为地方精英建立制度

---

① 《清末预备立宪档案史料》，中华书局1979年版，第627—637页。

化政治参与通道。

三 筹划地方自治制度建构

立宪成为政治精英们行动方向，建立立宪政体达致国家富强目标的政治理念转化为现实行动，将地方自治作为立宪的基础，朝廷臣僚、封疆大吏、司道州县官僚、地方精英纷纷参与筹划变革，建立地方自治制度。预备立宪筹备事宜清单以地方自治作为立宪政体的基础。1908年颁步钦定宪法大纲，以宪法条文列举君上大权的同时附带列举臣民权利义务。详尽列举君上大权意在尊君权，同时承认臣民权利，保护民权显示宪法大纲的现代性。按照九年筹备立宪计划，第二年各省谘议局一律开办，依托谘议局来筹划地方自治，先筹办城镇乡下级地方自治，到第五年要求城镇乡地方自治初具规模，第六年一律建成。在筹办城镇乡地方自治的同时启动府州县地方自治，第二年颁布府厅州县地方自治章程，第三年筹办，计划到第六年初具规模，第七年一律办成。政治改革启动后，社会期望提高，要求加快速度，发生国会请愿运动，将筹备立宪计划缩短为宣统五年召开国会，提前筹办地方自治。① 新政、立宪皆以日本为参照系，宪政编查馆提交的地方自治章程基本上是以袁世凯在天津试办地方自治时自治期成会召集绅商、学界社会团体公决草案为底稿稍加损益而成，清末地方自治是天津试办模式的推广。

朝廷枢臣和地方督抚提出地方自治方案，建构地方自治机关。南书房翰林吴士鉴、出使俄国大臣胡惟德奏请筹办地方自治，盛京将军赵尔巽、北洋大臣袁世凯、两江总督端方奏报试办情形，山东巡抚袁树勋、广西巡抚张鸣岐、湖南巡抚岑春煊、陕甘总督长庚、浙江巡抚增韫、吉林巡抚陈昭常奏报先期筹办情形。出使奥国大臣李经迈、宪政编查馆大臣奕劻建言献策。南书房翰林吴士鉴主张试行地方分治来改良中央集权政体，方今兴国不可固守古训，必采择外邦之优长，财政、学务、裁判、巡警分治，不可中央专权，地方分治能兴利除弊，合治则害损，"方今环球隶通，列强林立，言政治者必竞推欧美"，"不惮采异域之良谟，佐中

---

① 萧一山：《清代通史》第四册，华东师范大学出版社2006年版，第835页。

原之自治","取各国政法参互比勘,更证以彼邦通人学士之议论,而知司法行政之道,不外两端:曰中央集权,曰地方分治",吴士鉴将东西洋各国政体权力结构分为中央集权和地方分治两端,用地方自治来纠正中央集权制弊端,"中央集权者所以尊主柄也,其法权操诸君主,事虽经上下议院通过,非得君主俞许,则不成为法律。若既经君主许可,以敕令布之全国,则中央政府得时时监督之,闭合张弛,惟其所令,而全国不敢自为风气。然又恐权集中央,彼国臣民或但知有服从之义务,而不知有协赞之义务也,则又有地方分治之制以维之。其法凡郡县町村悉举明练公正之士民以充议长,综赋税、学校、讼狱、巡警诸大政,各视其所擅长者任之,分曹治事,而受监督于长官。其人之不称职,事之不合法者,地方长官得随时黜禁之,遇有重大事件则报告中央政府,以行其赏罚"①。中央集权使地方失去活力,没主动性,臣民没协赞政务的机会,故要选举明达士绅来主持地方公共事务。处于世界竞争中,必须试行分治,发挥国民的竞争力方可争胜。"当此世界文明人群进化之际,国于地球上者无不挟国民之力以竞争,其身为国民者亦无不有政治法律之思想"②,实行地方自治有利于发挥国民的创造力,集国民之竞争力以构成国家的竞争力。出使俄国大臣胡惟德奏请实行地方自治制度,欲兴邦必立宪,立宪政体有行政、司法、代议三端,地方自治则为基础。立宪可以达致"上下交泰,君民一体,明主权之作用,握万法之根源"宏大目标,政治变革"莫急于颁行宪政,是诚探本之论,切要之图矣。惟是立宪枢键,其要有三:曰行政、曰司法、曰代议"。鉴于形势急迫,立宪一时难成,当务之急"莫如先行地方自治制度"。放眼世界观察东西洋立宪国,将国家治理结构分为中央统治和地方分治,"查东西诸国无不分中央统治与地方自治为二事",每一层级横向权力结构分为行政、代议,权限分明,"而地方自治之中,亦有行政、代议之别",遵循法律运行,英国和日本皆可模仿,达到良治目标。中国地广人多,官治辅以绅治也难以

---

① 《南书房翰林吴士鉴请试行地方分治折》,《清末筹备立宪档案史料》,中华书局1979年版,第711页。
② 《南书房翰林吴士鉴请试行地方分治折》,《清末筹备立宪档案史料》,中华书局1979年版,第713页。

解决地方治理困难,要办理学校、警务、水利、路政种种公共事宜,必赖地方自治,"中国幅员辽阔,户口殷繁,一省之中,州县数十,大或千里,小亦数百里,统治之权,仅委诸一二守令,为守令者又仅以钱谷、狱讼为职务,民间利病漠不相关,重以更调频仍,事权牵掣,虽有循吏,治绩难期。至于编户齐民,散而不群,各务私图,遑知公益,为之代表者,不过数绅士,又复贤愚参半。其出入官署因缘为奸者无论矣,即有一二缙绅,表率乡里,或由族望科名之殊众,非必才能学识之过人,以故府县之中,遇有应兴应革之事,守令以一纸公文移知绅士,绅士以数人武断对付守令,转折相蒙,而事终不举",地方政府州县管辖范围广,行政官无力治理,胥吏不关注公共事务,行政官委诸绅士,绅士敷衍塞责,对抗行政官,公益事业无法治理。依靠现有集权体制无法治理地方,学校、道路、工商事业,只有采行地方自治,使无地方团体实行自治制度,图功成效,其道无由,是宜取鉴列邦,举行新制。"其要有二:一曰明定府县官吏职务权限……一曰设立府县议会、参事会。……以上二者实地方自治之精髓,即国民进步之阶梯。"① 自治有两个要点,一是明确地方行政机构权限;二是建立地方议事会、参事会作自治机关。府县守令为行政官,增设职守,执行法律和议事会的决议,监督自治团体。府州县设立议事会、参事会,从符合资格的人中选举议员组成议事会,行政官是参事会当然成员,与从议会中选出的参事员一起组成参事会,作为自治事务的执行机关。认识到宪政需要立法、行政、代议三权分立,现代国家权力结构是主权统一和地方自治的相互协调,中国传统郡县制不敷治理现代事业之用,最宜借鉴西方地方自治制度,本县人选举议员组织议会,参事会由府县令和从县议员选出的参事会员组成,权限分清,改变郡县制的弊病,提高国民程度。指陈旧帝制专制政体集权弊端,并力谏朝廷采行地方自治制度,放眼东西洋政治,反观中国政制的重重弊病,认为非采行西方良法美制不能奠定国家有道基业。东西洋立宪国实行地方自治而达到良治,中国要力行变革。直隶总督兼北洋大臣袁世凯

---

① 《出使俄国大臣胡惟德奏请颁行地方自治制度折》,《清末筹备立宪档案史料》,近代中国史料丛刊续集,第802种,沈云龙主编,台北:文海出版社1981年版,第715—716页。

是地方自治的倡导者和力行者，早就在天津试办地方自治，起用留日知识精英金邦平、凌福彭主持地方自治，制定自治章程，仿照日本地方自治的筹办程序，成绩卓著，上奏试办情形，宪政编查馆总结天津经验，作为全国地方自治的借鉴。地方自治制度移植日本成例，参照天津试办经验，综合考虑各地方情形而制定《城镇乡地方自治章程》和《府州县地方自治章程》，形成地方自治制度结构。袁世凯以托古改制的方式将从日本引进的地方自治制度类比为周代乡遂制度，汉代三老啬夫制，古已有之，今人不必丑诋，化解守旧势力对新制度的抵制。"先秦时代周制乡官甚为亲民，往后乡官废，地方事难举。"地方自治与之相较，优势不可同日而语。方今各国兴盛皆因立地方制度行地方自治，"比者东西立宪诸国雄长，稽其历史，则地方制度必先乎立宪政治而兴"，以德、日因实行地方自治制度而兴起为例来论证采择地方自治制度的必要性，"德之建国发轫于州会，日本之维新造端于府县会，选举有定法，议决有定程，人以被选为荣，斯民德日崇，类能辅官治之所不及，比隆三代有自来矣"，既然地方自治是德、日兴起的制度基础，中国积贫积弱，官治无能，弊端重重，实行地方自治制度就更是迫切，"非行地方自治无以补守令之阙失，通上下之悃忱"。筹办自治的方法第一是成立由地方精英组成的自治局，精英向大众讲解自治原理与操作程序，先由法政人才到各城镇乡宣讲自治利益和方法，编写简明易懂的报纸来讲解，做到家喻户晓。办理自治研究所宣讲自治义理，从天津各属选择素孚乡望的士绅到所学习自治法理，毕业后在府厅州县办自治学社，培养自治施行人才。第二，制定自治章程，仿日本成立自治期成会，由士绅、学会、商会、官员等各方共商自治章程。第三，调查户口，规定选举人资格及被选举人资格，发放执照。第四，经初选和复选，选出议员，成立议事会，互选议长、副议长主持事务。由议事会来筹设董事会或参事会作为议案的执行机关。① 两江总督端方在民政部尚未拟定地方自治章程之前仿天津在江宁推行地方自治，在省城设自治局筹划自治办理，在各属府州县具体执行。

---

① 参见《北洋大臣袁世凯奏天津试办地方自治情形折》，《清末筹备立宪档案史料》，中华书局1979年版，第719—721页。

端方认为古代周制乡遂、汉制三老啬夫均不具有从欧美、日本移植的地方自治制度结构,"中国数千年来,有官治而无自治",古乡制与今地方自治相比,"不啻道以椎轮"。舆论皆言"非立宪无以自存,非地方自治无以植立宪之基本",办理自治实是立宪的必要条件。江南地理、民情、现代化程度有利于办理地方自治,"江南地方交通最早,士绅智识开明,自奉明诏预备立宪,群情鼓舞,望治尤殷"。端方趁势择地试办,在省会江苏江宁设筹办地方自治总局,下设法制、调查、文牍、庶务四科,以政府官员为主导,调派司道、府县志在维新者参与,各负专责,按照拟定的开办章程循序办理。在总局内设自治研究所和调查所,召集江宁各属士绅,宣讲自治法理与操作方法,培训自治人才。调查所从上元、江宁开始调查人口,核定选举资格,为选举自治职做准备。① 东北与内地政治体制不同,新政之后才开发,与内地趋同。徐世昌署理东北总督期间实施东北新政,改革东北官制,建立审判厅、对外交涉所。赵尔巽担任盛京将军时在奉天试办地方自治,赵尔巽和袁世凯都参照日本模式和程序试办地方自治,赵尔巽认为地方自治需要首先设计制度,储备自治人才。赵尔巽前次奏设乡官时就认为筹办新事业绝非原有体制可为,守令不足办事。日本地方自治参仿德国成法,依据日本情形酌加修订,制定市町村制,奉天省可参照日本办理地方自治,召集士绅讲明白自治义理,开办讲习班培训自治人才,选用绩优性纯者参与办理。自治经费则征捐税充之。② 东北地区经济相对落后,自治缓行。吉林按照自治章程和宪政编查馆饬令分等级与年限办理地方自治,因地制宜,一是关内外情形不同,要变通地方等级。二是分期办理,先办理繁盛地方,再办理中等地方和偏僻地方。三是省城自治筹办处实难兼顾各属,需在各属成立自治筹办公所,选明达公正士绅来主持自治事务,成立专门组织机构来负责

---

① 参见《两江总督端方等奏江宁筹办地方自治局情形折》,《清末筹备立宪档案史料》,中华书局1979年版,第722—723页。

② 参见《盛京将军赵尔巽奏奉天试办地方自治情形折》,《清末筹备立宪档案史料》,中华书局1979年版,第717—718页。

选举事宜，以专责成，收实效。① 山东按照宪政编查馆的布置办理地方自治，按自治章程施行，政治精英们认为方今自治不可师古，必须采用列邦成法。② 广西巡抚张鸣岐依照清廷立宪变革计划执行地方自治部署，认为自治成效取决于官员的执行力和人民的责任心。施行自治困难重重，然而张鸣岐亲自督办，筹办自治局，开自治研究所，培养自治人才。山川阻隔，交通不便，分区设立自治研究所而非按行政区划设立，宣讲自治法理。广西无条件依照立宪筹备清单办理自治，官员思想理念滞后，社会参与少。应对策略是先在临桂县试办，树立开拓进取新风气，力求办成规模后再行推广。令各府州县在城治设自治筹办公所，选派正绅主办，逐次进行选民资格调查、分选区、选举工作。③ 湖南在维新时期成立南学会、保卫局，有办理自治组织的经验，将开办自治作为执行立宪清单的首要事项，在自治谕令下达前就开始筹备，办理自治局，自治研究所，令各属选派明达雅望之士绅来省城培训，未选中者在当地自修，俾能了解自治知识。各府州县也按谕令照章办理。自治经费来自捐税，由地方官监督使用。④ 浙江地处南方经济文化中心，筹办地方自治相比较有更优越的条件，巡抚增韫认为地方自治和代议制可收治国之良效，一是要扶持自治能力，按立宪筹备清单推进城镇乡和府州县自治，应办事项繁杂，同时上马难收良好绩效，宜择紧要之事分次办好，先办理学务、卫生。筹备事项繁杂，实行者宜分轻重缓急，提升自治能力，办好自治事业，改变国人不关心公共事务的臣民形态政治文化观念。二是取法于人，不能徒具形式，应分析轻重缓急，择要先行，求实效。三是比较成绩，各地情形各异，执行筹划不同，成效也不同，故需比较各地成绩，

---

① 参见《吉林巡抚陈昭常奏吉林筹办府厅州县地方自治情形折》，《清末筹备立宪档案史料》，中华书局1979年版，第755—756页。

② 参见《山东巡抚袁树勋奏山东筹办地方自治设立自治研究所情形折》，《清末筹备立宪档案史料》，中华书局1979年版，第741—742页。

③ 参见《广西巡抚张鸣岐奏广西筹办地方自治情形折》，《清末筹备立宪档案史料》，中华书局1979年版，第743—745页。

④ 参见《湖南巡抚岑春煊奏湖南筹办地方自治设立自治研究所情形折》，《清末筹备立宪档案史料》，中华书局1979年版，第749—750页。

督责奖惩，以收实效。一乡一邑治理良善，则国必富强。① 陕甘地处内陆腹地，筹办自治实在困难，甘肃在省城设筹办处，令官员策划自治。陕甘地处偏僻，无自治人才，将培训人才作为实行自治第一要义，选派法政人才作先期听讲员，毕业后做府厅州县自治研究所的师资。② 朝廷颁布自治章程后全国各省均在筹办地方自治，由朝廷统一部署施行的强制性制度变迁形成地方自治制度的基本形式，由各地方政治精英根据当地情形变通执行。各省谘议局筹办处督理地方自治，各省具体环境不同，筹办地方自治绩效不等，但是均按照宪政编查馆的指令依照全国通行的自治章程来推行地方自治，建构地方政治制度。

第四节　直督袁世凯主导士绅筹划天津地方自治制度建构

一　地方自治是立宪之基础

袁世凯视地方自治为立宪基础，地方自治能够训练国民参与管理公共事务的能力。1906年袁世凯提出地方绅商参政，上层官吏组成上议院，士绅参与地方公共事务，"中央五品以上官吏参与政务，为上议院基础，使各州县有名望绅商参与地方政务，为地方自治基础"，③ 支持士绅参与地方自治，之后针对廷臣载沣、铁良等人以地方士绅程度品质不够格主持自治事务为理由反对袁世凯立宪当以自治先行主张，袁世凯重申存在劣绅并不阻碍自治的施行，问题关键在于需要有廉洁奉公之官吏扶持公正士绅，"此必须多选循良之吏为地方官，专以扶持善类为事，使公直者得各伸其志，奸佞者无由施其技。如是，始可为地方自治之始基也"④。

---

① 参见《浙江巡抚增韫条陈地方自治事宜三条折》，《清末筹备立宪档案史料》，中华书局1979年版，第752—754页。
② 参见《陕甘总督长庚奏甘肃设立地方自治筹办处并地方自治研究所情形折》，《清末筹备立宪档案史料》，中华书局1979年版，第750—752页。
③ 郭廷以：《近代中国史事日志》（下），中华书局1987年版，第1257页。
④ 《考察政治大臣之陈奏及廷臣会议立宪情形》，《宪政初纲·立宪纪闻》光绪三十二年十二月增刊，《东风杂志》1907年1月。

1907年袁世凯在其《天津市办地方自治情形折》中说古代乡官制既废，守令无以善治地方，"猾吏奸胥因缘舞弊"，官治弊病丛生，治道隳涂，必实行地方自治才可扭转颓势，获得善治。袁世凯以托古改制策略化解守旧势力对新制度的抵制，将从日本引进的地方自治制度比作周代乡遂制和汉代三老啬夫制，谓先秦时代周制乡官甚为亲民，往后乡官废，地方事难举。但是时处今日，古制实难复，也不必复。地方自治与之相较，优势不可同日而语，不必丑诋，方今各国兴盛皆因实行地方自治，"比者东西立宪诸国雄长大陆，稽其历史，则地方制度必先乎立宪政治而兴"，德、日因行地方自治制度而崛起，"德之建国发轫于州会，日本之维新造端于府县会，选举有定法，议决有定程，人以被选为荣，斯民德日崇，类能辅官治之所不及，比隆三代有自来矣"，既然地方自治是德、日兴盛的制度基础，中国积贫积弱，官治弊端重重，实行地方自治制度就更是迫切，"非行地方自治无以补守令之阙失，通上下之悃忱"，筹办自治方能弥补官治不足。

　　袁世凯引进日本的市町村制度，援引地方较有影响力的士绅进入自治机构担任自治职，主持自治事务，在府厅州县之下的乡镇建立自治机构，士绅原先参与地方行政事务的非正式权力变得制度化。城镇乡议事会和董事会之间形成议决和执行关系。府厅州县参事会和议事会作为议决机关，与执行机关政府官僚行政衙门形成议决与执行关系，议事会、参事会具备地方议会功能，对政府官僚行政权力形成制衡作用。由此上升到谘议局、资政院，建立议会立法权和政府行政权相互制衡的权力结构。地方自治制度的移植改变了清朝地方政治权力结构，实为立宪肇造之基础。作为疆吏之首的直隶总督兼北洋大臣袁世凯是地方自治的倡导者和力行者，仿照日本地方自治在天津试办地方自治，制定自治章程，任用留日归国知识精英金邦平、凌福彭具体策划和执行。成立自治局作为筹划机构，派法政人才到各城乡宣讲自治方法和自治利益，编写简明易懂的报纸向大众讲解自治知识和操作程序，第一，筹办自治研究所宣讲自治义理，从天津各属选择素孚乡望的士绅到所学习自治法理，毕业后在府厅州县办自治学社，培养自治施行人才。第二，制定自治章程，仿日本成立自治期成会，由政府官员、士绅、学会、商会各社会政治团体商定自治章程。第三，设立选举科，调查户口，订立选举人资格及被选举人资格，发放执照。第四，经初选和复选程序选出议员，成立议事会，互选议长、副议长主持日常事务。在城镇乡由议事会来筹设董事会，组成议案的执行机关。①

二 官治与自治关系：自治"辅官治之不足，补守令之阙失"

地方自治与官治之间关系是行政官僚体系官治控制自治。地方自治是立宪政体纵向权威结构在地方治理方面的制度安排，地方获得一定程度的自治权，治理地方公共事务，"由中央或地方政府授予其下级单位的有限自治权或自主权，对地方活动予以一定的承认，并给予相当的自治权，但要求地方居民在政治上一定要效忠于中央政府"，② 由此看，地方自治就算在西方立宪国家也并非独立于国家主权的，而是由国家主权授予地方自治权。西方立宪国家赋予地方自治权，反观中国专制君主之下的府州县地方政府，则官治盛行，皇权试图控制到乡镇村庄，就因农业经济不能提供供养官僚体制所需财政税收资源而限制权力渗透深度。袁世凯看出官治是专制政体的政治控制手段，而自治则是立宪政体的肇创之基，他在对下属束鹿县令张凤台的地方自治说帖批文说道："本督部堂于天津创设自治局，又饬各属选派游历绅士考察自治，因此事为预备立宪之根本，前无所师，正恐官吏绅民骇为未闻，故使取鉴东邻，略知官治与自治之性质，专制之国纯用官治而不用自治，举地方公益悉仰赖夫官吏之身。立宪之国则政府总揽大纲，其地方公益之事委诸绅民，使明晰国政以预储议院资格，府县者则兼官治、自治两方面而调和之者也。"③ 官治、自治治理方式之别源于专制、立宪政体之分，立宪政体下政府将地方公共事务治理授予地方绅民，政府调节官治与自治冲突。乡镇地方自治权限高于府厅州县，府厅州县自治是官治与自治的综合，地方自治

---

① 参见《北洋大臣袁世凯奏天津试办地方自治情形折》，《清末筹备立宪档案史料》，中华书局1979年版，第719—721页。
② 张千帆编：《宪法学》，法律出版社2004年版，第431页。
③ 《束鹿县令张凤台禀考察"自治"二字请示饬遵文附再禀并批》，《北洋公牍类纂》一，卷二，自治（二），预备立宪附，台北：文海出版社1990年版，总第154页。

带来富强,日本市町村制度可以移植到中国。

城镇乡地方自治章程将自治与官治的关系划分清楚:"自治者,与官治相对待而言也","自治之事渊源于国权,国权所许,而自治之基乃立。由是而自治规约,不得抵牾国家之法律,由是而自治事宜,不得抗违官府之监督,故自治者,乃与官治并行不悖之事,绝非离官治而孤行不顾之词",① 自治范围与官治范围由法律划定,不得相互越界,侵夺事权,自治要遵守法律,接受政府监督,"惟立宪国之所异者,彼于官治、自治之限域,郑重剖析,勒为法典,上下相信,守之不渝,民固不得奋私智以上渎,而官亦不得擅威福以下侵,用能互相系属,而龃龉不生,各守分限,而责任亦无所贷,于是乎特立地方自治之名,使与官治相倚相成,而自治与官治,乃有合则双美离则相伤之势矣",自治机关需受政府管辖,自治当与官治协调而不发生冲突,"地方自治专办地方公益事宜,辅佐官治为主,按照定章,由地方公选合格绅民,受地方官监督办理",② 划定自治与官治范围,明确界限,防止官绅互相侵越权限,官府监督自治,划分国家与社会关系,国家控制社会。自治职位由绅民选举产生,由代表国家行政权力的官僚授权绅民自治,监督自治事务和自治职员。地方自治机构须选得品行端正的贤达士绅治理公共事务,在督抚监督下选德才兼备之士绅,不可让悖谬营私之徒有害公益。自治并非独立于官治,不受官府管辖,自治是社会力量办理公共事宜,划定自治与官治的范围就是明确划定国家与社会界限,社会自治权接受国家控制。地方自治与国家主权的关系是自治权渊源于国家主权,政府代理国家授权绅民自治,监督自治事务和自治职员,地方自治地位的法理基础在于自治是在国家主权之下各地方绅民在国家法律之下自行治理本地公共事务,自治属于地方社会领域,接受国家权力的制约监督,与国家权力界限分明,

---

① 《宪政编查馆奏核议城镇乡地方自治章程并另拟选举章程折》,《清末筹备立宪档案史料》,沈云龙主编《近代中国史料丛刊续集》第 802 种,台北:文海出版社 1981 年版,第 725 页。

② 《宪政编查馆奏核议城镇乡地方自治章程并另拟选举章程折》,《清末筹备立宪档案史料》,沈云龙主编《近代中国史料丛刊续集》第 802 种,台北:文海出版社 1981 年版,第 725 页。

和国家良性互动，国家与社会保持距离而又相互制衡，共同治理好地方。地方自治机构要选得正绅贤达人士主持自治事务旧必须设计合理化大的选举程序，提升选民程度。

地方自治作为立宪政体的基础，清廷仿效日本，首先是由倡导和推行新政的稳健的改革派代表人物袁世凯在天津府的天津县试办，成功运转，各地模仿，成为清廷制定地方自治政策的经验基础，以之为范本，在全国范围内成立地方自治筹备局调查选民、筹划选举事宜，成立自治研究所训练自治人才，成立自治公所，选举产生自治机关，在府州县由议事会和参事会组成，参事会作为执行机构，负责人一般由知县等地方行政长官兼任，官僚行政机构和自治机构并行，在各自的事权范围内运行，自治事务主要是之前就由士绅在操办的教育、卫生、道路、农工商发展、慈善公共事业，是"补官治之不足"。官方和自治机构的关系是官方主导和监督自治机构，官督绅办，自治议案议决后要交给当地行政长官核准，议事会选举出董事会成员后交由督抚选任。在选民资格的包容度上设置了较高的门槛，个人品质和财产限制是主要条件，选民资格要求较高程度的教育文化水平，有旧功名或接受过新式教育，从事过公共事业，财产达富裕程度，入选者基本是比较有社会影响力的士绅、商人、留学生。政治参与主体主要是社会中上层。从自治机构和政府行政当局监督机构的关系来看，政府官僚机构对自治机构有监督和控制权。府厅州县长官对议事会和参事会有掌控权，决定议事会会议举行时间、开会、闭会、展会等事宜，长官兼任参事会会长，参事会议决必须长官到场，对议事会、参事会选举和议决有权撤销或交令复议，还可以绕过议事会、参事会将议案直接申请督抚批准执行。督抚监督议事会、参事会，查阅文牍、账目，削减预算，咨请民政部解散自治机构。府州县长官对城镇乡自治机构乡董、乡佐有任免权，对选出的参事会参事员有不予核准权，但是自治机构却缺乏对行政机关相应制约权，或制衡权太小。"和谘议局、资政院一样，地方自治组织实际上只是一个辅助机关或咨询机关而已。"① 到宪政编查馆颁布《府厅州县地方自治章程》之后，天津原来的自治机构议事会和董事会格局随之进行调整，一变为议事会、参事会，均为自治事务议决机关，执行机关变成同级府厅州县行政机构。

官治不足以有效治理地方公共事务，这是由郡县官僚制的结构和功能决定了的，府厅州县一长官配备几个幕友、长随、书吏，加上一些地位低下且没正式职任的奸猾胥吏，政府规模小，结构简单，角色缺乏专业技术。地方政府结构简单，功能单一，行政角色除县令等数官僚外尽是地位低下的胥吏，仅能维持社会秩序，无力承揽地方公益事业，"民生所需，经纬万端，国家设官董治，仅挈大纲，非独政体宜然，实亦势有不逮"，无法满足治理地方的基本需要，建立现代自治机关是大势所趋。民间士绅主持的水会、善堂、积谷、社仓、义仓、教育会、商会是谋划区域公共利益的社会组织，可以作为移植日本地方自治制度可资发掘利用的本土资源，可以弥补官治之不足。袁世凯在《奏天津试办地方自治情形折》中述论周秦乡遂、汉代三老啬夫乡官制至隋唐已废，郡县制一统天下，"以数百里之地寄诸牧令一人之身，遂使猾吏奸胥因缘舞弊，治道之蠹胥由于此"，文人士大夫出身的亲民官依靠当地衙门胥吏执行政令，借帝国权力以寻租，中饱私囊，鱼肉百姓，郡县制无法使地方公共事务得到良治。东洋日本、西洋欧美各立宪国的兴起均基于地方自治制度之设，中国要复兴，必实行地方自治制度，"非行地方自治无以补守令之阙失，通上下之悃忱"②。地方自治的优势在于当地人办理当地事，热爱乡土，利害攸关，易于选出素孚众望的贤达人士来带动众人主持办理地方事务，"故由官为谋之不如地方上自为谋之之周密"③。士绅控制地方公共事务，参与地方日常行政，正好借助地方自治将士绅权力合法化制度化，名正言顺，权责明确，事权划分明晰，在制度规范框架下治理好

---

① ［日］市古宙三：《政治及制度改革：1901—1911》，《剑桥中国史》第十一册，张玉法主译，台北：南天书局出版社1987年版，第448页。
② 参见《北洋大臣袁世凯奏天津试办地方自治情形折》，《清末筹备立宪档案史料》，中华书局1979年版，第720页。
③ 《天津议事会成立之日卢学使代督宪袁演说文》，《北洋公牍类纂》一，卷二，自治（二），台北：文海出版社1990年版，第120页。

地方公共事务。引进地方自治制度将帝国政治体系边缘的士绅纳入受官府监督的自治机构，调动士绅控制的资源来办理地方事务，发挥官治所无可企及的功能。

自治是立宪的基础，养成议员议事能力，培养公众参与管理公共事务的政治文化。天津议事会成立，卢提学使代替督宪袁世凯莅临演说，卢言天津自治试验知之难，行之亦难，自治先于其余畛域而兴，开创自治之模范，为全国之福祉，全社会公益，全人民福利。自治可养成议员资格，自治议员为立宪时刻议院议员资格养成之基础，养成公德心、爱国心、吸纳新政治见识。卢鼓励自治局人员说，创业难于守成，从事者当坚韧不拔，不怕旁观者指责。议员要知无不言，尽其义务，热情投入。"地方自治为立宪之基础，于是各省纷纷筹办自治……全国之自治成立而立宪之基础成已，此所以为中国前途贺也。且自治为立宪之基础一语已尽人言之矣，其所以为立宪之基础者何在乎？在乎养成议员之资格，盖立宪之重要问题在立议院，立议院必采两院制，则下议院之议员必由地方公选，今先试办地方自治之议会，一以使养成公德心，对于地方上事不视作旁观派，则渐起爱国心矣。一以练习政治上识见，盖我国人向以不预闻公事为高，故不入宦途者政治上智识有限，今以办理自治为练习地步，则将来开设议院不患乏才矣。盖自治行政与官治行政无一非为民生计也。故自治议会亦即为议院之先声也，由此言之，则议事会之关系如此，其大而皆于今日始之。"① 地方自治为立宪之基础，养成政治参与能力，关注公共事务，荡涤冷漠自私的臣民文化，培养公民积极参与公共事务管理的政治文化。

三 官权与绅权关系：官督绅办

移植日本市町村制到中国，使之与清朝本土资源相适应，建构地方自治制度，为地方精英参与政治创造制度化渠道，同时有利于政府控制士绅权势。在专制政体向立宪政体转型阶段，清政府还沿袭政治控制的

---

① 《天津议事会成立之日卢学使代督宪袁演说文》，《北洋公牍类纂》一，卷二，自治（二），台北：文海出版社1990年版，第120页。

传统惯性，实施地方自治的目的之一就是要将权势日益膨胀、羽翼丰满的士绅纳入自治机构，置于政府的监督控制之下，绅民在官府监督下治理地方公共事务，官督绅办。袁世凯奏请试办天津自治得到朝廷照准后即行在天津成立自治局作为筹划机关，按分科治事原则设科分职为法制、调查、文书、庶务四科，各科按职能分配权力和责任，各专其职，各负其责，随后设立自治研究所，派法政专门人才宣讲自治事宜，培训自治筹备人才，使人人明其法理，知其利益。天津试办自治是在督宪袁世凯的督导下启动的，官员监督或者亲自组建自治机关。袁世凯是总策划和总监督，自治局开办章程、自治草案、自治研究所、自治学社、期成会章程均须"随时详请督宪袁核夺"，① 自治议案在议事会通过后须提请总督批准后实施。开办天津自治研究所，知县担任监督员，规定监督员由"本县知县为之"，② 自治在直隶全省展开后设立自治预备会，地方官监督预备会运作，"本会由本厅州县地方官监督之"，③ 部分府厅州县直接由长官越俎代庖，直接操作自治机构的筹备过程，如肥乡县知县孙德成直接指挥自治机构筹备，赵州由州官兼任地方公议局议长，州判、吏目做议员，士绅为议董，基本上由州官一手包办。④ 赵州公议局由义务公所改组而来，设立义务公所，挑选士绅讲解国民义务，俾士绅担当义务，治理地方公共事务。⑤ 改义务局为公议局，州官严以盛兼任议长，官员、士绅、耆老共议地方应行应革之事。⑥ 赵州做法影响景州，景州牧严以盛提请督宪袁批示公议局试办简章，严说立宪当以组织县议会为基础，天津试办初成，各地宜据预备立宪上谕筹设。景州设公议局，官绅共议公共

---

① 《天津府自治局督理凌守福彭金检讨邦平禀定开办简章》，《北洋公牍类纂》第一卷，自治一，台北：文海出版社1990年版，第1页。
② 《天津县设立自治研究所规则》，《北洋公牍类纂》第一卷，自治一，台北：文海出版社1990年版，第14页。
③ 《直隶自治总局详拟定地方自治预备会简章文并批》，《北洋公牍类纂续编》卷二，自治，台北：文海出版社1990年版，第15页。
④ 参见《各省内务汇志·直隶》，《东方杂志》第四年第二期，第84页。
⑤ 参见《署赵州直隶州严牧以盛禀督宪设立义务公所拟陈办法文》，《北洋公牍类纂续编》卷二，自治，台北文海出版社1990年版。
⑥ 参见《署赵州直隶州严牧以盛禀督宪设地方公议局文》，《北洋公牍类纂续编》卷二，自治，台北：文海出版社1990年版。

事务，合办新政事业。合办数月，可作自治之基础。督宪袁批示以赵州办法办理景州公议局，准其照办。景州公议局以官民相亲，官绅共议公事为宗旨，景州牧为议长，著名绅商为副议长、议员。① 政府行政官衙对自治机构的监督显示在相互间文牍行文体例上，自治机构向官府衙门行文用"呈"，反之，官府对自治机构行文用"札"，从公文体例上表明官府是自治机构的上级。到了顺直谘议局成立后，议员上书宪政编查馆，争议公文体例，要求修改官府与自治机构之间的公文体例，废除"呈""札"文体，议员争议说旧制度下官署上下、平行各部署所用公文往来词汇已经不能适用于新制度，谘议局和督抚是相对待关系，谘议局作为议决机关可限制督抚权力，不是上下级关系，不适用"呈""札"等旧公文体例用语。行政机关上下级是等级关系，今新立谘议局、议事会是民意机关，与行政机关是对等的法人机构，不因议长私人权力、官阶大小而改变，谘议局议长代表谘议局与督抚处于对等关系。顺直谘议局据自治章程及政法学理向宪政编查馆交涉，提出废弃旧词汇的多种理由。② 自治与官治之间关系紧张。

四 自治与法治关系："自治制度皆以法律限制"

袁世凯在天津试办审判厅，推进司法现代性变革，法治观念渗透到地方自治过程中，认为"地方自治为我国创办之事，非先以预备不能实行"，③ 自治需要有章可循，要制定各类章程，依法自治，"实行自治，立法为先，公听并观，理无专断"④。建立自治期成会，召集士绅、学会、商会、官员等各界较有社会影响力的人物商讨自治草案，社会团体参与公决，达成共识，制定自治章程，作为选举议院组织自治机构的行动指

---

① 参见《景州牧严以盛禀创设地方公议局试办简章文并批》，《北洋公牍类纂续编》卷二，自治，台北：文海出版社1990年版。
② 参见《顺直谘议局上书宪政编查馆争议公文体例文》，《北洋公牍类纂续编》卷二，自治，预备立宪附，台北：文海出版社1990年版，第110页。
③ 参见《北洋大臣袁世凯奏天津试办地方自治情形折》，《清末筹备立宪档案史料》，中华书局1979年版，第720页。
④ 参见《北洋大臣袁世凯奏天津试办地方自治情形折》，《清末筹备立宪档案史料》，中华书局1979年版，第720页。

南。制定自治期成会简章、开办自治局简章、自治研究所章程、自治学社章程、天津试办自治公决草案、城乡自治章程实施细则、自治预备会简章。制定章程是筹办地方自治的关键环节,确立行动指南和行为规范,让地方自治有章可循,在这些规范性文件的指导和约束下开展活动,谋划地方公共事务。袁世凯在下属的呈文中多次批示将自治纳入法治轨道,依法自治。束鹿县令张凤台就地方自治含义及自治范围等问题两次禀报督宪袁,张令说实行自治,警务为自治事项的重要内容,然国人对自治的含义不解,对自治事更无智识,思想和行为存在诸多混乱,造成自治和官权的冲突,故须划定自治之名实边界。督宪袁批示要进一步解释自治含义,"言地方自治专指警务一端实属误会,西人谓十八世纪为警察国,十九世纪进而为法治国,自治亦为法治之一端",① 当张令再次禀陈督宪袁,说自治就是本地人办理本地事务时,袁批示曰:"自治制度皆以法律限制,所称'以本地人办本地事'尚是蒙头盖被之谈",② 自治必须置于法治之下。

地方自治需要在法治的规约下筹办,袁世凯仿照日本筹办地方自治的程序成立自治期成会,召集士绅、学界、商界等各团体酌商自治法律规范,制定《试办天津自治公决草案》,规定选民资格、选举程序、自治机构议事会、董事会组成及其职任权限与责任,第六章规定自治之监督,自治机关要接受知府、各司道、直至总督等行政官厅的监督,地方行政长官对自治事务有预算监督权,条例批准权,征收公款公产批准权,检查自治成绩,总督有权解散县议事会。③ 督宪袁世凯在草案上批示监督级次,对开办自治寄予指望:"此次开办期成会由该督理、局员、会员先后会议至十九次,发端详慎,当无遗意。惟第十七条'董事会之议决有越其权限或违背法令或妨碍地方公益者,会长、副会长得以合意说明理由'

---

① 参见《藩司增详束鹿令张禀请将自治二字声明更正文并批》,《北洋公牍类纂》第一卷,自治一,台北:文海出版社1990年版,第149页。
② 参见《束鹿县令张凤台禀考察自治二字请示饬遵再禀并批》,《北洋公牍类纂》第一卷,自治一,台北:文海出版社1990年版,第155页。
③ 《试办天津自治公决草案一百一十一条(督宪袁批附)》,《北洋公牍类纂》第一卷,自治一,台北:文海出版社1990年版,第85—97页。

等情，应将'副会长'删去，改为会长得说明理由，以免临时牵掣。第九十九条'县自治之监督官厅'一体应改为'县自治之监督官初级为本府知府，最高级为本省总督，其属于各司道主管之事务，各该司道亦得监督之'较为完密。筹设议事会及选举科等事宜仍照章由议事会随时修改呈夺，其未经修改之前不得稍有出入以昭大信。此次试办地方自治为从前未有之事，凡在官绅务必和衷共济一秉大公，以为全省模范。凛之，慎之。"① 袁世凯作为直隶最高长官，对董事会成员的权限规定做出调整，会长、副会长集体负责对议案之有违权限、法令、公益者说明理由之权责转归会长一人负责，这样由本县知府兼任的董事会会长就对议案的通过与否具有巨大影响力，认为议案越权、违法者可拒绝签署发布，提交议事会再议，若议事会多数决定仍执前议，则呈交总督裁决。本县知府作为县自治的初级监察官，兼任议事会的执行机关董事会会长，有权布置议事会开会，对议案有初次否决权，官府有权力对自治机构的日常运作实施控制，官厅对自治的监督是有制度保证的，这是官僚监督自治机关的第一个层级，自治事务类型属于各司道主管者接受该司道监督之，行省官僚机构监督县自治，最高级次的监督官为总督。

第五节　士绅在政府主导下参与试办天津地方自治

一　仿日本市町村制度创设天津地方自治制度

袁世凯认为地方自治是立宪政体的基础，是国家富强崛起的根源，"比者东西立宪诸国雄长大陆，稽其历史，则地方制度必先乎立宪而兴，德之建国发轫于州会，日本之维新造端于府县会，选举有定法，议决有定程，人以被选为荣，斯民德日崇，类能辅官治之所不及，比隆三代有自来矣"②。试办之初袁世凯选派士绅游历日本考察地方自治，之前选派士绅赴日考察学务，回国办新学，开新风气，今试办自治，人才不济，

---

①《试办天津自治公决草案一百一十一条（督宪袁批附）》，《北洋公牍类纂》第一卷，自治一，台北：文海出版社 1990 年版，第 97 页。

② 参见《北洋大臣袁世凯奏天津试办地方自治情形折》，《清末筹备立宪档案史料》，中华书局 1979 年版，第 720 页。

故需继续选派士绅前往日本考察地方自治，学习课程，被甄选者需有贡生或新式中学堂文凭，曾经办理公益事业者优先选派。先在天津作培训，选派成绩优异者赴日。①之后又筹款续派士绅游学日本考察地方自治，人数规模扩大、选派资格提高，回国仿日办理自治，令直隶各州县选派士绅到天津自治研究所按期训练，择优资送日本游学考察，要求研习学理，撰写日记以供国内借鉴。②直隶众多府厅州县长官上书督宪袁，禀陈立宪宜先行地方自治，而地方自治最宜仿行日本。袁世凯对直隶地方政治精英们的地方自治理念及其制度设计详加批示，回复有长达千言者。无极县令章绍洙向督宪袁禀陈仿行宪政各项事宜，言地方自治宜仿行日本，西洋强盛，有实力向外扩张，盖因民主政体已立，内力巩固，国势日雄。西洋政体演化既久方始成今日之制度，比较西洋各国政体，应时求变，以为日本最适合于中国，君主立宪与中国君主专制相近，立宪君主掌握立法、行政、司法大权。中国立宪宜早发立宪谕旨以统一国人意志，缓期逐步推行，筹备宜缓不宜急。日本市町村制与中国乡村差异大，中国预行立宪必须先实行地方自治。督宪袁在批示中希望章令提出自治纲要及其具体方法以供采择。③章绍洙转任密云县令后，禀陈督宪袁立宪事宜，言人民智识及程度不及本是缓行立宪之理由，然国势危殆，实不能待民智开通后方行立宪。谓立宪以自治为先，自治则以开官智开绅智为始。考求日本，计量新政所需自治人才、司法审判人才之数目，需要开办法政学堂培养官吏宪政知识、法律学理、行政方法，对学员严加考核，为新政储备人才。宪政必开议会，而议会运作需政党和舆论两个条件，故需结社组党以训练政治技能，创办报刊传播新知识。督宪袁甚为赞赏章令之立宪主张。④束鹿县令张凤台就自治事务范围、赴东瀛学习课

---

① 参见《选派士绅游历日本课程自治》，《北洋公牍类纂》第一卷，自治一，台北：文海出版社1990年版。

② 参见《筹款续派士绅游学日本》，《北洋公牍类纂》第一卷，自治一，台北：文海出版社1990年版。

③ 参见《无极县章令绍洙禀陈改行宪政各项事宜文并批》，《北洋公牍类纂》第一卷，自治一，台北：文海出版社1990年版。

④ 参见《密云县章令绍洙禀陈立宪事宜文并批》，《北洋公牍类纂》第一卷，自治一，台北：文海出版社1990年版，第137—144页。

程、回国学生工作安排、自治经费问题禀报督宪袁，袁详批曰自治筹办始于立宪谕旨，自治即仿日市町村制。①

督宪袁接受留日法政精英人才高振鋆等人参照日本市町村制设计中国地方自治的变革主张。留学日本法政学堂的高振鋆联名呈请督宪袁仿行日本地方自治，仿日设立参事会开民智谋公益，地方事委诸官吏，还需佐以士绅，日本事议论于议会，裁夺于天皇，议会之基础为地方自治。中国仿日地方自治现存制度，本土传统中周礼询于众庶之义可作源流。申言地方自治有其三大特质和四大利益，自治人才可举，困难在财政，可仿日征地方税补充之，不仰赖官府财政支持，实现财政自治，自治事务由绅民自办。高振鋆详细描述日本的市町村制度，尤其是对参事会制度着墨良多："地方自治在欧洲各国有名为都市者，有名为市府者，日本名之为参事会。……日本参事会其区域概属府县治所及商务殷繁之地，会员皆由本地选举……其经理事务分二项，一为行事部……一为议事部……行事者，执行其会中所定规则应办之事，如管理市中岁入岁出，预算决算及会计出纳事。岁入指家屋税，营业税以及附加税、夫役现品等而言；岁出指警察、卫生、教育、土木、慈善、劝业等而言，又依官厅命令兼为司法警察之补助，又办理由上官委任他项事务及诉讼和解等事，并监督各区长应行事务。盖一市划分数区，区各有长，亦由会中选任者。议事者，筹议阖市关于公益之事，设定市会规则，且得随时修改，认定预算决算报告，关于公益事件得以意见请求官厅，若官厅有所咨询亦得陈述意见；监察参事会事务之勤惰及收入支出之当否，此市参事会之大略情形也。在市参事会上又有府县会以为市参事会之监督，并监督其阖属之町村参事会，其会长为府县知事，又由内务大臣派选本地之高等官为会长，选名誉会员八员至十二员不等。町村参事会者合数町村为一会，其会员与办理事务大致与市参事会相同，惟就近归郡会监督。郡会亦略如府县会，因日本府县知事之下又有郡长，亦属地方官，郡会即由郡长为会长，选名誉职会员十数人，盖监督其所属町村参事会，并筹

---

① 参见《束鹿县令张凤台禀考察自治二字请示饬遵再禀并批》，《北洋公牍类纂》第一卷，自治一，台北：文海出版社1990年版，第155页。

议关于公益之事者",① 日本的市参事会分为议事部和行事部,议事会议决公益事务,行事部执行自治事务,接受议事部监督。议事部议决公益事务经请示官厅后交由执行部办理。市参事会和政府的关系是接受同级府县会的监督,府县会会长由同级知县兼任。市之下的町村参事会组成方式与市参事会相同,接受同级郡会监督,并接受上级府县会监督。各级参事会议员、参事员由选举产生。日本的市町村参事会是在官府监督下运行的,是政府监督下的社会自治。督宪袁批示言自治实有根本利益,地方自治规则参照外国,主要是采择日本之成规,参以本地习惯制定自治章程:"设立参事会以仿地方自治之意而破上下隔阂之习,所见良是,但投票公举资格及议事、行事规则,条例至繁,该员等研究有年,若能采取外国之成规,参以本地风俗习惯草拟章程以备核采,本部堂实所厚望",② 督宪袁接受主张,希望他们再加研究,将日本地方自治成规与直隶实情结合,外部制度参以本地政治文化,东西洋现代政治制度结合本土资源,推陈出新,创新出可资运转的新制度,对之寄予厚望。督宪袁在天津试办自治开始之际就饬令仿照日本市町村制度筹建天津县自治机关议事会和董事会,"地方自治事关紧要,饬从天津一县先行试办议事会、董事会,以备实行地方自治",③ 设议事会和董事会,议员由选举产生,知县兼任董事会会长,自治接受同级知县和督宪监督,对日本市町村参事会制度移植和改良。清廷颁布《府厅州县地方自治章程》规定自治机构议决机关为议事会、参事会,其中参事会是常设议决机关,执行机构改为同级政府官僚行政机构,由同级官府行政长官兼任参事会长,召集议事会,主导地方公共事务议决过程。自治机构接受同级官府和上级议事机关监督,与行政机构纠纷由上级议事机关调解,由谘议局公断,最终由督抚裁处。自治事务和官治事务存在比较明确的界限,自治事务

---

① 参见《留学法政人员高振鋆等呈请仿日行自治设立参事会禀并批》,《北洋公牍类纂》第一卷,自治一,台北:文海出版社1990年版,第158页。

② 参见《留学法政人员高振鋆等呈请仿日行自治设立参事会禀并批》,《北洋公牍类纂》第一卷,自治一,台北:文海出版社1990年版,第159页。

③ 参见《试办天津自治公决草案》,《北洋公牍类纂》第一卷,自治一,台北:文海出版社1990年版。

主要是地方公益事业。在《试办天津自治公决草案》中对议事会职务、权限方面规定议事会创办自治事务，接收地方入款，预算决算经费，管理公款公产，稽查董事会，协办警务。天津县议事会成立，督宪袁批示议事会权限分为筹办、协办、监督三类，筹办事由议事会议决，董事会执行。协办事与该主管部门协商，如有争议由督宪裁定。监察事向该主管部门质询，派员调查。[①] 筹办事项申详拟定，筹办事除前定教育、卫生、路桥、慈善救济、工商业管理营运等外加入四乡巡警、中学堂以下教育、宣讲所、男女小学堂。[②] 监察事项增加地方捐务、津埠工巡事务，督宪叙明权限，初步划分官治、自治事务范围，自治权限由督宪批准。[③] 高振鋆等留日学生向督宪袁介绍日本市町村制度时，说自治机构参事会分议事部和行事部，行事部管理岁入岁出、预算决算，协助官厅办理司法警务，具体包含教育、卫生、土木工程、社区慈善、农工商业管理经营，征收自治区域税收作自治经费，"行事者，执行其会中所定规则应办之事，如管理市中岁入岁出，预算决算及会计出纳事。岁入指家屋税，营业税以及附加税、夫役现品等而言；岁出指警察、卫生、教育、土木、慈善、劝业等而言，又依官厅命令兼为司法警察之补助，又办理由上官委任他项事务及诉讼和解等事，并监督各区长应行事务"[④]。督宪袁赞同，日本自治补助官治之不及，督宪袁以之作参考划分自治与官治范围。清末地方自治制度是对日本市町村制度的模仿，规定政府对自治机构有监督权力，实为官督绅办。

二 开办天津府自治局筹办自治

天津仿行日本，全国仿行天津。天津具有试办自治的社会经济条件，

---

① 参见《天津县议事会遵照督宪批议定筹办、协办、监察条例》，《北洋公牍类纂》第一卷，自治一，台北：文海出版社1990年版。

② 参见《天津县议事会详拟定筹办协议监察三项条例及他项规则文并批》，《北洋公牍类纂续编》第二卷，自治，台北：文海出版社1990年版。

③ 参见《天津县议事会申督宪叙明前拟筹办、协议、监察三项范围并原用条例二字原委并批》，《北洋公牍类纂续编》第二卷，自治，台北：文海出版社1990年版。

④ 《留学法政人员高振鋆等呈请仿日行自治设立参事会禀并批》，《北洋公牍类纂》第一卷，自治一，台北：文海出版社1990年版，第158页。

天津开埠通商后成为商业中心，发展成现代大都市，绅商成为地方精英，组成社会社团，参与社会公共事务，具备实行地方自治的社会基础。天津作为京城的门户，东西洋现代事业在此兴起，租界林立，辛丑国变之际列强在天津建立临时政府都统衙门管理天津公共事务，建立现代市政管理制度，设立法部、巡捕房、卫生局、公共工程局，带给天津现代性行政管理。袁世凯接管天津后继承都统衙门的管理模式，学习西方现代地方治理方法。清廷谕令预备立宪，地方自治作为立宪的基础，督宪袁率先在天津试办地方自治，开时代之先风。政治精英们在督宪袁的主导下从成立天津自治局筹办自治到天津县议事会成立全程参与。袁世凯与政治精英们商讨办理自治的程序与方法，地方政府在办理过程中居主导地位，地方士绅、报人、商人是主要的参政群体。袁世凯1906年在天津成立天津府自治局来具体筹划天津自治开创性试验，组织自治学社，宣讲自治法理，培养自治人才，按照分科治事的现代行政机构管理规则分设法制科、调查科、文书科、庶务科，分科恪尽职守办理自治事宜。委派天津知府凌福彭和留学日本早稻田大学法政学科归来的翰林院检讨金邦平会同筹办，制定开办简章。8月开设研究所，从天津府各属选派思想开明熟悉法政知识的士绅接受宣讲，俾使人人明白自治法理，知悉自治利益。为组织士绅有效学习，自治局组建自治学社，制定宣讲自治利益简章和研究所学员准则，传播自治思想，培养自治事务执行人才。针对不同受众群体采用不同的传播媒介宣讲，对士绅编印《法政官话报》，对普通民众则编印白话讲义，语言力求浅显通俗，在解释自治含义时说："自治二字怎样讲呢？就是把应办的事情自己去办，自治二字包含着两层意思：一则是不可你我推诿，人人皆得有自治的思想；一则不可有利己的私心。大家振刷精神，竭力办事，这就是自治二字的意思。要将这地方自治四个字合起来讲，就是每一个地方的人，结成团体，把那地方的事情，一样一样的分开。譬如学务是一种，工程是一种，农务是一种，商务是一种，水利是一种，赈抚是一种。人人有权参与，上下之情可通，各地事情分别办理，不至于所用的法子与地方事有不相宜的弊病，人人可以长学问添阅历，养成有用人才。有了这地方自治，国家的根本可以巩固"，① 用直隶俗话讲地方自治的要义，稍有识字者均可领会意涵。天津府自治局从各地挑选的士绅到自治研究所学习自治理论和实施方法，研习自治学理，以资实用，学期届满，依成绩分档次，载入官报，毕业后回乡创办自治学社。自治局是各属自治学社的总汇，各属自治学社报告和请求扶助，制定自治学社公约、通则等作为行动指南，筹划学社的成立和互助交流，各学社相互协作，审定章程，"以谋自治之合致及知识之交换为目的"②。鉴于自治人才缺乏，先要培训人才宣讲自治利益。制定通则作为各属自治学社章程之基础，规定学社发起人、章程编写要目、学报编写、学社成立和解散条件。督宪袁批示以通则作章程的基础，使自治持续不中辍。③ 杨士骧继任直督，作为袁世凯原来的幕僚，萧规曹随，批准《天津府自治学社章程》，章程秉承自治乃立宪基础之精神，以地方自治来训练国民自主管理公共事务的理念，养成公民资格，"本学社以研究自治学理造就公民资格为宗旨"，"养成人民普通选举资格为议会准备"，自治作为宪政之一端，提升国民程度，祛除冷漠自私屈从长上的臣民文化，养成现代国家建构所需的独立自主热心参与公共事务的公民文化。自治学社讲习之核心科目主要是现代法律、政治知识，如国法学（宪法学）、行政法、选举法、户籍法、地方行政制度、地方自治纲要、地方财政论、经济学、公民必读，包含立宪政体建构的基本知识和价值理念，还要求学员学习新近修订之法律，如商律、违警律、报律、交涉约章、自治局章程，熟悉本国传统律例，如《大清律例》《大清会典》《满汉通行刑律》《刑律》等。④

三 士绅在政府主导下参与议事会选举

成立议事会需先选举议员，举行选举需设立选举科执行选举程序，

---

① 《天津自治局文件录要三编》，天津社科院图书馆藏，第53—55页。
② 参见《发起自治学社公约并启》，《北洋公牍类纂》卷一，自治一，台北：文海出版社1990年版，第14页。
③ 参见《天津自治局拟定自治学社通则》，《北洋公牍类纂》卷一，自治一，台北：文海出版社1990年版。
④ 参见《各省教育汇志》，《东方杂志》第五年第六期，第128页。

天津自治局借用巡警分局办公地址设立总选举科，筹划选举议员组成议事会，下属各区及乡村设分科分理选举事务。总选举科职任是策划选举程序，制定规章，指导各属选举。按照地域大小分区设科，暂按巡警区划分选区，登记选民，确定选举资格，填写选票，公告选民。督宪袁批示各警局遵照执行，奋勉推动新政。① 要确定选民资格，调查本属经济、社会发展水平，为此自治局制定调查简章，规定由专业人员担任调查员，官府协助，事前培训调查员，熟知调查指标的含义和事项，不得偏私，要对户主所说内容保密，遇有障碍得求助于当地绅耆。所用川资报销，务必在调查期限内完成自治范围内的调查指标，调查侧重最切要者，在州县政府和当地绅耆协助下从天津府城内依次向外开展工作，摘要重要数据入表，争议者暂不入，某些指标可由商界、学界代为调查，间接收集。教育是造就国民资格之基础，学堂、学会、讲演所、书院、中学堂的地理分布和数量，留学归国者人数是社会思想观念进化指标。财政方面官方经理的财政和非官产是自治的财政条件。本地道路、桥梁、堤防、沟渠是本属的公用设施。推广项是农、工、商业、物产、社庙、宗教、交通、人事。密查项是娼、赌、土豪劣绅，附加项是军、警。② 将这些调查指标汇总，反映本属实行自治的社会经济基础，以此确定选民资格标准。投票者资格是年满二十五周岁的男性国民，识字程度是能写出名字，有正当职业和居住条件，必须是天津本地人或者居住五年以上，拥有两千元价值的财富。与之对照，那些有犯罪前科，吸食鸦片，心理异常、生疾病，破产不足信用，从事职业名声龌龊者将被取消选举权。衙门胥吏、长随、书吏、佛教、道教等宗教信徒没有投票资格，更无权利充当候选人。候选人必须有选民资格，还必须是新式学堂毕业生，或者其著作得到官方认可，具有知名度，拥有富裕财产，兴办过学堂或者公益事

---

① 参见《自治局借用巡警分局设立选举分课》《自治选举分课之地位》《自治局开办选举总分课文并批》，《北洋公牍类纂》卷一，自治一，台北：文海出版社1990年版。

② 参见《天津府自治局调查简章》，《北洋公牍类纂》卷一，自治一，台北：文海出版社1990年版。

业，曾出仕做官或者拥有官衔，获得科举功名者。① 这个选民资格标准是将东西洋标准与调查得知的天津情形结合制定的，西方是以选票换取税收，纳税是重要的选民资格，不纳税者无选举权，中国工商业不发达，税收主要是土地税，况且有功名者有免税特权。妇女在纲常伦理的压制下，没有同等的平等人格，没选举权。自治局以学术功名、财产税收、公益事业办理成绩、社会声望等为选民资格标准，正如《试办天津自治理由书》所言："我国税则不甚分明，纳税者多不列本人姓名，漫无可稽。且除田产货物外，别无他税。以文学劳力为学业者，亦无税可纳，反于有知识有学问之人反多遗漏，故不列此限制。"②

天津府自治局制定选举规则，规定选举总科、分科的职责，总科负责选举程序主要环节，公告日期、地址，印发选票，公布选举名册，主持选举程序，拟定初选名册，举行复选。分科设科员一人，村正、副辅佐之，分科科员负责召集村正、副说明情况，宣讲选举程序与方法。照料员负责分发选票，辅助执行，指导填注，收集。待审核表册，就公布选民表册，发放资格执照。分发的执照在选举日换取选票填写。③ 选举投票和计票的方式严格遵守规范，议事会选举议长、副议长，制定会议程序和发言、议决规则。为了保证选票的纯粹性真实性，自治局花了不少精力，要求参加投票者将填写个人信息的申请表格返交自治局选举科，表格上填写申请者资格信息，如姓名、年龄、本地地址、居所、职业、财产实力、办理公益成绩等，选举科从这些数据获取信息，制作符合资格的投票者和候选人名单向社会公布，选民名单用作选民识别。每一个选民均会收到一张执照，在选举日到投票点以之换取一张正式的空白选票作投票之用。那些填写文字模糊不清的，包含无候选资格者名字的，填写名字数量超过所需投票者数量的，给自己投票的选票将宣布无效。投票箱开放，选票当场公开点数。地方选举纠纷将提交给仲裁委员会裁

---

① 参见《试办天津自治公决草案》，《北洋公牍类纂》卷一，自治一，台北：文海出版社1990年版。

② 吴兴让：《试办天津自治理由书》，民国史料丛刊第143册，大象出版社2011年版。

③ 参见《试办天津县地方自治天津府自治局拟定选举规则》，《北洋公牍类纂》卷一，自治一，台北：文海出版社1990年版。

决，委员由自治局推选，直隶总督有最高裁决权。

在自治局的指导下，1907 年 3 月，八选区各科科员及辅佐人员着手调查选民资格，散发选民调查表愈 7 万份，收回 1.3 万多份，合格 1.2 万多份，颁发选举执照共计 1.2 万多张。选民人数少的可能原因是选民对此多有疑惑，疑调查为征兵加税，多不踊跃配合，或不了解选举新鲜事，不知如何操作。选举按照初选和复选两个步骤进行，初选规则要求选民凭选举执照到投票点换取选票，一人一票，每票填写中意候选人一人，投入票箱。1907 年 6 月，初选开始，6 月 16 日到 18 日三天为城内选区初选，投票者共计以 1300 多人，投票者比例很少，原因可能是选民不知如何投票，有的怀疑选票上已有候选人名字而不去投票，有的则怀疑选票上既然无候选者名字，无法投票，纯粹出于好奇而来投票点围观者不少。尽管之前宣传颇多，但是选民们依然不知选举为何物。自治局只好再度宣讲，张贴广告，晓谕选民选举之意义及投票之方法，动员选民参与，于是补投票者增加 400 余人。6 月 26 日到 28 日县属四乡投票，投票者逾 7000 人。城、乡共计投票者 8759 人，与颁发执照 12461 张相比，投票率达到百分之七十。投票既毕，按照选举规则，在河北学会处开箱唱票，当选票数 5997 张，未当选票 2339 张，废票 427 张，共计 8763 张，按照排名，选出初选当选人 135 名。请选民参观开箱唱票，参与者近两千人。① 选民对政府的信任度及对选举的知晓度不高，参与度低。初选选出 135 名代表，公布初选当选人名册、履历，进行候选人介绍，之后举行复选举，投票复选议员，议员素养资历与传统的公举绅董村正、副截然不同，候选标准具有现代民主特征。7 月 24 日，知照各初选当选士绅前往自治局指定的河北学会处以选举凭照换取选票，举行复选，督宪袁派提学使代其讲话，指导选举。由初选当选者 135 人以互选的方式投票，投票者 127 人，按照议事会议员定额每人选 30 人，投票数 3810 票，当选者获得票数从十几票到两百票不等，按排名选出 30 名议事会议员，选举告

---

① 参见《天津自治局详开办选举各情形文并批》，《北洋公牍类纂》卷一，自治一，台北：文海出版社 1990 年版。

成，呈报民政部。① 责备严，期望高，候选人要积极进取，热情投入，不可心灰意懒。② 经选民调查、登记、初选、复选民主程序选出三十名议员组成议事会，议员从一百三十五名初选议员中复选举产生，均来自地方精英。议员服务不支薪，为名誉职。至此，议事会筹备工作算是基本完成，自治筹划事件从提议设立乡官，成立自治局分课策划，宣讲自治利益，印发自治资料宣讲普及自治知识，设研究所召集士绅研习法理以后回乡创办自治学社，设自治期成会汇集官府、学界、商界社会多方协商达成自治章程，设选举总科分科调查选举人、候选人资格，投票选出议事会成员，选出议长主持议事会，选举程序各环节均参照立宪国选举规则和公例精心策划和认真执行。③ 杨士骧继任直督，承继袁世凯的新政思路续办自治，成立天津县董事会，建立地方自治机构，开创全国地方自治的先例，为全国地方自治提供制度渊源。

天津试办地方自治是"中国第一次创行"，吸收外来的民主选举观念和制度，扬弃传统公举绅董村正、副政俗，地方精英在天津地方政府主导下参与政治，思想和行动新陈代谢推动制度创新。公举绅董的本土传统在现代民主选举观念和程序引导下创造性转化为选举议事会议员的可资利用资源。地方自治议员选举与本土公举绅董村正、副相比较，"选举议员和公举绅董村正副等不同，绅董村正副等为办事而设，故必就老于阅历及门阀素著之人。议员为议事而设，故需择识见超卓熟悉情形之人，而阅历门阀转而其次。将来选举董事会会员时，即有从前公举绅董村正副之意，此时选举议员固不可拘泥于阅历门阀也"，"绅董村正副等名为公举，实则十余人举之可，三四人举之亦可，甚或自请充当亦无不可，故于地方上之感情甚薄。议员则由普通选举而来，虽此次投票者不甚踊跃，然被选者多则200余票，至少亦13票，则较诸向来之公举不过出于

---

① 参见《天津自治局禀报举办复选举情形及议员姓名并批》，《北洋公牍类纂》卷一，自治一，台北：文海出版社1990年版。

② 参见《天津自治局督理复选举报告书》，《北洋公牍类纂》卷一，自治一，台北：文海出版社1990年版。

③ 参见《自治局详报自开局起至议事会成立止一切情形，恳请据奏饬部立案文》，《北洋公牍类纂》卷一，自治一，台北：文海出版社1990年版。

数人意见者，孰公孰私亦可见矣"。① 传统公举绅董村正副多为当地宗族大家族和权势乡绅包揽，少数人附和即可，当选程序简单，一般是推举乡望卓著的地主、乡绅兼宗族耆老之人出来主持地方事务，结果是预定的，不具有民主性质。现代民主选举是有选民资格者按照法定程序投票，得多数票者当选，程序法定，结果不确定，按多数决原则决定结果。天津自治局筹划的议事会选举是民主选举，是借助地方自治观念与制度安排，将传统的公举制度转型为现代民选制度。地方政治变革方向是移植东西洋的地方自治思想和制度模式，士绅阶层商界学界地方精英跟上时代步伐者是政治参与主体，发掘本土资源，将立宪国地方自治制度与本土士绅名流公举传统结合进行制度创新。作为首次选举试验，是古典帝国向现代国家转型中采用民主制度的最初尝试，可算民主政治的先声。

四 制定自治机关议事规则

议事会成立，需要制定议事规则，划分议事会、董事会、政府相互权限与责任关系。自治局设立天津县地方自治期成会仿日地方自治制度规范来制定《天津县地方自治公决草案》，士绅、学界、商界等社会各方相关利益群体参与商议，化解分歧，达成共识。期成会由劝学所二十人，自治局十二人，商会十人构成，自治期成会的组成部分是多元的，运转程序是民主的。议案按照提议、讨论、决定的程序进行议决，采用多数决规则来议决议案，议决规则是拟稿人宣读，全体讨论，之后投票决定可否，议员间相互尊重发言权，议定之后再行宣读通过。② 议事规则类似立宪国议会三读立法程序，按此程序达成各方均认同自治公决草案。自治局制定详细的议事会会场规则、旁听规则和事务所规则，会场规则类似于西洋议会规则，对议案的提出、审查、宣读、讨论、发言时限等议事程序详加规定，以保证议事有序进行。旁听分为普通旁听、特别旁听，旁听者须会前告知议事会秘书，遵守旁听规则，保证会场秩序井然。事

---

① 《天津自治局详开办选举各情形文并批》，《北洋公牍类纂》卷一，自治一，台北：文海出版社1990年版，第21页。

② 参见《设立天津县自治期成会禀并批》《天津府自治局设立天津县自治期成会简章》，《北洋公牍类纂》卷一，自治一，台北：文海出版社1990年版，第3—4页。

务所规则对议长、副议长、书记、书记员职责,办事时间、办公经费、文件草拟、签署等事项详加规定。① 议事会依照规则每年举行为期三十天的年会,如果有必要,可以延期。根据议长的斟酌判断,或者府州县长官的要求,或者议事会三分之一成员的提议,可以延期会议十五天。会议向公众开放,但是应副议长、府州县官员或者十名议员的要求,会议可以暂时对公众封闭,秘密举行。地方官有权参加会议并对所有事项发表看法,但是他没有投票表决权,他的侍从人员无权进入议事会会场。议长和议员们在会议争论中表达的主张不被追究责任,会议期间,除非得到议事会的同意,议员免于逮捕。议员们要回避与其相关或他们的亲属相关的问题。议案需要出席会议的多数议员投票赞同才得以通过。除非某些特殊原因要求保密外,议会的讨论均向外公开发行。②

五　划定自治权限

议事会的权力是立法和议决,议事范围覆盖学堂、卫生、消防、巡警、公共工程,审议税收、预算。巡警由议事会和地方政府长官的联合控制。议事会可以向地方政府长官提出要求,议员提出议案,质询政府。天津县议事会遵照自治章程议定各项条例,就自治经费、公款公产作具体说明,解释章程,调解民事纠纷,代民申诉,议员要了解民隐,下情上达。议事会调处民事纠纷权与司法权迥异,在调处和判决之差异处要详加区分,文本用词均要求不同。③ 依照自治章程及宪台批示,议事会监察与政府经费相关的财政收支账目,监督政府财政收支,由董事会派专员依监察条例监督捐务局的财政收支账目。④

议事会是自治机构的议事机关,执行机关是董事会,董事会召集议

---

① 参见《天津县议事会遵照章程四十六条议定会场规则》《旁听卷规则》《事务所规则》,《北洋公牍类纂》卷一,自治一,台北:文海出版社1990年版。

② 《试办天津自治公决草案》,《北洋公牍类纂》卷一,自治一,台北:文海出版社1990年版。

③ 参见《天津县议事会遵照自治章程议定各项条例》《天津县详复核议事会条例文并批》,《北洋公牍类纂》卷一,自治一,台北:文海出版社1990年版。

④ 参见《天津县董事会禀督宪监察地方捐务事宜文》,《北洋公牍类纂续编》卷一,自治一,台北:文海出版社1990年版,总第77页。

事会和执行议事会的法令。议事会成立之后迟迟没有成立董事会，没有建立执行机关，社会舆论呼吁迅速筹组董事会，天津《大公报》发文说"中国改行宪政以地方自治为发端，而创行地方自治以天津为倡首"，呼吁及时成立董事会，"夫自治制必代议机关与行政机关两峰对峙，而其制乃成代议机关者何？议事会也。行政机关者何？董事会也。今只有一议事会而无董事会，虽有参议之公权而无执行之实力"。① 在社会舆论推动下在1908年7月初成立董事会，这离议事会成立将近一年，按照自治公决草案之规定，府州县长官担任董事会会长，这和日本的市町村制度安排相同，副会长和八个董事会成员通过选票从议事会议员中选举产生，他们领薪水，必须从议事会辞职以便专责为董事会服务。董事会成员任期两年，可再选连任，可任期四年。依照回避原则，五代之内直系血亲或姻亲关系者不得同期担任董事会职务。本地乡绅成员，或者在教育和公共事业方面做出杰出成就者，可以名誉会员的身份参加董事会，他们在辩论中有参与讨论的权利，但无权力参与表决。议事会与董事会一起组成自治机关，办理地方公共事务，以前瞩望官府办理的事务转移给自治机关，社会各界对之寄予厚望，很有舆论影响力的天津大公报如是写道："自今以后，天津地方政治之良否不能尽行责备于地方官矣。自今以后，天津地方绅民之政见可一一实行于董事会矣。盖既有议事会代表一县之意见，复有执行所议之事项，彼地方官虽可于官治之范围内从事监察，而绝不能于自治范围过于干涉"，② 社会舆论希望用地方自治制度来改革地方政府权力结构，划分官治与自治权限，议决权在议事会，执行权在董事会，议事会监督董事会，监督政府财政收支预算决算。建构由地方社会精英势力组成的立法机关来监督地方政府行政机关。官治、自治权限划分既明，自治机构独立办理自治范围内地方社会公共事务，"举凡天津一县之教育、实业、工程、水利、救恤、消防、卫生、市场、警察费等事皆根据于本章程28条，董事会得依议事会之议决一一担任执行。今日董事会既经成立，则以上诸事地方上应行创设者概不依赖地方

---

① 《天津宜速设董事会以完全自治机关说》，《大公报》1907年11月17日。
② 《祝董事会之前途》，《大公报》1908年7月13日。

官，其应行改良之处亦不能责成地方官。非特不能倚重地方官也，恐向之依赖地方官，责成地方官者，自今以后皆不能不依赖董事会、责成董事会矣"，① 舆论期待自治机构独立治理地方公共事务，原先官治范围内的地方事务转移给自治机构办理，地方政府权力部分转移给自治机构，社会组织制约国家。董事会的权力是执行议事会法令，按照议事会的法令募集资金，预算税入、支出，任用会计和秘书。董事会有权力评论议事会的相关法令，要求议事会重新考虑其任何决议，还可以申诉到谘议局，直到督宪，请求裁决争议。地方官也有这种权力制约议事会。董事会参照法令准备当年的预算并提交府州县议事会议决，提交年度财政收支报告连同年度财政支出决算和会计报表供议事会检查和审计。按照具体项目分配的资金可以不提交审查，每月对董事会会长、副会长的收支平衡进行财政会计核查，被发现的短欠和违规之处将由具体负责的经手人来填补，如总数超出一百元则按利息赔偿。债务未偿清者，其继任者要承担前任责任。②

议事会、董事会之间权限范围需要划清，责权明确。议事会、董事会成立，一俟事务繁杂，权限扩张就会造成权限不清，责任混乱，两会权限应依照《自治章程》第16条划分："各国地方自治均分设议决机关与执行机关，自治团体一切事宜均应由议决机关议决后始能执行。但外部一切行动应由执行机关为之，议决机关不能干预。现在天津县试办自治，仿照各国通例，参以天津地方情形，分设议事、董事两会，信属法良意美"，采用东西洋立宪国地方自治之通例来划定天津议事会、董事会的权限，"以防运行过程中权限扞格不一，妨碍自治，议事会立于监督董事会之地位，将来难保无彼此各执己见之处，若现在不早为照章将权限划清，设将来议事会议决之事董事会不以为然"，为此，将议事会、董事会权限明确划分，议事会权限为："议定条例禀请督宪批准事；申述意见事；质问事；代人民申述困苦事；协议事；按照章程条例存案报告事及

---

① 《祝董事会之前途》，《大公报》1908 年 7 月 13 日。
② 《试办天津自治公决草案》，《北洋公牍类纂》卷一，自治一，台北：文海出版社 1990 年版。

其他按照章程应由议事会行文事"。董事会事权是"议事会议决交办事；董事会应行管理或监督事；地方官以国费委办事；对于其他自治团体商办事；代表自治团体为诉讼事；其他遵照章程条例应由董事会行文事"。①

划分自治机关与之前新政期间创设的公共事业办理机构权限，协调财权、事权冲突。自治范围教育与学部定章规定之劝学所权限范围有重合之处，教育为要政，要教育日有进步无所妨碍就需划清自治机关与劝学所之事权范围。采取办法是协商共办，两不推诿，也不抵牾。将官立、公立、私立各男女小学堂及经费来源、事权划分明确，自治机关发挥筹设、协议、监督功能，与劝学所协商办理教育，监督款项预算。议事会议决后交董事会，由董事会转交劝学所，协同其执行。官立、公立、私立男女小学堂统归劝学所办理，办学公款由董事会管理，以公款补给劝学所及公、私立小学堂经费。②

六　天津地方自治产生示范效应

从天津地方自治的初始筹办效应来看，地方自治是立宪的基础，传播民主观念，学会民主选举规则，训练国民民主行为，正如议事会成立当日督宪袁的代表卢姓提学使所言："独天津之地方自治奉旨试办实在预备立宪诏旨之前，今果先各省而成立"，"即为全省之模范，逐渐推广定更顺利，故为全省贺。天津既可为直隶全省之模范，亦各省所急欲仿办者，是亦即全国自治之模范也。全国之自治成，而立宪之基础成矣，此所以为中国前途贺也"。③ 直隶总督府当局公开承诺要将地方自治制度从直隶扩张到全国。将天津地方自治办成全国效仿的范例，为立宪政体奠定基础。天津为全国提供地方自治的制度渊源，宪政编查馆根据天津试办地方自治经验拟定《城镇乡地方自治章程》《府州县地方自治章程》，

---

① 《天津县议事会移董事会划分两会权限文》，《北洋公牍类纂续编》卷一，自治一，台北：文海出版社1990年版，第5页。

② 参见《天津议事会申学台划清董两会与劝学所权限办法文》，《北洋公牍类纂续编》卷一，自治一，台北：文海出版社1990年版，第75—76页。

③ 《天津县议事会成立之日卢学使代为督宪演说文》，《北洋公牍类纂》卷一，自治一，台北：文海出版社1990年版，第24页。

其筹备策划、办理程序、自治章程、组织机构、议事规则成为范例在全国推行。天津自治章程是一个被很多别的地方模仿的范本，朝廷谕令广东、江苏等经济文化较为发达的地方当局引进同样的制度。各地跟随天津，采取措施执行朝廷的命令。之后朝廷谕令预备立宪先行地方自治，计划所有省份一致行动，同步推进，每个省制定一个自治章程，通过代议制议会制度治理地方社会公共事务，经过一段时间达到自治目标，整个国家将在立宪政体的基础上组织起来，制定法令规章，公共政策的决定、公用设施的控制、公共利益的保护都会得以实现。在理性期待的范围内，通过自治培养公共精神，公众学会管理公共事务。① 天津试办地方自治是对地方政府进行结构变革和功能调适的最初尝试，将主持地方公共事务的地方精英录用地方自治机构之中，依照自治章程法规参与办理地方公益事业，官府的监督功能和自治机关的自主办事功能明晰划分，实现士绅参与地方政治的制度化。自治机构将政府和地方精英连接起来，自治机构成为地方精英的参政渠道。自治章程规定政府行政管理和自治机构事权范围分立，自治不干预官治范围，自治机构限制约束地方政府权力。

第六节　建构直隶地方自治制度

　　政府政治控制和士绅政治参与趋向平衡推动直隶全省地方自治制度建构。地方政治精英在政府主导下参与筹划自治，政府掌握政治控制主动性，士绅有序参与。直隶在官府督导下办理地方自治，开办直隶地方自治局统筹策划，培训自治人才，筹备选举事宜，绅商为主体的自治团体参与筹办自治。天津试办地方自治是引进日本市町村地方自治思想和制度的创举，自 1906 年督宪袁世凯委派凌福彭、金邦平留洋知识精英精英开办天津府自治局，翌年建立自治机关议事会，第三年建立董事会，自治机关与政府形成立法与行政互相制衡的现代政治权力结构。天津议

---

　　① O. F. Wisner, "The Experiment in Constitutional Government in China", *North American Review*, p. 737.

事会成立，督宪袁世凯饬令各府州县仿效天津创设自治机关，三年一律办成，鼓励士绅商民参与筹办自治。

一 成立地方公义局清理积弊

直隶全省筹办地方自治同样走在全国前列，未待清政府颁布地方自治章程，直隶已经未雨绸缪，得风气之先的赵州直隶州州牧严以盛创办地方公议局，设立义务公所，严以盛调任景州牧成立地方公议局，局所名称借鉴自天津租界和都统衙门市政管理局所，援引天津试办地方自治经验而成。署赵州直隶州牧时禀告督宪袁设立义务公所，挑选士绅讲解国民义务，俾士绅担当义务，参与治理地方公共事务，拟订赵州义务公所办法大纲十条，旨在裁汰保甲制，取消衙门胥吏，以义务公所取代之，选举区董，设置村正，裁汰约正，选举村正取代保正征收粮税，免去杂差，废除陋规，禁用书吏，保正地产、钱粮、中饱归义务公所用于办学办巡警。对学校、警局经费进行预算，按月核发。兴办实业，设工艺局，购买机器，将本地生产棉花纺织成纱布，成立农学会、商学会。设立公议局议决公共事务，官绅合办，以谋公共利益为宗旨，选举颇孚乡望的公正士绅、官员、耆老共议地方应兴应革之事。议事规则是先由提议者陈述理由，经讨论后依多数赞同为定，多数决符合议会议事规则，公议局为自治张本。严牧调离，恩惠接办义务公所，向督宪袁禀明设立义务公所改良乡村积弊的设想，并据实情再加斟酌，对纲要变通执行。督宪袁逐项批复，以为可行，化私为公，筹集经费，公议公事，改良旧政积弊，办理新政。实行新政化除积弊，增加民众福利而不加重负担。① 工商业未苗壮，农业仍是支柱，筹集经费来源于农业。严牧以盛调到景州，拟在景州成立地方公议局续办自治事务，在简章中说立宪当以组织县议会为基础，天津试办自治初成，各地宜据立宪谕旨筹设。景州官绅共议公共事务，合办新政事业，运转数月，以官民相亲，议谋公事为宗旨，

---

① 参见《署赵州直隶州严牧以盛禀督宪设立义务公所拟陈办法文》《署赵州直隶州严牧以盛禀督宪设地方公议局文》《赵州恩牧禀接办义务公所情形文并批》，《北洋公牍类纂》卷一，自治一，台北：文海出版社1990年版，第20—22页。

以州牧长官为议长，副议长、议员由士绅推选产生。公议局推选区董、村正取代原来的保正里正。公议局是自治议事会，办理政府交议事件和士绅提议事件，开议程序是提议者陈述，官与绅一起讨论，但议公事，不涉及私事、词讼。督宪袁批示以赵州办法办理景州事务，准其照办。①

二　普及自治知识

天津自治局自治研究所训练学员遍及天津府各属，学员回各属县创办自治学社，宣讲地方自治法理。天津县之外州县也自发试办地方自治，"迁安、临渝、景州、盐山等四州县亦已筹设自治学社，而天津县属之咸水沽并由周君景昌等等筹款试办，均经禀明直督及自治局批准立案"②。天津自治局制定自治学社公约、通则、章程规章，继任直督杨士骧饬令直隶各府厅州县一律遵照办理，以天津为中心辐射至全省。在天津成立直隶地方自治局，与上年奉朝廷谕旨成立的谘议局筹办处同处办公，督办人员部分重合，按察使何彦升、道员祁颂威加入自治局，原天津府地方自治局督理翰林院检讨金邦平正好丁忧在津，被任命督理直隶地方自治局，"兼理自治一应筹办事宜"，制定《自治学社通行章程》，饬令各府厅州县一律试办，到年底成立自治学社五十余处遍及全省。③ 光绪三十四年（1908）底宪政编查馆基于天津试办地方自治经验颁定《城镇乡自治章程》，宣统元年（1909）底颁布《府厅州县自治章程》，翌年三月颁布《自治研究所章程》，至此直隶依照宪政编查馆设计的地方自治制度与全国同步推进地方自治。直隶自治局按照《自治研究所章程》改组自治学社为自治研究所，持续培养自治人才，宣讲自治利益，普及自治知识，先开官绅智识后再启发民智。宣统元年三月宪政编查馆奏请核覆自治研究所章程，内称立宪国地方自治制度划分为由市府自治而自然发生的地方自治和由国家立宪而渐次推行的地方自治，前者人民本有自治能力，后者需要人民恪尽自治之义务而徐为倡导，渐次培养自治能力，中国地

---

① 参见《景州牧严以盛禀创设地方公议局试办简章文并批》，《北洋公牍类纂》卷一，自治一，台北：文海出版社1990年版，第25页。
② 《教育·各省教育会志》，《东方杂志》第四年第11期，第291页。
③ 《直隶总督杨士骧奏遵章筹办地方自治折》，《大公报》宣统元年闰二月二十一日。

方自治本为从日本引进,"皆本朝廷预备立宪而生",宜在政府主导下绅商参与推行。地方自治渊源于国家主权,与政府官治相对待,人民缺乏自治知识,需要普及,故办理自治研究所需从省城逐步扩展至各府厅州县,逐次创设,选送士绅学员先行学习,再由学员向大众宣讲。先在省城创办自治研究所,遴选通晓法政知识者充任讲员,令各府厅州县选送学术优良、品行端正之士绅赴省城学习,以八月为期,届满毕业回各府厅州县创办自治研究所,担任师资讲授自治知识。除在省自治局办自治研究所外,还鼓励士绅照章自主设立,由各所公举通晓法政品学优裕之士绅担任所长,报请自治局核准备案。自治研究所讲授科目紧紧围绕立宪、自治之需要开设,包括宪法纲要、法学通论、法律法规、谘议局章程、城镇乡自治章程及选举章程、府厅州县自治章程。省城自治研究所学员由各府厅州县每属至少选送两名,以俾满足师资需求,各府厅州县自治研究所学员由各城镇乡选送,力求每选区均有学员,学员需有选民资格,讲解要通俗易懂,讲义编成白话,适时刊布,推广宣传,以资向人民普及自治基本常识和操作办法。① 直督杨士骧遵照朝廷谕旨饬令各府厅州县将各自治学社改组为自治研究所,其组织结构、选派学员办法、学习科目等一律遵章更革,严饬各属速办,从冲繁之地到偏僻城镇乡区,一应筹办。宣统元年(1909)将尽之际,共有一百二十余府厅州县选派士绅学员赴省会天津自治研究所学习,培训学员千余人,毕业合格学员各回属县。饬令其余尚未选送学员远赴天津自治研究所学习之后进州县速选合格学员到直隶自治总局附设在天津的自治研究所学习,经费由自治局拨付,各府厅州县经费由公款拨付,学员川资由地方政府筹给。直隶自治研究所及各府厅州县提供师资薪水,学员川资及其部分杂费,"讲员薪水及派费,讲义印刷费、各所杂费共七千四百余元,均由自治总局于附设自治研究所经费内筹给,至学员规定路费三元,饭费每月三元均由各属于地方公款中拨付",② 自治研究所费用由财政支出。全省各属均

---

① 《宪政编查馆奏核覆自治研究所章程折(附清单)》,《东方杂志》第六年第五期,1909年3月。

② 《本埠讲习所办法》,《大公报》1911年10月15日。

需再派学员赴直隶自治总局研究所学习,各属至少三名,毕业学员回到各府厅州县创办自治研究所,宣统元年(1909)六月共建自治研究所七十九所,年底达到九十九所。尚未筹设自治研究所的府厅州县除朝阳、承德两府由热河都统督催办理外,其余饬令于宣统三年二月一律办齐。① 到宣统二年(1910)十一月,"各府厅州县陆续开办自治研究所,实具有府厅州县之规模",自治研究所增至一百二十八处,学员三千四百余名,同时创设旨在筹设各府厅州县及其城镇乡自治机构的自治预备会八十一处。②

直隶司道藩司、臬司深受督宪袁欲开民智需先开绅智观念的影响,在本属法政学堂内开设士绅学习班,"欲地方自治必官民一心始,欲官民一心必先自官绅一心始,必官绅之先自治而后渴望地方之自治",③ 官绅作为推动地方自治主体力量,先要提升官绅创立立宪政体所必需的法律与政治知识,再向民众传播自治知识。晋州牧韩树梅呈报督宪袁说查预备立宪以来成绩不著,立宪要立本浚源方可绩效显著,要定公费、开官智、清财政、裁冗员、考勤惰,培养审判人才。立宪要开通民智,今则要先开通官智,实现官、绅、民共同参与治理,故官员必须有基本的宪政知识。道府以下官员,司法者要学法律,行政者要学政治,进入法政学校训练候补者和在职者都必须具备法律政治知识。④

直隶新政以来,陆续选派士绅东渡日本学习法政和实业,官费和自费支助留学均较具规模,留日学生是新政人才的主力,试办地方自治以来,直隶续派士绅留学日本,主要学习法政,考察日本市町村制,研习自治知识。派遣留学,放洋考察立宪国以为立宪、自治之资,此乃督宪袁一贯之新政思想,新政以来力主派游学,秘为策划五大臣出洋考察,

---

① 《直隶总督陈夔龙奏第三届筹备宪政情形折》,《清末筹备立宪档案史料》,中华书局1979年版,第809页。
② 《宪政编查馆大臣奕劻等奏报各省筹办宪政情形折》,《清末筹备立宪档案史料》,中华书局1979年版,第797页。
③ 《署直隶藩司毛劝告本署法政学堂绅班文》,《北洋公牍类纂》卷三,吏治一,台北:文海出版社1990年版,第32页。
④ 参见《署晋州牧韩树梅条陈宪政事宜文并批》,《北洋公牍类纂续编》卷一,自治一,台北:文海出版社1990年版。

倾力支持派士绅留学日本，每年耗巨资十万元在所不惜。试办自治之前，1905年即选派官绅赴日学习法政，办理司法、学校、实业，回国后带动新政风气，新知识引导新行为，成为新政人才之中坚。天津府自治局成立，自治人才之匮乏，于是续派官绅再赴东瀛，令每府厅州县选派三人先到天津府自治局入预科班学习，届期四月，择优一人游学日本，余则二人回各属开办自治学社，先行讲习。选派士绅赴日考察学务，回国办新学堂，传新知识，开新风气，今预备自治，人才缺乏，需续派士绅前去日本考察自治，在选派资格，选修课程，经费筹集方面均提高标准，被选者需要有贡生或新式中学堂文凭，或办理公益较有成效者优先选派。① 为消除以往用自费留学生或留日归国者充斥派遣名额，冒领费用，在日本不学无术荒废时日等弊病，特制定《筹备公款续派绅士游学日本考察地方自治办法》，对学员严加管理，规定学员必须专心学习自治，不准从驻日使节委托日本法政大学专为清朝设立的地方自治班中转学其他专业，学习方式采取课堂讲授与实地考察相结合，研习学理，学习异邦经验，由护送者监督，详记考察见闻日记，严加考核，成绩合格者，方可毕业。②

三　官府主导绅商组织团体推进地方自治

预备立宪支持绅商团体民间结社，政府建立自治局作为统筹策划指挥机构，支持各地官、绅合作建立自治研究所、自治学社、自治期成会、自治预备会等自治团体，动员官府、士绅、商人等各方力量推动自治。受天津试办自治成功案例激励，督宪袁饬令直隶各府厅州县仿天津，三年全部办成，于是各属未待朝廷谕令下达就在各属自发组建自治团体筹办自治。宣统元年（1909）六月共建自治研究所七十九所，年底达到九

---

① 参见《选派士绅游历日本考察自治》，《北洋公牍类纂》卷一，自治一，台北：文海出版社1990年版。
② 参见《筹款续派绅士游学日本》，《北洋公牍类纂》，卷一，自治一，台北：文海出版社1990年版。

十九所。① 到宣统二年（1910）十一月，"各府厅州县陆续开办自治研究所，实具有府厅州县之规模"，增至一百二十八处，自治预备会多达八十一处。② 官绅合办的自治团体和绅商独立筹组的自治团体、社会团体动员社会力量推动地方自治。官办自治团体是筹办自治事宜的主导力量，士绅、商人组织团体参与地方自治办理。天津试办地方自治初见成效后，自治局成员名绅严凤阁领衔士绅多人联名上书督宪袁，劝勉袁世凯率先推进直隶全省地方自治，不必待天津试办自治成功后再行全省推广，而应当不分地域，不分人民程度，全省同步推行地方自治，使各地相互促进，相得益彰，既然立宪诏书下达，全省均可办理，此为官办之自治而非人民程度上升后自发的自治，不必分先后。自治可开民智，提高人民程度，要以推行自治来夯实立宪的基础，详述理由四端："圣训煌煌，以地方自治为立宪之要，则是普天率土共戴皇仁，近隶邦畿尤宜一视此宜于全省同办者，一也；进来各省于地方自治渐次设局开办，如广东、奉天等省皆合全省举行，民气为之一振，夫广东奉天试办自治系在直隶自治局开办之后，彼方以我省为标准，我直隶反不能全省举办，他府县士民之望治者兴嗟后我或阻其进取之思，此宜于全省举办者二也；地方自治全恃人民程度为之自治，而以官办本属预备而非实行，夫所谓预备者亦何分此地宜先，彼地宜后，即如现在已办之事，所有讲求法制，调查民习，编发书报，招员研究等均属地方普通要务，同时并及各付则用力减少而观感增多。若从一府按此递推反觉有形骸之隔疆域之分，于程度上未能合致矣，此宜于全省同办者三也；或者谓天津风气早开，其人民程度较他处为高，宜先从天津试办起，再及他府，不知现在所谓办法重在督促，一面故以研究及宣传为入手方针，倘于程度高者先之程度低者，反置之是，程度低者反无企及之一日，甚失一视同仁之意，此宜于全省

---

① 《直隶总督陈夔龙奏第三届筹备宪政情形折》，《清末筹备立宪档案史料》，中华书局1979年版，第809页。

② 《宪政编查馆大臣奕劻等奏报各省筹办宪政情形折》，《清末筹备立宪档案史料》，中华书局1979年版，第797页。

同办者四也",① 严绅凤阁还就自治局权限应分为议事权限、执行权限、对内权限、对外权限、经费筹集、常任职薪俸、自治学社等问题提出建议向督宪袁禀报,望督宪袁赞同。袁世凯对此持稳健之态度,认为不可操切,欲速则不达。② 各属地方政府设立自治宣讲所,自治研究会、自治学社、义务公所、地方公议局、时政研究馆等自治团体,编印白话资料,举行演讲会,购买报刊,向地方绅民传播自治知识。鉴于试办天津地方自治时成立期成会的经验,成立预备会来筹组上、下级自治机构,在城镇乡也增设自治研究所。天津县议事会成立后为培养自治施行人才而设立自治预备会、自治研究所,清廷颁布城镇乡、府厅州县自治章程后,天津县议事会据此修改以前自治机构名称,设自治委员组成预备会筹备城镇乡自治机关,由县议事会议定城镇乡议事会、董事会办事规则。直隶为新政首善之区,但知自治之名且能付诸实践者少,宜需成立研究所,广植人才。③ 天津县为筹办下级地方自治成立预备会,分派预备会管理人员按程序组织选举,划分选区,调查公款公产,公布确定选举人,组织投票计票,由当选者组成议事会,限期成立城镇乡自治机构,④ 还就办理自治研究所各要件如自治研究所名称、宗旨、组成人员、地址、学员选拔资格、课程设置、课时、费用、考核标准等订立各项规则。⑤ 天津县是商埠港口,精英汇聚,社团林立,具备自治条件,其余府厅州县条件相对较差,而城镇乡则更落后蔽塞,宣讲传播的受众是文化程度低的居民,需因人制宜方可见效,各地相互学习模仿,井陉县开创的白话报宣传形式得到各州县推广,肥乡县成立宣讲所,在赶集时对居民宣讲自治知识,

---

① 《严绅凤阁等禀请改办直隶全省自治详文并批》,《北洋公牍类纂》卷一,自治一,台北:文海出版社1990年版,第165页。
② 参见《严绅凤阁等禀请改办直隶全省自治详文并批》,《北洋公牍类纂》卷一,自治一,台北:文海出版社1990年版,第164—165页。
③ 《天津县议事会移天津县核议担任预备会事宜及研究所办法文》,《北洋公牍类纂续编》卷二,自治一,台北:文海出版社1990年版。
④ 《天津县议事会担任预备会事宜办理期限规则》,《北洋公牍类纂续编》卷二,自治一,台北:文海出版社1990年版。
⑤ 《天津县设立自治研究所规则》,《北洋公牍类纂续编》卷二,自治一,台北:文海出版社1990年版。

得到县令支持，令按照各巡警区推广，摘录报刊改编成白话散发传播。①昌平州牧史廷华设立自治研究所及息讼公所，认为自治需立学堂，办警务，宣讲自治学理。在圣谕堂开办自治研究会，召集绅董、学董等集会演讲，汇集意见以资采择推行。虑及昌平民情刁蛮好讼，宜于警务局内设立息讼公会以调解纠纷。② 沙河县拟就警务局设立民事裁判所以为自治基础，酌改本国民情旧俗，逐步仿照西洋、日本设立警察，办理审判，采用现代审判组织、审判程序、审判技术，废除旧式野蛮主观武断残酷的审判模式。民、刑二分，根据现代东西洋审判规则制定六条具体裁判规则、诉讼规则、巡兵（法警）规则，废除陋规，不准收取规费，诉讼费用固定，全交本局，办事人员不得私索，否则严惩。督宪袁按照司法独立的原则批示曰警察、审判本该二分，但目前初办，可暂于警务局设置民事审判所，条件成熟再分开办事。③ 赵州直隶州、景州设立地方公议局、义务公所，长官主导，召集当地士绅、商贾公议事务，办理教育、治安、实业，作为地方自治的预备机构。永平府在郡会设立自治研究会，献县成立自治学社，由长官召集士绅、商董讨论地方公共事务。束鹿县创建的研究时政馆则不局限在自治范围，对农工商等新政事务均有管理，购置多种报刊以便阅读求知。督宪袁批示曰："学校教育不如社会教育之普及，欲改良社会，非改良教育不为功，天津设立宣讲所即是此意。该县设立研究时政馆，轮班讲解，用意深厚，至堪嘉奖，应即改名宣讲所以归一律。"④ 庆云县起先设立亲民局，待无极县令章绍洙转任庆云县令，随即将亲民局改为自治局（后定名为自治公所），召集绅董，订立章程，办理巡警、学堂、实业，得到督宪袁的赞赏，批示曰："拟设亲民局并试

---

① 参见《内务·各省内务汇志》，《东方杂志》第四年第六期，第295页。
② 参见《昌平州史牧廷华禀专设自治研究会及息讼公所文并批》，《北洋公牍类纂》卷二，自治一，台北：文海出版社1990年版。
③ 参见《沙河县拟就警务局设立民事裁判所以为地方自治基础禀并批》，《北洋公牍类纂》卷二，自治一，台北：文海出版社1990年版。
④ 参见《束鹿县创设研究时政馆禀并批》，《北洋公牍类纂》卷三，吏治一，台北：文海出版社1990年版，第16页。

办章程，均悉官绅协商要政，即古人徇及万民之意，亦各国地方自治之基。"①

1908年5月，督宪杨士骧奉谕旨将直隶自治总局作为筹办直隶全省地方自治的总策划机关，先后制定地方自治预备会简章、详细拟定府厅州县自治研究所办理章程、城镇乡地方自治章程及其施行细则、自治研究社简章公决草案、自治研究社会讲所章程、自治学社通行章程、城镇乡自治研究所简章等自治法规，使得自治团体的组织和运行有章可循。督宪杨士骧札饬设立城镇乡自治研究所，推动下层地方自治，据宪政编查馆相关文件拟定城镇乡自治研究所章程，对名称、宗旨、组织、学额、课程、经费等事项具体规定，饬令县议事会负责筹设城镇乡自治机构，议决后交由董事会执行。②

督宪那桐主政时主持拟定自治预备会简章并饬令各属成立预备会，认为自治为宪政之根本，宪台孜孜图治，推动自治，直隶辽阔，自治事务繁复万端，非先行预备不足以收效，故需在各属成立预备会筹组之。共拟预备会简章十六条，规定名称由来、设置规模、承办单位及与官府的关系、财政来源、议决的多数决原则等事项，那桐批示费用由地方官酌量妥议拨付。③ 直隶自治总局拟定的府厅州县自治研究所详细章程规定地方官为监督者，研究所所长按资格投票公举后由地方官请自治总局札派，学员按章程公选后呈请地方官核定，由地方官率同自治局考核之。④ 地方自治作为预备立宪事宜筹办清单规定内容，宜早不宜迟，早办可培养国民自治能力。立宪预备期缩短至宣统五年（1913），自治需加速筹办，按照宪政编查馆编订的筹办期限和考察科的标准，谘议局作为法定的自治筹办机构，恐届期未能成立自治机构，要求限期办理自治，由直隶自

---

① 参见《庆云县拟设亲民局禀并批》，《北洋公牍类纂》卷三，吏治一，台北：文海出版社1990年版，第17页。

② 参见《天津县议事会移天津县组织城镇乡自治研究所文附简章》，《北洋公牍类纂续编》卷二，自治一，台北：文海出版社1990年版。

③ 参见《直隶自治总局详拟定地方自治预备会简章文并批》，《北洋公牍类纂续编》卷二，自治一，台北：文海出版社1990年版。

④ 参见《直隶自治总局详拟定府厅州县自治研究所详细章程》，《北洋公牍类纂续编》卷二，自治一，台北：文海出版社1990年版。

治总局责成各属组织自治学社实施选民调查，做好选举准备工作，派遣熟悉地方自治能主持自治事务的法政专业人才赴各地监督指导执行。①

四 政府支持绅民组织参与筹办自治

绅商团体组织自治研究社传播自治法理动员绅民参与公共事务治理。地方政府长官响应朝廷的立宪、自治谕令及督宪们的饬令组织自治团体，官府主导，绅商参与。民间社会士绅、商人自发创办自治团体研习自治学理，参与筹办地方自治。自治研究社是由民间绅商自办，是社会自组织的一个典型案例，自行订立结社组团规则，其简章公决草案称前次为天津县自治设自治研究所以养成自治人才，今为预备直隶各地方自治事宜而设立自治研究社分布于各地，研究自治法理，练习自治人才。组织结构由社长一人，事务员四人，评议员十人以上，庶务一人，社员若干组成，其事务范围是训练自治人才，刊印收集杂志以传播自治知识，会员资格是品行端正，入会需要介绍人，担任职务，恪尽义务，参加议决和执行。② 谘议局筹办处会同自治局复核研究社会讲所情形，赞同成立自治研究社及各属自治学社，政府支持士绅、商人结社组团，官绅合力倡办自治，研习学理，扩大天津府自治局为直隶地方自治总局，在其内设立会讲处，将关系庞杂、名称各异的各自治研究社统一为自治学社，设立直隶自治学社会讲所讨论法理，对自治学社地址、组织、事务员、评议员、讲员等事项详加规定，成员互推总事务员，其主要事务是沟通各学社。刊行杂志，传播自治知识。每年举行年会一次，由总事务员兼议长主持。章程经总督批示后刊印发布。③ 天津府自治局拟定自治学社通则，呈宪台鉴核批准，饬令各州县遵行，学社以研究自治学理，造就公民资格为宗旨，学社要有固定处所、发起人、代表人，地方官作为其监

---

① 参见《顺直谘议局议决期限速办地方自治并派专员催办文》，《北洋公牍类纂续编》卷二，自治一，台北：文海出版社1990年版。
② 参见《直隶地方自治研究社简章公决草案》，《北洋公牍类纂续编》卷二，自治一，台北：文海出版社1990年版。
③ 参见《谘议局筹办处会同自治局详复核议研究社会讲所情形文附章程并批》，《北洋公牍类纂续编》卷二，自治一，台北：文海出版社1990年版。

督，延聘讲员讲授国法学、经济学、行政法、时政论（自编讲义）、公民必读、选举法、户籍法等课程，社员需由绅董公举方可入社，社员要从自身做起改良旧习，参与讲学论事力求普及事理。督宪杨士骧批示饬令直隶各府厅州县通行，地方官监督自治学社，自治学社通过地方官向自治总局呈报情形，地方官支持自治，事关直隶全局事务者由督宪批准方可生效和执行。① 民间自发成立的自治组织在政府的支持和监督下参与办理地方自治，士绅为主体的政治参与处于政府的政治控制之下，社会和国家的良性互动，共治自治事务。各府厅州县士绅商贾明白自治符合他们的利益，抓住立宪自治机会，自发组建团体筹办参与自治。较具代表性性的有宁晋县士绅王文泉借助劝学所的办公条件设立公益会，组织绅民研习自治知识。清苑县士绅朱廷桢等人仿天津模式成立自治期成会，办理调查和选举事宜。士绅韩德铭等在保定借关帝庙公产为办公地址建立自治协会。② 宁河县士绅李循，平谷县士绅王锡纶等建立自治学社，天津自治研究所毕业学员郑文选等在天津初等商业学堂建立自治学社，自治局对于士绅自发筹组自治团体均主动支持，提供开办便利条件。③

五 立宪团体推动地方自治

现代化促进社会结构分化，社团林立，成员横切分割，集聚社会力量，推动立宪运动与地方自治。与立宪紧密关联的社团如宪友会、宪政研究会、宪政协会、宪政公会、帝国宪政实进会等均以促进立宪为目的，其组织结构科层化，行为规则民主化，经费来源独立化，会员均为时代精英人物，横跨数个领域，形成横切分割。精英人物们直接采用东西洋社团组织方式来结社组团，不是旧时代的行会，也不类似会党组织，而是政党组织雏形，宪友会由民主投票选出正、副干事若干人，集会呼吁朝廷速开国会，开党禁，1910年发出《北京同志会公启》，内中有云："当今资政院开院期间，拟上书陈请开释党禁昭示天下，宏政党之先声，

---

① 参见《天津府自治局详遵改自治学社通行章程文并批》，《北洋公牍类纂续编》卷二，自治一，台北：文海出版社1990年版。
② 参见《本埠·组织协会》，《大公报》1910年6月28日。
③《教育·各省教育汇志》，《东方杂志》第五年第六期，第120—130页。

广贤能之登进，朝局一新，则庶几举国耳目易视改听，宪政进行为效尤捷。"① 宪政公会顺天分会成员是谘议局或者资政院成员，要求会员从事社会公益事业，办理地方自治。直隶的农工商业类社团和社会政治改良类社团推动新政和自治，改良社会习俗，天足会要求妇女放足，戒赌，戒毒。社会自发组织推动立宪、自治，形成政治现代性变革的社会基础条件。

六 建构基层地方自治机关

地方精英士绅商贾筹组自治团体在政府主导下参与创办地方自治机构。建构地方自治机构，形成立宪政体的地方政治权力结构和地方公共事务治理结构。建构城镇乡地方自治机构是从清苑县城开始的，"惟城镇乡自治系属创举，必须择要试办，以为先导。查清苑县为省会首善之区，已饬令组织城议事会、董事会，为各属模范，以利推行而期普及"，② 宣统二年（1910）三月清苑县城议事会、董事会成立。天津县具有试办地方自治的前期经验，宣统二年九月成立县城议事会，翌年（1911）二月成立董事会，不久又成立杨柳青镇议事会、董事会。至宣统三年（1911），共计成立城议事会、董事会三十处，镇议事会、董事会六处，乡议事会、乡董事会一百六十四处。③

建构府州县地方自治机构也是从清苑县开始的，天津县自治机构根据《府厅州县自治章程》改组为议事会、参事会，功能调整为议决公共事务，执行机构改为县政府。时至宣统二年十二月底，冀州、元氏、博野、赵州、永年、完县、安肃、良乡、宁晋、满城、涿县、祁州、高邑等十三州县成立县议事会与参事会。大兴、宛平两县在宣统三年五月成立自治机构。到宣统三年六月，"续经设立议、参事会者，外府首县为天津等五处，冲繁厅州县为通州等六十七处，偏僻厅州县为永清等四十九处"，至此，直隶一百五十个府厅州县中总共有近一百四十个建立了自治

---

① 《来函》，《大公报》1910 年 11 月 23 日。
② 《直隶总督陈夔龙奏第三届筹备宪政情形折》，《清末筹备立宪档案史料》，中华书局1979 年版，第 809 页。
③ 《直隶总督陈夔龙奏胪陈第六届筹备宪政情形折》，《大公报》宣统三年八月十七日。

机构。① 府州县、城镇乡自治机构组建起来，城镇乡议事会作为议事机关，董事会是执行机关，府州县议事会、参事会是议事机关，政府是行政机关，执行议事会的决议，士绅商贾地方精英通过地方自治机关参与地方政治，表达绅民利益诉求，议决地方公共事务后交给政府执行，制约政府权力，政府监督自治机关，自治机关发挥议会功能，建构议会—政府相互制约的地方政治权力结构。绅商士庶通过制度化的政治参与渠道地方自治机关表达社会各界利益诉求和政治变革主张，参与公共事务治理，政府监督控制地方自治机构，形成政治参与和政治控制的互相制约关系，建构地方议会立法机关与政府行政机关相互制约的地方政治权力结构。

第七节　初步建构天津议会—政府互相制衡式地方政治权力结构

政府政治控制加强与地方精英自治权扩张之间紧张与平衡形成政府行政权与议会立法权相互制衡的现代性地方政治权力结构，政府官员、社会绅商士庶多元治理主体参与地方公共事务治理，促进良善治理。

一　政府监督控制自治机关

天津试办地方自治初期官治主导自治，官督绅办，"委任员绅，不假手胥吏"，建构基层自治机关议事会、参事会、董事会，"议事会议决，董事会执行"，自治机构与政府相对独立。待宪政编查馆制定城镇乡、府州县自治章程，谕令全国推行地方自治，政府加强对自治机构的监督与统合，府州县自治机构的功能调整为议事机构，执行权和议事会召集权转交政府，政府控制加强。社会精英政治参与意识增强，绅商坚持划分自治与官治界限，维护和扩张自治权，于是官治和自治发生冲突，不断抵牾摩擦。民初政体变革带来自治与官治权限调整，政治参与力量增加，

---

① 参见《宪政编查馆奏遵限考核京外各衙门第三年第二届筹备宪政成绩折》《直隶总督陈夔龙奏胪陈第六届筹备宪政情形折》，《大公报》宣统三年五月二十八日、八月十七日。

立法与行政权力均增加，官权总量相对扩张更大，自治机构权力被限制在议事范围。

由民政部主管地方自治筹办事务，朝廷谕令民政部与地方官先行筹办城镇乡自治，坚持官督绅办政策，"使知地方自治乃辅官治之所不及，仍统于官治之内，非离官治而独立……选举自治职员责在州县，选择州县责在督抚，官绅皆得其人，方能有实效无流弊"，① 自治职由官府择正绅担任，控制自治机构议员选举。1909年宪政编查馆颁布的《新订城镇乡地方自治章程》规定"地方自治以专办地方公益事宜辅佐官治为主，按照定章由地方公选合格绅民受地方官监督办理"，② 限定自治权限的方式是绅民在地方官监督下办理地方公益事宜，议事会议决事项要呈请地方官核查批准后方可交由董事会执行，"议事会议决事件由议长、副议长呈报该管地方官查核后移交城镇董事会或乡董按章执行"③。士绅参与议事会、董事会议员选举后要经由地方官呈报督抚批准才获得任用，"总董由城镇选举后由该管地方官申请督抚遴选任用，由地方官核准再行任用"④。自治财政经费来源由官方财政补助改为由地方公款公产、本地公益捐及按自治规约科罚金三类组成，接收公益捐还要经政府审核，"创办公益捐由议事会拟具章程呈请地方官核准遵行，嗣后如有应行变更废止之处亦由议事会条议呈请地方官核准"⑤。在选举权和选举程序上，按照绅民纳正税和公益捐多寡将选民资格分为甲乙两等级，富裕的绅商比抱持"学而优则仕"生涯进路旧理念的寒士拥有更多被选举机会，宪政编查馆解释说："选举人不分等级，尤易使刁生劣监挟平民冒滥充选，不利于地方兴利防弊，不致使有人望文生训，误解以为自治不受管辖，既使国家丧失驭民之柄，又使无识官吏谈虎变色。"财富的政治影响力超过科举功名身份，排斥人数众多的寒士参与自治机关有利于官府对社会实

---

① 《宪政编查馆核议民政部奏城镇乡地方治并拟选举章程咨各部院各街将军督抚统咨照文》，《大公报》1909年2月22日。
② 《新订城镇乡地方治章程》，《大公报》1909年1月29日。
③ 《新订城镇乡地方治章程》续，《大公报》1909年1月30日。
④ 《新订城镇乡地方治章程》续，《大公报》1909年1月31日。
⑤ 《新订城镇乡地方治章程》续，《大公报》1909年2月1日。

施政治控制，防止寒士动员组织大众冲击政治体系。在选举程序上谘议局议员选举是复选，将自治职复选改为单选，简单多数通过，"谘议局议员选举用复选制度，现在自治职员选举立用单选制度，繁简各殊"，① 单选程序易于控制。

在府厅州县自治层级，之前试办章程赋予自治机关独立的议事和执行权力，"议事会议决事项交董事会办理"，赋予自治机关质询政府的权力，"议事会对于地方官所办之事得上书质问，地方官应解答之"，新章程消减自治机关的执行权和质询权。1910 年宪政编查馆复核颁布民政部拟定的《府厅州县地方自治章程》，将规模较大、经费较多的自治事务交给府厅州县上级自治机关办理。增加政府监督权限，将自治规则制定权交由地方官拟定后呈请督抚或咨请民政部同意即可施行，不再由自治机关提议和议决。议事会、参事会召集权交由府州县长官，乡董、乡佐由府州县长官委任，议事会与参事会均改为议事机构，将参事会执行权转交政府，地方官兼任参事会会长，还增加地方官对自治职的处罚权和自治权限合法性裁决权，可对自治职员罚薪撤差，撤销议决事项。

二 自治机关扩张绅商参政权

地方精英维持和扩充法定自治权限。在府厅州县普遍设立的地方自治机构成为地方精英参与政治的准地方议会，改变地方政治权力结构，地方公共事务需经自治机构议决后再交由地方政府去执行，自治机构监督政府财政预算，监督议决事项的实施，监督官员的行政行为。地方精英通过自治机构参与管理地方公共事务，改变地方政治权力结构优化地方公共事务治理主体结构。政府通过将地方精英置于自治机构中来控制士绅、商人等新兴社会势力，国家权力渗透到地方社会之中，实现国家权力的扩张。士绅政治参与意识增强，坚持"地方人用地方钱办地方事"自治理念，利用社会影响力及社会资源抗衡政府，自治与官治发生抵牾，时报评述说："政府举办新政不能不稍稍假手于人民，于是官民争权冲突

---

① 《宪政编查馆奏核议城镇乡地方自治章程并努拟选举章程折》，《清末筹备立宪档案史料》，中华书局 1979 年版，第 724 页。

之事时有所闻，官借口于人民之程度不足不欲假以事权，民亦借口于朝廷提倡自治予人民以自治之权利，两者相持不下"，① 官府政治控制与绅民政治参与扩张自治权之间形成紧张关系。

绅商士庶将自治机关作为府州县代议机关表达民意。天津县议事会、董事会成立后作为相对独立的地方精英参政议政自治机关，是地方政治权力结构的一个单元，与社会各界及政府部门密切关联，自治机关作为代议机关的功能是上达民隐，民情上达而君惠下逮，上下一心，君民一体，为此要按议会立法议事程序规则表达民意，议决议案，促进公共利益，推动社会改良。议事会行使协办、质询、监察权，还负责管理地方公款公产，收取公产租金、差徭、捐税、杂税，自治权从修建道路桥梁、协办学堂、疏浚沟渠、整洁市容、维护治安延伸到整顿财政、革新金融、协办军需，涵盖社会、经济、政治领域，超越当初所谓"补官治之不及"的范围。本属居民可通过说帖形式投递议事会表达利益诉求，向议事会申诉民生疾苦，议事会要尽到民隐上达的功能，自治章程条例规定"议事会得代人民申述其困苦不能上达之事于地方官"，议事会"代人民申述困苦如须在公堂审判，本会得举代表人到审判处所观审"，② 监督法庭审判过程，保护国民权利。自治机构被授权调处民事纠纷，协助审判厅解决较小民事冲突，减少审判厅的审判负担，但是已经成讼的概不调处，不干预司法独立，"民事上之争议如已经成讼，无论曾否判结，本会概不调处"。调处方法是"调处之前，两造须各具愿书声明情愿由本会公议遵议了结，不另兴讼。如本会开议多次，不能议决者即行停议，调处之后，应将事由及决议移送审判厅存案备查"。③ 未成讼者先行调解，在上诉前平息争端。议事会通过议案形式或其他方式调解民事纠纷的数量占议案总数十分之一以上。④ 天津民众以说帖的形式投递到议事会，反映城市规

---

① 《议事会之责任》，《大公报》1908年4月30日。
② 参见《天津县议事会遵照自治章程议定各项条例》，《北洋公牍类纂》卷一，自治一，台北：文海出版社1990年版，第26页。
③ 《天津县议事会遵照自治章程议定各项条例》，《北洋公牍类纂》卷一，自治一，台北：文海出版社1990年版，第26页。
④ 参见《关于天津地方自治之文件》，《大公报》1910年5月10—12日。

划、街道建设、商业税收调整问题，议事会将之归类整理，提交司、道官员直至督宪。天津商民认为印花税应予减免，缓解税负，促进商业发展，议事会将此议案禀告督宪端方曰："印花税为国家要政，绅民等绝不敢违抗。我国之捐税较各国为少，议员等亦非不知，但我国正当贫弱之时，而津埠自庚子以后，又亏累万分，若再征此税，民力更难负担"，①端方饬令劝业道官员和商会协商以纾商困，减免印花税提案得以通过。议事会积极参与天津市政建设，代表民意在城市规划和建设方面集思广益，促使政策决策合理化，提高效益，趋利避害，典型案例是津浦铁路建设，议事会在与商会、铁路购地局的总办孙观察一同勘察地形之后，认为车站地址选在赵家场比选在南开更合理，理由是相比之下赵家场地势高广、地价合宜、拆迁房屋少，南来货物行销内地，有天津市场便于囤积，便于转输销运河西，南开则存在很多不利因素。议事会将此提议送达津浦路总局督办和帮办，提议得到采纳。② 议事会促进经济发展和市政建设资源优化配置。议事会主动改良社会风化，维护社会道德，典型案例是士绅王嘉善以说帖形式申告议事会，要求禁止缠足，议事会接受提议，发文"广申厉禁，严定罚章，责成各家长婉言规诫，庶使女界中闻风知改，积弊自除"，③之后逐步兴起妇女放足。议事会协助济良所解放妓女，帮助从良，保护妓女，防止逼良为娼，凌虐妓女，为妓女提供初浅的文化识字教育，学习家政，学习纺织等技术，培养生存技能。济良所是之前议长李士铭以"保全清白拯济良善"为宗旨创办的，"凡津郡租界内外南北各妓女以及教演女戏或诱拐贩卖来历不明或年至二十五岁而领家勒掯不令从良，或非理凌虐查有实证者，均禀明巡警总局拿究，一经审实，即将该女送所教养择配，俾期化贱为良"④。议事会成立后有议员提议将济良所转交董事会办理，议案虽未通过，但议事会要求整顿，做到名副其实，济良所因之获得改进。⑤

---

① 《记天津议事会请缓行印花税》，《东方杂志》第六年第十一期，第384页。
② 参见《查勘车站路线报告》，《申报》1909年7月11日。
③ 参见《关于天津地方自治之文件》，《大公报》1909年11月30日。
④ 《天津济良所酌拟试办章程》，《大公报》1906年7月21日。
⑤ 《本埠·议事会纪事》，《大公报》1910年6月8日。

质询监督政府。议员认为自治机关是与政府相对等的民意机构，对政府有质询权，要监督政府，依据《试办天津县地方自治章程》规定"议事会对于地方官所办之事，得上书质询，地方官应解答之"赋予议事会质询权。1909年4月，议事会将十多位当地士绅说贴所反映的天津城东南官沟失修事发函质询工程卫生局，要求修浚。① 1909年春天于明庄贫困村民求助发给籽种，议事会将村民名册及亩数清单提交县赈抚局。② 1909年9月津马家口近十数绅民联名向议事会投帖说庚子事变后法国人强占马家口一带房地已逾十年未撤，议事会将其上达直隶总督。1910年1月白塘口范从周、高振基等数十村正村副向议事会请求免除因海河工程局毁坏青苗而受损的村民一年地租并照价赔偿，议事会代村民向海河工程局及直隶筹办地方自治总局交涉。③ 1910年1月，天津县议事会副议长刘孟扬针对天津南段警察总局编制从"一总办一提调"改为"总办加会办和帮办、另有坐办三员"一事由议事会递函质询，认为冗员冗薪徒加重财政负担而于新政无益，要求纠正。④ 1910年5月，一商人向天津县议事会申诉说天津城石桥胡同的庆德押当铺多收其利息铜元九枚，为此议事会、董事会知照县知事，县知事以处罚该当铺九十铜元回应，事后议事会认为处罚过轻，有违巡警章程，还致函质询县知事。⑤ 自治团体行使自治章程赋予的"监察筹办协议"权力，1910年5月，天津县议事会认为天津电车公司未经议事会议定就在天津城东南隅改修电道有违章程而致函津海关道、直隶总督："本会对于地方上有监察筹办协议三种特权，此次电车公司违章动工应罚事何以官家不交本会协议，擅作主张视本会如弁髦，置奏章于不顾，似宜上书质问并重申前约，以后凡于地方无论事之兴革，官家必须按照奏定监察筹办协议三项交本会议决"，⑥ 津海关道和南段巡警总局对公司罚款二百元银洋移作自治经费。天津县董事会

---

① 参见《移丁程局卫生局文》，《大公报》1909年4月13日。
② 《函于明庄等八村村文》，《大公报》1909年4月8日。
③ 《申直求筹办地方自治总局文》，《大公报》1910年1月31日。
④ 《事欠公允》，《大公报》1910年5月14日。
⑤ 参见《刘孟扬为南段巡警总局事上议事会说帖》，《大公报》1910年1月2日。
⑥ 《议事会纪事》，《大公报》1910年5月24日。

1910年5月上书总督杨士骧伸张对地方的捐务和津郊工巡事务的监察权，杨士骧以为然，批准将工程局年度出入款项、资产、收租财务报表抄送董事会核查。①

为建立自治财政与政府竞争税源。自治机构办理地方公益事务需要财政经费，划分自治财政和政府财政收入来源就成为双方关系紧张的一个焦点。新章程规定城镇乡自治经费来源于地方公款公产、公益捐及按照自治规约所科的罚金，府州县自治经费是公款公产、地方税、公费和因重要事故临时募集的公债。这种财政收入划分引发诸多冲突，之前一些新政办理机构如劝学所已经在使用地方公款公产，政府税收和自治税收发生冲突。典型案例是天津县牙税争夺，1909年天津县议事会会长赵晋三为办理学校向总督端方提出接管地方牙税，督宪端方饬令交由藩司核议，②府道官员回应说需待国家税、地方税章程厘定颁行后再行商议，自治经费暂由天津知府督令县令和议事会筹集，③知县胡商彝同意议事会可分享一到二成牙税。④议事会不满足，援引前朝谕旨及前任总督杨士骧奏章作为接收牙税的合法依据，还行使财政监察权，要求天津知县公布杂税六万四千多元，声称官治补贴不够自治学务之用，坚持接收牙税："虽藩宪已经鉴及议事会需款甚迫，令与县尊会议补助之法，然补助云者必自治拨定之款，微有不足方请官府补助，而此则全持此款以举办各事恐补助些许未必能敷支用，况此项实为自治应有之款，何妨即交董事会接管动用，顺直各属民生凋敝早在，列宪洞鉴之中，并蒙宪台奏闻若此项杂税仍由胥吏征收，议事会只求有筹办自治学务之款，置减免于不顾则小不能自养，恐教育亦无所施，又何用此自治为也"，⑤议事会坚持要将牙税交由董事会支用，自治财政税收与政府财政收入发生竞争，"县尊与该会暗潮极大，业已稍有冲突"⑥。自治机构为此上书督宪陈夔龙，督

---

① 《移工程局》，《大公报》1910年5月7日。
② 《再请核覆》，《大公报》1910年3月17日。
③ 《牙税难接》，《大公报》1910年5月22日。
④ 《新政待款》，《大公报》1910年5月10日。
⑤ 《天津县议事会公布文件》，《大公报》1910年6月1日。
⑥ 《牙税难接》，《大公报》1910年5月22日。

宪批示说办理自治学务确实需要经费，但外官也需公费办公，交由布政司核议，① 议员认为这是官场惯用支吾故技，心生愤懑说："官家多设词支吾，迁延蹉跎半年之久，此次督宪又批交藩司核议详夺，倘藩宪仍不议许，则延误宪政之咎自应本会承受，东西洋立宪国之官吏有此狡狯手段乎，官家于应办事节节严催，动以延误宪政恫吓本会，接收地方牙税一事则毫不放弃，不但儿戏本会且亦儿戏宪政"，② 指责政府不转让牙税作自治经费是延误立宪大业。议事会利用社会资本争取接收牙税，到京拜谒津籍高官，由都察院转请督宪陈夔龙饬令天津府让议事会优先于外县支用牙税，副议长胡家祺谒见藩宪凌福彭，请其从中斡旋，"简晃识字学塾和地方自治研究所和禁烟劝学都是政府宪政清单上议事会应办理之事，无款可筹不得不接收地方牙税以资成立，为了不延误宪政，接收牙税势难缓行"，③ 以筹办立宪作说辞来竞争牙税。1910年10月，议长赵晋三乘随同直隶国会请愿团晋京之机攀缘津籍朝廷军机大臣徐世昌，请其向直督进一言。④ 然而，自治机构与官府并不能在税收支用上达成共识，天津知县梁锡章与议员胡家祺、杨希曾等士绅协商未果即单方面知照议事会说："城镇乡会务必按期成立，所需经费官款奇绌，万难支付，准由地方筹款，倘因筹款致起风潮，官家不负其责，至于地方税将来由度支部划分时，不但城镇乡会不能分润，恐厅州县亦无所得"，⑤ 政府不惟不转让牙税作自治经费，还担心议事会自行筹款引发抗捐风潮。牙税接收未成，议事会提出整顿衙门胥吏收受的中饱陋规作自治经费，"与其搜括民间致起风潮，不如清厘州县之中饱陋规以为正当"⑥。

维护绅商利益。议事会表达绅民利益诉求，在官府和商人冲突中维护商人利益，典型案例是天津盐务风潮，天津城议事会部分议员就是盐商，天津城议事会议员为维护盐商利益与盐政司、府县官、直督、盐务

---

① 《督院批为接管杂税事》，《大公报》1910年6月3日。
② 《力争牙税》，《大公报》1910年10月7日。
③ 《新政待款》，《大公报》1910年5月10日。
④ 《再求牙税》，《大公报》1910年10月21日。
⑤ 《新政待款》，《大公报》1910年9月5日。
⑥ 《新政待款》，《大公报》1910年9月5日。

处多方交涉。天津长芦数十家盐商共欠洋债高达六百五十万，盐引地涉及六十五个州县，其中高线公司就欠二百万，盐运司盐务官处理方法是先将盐商公司资产查封，限期还债，否则收归国有官办，将负债过高的高线公司直接收归国有以抵债，所有盐商一律加新税每引一两五钱，① 此举引起天津绅商莫名惊诧，舆论哗然。天津县城议事会为维护绅商利益召集临时会议，议员四十余人及旁听者两百余人与会，认为在没有核查盐商资产之前就用专断手段予以没收是不合理的，将州县盐引地收归政府和加增盐税有碍商务，具文请谘议局转呈北洋大臣和盐务处。绅商组成的维持会与城议事会联合行动，推举四名议员刘孟扬、孙仲英、李子鹤、李梦吉晋京奉告盐政处督办大臣，同时上书总督陈夔龙和谘议局，其文曰："北京泽公爷钧鉴，长芦商因欠中外债款，各商经运司威迫已认随引拟交一两五钱后，仍拟将引岸收归官办，置盐商所欠私款于不顾，将来直豫两省因而失业者数十万人之多，其间受害不堪胜数，市面恐惶，人心浮动，全局堪虞。是以创设维持会公举代表即日到京叩求赏见，俾得面陈一切，庶不致壅蔽误会全局，幸甚，天津绅商士庶同泣叩"，② 警告盐运司查封盐商资产及引地将导致私款无法偿还，邻近两省直隶河南将有数十万人失业，存在社会秩序骚乱的可能后果，恳求当局高层慎重处置。绅商再次动用地缘社会资本，请津籍军机大臣徐世昌斡旋，电文曰："徐中堂暨各乡长先生钧鉴，盐债风潮运司拟将引岸归官，市面牵动，民情恐慌，公举代表准明日到京请督盐宪挽救，中堂诸先生关怀桑梓，希扶持天津维持会"，③ 唤起在京高官桑梓情怀以维护本地绅民利益。议事会与绅商的抗争引起中央高层关注，民政部尚书致电直隶巡警道叶观察要防范天津骚乱并派专官到津调处，天津府、县也派官员参与协调，最终盐运司放弃盐引加税，责成天津商会调查盐商欠债数目报盐运司再行处理，电请晋京盐商代表回津。④ 绅商在盐务风潮中动员社会力量对抗盐政司，代表绅商利益的议事会奔走呼号，官府为避免社会骚乱主动与

---

① 《开会情形》，《大公报》1911年6月10日。
② 《关于盐务风潮事汇志》，《大公报》1910年6月11日。
③ 《关于盐务风潮事汇志》，《大公报》1910年6月11日。
④ 《关于盐务事汇志》，《大公报》1911年6月18日。

绅商妥协，绅商利益得到维护。绅商为维护自身利益而增加自治机关的权力，为争取切身利益而为商人群体权利抗争，天津县城议事会副议长华学淇欠洋债数额位列盐商前十位，议员王桐轩则是洋款承办人，两人均出免罪银以获得从轻处罚。① 天津城董事会会长王观保是长芦盐商，还斥资五千两成为商办津武口岸大股东，官职是天津盐运司总催办，融官、绅、商于一身，利用多种社会角色追求自身利益。② 风潮平息，余波再起，天津城议事会对报载盐政处致宪台电文中有指责议事会士绅煽惑绅民的词汇而心生怒气，以集体辞职要挟盐政处洗刷恶名，还上书总督陈夔龙："敝会核议盐务收归官办牵动全局一案，业经备文呈请宪台察鉴，旋奉批开呈悉候行运司查照仰天津县传谕饬知抄由批发在案，惟于本月二十二日各报载有盐政处致宪台电开芦商欠债办法已有端倪，乃议事会维持会商界代表纷纷来处递禀危词，听并无正当理由，自应据理驳斥，惟恐商民不悉情形被其煽惑，有妨治安请饬巡警道认真防范以维市面而保差编等，因伏思地方自治原属法定机关，而议员等代表人民即责在上辅政治下图辑和，此次盐务外债风潮运司拟借此将引案收归官办，是以人心惶惑，炭发可危，所有详情业蒙洞鉴在案，敝会以大局所系责任攸关，是以开会核议呈请列宪维持，乃未蒙盐政处谅及苦衷，谓为并无正当理由，恐商民被其煽惑，窃按原呈俱在其中理由尚乞详察，而煽惑之污实有难以甘受者，议员等思再四悚惧实深，唯有全体辞职以维个人名誉，藉保自治机关，除呈明天津县尊外，理合呈请宪台察鉴仍请关心民瘼维持大局，议员等犹属地方人民无任"，③ 陈述天津城议事会在协调盐务风潮中功不可没，言行有正当理由，作为法定的地方自治机关代表商民利益，维持商业繁荣及社会经济秩序，盐政处说其煽惑商民是污损议员名誉，贬损议事会、维持会的社会形象，禀请总督即刻纠正。总督陈夔龙令巡警道叶观察肯定城议事会、维持会的言行是正当合法的，并非煽惑，议员毋庸辞职，并谕令天津知县与绅商寻求谅解。④ 天津知县邀请

---

① 《故务事近闻》，《大公报》1911 年 7 月 8 日。
② 《天津县城董事会文件公布》，《大公报》1911 年 7 月 21 日。
③ 《天津县城议事会呈督宪文》（为全体辞职事），《大公报》1911 年 6 月 24 日。
④ 《辞职续闻》，《大公报》1911 年 6 月 28 日。

城议事会议长、副议长李家侦、孙凤藻去衙署晤商,婉劝议员敛怒复职。直督陈夔龙兑现承诺,咨盐政处洗刷议事会、维持会煽惑商民之污名。①议员爱惜自治机关羽毛,维护形象与名声,维护地方商民利益。

三 自治机关力争抗衡地方政府

政府政治控制不断加强的同时绅商士庶政治权利意识觉醒,政治参与期望值提升,导致政治控制与政治参与出现紧张。从试办天津地方自治时期到全国同步筹备建立地方自治机关时期,政府都坚持"官治监督自治","自治补官治之不足,自治与官治并行不悖"政策。在天津试办自治时期规定监督自治机构的主体是政府,从知县知府直到直隶总督,在城镇乡、府州县章程颁布后规定监督主体增加上级自治机关,置自治机关于上级自治机关与同级政府双重监督之下。士绅办理地方公益是传统,引进地方自治制度与"地方人用地方钱办地方事"本土渊源是相适应的,政府主导筹划试办时期坚持官督绅办,"委任自治员绅,不假手胥吏",利用士绅取代胥吏,绅商在法定自治机关议事会中参与地方自治事务,绅商组织社会新势力参政,权势膨胀,自治与官治并行,天津县议事会扩张对政府的法定质询权、监督权及代人民申诉困苦的代议权,董事会成立后要求按自治章程赋予的权力接收地方公款、公产、义地作自治经费。宣统朝新自治章程颁行后政府重申自治受官治监督,士绅权势一路上升,官权与绅权发生抵牾,"地方之自治不可不先扩张绅权,因绅权一经扩张则官权有所限制",②绅商自治权和官府监督权于是发生冲突。自治与官治处于紧张状态,士绅扩张自治权和官府加强监督控制权之间很难平衡,自治机关缺乏稳定的财政收入来源,无实力持续实施对官府的监督权、质询权以抗衡政府行政权,官府召集、解散、监督议事机构及处罚议事机构自治职员的权力倒是时常发生效力,"地方官苟病其不利于己,即得假监督之名加以困难"。③地方自治权不能抗衡政府行政权还

---

① 《代为刷洗》,《大公报》1911年7月3日。
② 《论扩张绅权必要之条件》,《大公报》1909年4月3日。
③ 《论今日之州县》,《大公报》1909年3月6日。

因为士绅社会地位及收入依恃科举选官制遗留的士大夫为官资格旧传统生涯进路而不能根本上实现官绅分离，绅权不能独立于官权，正如时论批评曰："欲使少数议员果足以胜代表之任而监督之职，必视其所处之地位与官吏之关系，欲保全议员立言之地位，不外二种方法，其一行政官不得兼充议员，二充议员者皆为名誉职，今宪政馆之原奏明明与此相背……不知此等议员既恃官吏之资格为生活，即令勉强就职初无补于民难，多一人不如少一人。"① 绅权不能离官权而独立，要士绅组成的自治机关监督官府就没有实际效力，"扩张绅权即监督官府也，然欲监督官府，必须有绅士生活不依赖官府的条件，如不具此条件，所谓监督官府有其名无其实，甚至不能监督官府而反受官府监督"，② 出任自治职的士绅要仰赖政府提供日常办公经费、川资、薪金，无力监督官府。要提高议员对政府监督效力就需要将自治机关提升为独立于地方政府的地方议会，议会财政独立于政府，议员不依靠政府提供薪资和办公经费。

第八节　初步建构直隶议会—政府互相制衡式地方政治权力结构

一　政府政治控制与谘议局政治参与互动制衡

绅商士庶的政治参与与政府政治控制均衡是建构地方代议制政府的必要条件。绅商士庶通过顺直谘议局制度化渠道参与政治与督抚对谘议局实施政治控制形成立法与行政互相制衡的政治权力结构。士绅商人立宪派与体制内官僚改革派政治精英推动地方自治机关和地方议会，建立资政院作为国会的预备机关。改革派疆寄岑春煊、袁世凯顺应时代潮流，筹划建构在督抚控制下的谘议局作为行省议会的预备机关，岑春煊奏请由督抚主导官绅选举绅商、候补官员组成各省谘议局作地方议院，"选各府州县绅商明达治理者入之，候补各官及虽非本省官绅，而实优于政治熟于本省情形者亦入之，皆由督抚会集官绅选定，以总督充议长，次官

---

① 《论议员不应再食官俸》，《大公报》1909年8月30日。
② 《官吏热心民权》，《大公报》1910年3月10日。

以下充副议长，凡省会实缺各官皆入谘议局"。在中央设资政院，开国会，"速设资政院以立上议院之基础，并以都察院代国会，以各省谘议局代议院"①。袁世凯奏请从下至上设立议会，"因势利导，设州县议事会，省谘议局，递升资政院"，② 利用议会对社会参政势力进行政治整合和控制，向体制外文人精英开放政治参与渠道的同时由地方官控制选举和参政过程。清朝政治权力结构中皇帝掌握专制权力，官僚士大夫掌握基础权力，创设议会机构作为绅商士庶参与政治的机关能够扩大基础权力，官绅一致支持新政。接受新思潮的士绅将立宪理解为社会精英参与政治，扩大自治权力，与政府分权，监督政府官员行使权力。谘议局是上层士绅政治参与渠道，士绅借之扩张权力，议员温世霖的演说词可见一斑："谘议二字怎么讲呢？谘就是询问，议就是商议。凡是与人民有益处的事经一百四十位议员公议好了，就请总督去作。要是与人民有害的事，这一百四十位议员公议好了，请总督把它去了，这个局子可是极大，就是没有一个官，全是绅士办事。士绅亦不由官派，由着一个省的公正绅民自己选举明白公正、能作事的绅士一百四十人为议员。这一百四十个议员在这个局子里办这一省的公事"，③ 将一省兴革之事交由谘议局议决，议员代表人民利益掌握公共事务决策权，督抚掌握执行权，士绅要和督抚分享地方治理权，力争议员选举摆脱督抚控制，议员独立。直督杨士骧奏请开办谘议局以为"各省首倡"，批准筹办草案，议员资格不局限于文人中流，向下层绅商开放选举权，但是遭遇众多官吏反对，多数官员主张议员由官派，引发官绅冲突风潮。④ 杨士骧之后根据宪政编查馆拟定谘议局章程及选举章程重设谘议局筹办处，任用熟知法政知识的新士绅充任监理官和司选员，他们既有科举功名，又学习新学，大多数留学日

---

① 《两广总督岑春煊奏请速设资政院代上议院以都察院代下议院并设省谘议局暨府州县议事会折》，《清末筹备立宪档案史料》（上），中华书局1979年版，第501页。
② 《大清德宗景皇帝实录》卷五七五，中华书局2012年影印本。
③ 温世霖：《演说·敬劝直省人民莫放弃了选举权》，《大公报》1908年12月9日。
④ 参见《议会反对公派》《再纪直隶谘议局之风潮》《直隶谘议局之风潮说》，《顺天时报》1907年12月11日；1908年1月3日；1908年1月5日。

本学习法政专业或在直隶自治局自治班培训法政知识及选举技能。① 章程提升谘议局议决权，由府州县自治机关推举的谘议局议员掌握一省公共事务议决权，督抚大员对之仅有复议权，谘议局具备代议机关的权力。谘议局整合绅商社会力量竞争公共事务决策权，与之相对应的是政府对谘议局加强控制。政府将引进新代议制作为度过王朝统治危机的一种手段，正如时评透视之曰，"我国之有谘议局也，我政府周旋人民，不得已之举。非真欲推尊舆论，实行代议政治也"②。在谘议局成立前清廷就谕令督抚严格监督谘议局议员的言行，"务恪遵前奉谕旨，勿挟私心以防公益，勿逞意气以絮成规，勿见事太易而议论稍涉嚣张，勿权限不明而定法致滋侵越？"③ "各该督抚尤应钦遵定章实行监督，务使议决事件不得逾越权限，违背法律"，④ 谘议局成立后再次密令督抚密切防范议员藉议员社会影响力动员革命，"有宗旨不正之人误被选举，潜借谘议局名目鼓动其不法行为，于宪政前途甚有关碍，应即密切严防，以昭慎重"⑤。满人总督端方贯彻朝廷意志，限制议员权利，在其谘议局开幕仪式演说词中命令"缩小地方权限，限制议员权利"⑥。朝廷上谕赋予谘议局的功能是采集舆论，议决事项"候本省大员裁夺实施"，是为辅助性咨询机构，接受督抚监督。但是在立宪政治变革潮流中政府的主观意图与客观效果不可能保持一致，行政主导型强国家—弱社会的政治与社会结构传统因绅商士庶政治参与力量扩张超越政府政治控制的能力而扭转。

　　谘议局依法行使法定权力，扩张议会立法权，监督督署官厅行政权，督抚利用既有权力优势控制谘议局，力图摆脱谘议局监督。1910 年 10 月谘议局临时会提出直督侵权违法案，认为未经谘议局议决就举借公债和盐斤加价两事违法，呈请资政院核议。⑦ 1910 年直督陈夔龙未经谘议局审

---

① 参见刘建军《直隶地方议会政治 1912—1928》，广西师范大学出版社 2009 年版，第 23 页。
② 《言论·书顺直谘议局上宪政编查馆书后》，《大公报》1909 年 11 月 17 日。
③ 《谕旨》，《东方杂志》第六年第十期。
④ 《谕旨》，《东方杂志》第六年第十期。
⑤ 《电饬密防议员之行为》，《顺天时报》1909 年 11 月 9 日。
⑥ 《顺直谘议局开局议事》《言论·读端制军演说词有感》，《大公报》1909 年 10 月 21 日。
⑦ 《顺直谘议局请查办督抚违法》，《申报》1910 年 12 月 8 日。

议通过就直接批准津浦铁路北段经理李士珍用盐斤加价款购买股票，盐斤加价数额高达六百万两，依据章程规定谘议局有权议决本省担任义务之增加，陈夔龙应该依法提交谘议局审议，但是他居然不准谘议局参议此事，还任由李士珍自主调用，谘议局于是提起直督陈夔龙有意侵权违法案，弹劾总督陈夔龙。① 督宪陈夔龙用早被宪政编查馆删除的法令作依据驳回谘议局议定的实业学校官办改为官督绅办案。② 章程规定发行公债要经谘议局议决，但是总督陈夔龙未经谘议局审议就直接奏请在直隶全省募集公债三百万，谘议局质询说"非生利益事件何得擅借公债"，"直隶省二次续借公债票股银三百二十万两，公债已否借妥及借后归何项拨用，本局无从查悉。议员等职权所在，责任非轻，恳请督部堂查明迅速分别札示以释群疑"，③ 陈夔龙不回应谘议局的质询，蔑视谘议局法定权限，谘议局以不再缴纳地方捐税相抗争，"决令地方上之捐税，一概不纳，以为抵制"，④ 陈夔龙以朝廷无上权威压制谘议局，回复说朝廷已经朱批允准，"碍难展缓"，不能缓办。谘议局在议会—政府争端中防守与进攻比较稳健，没有如江浙诸省以全体辞职或解散相威胁，而是呈请资政院核办裁决，资政院没支持谘议局，反倒是谘议局同意陈夔龙从公债中拨款一百万去筹办纱厂。⑤ 谘议局对巡警道舒鸿贻和盐运司张振芳提起弹劾案，使得行政官厅有所畏惧，"谘议局弹劾巡警道后官府知地方自治机关可畏，近来一般司道对于该局议案无不异常恭顺"，⑥ 弹劾虽然未通过，议会监督政府官员的功能还是生效的。谘议局章程规定督抚有监督谘议局的权力，但是谘议局议决督抚违法侵权事件争议只能呈请资政院裁决，谘议局议决的社会公共事务议案也多未获批准或执行不力，谘议局在政府政治控制与绅商士庶政治参与形成的制度化二元紧张中处于

---

① 《谘议局注意盐斤加价之息银》，《顺天时报》1910年8月20日。《三记各省谘议局与行政官争执事》，《东方杂志》1911年第12期。

② 《议案驳回》，《大公报》1910年11月18日。

③ 《呈问预算册内公债事件已否借妥并归何项拨用文》，《顺直谘议局文牍类要二编（陈情类）》，北京大学图书馆藏。

④ 《三记各省谘议局与行政官争执事》，《东方杂志》第7卷第12期。

⑤ 《力争公债》《公债难行》，《大公报》1910年11月22—23日。

⑥ 《弹劾无效》，《大公报》1911年4月12日。

弱势。

　　督署会议厅官绅比例失衡致使谘议局议决案不能及时咨复或被搁置。自治章程赋予谘议局监督督抚的权力，督抚设置会议厅对应谘议局，直隶督抚会议厅由督抚选派司道长官十八人，从谘议局选出的十二名议绅中指定六名组成，起初议绅与官员论争，"督署会议厅自开办以来，遇事恒多争执。盖时势所迫，官绅意见竟成反对"，① 逐渐官员人数压倒议绅，议绅因势单力薄而效能感差，经常缺席，谘议局提交的议案就被督抚会议厅搁置了，"顺直谘议局呈请革除积弊案中之减免差徭、革除州县均摊，不准官价采买、提出陋规种种害民案，已开四次会议。惟官场议员到者居多，本省议绅仅到张馨吾、张凤瑞二人。势力薄弱，未能解决。虽各议绅多谓实行立宪之时代，自以除弊为第一要义，此等有害于民无益于国之弊政，若不剔除，何以示大公于天下等语严相诘问。然官场议员坚持其种种不正当之理由，多方设词，以迄于今尚未通过"，② 议绅按照立宪筹备事项目标提出革除政府种种弊政的议案，在会议厅中官僚相对于议绅人多势众，议绅无力推动，官员不改革自身，议案难以通过。

　　尽管政治权力结构中政府行政权独大，议会被行政官厅压制，秉持立宪政体代议机关制约政府行政机关的权力制衡制度规范，谘议局议员行使对行政官员的监督权，总体上看谘议局权限与政治效能在与政府行政权博弈中处于弱势地位，但是初步形成地方议会立法权与政府行政权对峙制衡的现代性政治权力结构，地方代议制政府制度体系初步形成。

二　绅商士庶通过地方代议机关顺直谘议局参与政治

　　顺直谘议局在直督主导下由谘议局筹办处动员和召集官绅筹划建立，作为民意机构反映社会舆论，是预备立宪时期绅民与闻政事表达利益诉求的制度化参政渠道。士绅通过农会、商会、教育会新政机构获得比较分散的地方公共事务治理权，政府用地方自治机构来整合和控制士绅的社会参政势力，士绅借用自治机关扩充既得权势。士绅政治参与体现在

---

① 《意见何殊》，《大公报》1910年11月26日。
② 《议案未决》，《大公报》1911年12月24日。

从谘议局成立至省议会产生前举行过三次年度常会，两次临时会，提出和议决大量实业发展类、警政、财政、司法诉讼改革、政府行政、教育、改进地方自治类议案，改善地方公共事务的治理，促进经济发展，改良社会。谘议局是法定采择舆论机关，被赋予对督抚行政机关有公共财政预算决算监督权，议员们极力用尽章程授予的对督抚行政机关的财政监督权，争取常驻议员的议决权和对行政官员的弹劾权，作为行省立法机关制约总督府行政机关及其司道行政官僚机构，试图制衡行政权。

  提出和议决议案交政府执行。提案权和议决权是章程赋予谘议局的立法权，但是缺乏专业知识的士绅议员要履行法定职责对他们而言是"猝然委之以此重担"，需要在知识观念和议事技能上转型，学会审议提案，提升议政能力。议决议案需要协调各地域间利害冲突及议员间意见冲突，"甲县与乙县所受之利弊不同，则其所发之意见亦必异"，分歧需要妥协达成共识，副议长王振尧提议在议案开议之前先举行预备会，以便协调争端。① 宣统元年（1909）九月初召集第一次常年会，选出议长、副议长主持会议，谘议局正式运转，议员按章程法定程序向各专门委员会提交议案，经三读程序议决通过，提出发展经济振兴实业类议案十余个，涉及粮租、财政、矿务、盐商、田税房契税、差徭、民生、兴办纱厂等问题。② 第二次常年会在翌年（1910）九月至十月举行，提出议案近四十个，其中经济类议案多达十五个，包括复议府厅州县粮租，设立理财所，将应摊路款、盐捐一律改归民股，农工商业各项学堂统归官绅督办以兴实业，开平矿产亟宜收回以保本省利权，盐价用市钱而不用满钱以恤民艰，禁止行销彩票，驻防官兵米粮由商业采购改为官府采购，清理差徭，撤销察哈尔都统越境设卡累民妨商，撤销全省关卡使货畅其流以苏商困，清除盐斤短寸掺土积弊，缓办公债等。③ 常年会之后议员们对督宪陈夔龙发行公债提案不予赞同，于是召集临时会，各司道官员也莅临会场陈述意见，持续二十余日，提出议案三十余个，主要围绕财政税

---

  ① 《顺直谘议局议案预备会》，《王古愚先生遗集》第三卷，国家图书馆藏，第38页。
  ② 参见《东方杂志》第六年第十三期，第479—480页。
  ③ 参见《直隶督院札复谘议局议案并咨行文件汇编》宣统二年，国家图书馆藏。

收议案讨论，包括督部堂札交续借公债案，清理藩库案，督部堂批答质问预算册内岁入条项疑义案。还有革除铁路积弊，推广林业，创办纸厂等。① 宣统三年（1911）正月，议员为预算案召开临时会，提出议案四十余，议决者十余个，以实业财政预算类为主题的议案包括督部堂札覆议决缓办公债案，官家不得强买民矿案，革除禁粮出境秕政案，减轻州县负担案，筹办纱厂案，民生方面有革除差徭，整顿苛捐杂税，粮食平粜案。② 第三次常年会在辛亥革命前夕召集，受革命影响，会议无法正常进行，初一日开会议员到会不过半，推迟两天重开，十余日后被迫中断，尽管如此，督宪陈夔龙还是派遣交涉使莅会，各司道长官，府厅州县长官也还按照会议规则到会陈述意见，提出议案交议。议案数近三十余个，其中实业类议案十个，包括土地开垦，筹设地方物产会，拓充地方棉业，弹劾盐运司盐斤加价，改良国税征收，豁免差役，整顿田税房契税，取缔华洋面商高价收购粮食以保护小民衣食，铸造银元，禁酒以重民食，涉及发展农商，减轻税负，调控市场等议题。③ 三次常年会和两次临时会讨论财政税收管理，实业发展，私有产权保护，减轻民众负担以苏民困等议案，按照议会程序经议决通过后交由督宪批准，总督府会议厅召集司道、州县官绅会议商讨后呈请督宪批准执行。顺直谘议局成立后在常年会和临时会中提议或议决通过的议案包含了不少行政类、自治类提案。

收回矿权。顺直谘议局在遍及全国的收回国家路、矿利权运动中走在前列，典型案例是提出收回开平矿务议案，联名上书政府，敦促政府与英方交涉，收回自办，发展民族工业。收回矿权需要筹款偿付英人债票款目，谘议局主动承担筹款责任，不需政府分担。"大利所在关系全省生机命脉，若不立即收回后患何堪设想？"④ 保护主权之热望堪称亟切。议决通过后推举议长、副议长、议员多人为代表，起草文书，集体上书政府，对英方施加压力，促其归还。议员们认为直隶矿产丰富，洋商垂

---

① 参见《顺直谘议局文件公布》，《大公报》宣统二年十月至十二月。
② 参见《宣统三年顺直谘议局临时会议案公布录议决案》，国家图书馆藏。《顺直谘议局文件公布》《顺直谘议局议事日表》，《大公报》宣统三年正月至三月。
③ 参见《顺直谘议局文件公布》，《大公报》宣统三年九月一日至十月二十一日。
④ 《提议开平矿产亟宜完全收回以保本省利权案》，《大公报》1910年11月23日。

涎已久,与其坐视洋商抢占先机开采,不如让直隶绅商先行开办,官绅共办,保住利益,"矿务为大利所在,关于国计民生者甚重,措施失当则弊混多而利权即失",① 直隶绅民具备开矿资本技术条件。督宪陈夔龙深以为然,批复说:"为慎重本省利源起见,正与农工商部新章相合。直隶幅员辽阔,耳目难周,甚愿有熟悉本省情形之官绅据所见闻随时陈述。嗣后如有陈请办矿者,其清查矿地,考覆矿商、发给探矿开矿执照,皆为行政范围之事,是矿政调查局专责,自应遵照部定章程办理。"② 督宪令直隶矿政调查局在农工商部政策指导下支持绅民开办矿产业,在中外商业竞争中产生民族国家意识,本国矿产由国民优先开采,保住国家利益。

反对铁路国有化,为绅民利益代言。中央除了收回督抚军事、财政权归中央度支部、陆军部外,还想收回由地方绅商合办的商办铁路,借贷外债收购,改归国有。顺直谘议局议员们反对国有化政策,坚持商办,认为铁路国有化不是东西洋各国通例,况且政府不具备经营管理能力,铁路国营不是盈利的理由所在,国内筹款不足就借贷外资必将导致列强势力乘机控制中国铁路,"欲举内债万无一成,势必贷资于外国,以国权之不振也,金钱流入,而列强之势力随以滋长,后患种种可虑",直隶实业规模小,铁路国有化导致民营经济发展空间受到挤压,不利民营企业成长,"吾国实业尚在幼稚时代,铁路一旦收为官有,其直接之受打击即在民气,而间接影响于各种实业",③ 因此与其由政府筹资建路,不如继续商办更加合理。

兴办民营企业,提高经济效益。天津开埠之后外商冲击本地自耕农经济和手工业,传统经济逐步解体,产生现代工商业,但是资本、技术、生产经营管理各环节相对于洋商都很落后。直隶民族工商业基本是筹办

---

① 《顺直谘议局议决全省开办矿务准与通知一案文》,《北洋公牍类纂》卷18,矿务1,台北:文海出版社1990年版,第1页。
② 《顺直谘议局议决全省开办矿务准与通知一案文》,《北洋公牍类纂》卷18,矿务1,台北:文海出版社1990年版,第2页。
③ 《直隶谘议局联合会陈请商办铁路非经国会协赞后不得收为官有建筑案》,《大公报》1911年5月21日。

洋务以来的官办、官督商办模式，官办企业效率低下，"商战竞争时代，洋货入口日渐畅销，土货销路日行停滞，国困民穷，相形见绌"，① 官营企业经济效益差，为此谘议局提议学习洋商企业制度和经营管理技术改造民族企业，可行方法一是改官办为民办绅办，"本省各项实业应统由本地士绅筹办"；② 二是仿效外商企业生产管理方法，降低成本，提高效率。织布厂纺纱原料购自外国企业，成本太高，应该建立本省的纺纱厂，谘议局在常年会、临时会中连续几次提议筹办纺纱厂。直隶气候土质适合生产棉花，劳动力充足，洋商凭借生产技术、资本、管理优势，利用直隶的原料和劳动力低成本生产棉纱，高价销售给中国的织布厂，获取丰厚利润，"物产于我，货制于人，营运一周，利益十倍，彼之盈余，我之膏血"，③ 筹建纱厂是解决企业亏损经济效益低问题的可行途径，生产棉纱，增加市场供应，稳定市场价格，保证织布厂的棉纱需求。督宪陈夔龙深以为然，札复谘议局说："据顺直谘议局陈请筹办纺纱厂以兴实业而挽利权一案，到本大臣据此查所陈三利皆有见地，自宜及时举办，以兴利源。且据陈请成立之后由官督绅办，责成自专，收效自速，事属可行。"④ 兴办民族农工商业可以达致民富国强，"值民穷财竭之秋，非实业不足以富民，非富民不足以救国，能否振兴实业是国民生死存亡之一大关键"⑤。

争取国有、民营、外商企业征收同等税率。谘议局行使代议机关的财政监督权力，干预政府财政税收政策，提出减轻田房契税、牙纪议案。稳定物价，反对盐斤加价作路款，"盐斤加价一项系备还外债，专人路股为定期必需之要款，只可存储生息，不宜用抵它债自不待言"⑥。利用财税物价政策调控经济，俾使华洋商权利平等，共享统一税率，降低成本，

---

① 《顺直谘议局申复咨询改良土货案》，《大公报》1910 年 11 月 15 日。
② 《顺直谘议局申复咨询改良土货案》，《大公报》1910 年 11 月 15 日。
③ 《陈请筹办纺纱厂以兴实业而挽利权案》，《大公报》1911 年 3 月 15 日。
④ 《督部堂陈札行陈请筹办纺纱厂以兴实业而挽权利案》，《大公报》1911 年 3 月 17 日。
⑤ 《顺直谘议局议决关于农工商各项学堂局所宜统归官督绅办以兴实业案》，《大公报》1910 年 11 月 14 日。
⑥ 《顺直谘议局呈直督文》，《申报》1910 年 2 月 26 日。

增强竞争力，扶持民族工商业，"货品出口税约不公，未能与外人同享利益，即行销内地，逢关纳税过卡抽厘，或一物而两税，或一关而重征，层层剥削亦几令十九失业。长此不改，洋商日盛，华商日衰，非特实业日渐萧条，财政亦将由此竭蹶"①。故须取消内地民营经济的关税，撤除关卡，取消厘金，俾使货畅其流，物尽其用。降低税收，取消关卡，华洋商贸同等征税，苏解商困，促进经济发展。

监督政府财政预算决算。设立理财所整理地方财政混乱，改革财政机构，制定财经规章，按章办事，改善财政管理先要提高财政收支统计数字的真实性准确性，清理财政要消除地方财政收支统计中隐匿或捏造虚假数据以蒙混过关的普遍现象，为此顺直谘议局在1909年12月通过《改良府厅州县统计处办法案》，公举公正士绅取代书吏担任统计职位，"统计处书吏不得干预，应饬由各属承办"，由官府派一名要员监督士绅履行职责。②谘议局提议在各府厅州县设立理财所和统计处，以资整理财政，收集收支账目资料，提供预算数据，建设现代财政制度。新政以来，直隶各属兴办实业、警察、学堂，尤其府厅州县建立自治机关负责兴革地方事务以来，管理公款公产，筹集资金办理公共事务，财务管理跟不上，理财、用钱、存钱诸多环节比较混乱，亟待整理，谘议局提议仿照日本建立独立的理财机关，"行政、理财各负专责，不至以出纳之得失累及事业，其便一也，专设理财机关可以稽查各机关用款之当否，使不致舞弊，其便二也"，③ 议员们希望理财所的设立可以达致这两个目标。议案得以通过，各厅州县建立了财政所来专管府厅州县及城镇乡财政收支，"凡本厅州县学堂、警察、自治等各项行政之款项皆属之，其出纳存储一仿日本办法以谋统一之便，而除丛弊之端"，④ 理财所还有权稽查款项的合法使用，"凡领款时，如理财所认为滥支者得说明理由全部驳回，或驳

---

① 《议决裁撤关卡剔除积弊以苏商困而裕税源案》，《大公报》1910年12月11日。
② 《顺直谘议局议案录》（上卷），北京大学图书馆藏，第102页。
③ 《顺直谘议局议决厅州县设立理财所章程案》，《北洋公牍类纂》卷五，财政1，台北：文海出版社1990年版，第29页。
④ 《顺直谘议局议决厅州县设立理财所章程案》，《北洋公牍类纂》卷五，财政1，台北：文海出版社1990年版，第29页。

其一部分"，① 并将弊端报告行政长官和自治机关。督宪陈夔龙表示支持，札覆说"地方经费本应由地方团体经理，现各属地方自治尚未成立，不能不暂设机关以为统一之地"②。谘议局有权监督财政预算决算，而要实施就必须打破官府旧式财政管理模式，建立独立的统计机关来调查财政收支，收集资料数据作为监督财政预算决算之依据。谘议局为此提出设立独立的统计处，公举正绅数人加上官府人员，官绅合办，排斥之前的钱谷、书吏、幕友干预，统计表册呈报自治机构和州县长官，留存谘议局备案查阅，作监督财政预算决算之用。③

顺直谘议局审议监督政府预算。1910 年直督向谘议局提交《试办宣统三年直隶地方岁出预算案》，按照经常门和临时门两个类别支出预算共计壹仟壹佰叁拾五万壹仟捌佰叁拾伍两以上，经审议，被削减捌拾万两，向直督提交《议决宣统三年直隶地方岁出预算案》，直督驳回复议，要求削减至壹拾贰万伍仟玖佰壹拾柒两，谘议局削减幅度超过直督划定的范围，削减贰拾贰万陆仟伍佰肆拾捌两，向直督提交复议结果，直督再次驳回复议，要求再次削减数控制在叁万柒仟伍佰零柒两，最终削减总计数是壹拾捌万玖仟零肆拾一两。④ 在谘议局预算案议决咨复和直督驳复过程中，博弈双方都相互妥协，产生代议制运行的必要条件，行政官厅接受议会的预算监督，跨越过建构现代国家财政预算制度的门槛。议员调查预算项目实际所需支出后提出裁减理由，比如，民政类巡警公费预算三万余两，议员调查发现仅有巡警一百余名，裁减三千八百两。议员发现外务部已有津贴每年二千四百两，于是将外国交涉应酬费全削减。议员对虚糜浪费款项全削减，比如，养鱼池开办费一万三千两，理由是直

---

① 《顺直谘议局议决厅州县设立理财所章程案》，《北洋公牍类纂》卷五，财政 1，台北：文海出版社 1990 年版，第 30 页。
② 《顺直谘议局议决厅州县设立理财所章程案》，《北洋公牍类纂》卷五，财政 1，台北：文海出版社 1990 年版，第 30 页。
③ 参见《议决改良府厅州县统计处办法案》，《大公报》1910 年 3 月 20 日。
④ 《试办宣统三年地方行政经费岁出预算案》《议决试办宣统三年地方行政经费岁出预算案》《复议议决试办宣统三年的方向走经费岁出预算案》，《顺直谘议局宣统三年议案录》，北京大学图书馆藏。

隶财政异常支绌，未免靡费，① 削减天津劝工陈列所三万八千六百两，理由是"毫无政绩，徒增虚靡"。削减种植园三万八千一百两，理由是"开办数年，毫无成效"。② 议员经调查实情后裁减重复预算款项，比如，撤销天津工业试验场经费，理由是与实习工场和劝工陈列所建设重复，撤销保定商业学堂经费，理由是学堂早已停办，撤销北洋师范附属小学堂经费，理由是"母校业经归并他处，子校自应归邻近小学堂办理"，③ 将节余款项创办贫民工厂，补助州县学堂，"节余各款既系厘别虚靡，自宜挹注要政……创设四路贫民工厂，抚恤无业游民，巩固人民生活之基础，切勿虚掷巨资"，④ 议员行使监督政府财政预算职权，审议行政官厅预算报告，限制政府财政收支权力。立法权限制政府行政权专断，有理有据削减支出，有利于建构现代财政制度。

兴办新式现代教育，培养专业人才。推进现代教育发展，提高国民程度，为建构立宪政体提供社会基础。谘议局格外重视培养专业人才，提出振兴教育议案。现代化亟须专业技术人才，培养专业人才需要人力资源投资。改良农、工商业需要科技专业人才提供技术支持，无企业家人才则难以创办经营工厂企业，难以组织生产与营销管理，"欲求实业人才之增多，必先谋实业教育之发达，欲谋实业教育之发达，必先谋实业学堂之扩充。吾省自办理新政以来，此种学堂亦略有策划，惜未能注全力以图之尔"，⑤ 为此谘议局函告学务公所、劝学所等办学机构共同合作筹办实业学堂，开办和扩充矿业、工业、航运、农林牧渔、水利垦殖、商业管理各类专业学校培养专业人才。⑥

---

① 浙江谘议局辑：《议决试办宣统三年地方行政经费岁出预算案》，北京大学图书馆藏，第2页。

② 浙江谘议局辑：《议决试办宣统三年地方行政经费岁出预算案》，北京大学图书馆藏，第6页。

③ 浙江谘议局辑：《议决试办宣统三年地方行政经费岁出预算案》，北京大学图书馆藏，第14页。

④ 浙江谘议局辑：《议决试办宣统三年地方行政经费岁出预算案》，北京大学图书馆藏，第16页。

⑤ 《顺直谘议局预备议案》，《大公报》1909年10月30日。

⑥ 参见《顺直谘议局预备议案》，《大公报》1909年10月30日。

谘议局提出改造旧式私塾与书院和兴办现代新式学堂议案。宣统元年九月至清末，常年会和临时会均提出不少改良和兴办现代教育议案。第一次常年会提出教育类提案两个，关涉筹设简易识字学校，培养师范生。① 第二次常年会提出教育类议案有筹设图书馆，清理全省教育财政经费和各属教育讲习所经费，设法筹集良乡等四十九州县教育经费，无须民众承担以苏民困。② 之后临时会复提出教育类议案，提议实行普通宣讲以开民智案，整顿初等学堂及畿辅乡学案，整顿推行通俗教育以开民智而维持宪政之进行案，设京师顺直学堂案。③ 宣统三年（1911）正月召开临时会，提出整顿初小学堂案，慎重任用教员案，减轻民众教育经费负担案，直隶法政、法律学堂归并到北洋法政学堂案。④ 第三次常年会在辛亥革命前夕召集，在政局动荡下还是提出教育类议案三个，主要包括实行校外教育以补充小学教育之不足，省城女子师范学生扩招各属学生，扩展体育课程以提振尚武精神。⑤ 振兴教育是谘议局的重要议题，仿照日本明治维新将兴办义务教育作为新政立宪的内容和条件，兴办简易识字学校是预备立宪逐年筹备清单的重要考核指标。新政以来直隶为兴办新式教育，已经陆续将旧式私塾改造为新式学堂，预备立宪以还将私塾改良为简易识字学塾，建立识字教育传习所，推广新式学堂，以之缓解师资和经费匮乏。⑥ 谘议局提案将普及简易识字教育作为强制教育，免费提供条件让国民接受初级小学层次的义务教育，督宪陈夔龙支持，饬令提学司拟定章程交由谘议局议决后执行，经费由政府和自治机构筹措，俾使"繁盛之区不敢图事敷衍，而贫困之处亦不能借口推诿"，⑦ 力争让贫富长幼适龄青少年皆可享有义务教育之机会，"凡年长失学之愚民，或已

---

① 参见《东方杂志》第六年第十三期，第479—480页。
② 参见《直隶督院札复谘议局议案并咨行文件汇编》（宣统二年），国家图书馆藏。
③ 参见《顺直谘议局文件公布》，《大公报》宣统二年十月至十二月。
④ 参见《宣统三年顺直谘议局临时会议议案公布录决案》，国家图书馆藏；《顺直谘议局文件公布》《顺直谘议局议事日表》，《大公报》宣统三年正月至三月。
⑤ 参见《顺直谘议局文件公布》，《大公报》宣统三年九月一日至十月二十一日。
⑥ 《强迫改良私塾为简易识字学塾》，《大公报》1909年10月28日。
⑦ 《议决交议筹设简易识字学塾案》，《大公报》1910年1月14日。

在工厂商店之学徒，寒酸无力不能入初小学之子弟，均可入学，不收学费"①。据宪政编查馆与直隶总督奏报朝廷的宪政筹办情形折来看，不几年义务教育成就斐然，对于创设简易学塾，督宪陈夔龙奏报说："前因未奏部章，饬由提学司拟具试办简章，交由谘议局议决，先在保定、天津各设十处，为各属倡。嗣准学部颁到章程课本，饬令试验教授，即经通饬遵行。天津近又增设六处，昌黎、沧州、宣化、平泉等处徐报设立者渐多，将来计不难于推广。"② 直隶未待学部颁定章程与课本即先行兴办义务教务示范学校，各地跟随，蔚然成风。至宣统二年（1910）十一月，直隶办理简易识字学塾成绩名列前茅，"上年由学部颁定课本，颁发各省，责成提学使，依限成立。查此项学塾，以直隶、河南为最优，直隶已设立简易识字学塾一千八百二十六处"③。顺天府兴办成绩尤为突出，"计截至年假止，连前共设立学塾六百六十二处，学生九千三百二十九名。仍当随时设法扩充，以期普及，总使愚民多问一分知识，庶几宪政多收一分效果"，④ 上届报告说"此项学塾共五百三十五处，学生七千八百七十九名"，⑤ 可见增速之快，进步之大。政治精英们视兴办教育提升国民程度为立宪的社会基础。议事会扶持乡镇教育，提供教学设施，将私塾改造为新式学堂，筹集资金支助教育，经议事会议决拨付资金对学堂予以补助。发给大直沽村私塾桌椅、粉板、讲台、讲桌、铃钟等教学设备，并指导改良教学方法，将其提升为学堂。议事会还为筹措教育经费提议盐斤加价。⑥ 直隶兴办新式学堂走在全国前列，按照教育发展从初等小学堂向高等小学堂的发展阶梯递升，直隶人口众多，适龄受教育者

---

① 《议决交议筹设简易识字学塾案》，《大公报》1910年1月14日。
② 《直隶总督陈夔龙奏直隶第三届筹备宪政情形折》，《清末筹备立宪档案史料》，中华书局1979年版，第811页。
③ 《宪政编查馆大臣奕劻等奏报各省筹办宪政情形折》，《清末筹备立宪档案史料》，中华书局1979年版，第799页。
④ 《顺天府奏第五届筹办宪政情形折》，《清末筹备立宪档案史料》，中华书局1979年版，第815页。
⑤ 《顺天府奏第五届筹办宪政情形折》，《清末筹备立宪档案史料》，中华书局1979年版，第815页。
⑥ 参见《本埠·热心难得》，《大公报》1910年5月26日。

规模庞大，最缺乏的是初等小学堂的师资力量。保定、天津两处师范学堂在校生两千人，培养高等小学堂师资，勉强达到供需平衡。初等小学堂是发展高等小学堂的前提，遍及城镇乡的初等小学堂亟须大量师资，当务之急是扩大初等小学堂师资规模。① 面对资金困难、师资不足的严峻条件，设立单级教员养成所而非完全师范更加符合现实需要，"各厅州县之初小学堂，不惟不见扩充，而反日行退步"，② 追索缘故，"半由于筹款之难，而师资缺乏实为一大原因"，③ 何以解决？"欲整顿小学教育，非另造程度相当之教员不可"。④ 按照谘议局的议案，府厅州县各设一所单级教员养成所，高小、中学、简易师范、师范传习所毕业者均可入读，毕业生即担任初小师资，政府调剂节俭经费投入支持开办教员养成所。⑤

预备立宪亟须法政专业人才办理地方自治，试办司法审判机构，办理新式警政。政治精英具有法政知识方可推行政治改革，督导自治，改革地方官制，筹建审判司法制度，士绅需要具备法政知识才有参政效能，组建自治团体，演讲集会，参与公共管理，直隶新政以来陆续建立法政学堂，谘议局提议扩大现有法政学堂的招生规模，"法政学堂之设，一方面造成官吏，一方面造成选民。而为一堂之枢纽，以转移一堂之风气者全在监督"，⑥ 议案议决提交督署后获得督宪支持。出洋攻读法政专业的留学精英执教于法政学堂，培养法政专业人才，实施自治计划，创建司法制度。

谘议局维护和扩张立法权力监督制约督署行政权。谘议局作为准立法机关按照法定程序和规则运行，依据宪法性法律谘议局章程及细则运转，在与督抚官厅及司道行政官僚机构的权力博弈中扩张对行政权力的

---

① 《扩充师范学堂》，《大公报》1909 年 10 月 29 日。
② 《议决裁减新立五处师范设立单级教员养成所以推广小学教育案》，《大公报》1910 年 1 月 21 日。
③ 《议决裁减新立五处师范设立单级教员养成所以推广小学教育案》，《大公报》1910 年 1 月 21 日。
④ 《议决裁减新立五处师范设立单级教员养成所以推广小学教育案》，《大公报》1910 年 1 月 21 日。
⑤ 《复议议决交议单级教员教习分所经费案》，《大公报》1911 年 1 月 11 日。
⑥ 《扩充法政学堂》，《大公报》1909 年 11 月 10 日。

监督制约权力。一是提升谘议局法定地位，力争与督署对等。谘议局是省议会的预备机关，在实际运行过程中议员们自觉扩大对督抚官厅及其司道行政官僚机构的监督制约权，将直隶政治权力结构变革不断推向分立制衡的发展方向。议员将谘议局作为立法机关，监督作为行政机关的督署行政机构，议员们依据立宪政体之公理、公例与宪政编查馆据理力争谘议局应该与总督处于对等地位："谘议局之前提则监督机关也，监督机关必与执行机关立于对等之地位，此法理上之不可易者。既不可易，则定章自不能不与以监督督抚之明文"，① 议长作为谘议局的法人代表，和总督平等，不应依据议长个人曾经的科举功名是京堂翰林就用照会而对其他较低功名等次就用札饬，两个机关之间公文往复应该废除表示上下等级关系的惯用语关键词，如总督对谘议局行文不再用札饬、札发、勿违等表示上下级行政关系的词汇，谘议局对总督府不再用遵照、呈报、呈请等表示下级对上级行文的词汇，对督抚的属官司道更不用。② 宪政编查馆对此做出修改："谘议局呈督抚的呈文，用'呈明、呈请、呈报、呈复，谘议局称督抚为'督部堂、抚部堂'，不用'贵'字，自称'本局本会'，不用'敝、职、卑'字，督抚札文应首书'为札行事'，不用'札到该局，即便遵照切切勿违此札'，末书为'此札行谘议局查照须至札者'，毋庸朱标。"③ 公文体例行文用词之争即是力争谘议局与督部堂官厅的对等权力地位。二是力争在谘议局设立参事会，赋予常驻议员复议权以限制督署官厅行政权力。各立宪国地方议会闭会期间均设置参事会是成例，各府厅州县自治机关分为议事会、参事会，参事会为议事会闭会期间的常设议事机关，代行议事会复议、咨询、仲裁等部分权力。章程赋予谘议局常驻议员的职权是申复资政院、督抚咨询事，裁决公断府

---

① 《顺直谘议局上书宪政编查馆争议公文体例文》，《北洋公牍类纂续编》卷一，自治一，台北：文海出版社 1990 年版，第 110 页。

② 参见《顺直谘议局上书宪政编查馆争议公文体例文》，《北洋公牍类纂续编》卷一，自治一，台北：文海出版社 1990 年版，第 110 页。

③ 《督部堂端札准宪政编查馆电谘议局对督抚公文体例文》（宣统元年十月初四）《督部堂端札准宪政编查馆电督抚对谘议局公文体例文》（宣统元年十月十九日），《顺直谘议局文牍类初编（来牍类）》，北京大学图书馆藏。

厅州县自治机关与同级政府的争端，代申民情为百姓陈情，但是否定常驻议员议决权，"照章无议决督抚交议之权"，复议事只能"交常驻议员存案，等下届开会时再行评议"，谘议局常驻议员在常年会闭会期间对督抚的驳议权无复议权，无接受行政机关议案交议权。副议长王振尧藉各省谘议局联合会聚集上海发动请愿开国会的势头，逐一致函曰"督抚驳议之案必不能无，是以敝省闭会之始，公同审虑，欲以复议之权委诸常驻议员"，① 力争赋予常驻议员复议权的理由是限制督抚滥用驳复谘议局议决案的行政否决权来延宕议案执行周期，不拖延时效性议案。常驻议员领薪，"岁糜数万金"，不使之闭会期间复议案件，那"又何必设常驻议员"，充分利用立法机关人力物力资源，议员食民俸禄为民所供养当充分履职尽责。谘议局认为常驻议员应当拥有立宪国通行的复决权力，联合他省谘议局一起争取权力，形成合力，迫使朝廷、宪政编查馆、督抚官厅让步，经过反复交锋，谘议局争得常驻议员的"协议事项"权。② 谘议局章程规定谘议局议决的议案须交由督抚核议，或公布执行，或发回复议。督抚会议厅是谘议局议案的核议机关，各司道局所官厅有时僭越权限核议议案，谘议局认为只有督抚才有核议权，应限制司道局所官员行使核议权，"若以核议之权分予之各局所官厅，则是谘议局与各局所官厅相对待，而督抚反处于中立调停之地位。既违我国定章，又非各国通例"，③ 力争谘议局与督抚具有对等的法定权力地位，两者分立制衡。三是监督行政机构执行经谘议局议决并经督宪核批公布的议案，维护议案效力。顺直谘议局行使立法监督权弹劾直隶总督与司道官员，弹劾行政官长典型议案是弹劾顺天巡警道，弹劾直督陈夔龙，弹劾盐运司张镇芳。直隶新政试办现代警察取代衙门胥吏，率先创办直隶警政，总体绩效较全国为优。顺天府辖区二十四州县警政参差不齐，仅霸州、潞州等几个县稍具规模，其他州县警务"有旋办旋裁者，有有名无实者，有尚未开办者"，谘议局为了使顺天警务"与全省归于一致"，议决通过《陈请整

---

① 《顺直谘议局力争常驻议员权限函》，《申报》1910 年 1 月 11 日。
② 参见《顺直谘议局力争常驻议员权限函》，《申报》1910 年 1 月 11 日。
③ 参见《顺直谘议局呈督院文》，《大公报》1910 年 2 月 15 日。

顿顺天警务案》，督宪陈夔龙核准并批"咨呈顺天府尹设法筹办"，① 但是顺天府尹和巡警道舒鸿怡执行不力，"擅自变更原议"，甚至将议案一概抹消，谘议局认为这违背《谘议局章程》，侵夺谘议局的立法监督权限，申明"凡已奉批准之案不有本局复议断然无自行取消之理"，"升任尹堂王竟擅将呈准饬行议案取消，殊属侵夺谘议局权限"，② 谘议局认为顺天府妨碍直隶警政一致，向督宪提出更正案《顺天警务侵夺权限呈请更正案》，内中有曰："现值筹办宪政时代，清理内治实握治道之原，整顿巡警实为内治之本，必全省事权统一方可进行一致，若一事而政出多门，必办法分歧，行政前途必多窒碍"，③ 巡警道回应曰："警务为国家行政，地方议会不得干预"，④ 谘议局调查发现不少警务公所腐败渎职事件，提出质询查办案，天津报刊转载，舆论批评警务公所，谘议局乘势提出《提议巡警道违法呈请督宪查办案》，立法与舆论压力迫使巡警道辞职。弹劾巡警道事件显示代议机关对地方行政权的专断傲慢性有所限制，"自谘议局弹劾巡警道后，官府知地方机关可畏，近来一般司道对于该局议案无不异常恭顺"，⑤ 谘议局与督署行政机关形成分权制衡关系。

四是谘议局对直督违法募集公债和通过盐斤加价所得购买津浦路股票来实施官股控股的行政行为提出弹劾。谘议局先向直督陈夔龙质询三百万元公债的储备金及其用途何在，依据《谘议局章程》增加全省人民义务本应由谘议局议决，直督行为侵犯谘议局权限，呈请中央资政院核实查办。直督陈夔龙向谘议局妥协，承诺用公债中一百万作开办直隶模范纺纱厂筹备金，"将来所有此项出款当交局议"，表示尊重谘议局法定权限。资政院赞同谘议局津浦路不得改为官办意见，"津浦路款加收盐捐一律改归民股"。1910年盐商欠洋债过多引发长芦盐务风潮，谘议局多数议员意见是"路款一律改归民股"，副议长及少数几个议员提出"民三商

---

① 《陈请整顿顺天警务案》，《顺天谘议局议案录（议决案）》北京大学图书馆藏。
② 《议决关于顺天警务侵夺权限呈请更正案》，《大公报》1910年12月3日。
③ 《议决关于顺天警务侵夺权限呈请更正案》，《大公报》1910年12月3日。
④ 《顺天谘议局呈请弹劾警道》，《申报》1910年12月9日。
⑤ 《弹劾无效》，《大公报》1911年4月12日。

一"股权分配比例，盐运司张镇芳未经谘议局议决即将其上奏，①谘议局质询张镇芳并呈请直督将其调离，又呈请资政院查办撤职张镇芳，资政院赞同路股归民有，督宪陈夔龙调走张镇芳。谘议局依法有理有据行使立法监督权，迫使在传统权力结构之中行政集权一权独大的行政长官放弃专断独行的用权习惯，同样是由士绅组成的中央资政院支持行省谘议局监督同级行政权力。

参与政治请愿推动政体转型。议员们积极参与立宪派主导的国会请愿运动，推动君主专制政体转向君主立宪政体，再转向共和立宪政体。议员纷纷参与速开国会请愿团体，推动全国多数省份立宪派联合发动请愿国会行动。1909年10月各省已经召集谘议局第一届常年会，但是中央资政院尚未成立，需要综合各省谘议局共同的政治意见，于是各省议员共商大计组建全国性政治组织直省谘议局联合会，形成国民行使参政权的组织基础，"国民既得以参政权，乃进而求圆满运用之地，于是有国会请愿之举。不得于国会，则进而为直省谘议局议员联合会之谋"，②直省谘议局联合会正合所需，"就各省利害共通之议案互相研究，以谋一致"，③谋求各省共同利益，联合行动。在直省谘议局联合会五十名成员中顺直谘议局议员多达九位，在办事处七名成员中有六位，在八名审查员有两位，④顺直议员实为国会请愿运动的中坚力量。1909年11月谘议局议员孙洪伊、王法勤等赴上海参加由江浙立宪派领衔人物张謇发起的各省谘议局联合会，被推选为请愿国会代表团成员。联合会主要活动是策划和组织请愿速开国会运动。1910年2月谘议局议员参与酝酿请愿，代表团成员到北京向朝廷摄政王及掌握清廷统治权的满蒙王公大臣们递交请愿书，3月成立直隶国会请愿同志会分会，动员直隶士绅立宪团体各界力量参与，6月孙洪伊等议员主动联系府厅州县自治机构议员，动员直隶士绅签名，代表直隶谘议局递交请愿书，在向都察院、摄政王及王公大臣递交请愿书中，孙洪伊揭露朝廷对于开国会实乃"真诚之意少，敷

---

① 《饰词出奏》，《大公报》1911年6月3日。
② 《直省谘议局联合会报告书》，北京大学图书馆藏。
③ 《请愿速开国会各代表在上海会议纪要》，《大公报》1910年11月18日。
④ 《直省谘议局联合会报告书》，北京大学图书馆藏。

衍之意多",阐明开国会是救亡唯一出路,"弭乱救亡之策非开国会,果有他术乎?"① 要求速开国会未果。7月,各省谘议局代表组织驻京请愿代表团,孙洪伊、王法勤等直隶谘议局十余名议员入选干事或编辑员,提议趁资政院开会之机策划第三次请愿,联合会表示赞同,1910年10月孙洪伊等请愿代表向朝廷递交《陈请速开国会案》,经资政院讨论议决通过,促使朝廷在1910年11月4日发布上谕,缩短预备立宪期限,宣布在1913年召开国会,加快立宪政体变革进程。全国性请愿速开国会运动激发直隶士绅政治参与热情。越发激进的直隶士绅与东三省代表联合在1910年10月发动请愿,各界人士两千多人在首府天津游行示威,到总督府递交请愿书敦促朝廷速开国会,声势浩大,朝廷在立宪派呼吁开国会建立责任内阁关键时刻拒绝绅商士庶政治参与诉求,申令按既定预备立宪计划推进,还加强政治控制,密令督抚限制议员演说,严防鼓动革命,谕令督宪陈夔龙镇压请愿,处罚请愿领衔人物温世霖,② 发配新疆交由地方官严加管束,③ 借此杀鸡儆猴,打击请愿运动,④ 致使政治参与和政治控制走向高度紧张。政治控制不能抑制政治参与走向激进行动,谘议局议长阎凤阁、天津县议事会临时会长张伯苓代表直隶议员士绅为温世霖抗争辩护,但营救未成。皇族内阁成立刺激各界反对声浪,各省谘议局通电请速开国会,呼吁重组完全责任内阁。直省谘议局联合会提前举行第二届年会,湖北议员谭延闿当选主席,直隶议员王振尧当选副主席,会议反对皇族内阁,以为皇族担任内阁总理且内阁成员以皇族为主是违背立宪政体制度规范和公例的,"皇族内阁与君主立宪有不能相容之性质","皇族不宜充总理大臣",奏请朝廷解散皇族内阁,未果,立宪派倍

---

① 《时报》1910年6月10日。

② 其实幕后策划者是孙洪伊,范体仁《孙洪伊与民治社》一文中说:"这一运动实由伯兰主持",伯兰即是孙洪伊。参见《天津文史资料选辑》第16辑,天津人民出版社1981年版,第19页。

③ 宣统三年九月十二日直督陈夔龙奏请依据开释党禁、特赦热心政治逾越范围者谕令,准将温世霖释回。朝廷在九月十六日批复:著照所请。参见《直隶总督陈夔龙请释回纠众请愿之温世霖片》,《清末筹备立宪档案史料》,中华书局1979年版,第98页。

④ 参见张朋园《谘议局与请愿国会》,《立宪派与辛亥革命》,吉林出版集团有限责任公司2007年版,第52—67页。

第六章 建构直隶地方议会—政府分权制衡式政治权力结构 / 273

感绝望，"人民希望宪政之心日益高，政府所持之政策乃日见其不可持"，① 在加紧推进预备立宪事宜时期立宪派变革期望越发激进，政治期望受挫使得立宪派政治精英从此与清廷离心离德，政治危机蕴积，在武昌兵变爆发后帝制脓包溃烂，引发全面危机，立宪变革失去稳定的政治背景。立宪派转向支持革命，顺直谘议局议员反对镇压鄂省起势新军，筹组民团、商团支援革命。滦州新军二十镇统制张绍曾准备联络石家庄的吴禄贞，南北呼应，取道天津攻克北京，张绍曾派王葆真来天津与使领馆商洽驻军经过天津及军饷筹措问题，王葆真与谘议局议长阎凤阁、王法勤、齐树凯、孙洪伊私交甚笃，议员们表示支持，负责与使领馆接洽和筹饷。同情革命的议员孙洪伊等人响应革命，鼓动各省新军起义，光复独立。议长阎凤阁、王振尧、孙洪伊与策动滦州新军起义的革命党人王葆真会商为军队筹饷，议员王法勤、孙洪伊参与吴禄贞部密谋光复，议员李津舟、裴廷楷约集革命党人购置军火在天津响应滦州新军起势。事因吴禄贞偶然被刺而失败，随后阎凤阁等议员成立直隶保安会，准备独立。阎凤阁一派同情革命，代表直隶多数士绅，刘春霖、李焜瀛另一派属意于袁世凯，曾计划迎袁世凯至天津组织独立政府取代清廷。部分议员敦促全权责任内阁袁世凯组织共和政体，谘议局致电摄政王催劝清廷"早日行揖让，公天下于民"。② 随后致电责任内阁敦劝朝廷"自行谦逊，宣布共和，最足示大公于天下"，③ 拥护袁世凯在北京就任临时大总统。袁世凯就任责任内阁总理后两度通电内阁表示国家必须选择共和政体。张镇芳督直后又在袁世凯授意下于十二月二十二、二十三日两度通电逼迫清廷退位并承认共和。④ 在顺直谘议局召开的北方七省谘议局代表会议试图延引南方由谘议局推举都督成例推举直隶籍广西副都督取代临时大总统袁世凯委任的张锡銮都督，获得国民党人和临时参议院支持，

---

① 《直省谘议局联合会第二届报告书》，北京大学图书馆藏，第97—104页。
② 参见《关于南北议和的清方档案》，中国近现代史料丛刊《辛亥革命》（八），上海书店出版社2000年版，第143—144页。
③ 《再请宣布共和之要电》，《大公报》1911年12月05日。
④ 参见张朋园《立宪派与辛亥革命》，吉林出版集团有限责任公司2007年版，第155—158页。

袁世凯坚持北方都督由大总统委任，"北方三省都督，业由本总统委定，决无更改之理"，① 谘议局议长阎凤阁回应说若袁世凯不承认就解散谘议局，经妥协，袁世凯在王芝祥不带兵北上条件下同意委任王芝祥为直隶都督，后因冯国璋、王占元反对而改任南方宣慰史，缺乏军事权力支撑的政治权力效能低。士绅政治影响力在辛亥鼎革之际政局摇晃中堪与临时大总统军政权力抗衡。

第九节　临时省议会扩张立法权制衡都督府行政权

民国初年君主国体颠覆，共和立宪政体摇晃。地方自治机关在立宪政体可达致国家富强的政治期待中在全国各省地方初步建构起来，在预备立宪时期开始运转，辛亥革命边缘性变迁引发国体与政体聚变，顺直谘议局嬗变为省议会，在波谲云诡的政争、党争中坚守和扩张议会的法定权力。民初议会包容度扩张，参政权资格降低，参政群体规模扩大，政党、绅商士庶各界精英竞争议员席位，议会内政党、非正式组织政治派系竞逐席位与政策取向，议会在主权在民的政治理念推动下扩张权势，议员朝气勃勃劲头十足，参政势力空前膨胀，同时，地方军政势力对政治参与和政治竞争加强政治控制。

一　扩大政治参与重组省议会

国体鼎革王朝政统颠覆，大清江山社稷转变为全体国民共有的共和国，主权在民观念激发国民参政热潮，党禁报禁解除，集会结社蔚然成风，政治团体与政党争相成立，竞相参与政治。绅商继续以地方议会为政治参与渠道，革命党势力崛起，各政治派系力量借临时省议会展开政治竞争。具备现代国家法政知识的新式军人成为举足轻重的政治力量，支持地方官僚政治精英控制地方政治，地方议会中士绅参政势力日渐式微，地方军政强制力量主导地方政府，试图控制地方议会。1912 年 3 月临时参议院发布临时大总统袁世凯签署的《接受北方统治办法》，令北方

---

① 《大总统力争北方都督问题》《袁唐电争都督问题》，《大公报》1912 年 4 月 9—10 日。

数省谘议局一律改为省议会，4月致电各省都督要求谘议局一律改组为省议会，"未经设立此项议会之省，应各就原设谘议局撤去谘议局之名，改为临时省议会，即以原选议员作为该会议员，行使其应有之职权以归简易而免稽延"，① 顺直谘议局议员们对临时大总统的政令不以为然，议长阎凤阁、副议长王振尧、高俊渗表示"决不承认此项命令"②。政体由专制转向立宪，国体由君主转为共和，直隶政治团体纷纷要求重新分配政治参与机会，打破顺直谘议局议员由士绅垄断的议席分配格局，谘议局改组为省议会提升社会各界参政期望，谘议局解散重选是各政治团体的参政诉求。新兴直隶公益会、公会、民会、保安会等政治团体要求与之前的参事会、议事会议员、劝学所学董、学堂堂长、商会与巡警总董拥有同等选举资格。京师直隶公益会向谘议局表示议员应该由地方府州县和社会团体共同选出，"各州县举出议员一百名，再由各团体机关举出一百名，共足两百名之数"，③ 各团体均有参政权参与制定选举法，一时天津、保定等各属政治团体异常活跃，谘议局应接不暇，连日开会，"筹商改组临时省会选举法，以示大公"，④ 争议激烈，以至于发生冲击省议会殴打议员的不端之举。重新选举议员是前清谘议局改称共和国省议会的合法性程序，"旧谘议局不足代表舆论"，⑤ 由士绅代表民意已经不能满足新兴政治团体的参政期望。部分议员因改选议员而辞职，4月初，副议长高俊渗及议员十余人相继辞职，⑥ 议员或辞职或入选资政院议员与都督府会议厅议绅，绅民团体多以为余下议员缺乏学识，"俾得另行选举"⑦。温世霖、王振山等数十议员要求重新选举有学识有名望的社会名流充实临时省议会，容纳各派政治势力，劝告现议员先行辞职，提议得到赞同，遂有4月底省议会之解散。代议机关不可或缺，在新议员复选产生前筹

---

① 《改谘议局为省议会之要电》，《大公报》1912年4月9日。
② 《不认命令》，《大公报》1912年4月19日。
③ 《改组省议会之办法》，《大公报》1912年4月1日。
④ 《改组省议会之办法》，《大公报》1912年4月1日。
⑤ 《代表谒见都督》，《大公报》1912年5月1日。
⑥ 《代表辞职书》，《大公报》1912年4月28日。
⑦ 《省会解散纪闻》，《大公报》1912年4月27日。

建期成会作为过渡，来自府厅州县的六十多名非谘议局议员身份的士绅组成临时省议会期成会，负责筹划选举，议定选举办法，重申期成会是为公共利益选举贤才组成新议会："我旅津同乡对于此事尽纯全义务，毫无权利，且此项选举惟求公普，以结果多得真才为目的，且必须于月内良好省会告成，问心无愧，将来即有指责亦所不计。"① 期成会由各府厅州县推举成员组成，在临时省议会解散当晚旋即成立，随后临时主席胡家祺、王观铭等到都督府照会张锡銮都督，声明期成会不是代表本省舆论的机关，只是为选举正式议员而"编订简明公允的选举法"，② 张都督当即回应说"兄弟我极端赞成"，敦促期成会早定选举法，维系秩序，"以免直隶政治上之危险以及官民之冲突"。期成会不辜负张都督期待，5月中旬即拟定好《顺直临时省议会互选章程》，规定议员由各府厅州县及在津人士互选产生。国务院令直隶都督张锡銮承认期成会拟定的选举办法，公布《直隶临时省议会选举章程》，张都督随即签署，向各府厅州县公布，"限令遵照此选举法，将初选当选人选出"③。经5月底初选和六月初复选产生议员，临时省议会7月初成立，张都督带领藩台、学台、巡警道、劝业道、津海关道行政官员一行莅临开幕式发表演讲，④ 随后选出正副议长主持日常议事程序。会议因议案繁多及查阅政府预算案需要延续会期，直到次年1月中旬才告闭会。临时省议会议决权范围涵盖地方法制、政府财政预算、税收税率、公债发行，还对行政官员有质询、弹劾、监督权，议会权限扩张与地方行政权发生冲突。

二 抗衡大总统北方都督任免权

谘议局、临时省议会、南京临时参议院与临时大总统袁世凯竞争北方诸省都督任免权，大总统取得压倒性优势，参政势力不甘示弱据理力争，立法权争相与行政权抗衡。革命取代改革，南方诸省独立，通过南北和谈礼劝清帝退位以缔造共和，清督抚或辞职或败退或转向共和，南

---

① 《期成会纪事》，《大公报》1912年4月30日。
② 《期成会纪事》，《大公报》1912年4月30日。
③ 《反对选举之传闻》，《大公报》1912年5月24日。
④ 《省会开幕》，《大公报》1912年7月9日。

方各省都督由省议会公举,由都督府选派代表组成的南京临时参议院援引"本地方人治理本地"的地方自治理念和由省议会公举都督的成例来与临时大总统竞争各省地方军政长官的人事任免权。袁世凯要维持临时大总统对东北三省和北方七省都督任免权,于是发生都督人事任免权权之争。1912年2月直督陈夔龙辞职,袁世凯任命张镇芳署理直督,面对天津各界反对,袁世凯行且益坚,劝告各界在政局摇晃未定之际"直隶官绅须和衷共济",① 张镇芳督直一月后在舆论反对声中被调任河南都督。临时参议院试图按照南方成例公举都督,通过《接受北方统治权案》,限期一月内改组北方七省谘议局为省议会,由省议会推举都督,临时大总统袁世凯强势回应,以总统令否决之,督抚改称都督,职权依旧,由总统任命,旋即任命张锡銮署理直隶都督,由北洋系掌握京畿军政大权。时论倾向支持参议院立法权,以为共和肇造,主权在民,在国民直选行政长官之前先有代表国民意志的参议院公举都督乃理所当然,"都督公举,参议院公举,此共和国之通例也"②。顺直谘议局藉参议院法案与舆论支持在3月17日公举直隶籍广西副都督王芝祥任直隶都督,但是大总统拒绝委任。谘议局以他省谘议局公举都督成例及共和政体主权在民公理来质问大总统:"各省都督尽由人民公举,为何直隶独异……请收回前命仍准王芝祥为直隶都督,以协舆情而符政体",③ 议长阎凤阁带领谘议局一行晋京面谒,临时大总统未妥协,重申前命:"今南之听其地方公举与北之由中央委任。"参议院以共和制度需要南北一致为由坚持原议案不妥协,"北方各省督抚虽改名为都督,其实非由地方公举,现南京参议院议决南北统治办法,拟将北方原有之督抚撤销,另举都督以期南北划一",④ 参议院法案的法律效力与大总统人事任免权发生冲突。直隶新组政治团体直隶保安会、统一党直隶支部、新直隶会支持顺直谘议局,联合致电大总统,以"王芝祥绝不带兵北上"作妥协换取大总统委任状,还以解散谘议局相威胁,大总统表面答应,以之缓解冲突,但是找各种

---

① 《袁大总统书牍汇编》卷五,广益书局1914年版。
② 《闲评一》,《大公报》1912年4月23日。
③ 《直绅争执都督之再电》,《大公报》1912年4月23日。
④ 《参议院议裁北省督抚》,《大公报》1912年3月24日。

托词推迟下发委任状。由顺直谘议局议员间接选举为参议员的国民党员谷钟秀质问政府，指责大总统不执行参议院议决案，不兑现任命承诺将毁坏政府信用，时论也普遍支持参议院而批评政府，《大公报》支持公举都督，批评大总统专擅地方大员任免权是重蹈专制覆辙："一经简任，大总统可以命令任免，即可以位置私人，省长更可以挟大总统之命令，以擅威福，专制萌芽，必将复发，其害一。权在政府，势必以政府之旨意为从违，不以人民之好恶为进退。官与民不相通？仍不免从前隔阂，其害二"，① 报刊舆论、议会成为两种相互支持的政治参与力量与临时大总统行政权力竞争行省长官人事任免权。北上抵京的王芝祥经与大总统袁世凯晤谈后接受南京宣慰史新任命，为大总统掌握北方诸省都督简任权树立先例。参议院、顺直谘议局、直隶各界政治团体及报刊舆论组合成政治参与力量行使选举权，与大总统的行政权抗衡。

三 都督府与国务院抵制省议会立法权扩张

临时省议会藉共和革命势头扩张立法权力的政治目标遭到都督府与国务院行政权抵制。国民党人在改革转向革命的政局变换中取得合法参政权，在议会中举足轻重。南方诸省在江浙立宪派士绅领衔人物张謇、赵凤昌的南北斡旋下为了迫使清帝退位而在南京建立中华民国临时政府，推举孙文担任临时大总统，作为过渡性人物待清朝皇帝逊位即行辞职，国民党乘势主导转型时刻舆论主流话语权，引领民主共和立宪思潮，掌握意识形态权力，借助共和潮流创制约法树立共和法统，掌握制宪权，用《临时约法》确立责任内阁制，竞争国会多数党席位，掌握责任内阁，制约大总统军政权力。国民党主导的南京临时参议院为了限制袁世凯大总统权力而将既定总统制改为责任内阁制，而不是以建立优良的民主共和体制为目标而设计权力制衡的政治制度结构，国民党政治精英们政党利益理性预期心理无视大总统袁世凯和江浙绅商掌握军事、政治、经济权力的现实权力分配格局，导致设想的制度安排缺乏现实条件支撑，造成民初政局摇晃。《临时约法》赋予参议院"同意权"而不赋予总统

---

① 《论省长简任与民选之利害（续）》，《大公报》1912年10月23日。

"解散议会权"。顺直临时省议会模仿《临时约法》议决通过《顺直临时省议会法》。1912年7月底议决通过顺直议会法、选举章程、议事细则、旁听规则。议会法赋予顺直省议会广泛权力,一是将省议会作为本省立法机关;二是省议会有财政监督权,政府的预算、决算、国民义务的担负增减、税法与公债非经议会议决通过,政府不得征收;三是立法监督权,弹劾质问纳贿渎职违法官员并参与审判之;四是对行政长官任免官吏具有否决权;五是都督驳回的复议案件如再次议决通过都督须公布实施。① 这些权力模仿《临时约法》赋予参议院的至上立法权。民权高涨,社会各界通过议会参与政治,表达政见,诉求利益,但是对立法机关过高的政治期待无视现实条件,当法案送达都督要求都督公布并送交参议院备案后就遭到都督驳回复议,都督作为地方军政兼民政长官行使行政否决权,要求修正删除多处。省议会重申前议,声称拥有完全立法权,不接受复议,还敦促都督公布实施,复文曰:"敝会为立法机关,中央法制未颁以前,对于本省暂行法有完全立法之权。省会法业经全体通过,其性质非议案可比。驳令复议似于法理不无抵触。"② 省议会不通过妥协方式与都督化解争议寻求共识,张都督表示将省议会法"咨送国务院转咨参议院,应俟复到即行公布",③ 请求中央立法与行政机关裁决争议,以之缓解僵局,一似前清谘议局与督抚争议须呈报资政院调处由朝廷裁决。8月国务院驳回复议,其内容与都督驳回文略同,在行政监督权范畴议会主张对于本省行政长官有复决和弹劾之权,驳复文按曰:"任命官吏乃元首特权,若行政长官有失职时,弹劾之可也。若预为否认,不特不成理由,实且抵触约法,亟应取消",省议会主张都督以下之各政务官任命须得本会之同意,驳复文按曰:"政务官之任命必自中央约法第三十四条,亦只限于大总统任命国务员及外交大使、公使须得同意。省议会竟欲扩张权限超过参议院,此条应删。"省议会主张在行政审判院成立前由

---

① 《顺直临时省议会法》,《顺直临时省议会议案录》,天津新华印刷厂1913年版,第44—46页。
② 《附谘复都督毋庸置议文》,《顺直临时省议会议案录》,天津新华印刷厂1913年版,第50页。
③ 《直隶都督张咨复》,《顺直临时省议会议案录》,天津新华印刷厂1913年版,第50页。

都督与议会两方酌委人员审理纳贿渎职违法行政官员，议会委任人数比都督多一人，驳复文曰："实欲使立法行政司法三权，省议会兼而有之。其谬误自不待言，此项应删"，① 国务院支持张都督行政权压制立法权，但是参议院支持省议会。② 4月初参议院通过《省议会暂行法》取代《顺直省议会法》，省议会扩张立法权行动终结。《顺直省议会法》赋予省议会的权力在《省议会暂行法》中被削弱，《顺直省议会法》赋予省议会的立法监督权对于地方官的弹劾、质问、参与审判权被削弱，议会对行政长官人事任免权无否决权，虽有权力提出弹劾案，但是处置权归国务院。《顺直省议会法》赋予省议会对议案的复决权被《省议会暂行法》取消，省行政长官对议案无异议就在十日内公布实施，否决就在五日内说明理由咨交省议会复议，行政长官认为议决案违法就咨请省议会撤销，如省议会不服从就由平政院或最高法院裁决之，政治争议转化为司法裁决，由法治维系宪制秩序。③ 社会通过立法机关行使的公民政治参与权与政府行政机关掌握的政治控制权相互制约，此消彼长二元紧张，总体上议会权力削弱，行政权占优势，政治控制压制政治参与。

四 弹劾都督张锡銮

省议会行使立法监督权弹劾都督张锡銮。1912年7月都督张锡銮改组督抚会议厅，新都督府会议厅完全由司道官员构成，排除省议会选举议绅参与，压制临时省议会议员们的政治参与强势劲头，议员们认为不符合宪制秩序规范，"一省不宜有两个立法机关"，④ 不承认其合法性。省议会质询张都督向中央转移巨额财政支付，张锡銮无视临时省议会的法定财政监督权，不经临时省议会议决就设立财政局，每月从直隶财政转移支付中央十二万两白银，还拒绝省议会检查财政收支。清末中央财政

---

① 《驳正直隶临时省议会法草案》，《顺直临时省议会议案录》，天津新华印刷厂1913年版，第50页。
② 《咨送省会法请参议院备案文》，《顺直临时省议会文牍类要（公文类）》（上卷），天津新华印刷厂1913年版，北京大学图书馆藏。
③ 《政府公报》第326号，1913年4月3日。
④ 《省议会纪事》，《大公报》1912年8月1日。

第六章 建构直隶地方议会—政府分权制衡式政治权力结构

就入不敷出，赤字增加，债台高筑，税收竭蹶，1912 年 7 月 20 日，张都督在官报上公开表示每月接济中央十二万两白银，"前奉财政部电，以中央需款浩繁，嘱令妥筹接济等因……现今各司道通盘筹划，由直隶省田房契税地丁项下每月凑足十二万两作为接济中央之款"，① 省议会依据未经张都督签署公布的《顺直临时省议会法》判定张都督将直隶财政收入转支中央是不符合法定程序的非法行政行为："此款纯系本省义务担任问题，自应提交省议会议决后方能发生效力……不求同意于省会，遽行电致中央允协巨款自不合法"，② 认为张都督侵犯省议会财政监督权，遂质询张都督。张都督 7 月 29 日到省议会接受质询说："此款仅系空言，并未实拨"，有议员诘问说，"夫使所谓空言者为实事，则其复电为欺蒙，若其复电为实情，则所谓空言者何据"，③ 张都督竟一时语塞无言以对。同一时段，张都督未经省议会议决就向大总统提交《直隶筹设统一财政办法》，这本是清末整顿财政税收集权中央的改革延续，省议会指责张都督不尊重议会法定权限，"盖欲借中央命令之权威，钳制省会议员之口"④。临时省议会质询张都督袒护贪官任用污吏，清直隶司道官员洪恩广借辛亥兵灾之机贪污赈灾款及之前挪用兴办新学堂款，直隶舆论要求张都督严惩，"人民遂啧有烦言，舆论之不平尤甚"，肃贪呼声不绝。天津县、城议事会、参事会、董事会面请张都督将洪恩广抓捕移交司法机关审判，张都督延宕不决，久拖不办。待嫌犯潜逃之第二日张都督发布缉拿电文中竟然详述洪犯贪污挪用公款之罪状，引发各界质问张都督有无袒护洪恩广之嫌疑："洪道于六月三十日潜逃，该督与七月一日通电，相距不过一日，电文内历述该道侵蚀捐款，私挪盐课各罪状详举无疑，是该道之罪状张督久已洞悉，纵庇不问……谓非张督知情，谁人能

---

① 《直督复电大总统》，《直隶公报》1912 年 7 月 20 日。
② 《顺直临时省议会议案录（议决案）》，天津新华印刷厂 1913 年版，北京大学图书馆藏。
③ 《议决弹劾张都督违法营私各款案》，《顺直临时省议会议案录（议决案）》，天津新华印刷厂 1913 年版，北京大学图书馆藏。
④ 《议决弹劾张都督违法营私各款案》，《顺直临时省议会议案录（议决案）》，天津新华印刷厂 1913 年版，北京大学图书馆藏。

信……使非通同作弊，断不纵容至此"，①质问符合逻辑，张都督不仅有袒护贪官污吏之嫌，还被指控沆瀣一气串通逃逸，阻碍司法。另一贪官是直隶禁烟局总办、劝业道苏品仁，被指控侵吞禁烟局及劝业会公款数万，省议会咨请张都督查办，②查明"仅就销册一项已亏致一万五千余两，其余各项欠款尚不知凡几"，但是当省议会咨请张都督勒限必追时，张都督竟然言论前后矛盾，居然说"并无确据，未便违法逮捕"。③张都督滥用行政任免权委任清朝因贪腐被革职官员为幕僚，将四名在清末已被革职拿办的贪官污吏颜世清、潘鸿宾、任毓麟、俞太初延引入都督府并委之以重任，"颜世清为井陉矿局总办，俞太初为财政局坐办"，此四人贪赃枉法乏善可陈，省议会指责张都督"昏聩糊涂至此已极"，不是用人失察就是失职渎职。④张都督袒护两个贪官，任用四名污吏，"直省官吏自都督以至司道幕僚相济为奸，前途何堪设想"，辜负直隶社会各界在共和政府初创方兴之际对军政长官治理绩效期待，贬损都督权威。

临时省议会在国民党籍议员王葆真、王建中、吕复以及一些激进政治团体支持下在 8 月 8 日议决通过弹劾直隶都督张锡銮案，呈请国务院核议裁决。8 月底国务院答复说省议会弹劾案无法律依据，因为援引的《顺直临时议会法》未经都督签署公布程序，"本无法律之效力"，协济中央财政也"尚非违法，应毋庸查办"，⑤省议会不以为然，据理力争，公推议长副议长数人晋京质问国务院，并致电大总统，指责张都督"罪证昭然，谅难曲为掩议"，⑥要求撤职查办，迫使大总统派蒙藏事务局副总裁姚锡光前往天津与省议会交涉，表示协筹款项接济中央"不为违法"，但

---

① 《议决弹劾张都督违法营私各款案》，《顺直临时省议会议案录（议决案）》，天津新华印刷厂 1913 年版，北京大学图书馆藏。

② 《咨请将苏道品仁侵吞条款并案办理文》，《顺直临时省议会文牍类要（公文类）》（上卷），天津新华印刷厂 1913 年版，北京大学图书馆藏。

③ 《议决弹劾张都督违法营私各款案》，《顺直临时省议会议案录（议决案）》，天津新华印刷厂 1913 年版，北京大学图书馆藏。

④ 《议决弹劾张都督违法营私各款案》，《顺直临时省议会议案录（议决案）》，天津新华印刷厂 1913 年版，北京大学图书馆藏。

⑤ 《弹劾案答复》，《大公报》1912 年 8 月 26 日。

⑥ 《致大总统国务总理书》，《顺直临时省议会文牍类要（函电类）》（下卷），北京大学图书馆藏。

是都督幕僚中用人失察"应请其赶紧更换",袒护贪官及废弛政务倒是"应将此二条卷宗调齐详细审查",对于省议会坚决撤换张都督,姚锡光表示按照程序更换,"大总统督直多年,与直人感情最厚,直人对张都督感情既然如此,大总统拟按照办事手续早晚必须更换",① 姚锡光言论有搪塞成分,但还是委婉承认省议会弹劾内容是事实,省议会经讨论后回复一是要求国务院、大总统限时查办,"此案查办当严限时日,勿得延宕";二是敦请姚锡光"暂缓回京,从速办理",② 随即致电国务院重申查办张都督,"此问题一日不解决,则敝会一切事件皆不能进行,似此迟延实与直隶前途有莫大之损",③ 迫使袁世凯任命冯国璋为都督兼民政长,将张锡銮调任东三省西边宣抚使。国务院、大总统尊重省议会的立法监督权,相对于政府强势行政权,代表民意的议会立法权处于弱势,但是立法政治结构赋予其监督政府行政权的功能,发生效力,"直隶绅士,自去年争举都督以来,拒张镇芳无效,拒张锡銮无效,其结果皆虎头蛇尾。唯此次省会弹劾一案,大总统立将都督更调,可谓第一次旷典!第一次光荣!"④ 议会立法权在地方政治权力结构中与政府行政权在制度安排形式上平行对等,议会代表社会政治参与力量监督制约政府,从政府行政集权制向立法权与行政权分立制衡制转型。

五 制约冯都督行政权

冯都督即将到任,共和党认可,国民党反对,议长胡源汇"百计阻挠",议员间派系分化,争端四起,以至于由天津名绅出面调停党派政争。掌握军政权力的冯都督与前任都督张锡銮均压制省议会法定权力,冯都督颐指气使,到省议会宣示政见时不尊重议会的法定权力与对等地位,口出狂言说札饬省议会"必须好好地维持直隶地方上的秩序,要出了乱子,让外国人把中国人作践个王八蛋样儿,那是不行的",引起议员

---

① 《省议会纪事》,《大公报》1912 年 9 月 3 日。
② 《省议会纪事》,《大公报》1912 年 9 月 5 日。
③ 《致国务院请限期查办电》,《顺直临时省议会文牍类要(函电类)》(下卷),北京大学图书馆藏。
④ 《闲评二》,《大公报》1912 年 9 月 11 日。

群起质问，王葆真质问曰"你对省议会讲这话是否有心侮辱省议会？是否侮辱中国人？王八蛋样儿怎么讲？"①冯都督被质询得目瞪口呆满脸通红。议员们接着提出改组都督府及其司道衙门必须经省议会议决，接着提出财政总汇处、省银行、筹款局等各司道总办、坐办官要由议会公举，扩张省议会权力，②相争不下，冯都督愠怒，复函临时省议会曰："国璋不以一己之偏，干诸君之怒，唯有早行告退，别选良才，以奠定省基而安国本"，③"一切行政计划，省议会多未同意"，④以向总统及国务院辞职来要挟省议会让步，要求省议会不要干预都督府用人行政。议会议决提交的议案，"都督不公布执行，亦不驳交复议，束之高阁，一律不办"，⑤冯都督消极怠慢省议会的立法权。关于行政官不莅临省议会接受质询和交议提案的应对之策，有议员提议如行政官不到议会就直接单方面将议案通过交都督执行，坐废光阴延误事机责任归行政官厅。有议员骂冯都督无政治经验，缺少法律知识，加之幕僚复摇惑，昏庸不省悟，不如张锡銮曰："冯都督如此昏庸，尚不如张金波都督，万无醒悟之一日，吾会必须预先调查材料，预备弹劾"，⑥准备弹劾冯都督。冯国璋以撤销劝业公所有议员身份的数位科员等手段弹压省议会，省议会致电大总统辩述，说都督府"一切行政计划未经交议"，指责冯都督"滥引私人，将议案一律驳斥，且无一案交议，又省议会非不准借款，惟财政内容，冯督并不明白宣示"，⑦向大总统重申省议会议决权、人事任免、财政监督权，大总统居高临下裁决，力挺冯国璋品行才干足胜此任，敦劝议员勿越权干预冯国璋的行政权、人事权，复电曰"冯都督公正和平、诚恳笃实"，"议会之设，原以代表民意，不能干涉行政，若事事干涉，不使行政官有完全用人之权，必至赏罚不行，政令废弛"，"仰该省议会

---

① 王葆真：《滦州起义及北方革命运动简述》，《辛亥革命回忆录》（五），中华书局1963年版，第423—424页。
② 《冯都督莅会情形》，《大公报》1912年11月1日。
③ 《冯都督莅会情形》，《大公报》1912年11月1日。
④ 《直议会与都督冲突后之态度》，《申报》1912年11月9日。
⑤ 《省会与都督之交涉》，《大公报》1912年11月2日。
⑥ 《省会与都督之交涉》，《大公报》1912年11月2日。
⑦ 《复电补录》，《大公报》1912年11月9日。

顾全大局,即与冯都督开诚布公,力谋公益,守定权限,勿稍侵越",①大总统支持冯都督的行政权不受省议会过多干预,但是并不否定省议会法定权力,只是敦劝省议会不要越权,维持行政效率。省议会的立法监督对都督府行使权力构成制约,1912年11月初,冯都督以都督府及各司道官厅全体辞职来反制省议会,省议会召集天津县、城自治机关及商会、保卫局、自治公会等社会政治团体参加的特别扩大会议会商对策,各界精英的政治参与和政府政治控制走向对立,行政与立法陷入僵局,对新生的民主共和制度的巩固和正常运行带来危害,大总统袁世凯再次居高临下协调议会与行政对抗关系,复电省议会曰:"该督履任尚浅,虽一切政见与议会稍有龃龉,稍待时日,自能融洽无间,值此时艰日棘,务望力顾大局,勉为其难。"② 掌握直隶军事、行政大权的北洋三杰之一冯都督面对以省议会为制度化通道的政治参与势力的政见和利益表达时尚感应对乏力,祖公也说他政治经验不足以示妥协退让,尽力协调立法与行政权力冲突,期待两者良性互动,分权制衡对传统行政集权是一种制度化监督,运行中产生摩擦冲突,维持制度运转需要依据宪法性法律规则协调争议。

省议会行使监督财政权,抵制冯都督借债加捐。1913年1月冯都督向省议会提交《财政借债案》及《军事借款案》,为清理财政借外债五百万两,为军事计划借外债五十万两,省议会对之采取消极抵制姿态,议会回复说中央对外大借款可望成功,直隶地方不必单独举债,"大借款可望告成,不准单独借债",③ 冯都督再三催促,省议会回复说要冯都督先咨请中央同意后省议会再行与议,"此案关系重大,咨请都督先告知中央",冯都督敬告省议会说直隶财政窘迫,"请贵会提前筹议",④ 省议会议决未果,回复冯都督说临时省议会届满,借款案请提交正式省议会讨论,"此等重大案件应待正式省会成立后再行交议,以昭慎重而免疏虞",

---

① 《复电补录》,《大公报》1912年11月9日。
② 《关于都督辞职之函电》,《大公报》1912年11月8日。
③ 《省议会纪事》,《大公报》1913年1月6日。
④ 《借款尚未开议》,《大公报》1913年1月9日。

至于军事借债，那"纯系中央权限"，请冯都督"先与中央商定"，① 冯都督财政、军事借债案均被省议会搁置缓议。1913年3月，冯都督不经省议会审议通过就在直隶重要商业城市天津、保定、张家口、祁州等地设立捐税征收机构直隶药材行捐经理处对药材买卖双方抽捐以筹集军饷，侵犯省议会财政监督权，省议会抵制，造成议会与行政对峙僵局，大公报评论曰："冯都督与药材捐事坚持甚力，省会抗议此事亦极固。是以双方对峙，两不相下。而此风波所激，凡省会议决案件，行政公署亦不公布实施；行政公署交省会之案件，省会亦不与议。双方均以消极抵制"，② 军政长官依恃强势行政权，不尊重相对弱势分散的立法权，政治参与冲劲十足的省议员们不甘拜下风，发挥初生牛犊锐气，联合商会等社会团体据理力争对抗都督府，在众议院提起质询，迫使冯都督取消非法药材行捐经理处。议会阻止行政官厅借款加捐，发挥财政监督功能。之前1913年1月初大总统发布行政命令《划一现行各省地方行政官厅组织令》及《现行都督府组织令》，对行省战时形成的军政合一都督制进行军民分治的合理化改革，都督权限是军事，民政长是一省最高行政长官，省行政公署与都督府权责分立，限制地方都督的权力以重塑中央权威。省议会借机致电大总统、国务院请简任民政长取代冯都督兼任的直隶民政长，"简任民政长主治本省民政，而以军事责成冯都督，以冯都督一人专司军事，尚恐应接不暇，今若令冯都督兼理民政，虽有各司佐治机时考复一事，亦非无政治学识者所能胜任"，③ 临时省议会依据大总统令反对冯都督兼任民政长，至是年7月，由刘若曾接任民政长，冯都督调任江淮宣抚使去平息革命党人因刺宋案掀起的"二次革命"。政府行政权力受到议会制约，政治控制与政治参与在立法监督行政的宪制秩序权力结构中趋近平衡。

---

① 《顺直临时省议会议案录》，天津新华印刷厂1913年版，北京大学图书馆藏。
② 《消极抵抗》，《大公报》1913年5月20日。
③ 《请设民政长之原电》，《大公报》1913年1月12日。

第十节　省议会政治控制、政治参与、政治竞争趋向平衡建构地方宪制秩序

民初省议会中的政治参与、政治竞争、政治控制之间多元紧张趋向平衡推动地方代议制政府建构。地方军阀控制的行政官厅官僚体系主导地方政治运行，力图控制议会，议会对政府具有依赖性，议会没有独立的财政支持日常办公经费及议员薪资，议员缺乏独立的产业支付自身日常用度，议员和民众隔膜，选民缺乏制度化利益诉求表达机制，议会缺乏代表社会公众的社会基础，议员与大众日渐疏远，尤其是在绅商群体离乡进城后日渐脱离乡村，变成孤立的个人，议员的理性预期从代表民意转变为追求个人利益，与军阀政客组成精英利益支配同盟以获得政府职位或其他利益回报。在军政势力控制下参政议政空间日益缩小，众多议员转而选择与军阀政客合谋互利。皖系军阀控制中央政权，直隶长期是直系势力范围，直系军政势力控制省政府和省议会。《临时约法》恢复，国会重开，南方省议会在革命党与各社会政治团体呼吁下先行恢复，1916年8月顺直省议会议长边守靖领衔致电国务院请求恢复省议会曰："恢复民权，尤以恢复地方高级议会为唯一要素"，① 致电省行政公署民政长朱家宝曰："本省停会三年，政治进行、地方兴革、预算审查，种种职权，待议孔亟，湘浙省份已成事实，燕赵慷慨宁甘后人"，② 致电国会曰："省会不开，国会势成孤立，况地方应行兴革事宜刻不容缓"，③ 两院敦促黎元洪总统召集省议会，省议会获准重新召集，10月顺直省议会重开，召开常年会。各省军政长官比较尊重议会的法定权力及议员的职位尊严，化解冲突，议员也不再如三年前那么激进，与政府争执不再咄咄逼人，转而以合作姿态回应行政机关，顺直省议会秘书长代表议会表示要"顺政治之轨道，察地方之情形，保公益之进行，上以弼国家制治，下以启

---

① 《省议会致电国务院》，《大公报》1916年8月7日。
② 《省议员致朱省长函》，《大公报》1916年8月7日。
③ 《省会致参众两院电》，《大公报》1916年8月11日。

间阎清平",① 朱家宝省长在行政公署设宴款待议员，敦促官员议员友善相待，缓和立法与行政紧张。11月黎元洪发布大总统令敦促督军、省长们尊重议会，不得搁置议会议决咨复案，要及时咨复或公布执行，不得胁迫省议会，尊重议会独立议决权，不得袒护被议会弹劾之官吏，要依法惩办，咨请议会复议案须姿态平和，议会驳减之预算不得私自开支，行政官不得带军人随行至议会接受质询，不干涉议会内部用人行政，不减少议会经费。② 议会变得温和，不再争执对抗，政府也表示尊重议会，维持和缓关系，议会政治参与和政府的政治控制趋向平衡。

　　纵横权势划分之争影响省议会制度安排，中央与地方纵向权限划分之争、政党与军政派系横向政治竞争决定省议会制度安排与中断重启。中央集权与地方分权之争产生省制变革争议，行省是地方自治还是中央直辖行政区之争关系省议会存续。北洋系军政势力掌握地方政府行政权控制省议会政治参与通道中国民党与共和党政治竞争。代表地方社会绅商士庶分权自治诉求的政治参与与国家权力的集权官治取向之间的二元紧张关系因革命、政争、党争复杂多变而深受影响。由省议会选举各省参议员组成国会参议院，国民党要想通过控制国会限制大总统袁世凯权力就先要在省议会议员选举竞争中取得优势，省议会的权限受省制争议影响，省制未定，议会难开。国务院法制局拟定的省制、省官制议案及修正案在临时参议院经两次议决也未获通过。国务院搁置争议，先行筹划省议会选举，催促临时参议院议决《省议会议员选举法案》及议员名额分配、选区划分、选举法施行细则。都督冯国璋将内务部编订的《告全国选举人文》改成直隶方言白话散发各属城乡，③ 在年底选出省议会议员，翌年三月成立第一届顺直省议会。国会、省议会被解散后由政治会议讨论省制，袁世凯幕僚黎渊提议行省是国家行政区，不设议会，议会只在府州县地方自治区域设立，"省议会者，立法机关也。立法机关惟自治团体始宜有之也。中国之省，非政治团体者，故省不宜有议会也"，④

---

① 《省会开会纪》，《大公报》1916年10月2日。
② 《调和省会与地方官之冲突》，《大公报》1916年11月23日。
③ 《政府公报》第186号，公电，1912年11月3日，第68页。
④ 林开明：《北洋军阀史料（袁世凯卷）》，天津古籍出版社1996年版，第913页。

接着政治会议议决通过,省为非自治国家行政区,取消省议会,"本会议以为,吾国行省制度,区域过大,祗宜作为最上级地方行政区域,不宜施行自治区制,省既不能认为自治团体,则当然不应于中央议会与地方议会之间发生此性质不明之省议会",① 临时大总统袁世凯据此饬令解散省议会,将地方政府重心从省下移一级到道。废省置道意图是削弱行省权力,将行省财税、军事、政治权力收归中央,重塑中央权威。大总统试图在保留立宪政体的前提下恢复君主立宪制,利用君主权威塑造中央权威,不料在共和取代君主成为不可逆转的国体进化时代主流舆论声讨中遭遇滑铁卢,身体有恙雪上加霜,由军政强人主导强大政府的理性政治预期破灭,大总统无力回春,军事权力摆脱政治权力控制反过来支配政治权力,形成军绅政权,不遵循宪制秩序,反倒是压制议会。恢复《临时约法》和国会,继任总统黎元洪空拥虚位,总理段祺瑞掌握北洋政府军事与政治权力。由制宪会议讨论省制,省制入宪引发政见分歧,未能达成共识,反对省自治者认为要在广土众民的行省施行自治是不可行的,行省自治区域大,自治程度低,不适宜自治,主张省自治是想与中央分权,省自治无法理依据。直系军阀主政时期制定的宪法定省制为自治,1923 年《中华民国宪法》将省制入宪,规定地方与中央分权,由省议会制定自治法,设省议会作一省代议机关,省务院为其自治行政机构,但是在军绅政权下行政权力对立法权力处于优势地位,省议会法定功能未能充分依法运行。

一 政党竞争初步成型,朋党之争余绪尤在

民初共和肇造,主权在民观念,党禁解封,组党结社,政党与政治社团林立,地方自治机构、省议会、国会的建构为政治参与和政治竞争提供制度化公共空间,政治竞争合法化,传统派系朋党政治转型为现代竞争性政党政治的雏形。清末直隶宪政研究会、顺天宪政公会、帝国宪政实进会、宪友会成员在支持君主立宪制政体上是一致的,在民初分化组合为众多政党与政治社团,国民协进会、直隶公民会、新直隶会、直

---

① 《第三次审查省议会案纪略》,《申报》1914 年 2 月 28 日。

隶民会、直隶公会、共和党和统一党直隶支部、同盟会燕京支部、燕赵公会的政治政纲在巩固共和政体促进国家统一上达成基本共识，直接政治目标是参与政治建构共和立宪政体。民初国体鼎革动员政治参与扩大化，绅商士庶组党结社，国民党势力由潜藏转为公开，议员卷入政争党争，行政权与立法权在制度形式上对等制约，将政争党争置于议会制度之中，按照民主选举和议事程序规则竞争权力，按照多数决规则决策，议会作为利益表达与交换的政治市场，协调分歧与争端，化解冲突与斗争，避免零和、负和博弈。但是党争政争突破代议制规范，议员们未将私人领域的个人私利、立场、偏见、恩怨与公共领域公共利益决策的理性行为规则区分开，私域与公域混沌，各为私利相争为私怨相斗，分歧没有经过妥协达成共识，反倒是激化成剧烈冲突，损害公共利益。从权力分配结构看，中央国家权力机构总统府、国务院、国会参、众两院权力结构关系和制度体系尚未合理化，中央政治权威不足以控制地方，军事权力从起初支撑袁世凯总统政治权力演变为脱离政治权力羁绊支配政治权力，各派系军阀势力纷争带来政局动荡，政权转移，议会政治运行缺乏和平有序外部政治背景。

违背宪法规范的政治竞争破坏议会议事程序规则。1912年8月发生黎元洪电请袁世凯捕杀张振武、方维案，临时省议会同盟会议员多次提议通电全国要求参议院弹劾袁世凯、黎元洪案获多数票通过，但是共和党议员百般阻挠发出电文，两派争论激烈，不守规则，会场秩序混乱之际议长竟然因个人政见倾向共和党而放弃维持秩序的责任，"胡议长有意偏袒反对者，不想维持议场秩序，竟宣告散会，使多数通过的议案，不获结果而终。"① 1913年2月原定召集第一届省议会，但是到津多数议员因为选举参议员纷争未了就不去都督府报到。国民党准备使用暴力限制党员投票，"闻国民党以本党人品最杂，特组织武力团，凡该党议员有投本党之票而卖票他党者，定出武力对待"②。3月正式省议会成立，国民党在与共和党竞争议长过程中在无记名投票之前国民党议员按照政党路

---

① 《省议会纪事》，《大公报》1912年8月24日。
② 《预防卖票》，《大公报》1913年2月26日。

线协调一致投票占据议长与副议长席位。国民党议员在省议会中占多数，议长边守靖在国民党激进派支持下试图通过议会制多数议决制取得优势，以之制约北洋系掌控的军事、政治权力，申言议会是民国立法机关而不再是清朝督抚的咨询机构，具有独立的立法权，"当此民国初建民智初开之际，议会要根据约法赋予的权力独立行使职权，不能惟行政机关的马首是瞻，更不能成为行政机关的附庸"，① 力图用议会立法权制衡都督行政权，在革命党人和北洋系军政权力之间寻求平衡。在竞选参议员时国民党主事者谷钟秀将刚从共和党转到国民党的旧交刘春霖列入候选前四名，本党反对者对谷钟秀动武并划去刘春霖名单，主事者徇私情，不遵守民主选举规则。刺宋案引发二次革命，顺直省议会内部各党派政见冲突大，国民党呼吁召集省议会致电北京惩处元凶，而共和党主张依法解决，支持袁世凯镇压革命党，"速定戡乱大计"，共和党、统一党、民主党一致攻伐革命党挑起暴民叛乱，支持袁世凯善后大借款，镇压国民党，"勿使暴民专制现于中国"，统一党通电谴责国民党，拥护袁世凯平息党争，"伏望各政党眷怀危局，消弭党争，共策治安于万全，勿速危亡于孤注"，政见争端不在分歧中互相妥协求得互利共赢，不通过民主投票由多数决定，而是借助外在武力攻伐异己，甚至消灭对手。1913 年 5 月各省议会联合会否认善后大借款并通电国会弹劾大总统袁世凯，国民党籍会长王建中支持弹劾，而拥护袁世凯的共和党议员坚称联合会为非法，要撤回顺直省议会的代表，通电曰："省会联合会原为研究省会法而设，今省会暂行法业已颁布，议会已无存在之必要。况所宣布宗旨逾越省会法第六条职权之外，在法律上不能发生效力。且该会由津迁沪尤属不合。现在鲁、闽、鄂、苏等省均已专电退出，该会仅存数省代表，实无代表全国之资格，我直代表应一律退出"，② 电文不无法理，但隐藏撤销联合会以支持袁世凯的明显用意，党争政争掺杂破坏代议制议会运行规则，加剧议会立法权与政府行政权争端。

---

① 崔跃魁：《我所知道的边守靖》，《中华文史资料文库》（九），中国文史出版社 1996 年版。
② 《顺直省议会通电》，《大公报》1913 年 5 月 27 日。

省议会集聚社会政治精英，精英参政期望高，行为激进，动辄向大总统、参议院、国务院及其他省议会发通电或以休会停会辞职解散议会相对抗。议员以欧美日本议会—行政关系为参照争取和维护议会权力，多罔顾现实，议案复决权、外交缔约同意权、弹劾审判行政官立法监督权超越合法权限。行政官员与议员法律规则意识淡薄，不尊重议会议事规则，不为公共利益妥协让步，感情用事，非理性，不宽容，"行政机关蹂躏立法，立法机关钳制行政"。以士绅为主的谘议局议员文化同质化程度较高，意见抵触时尚能互相妥协维持秩序。民初党禁开放，组团结社成风潮，政治团体风起云涌，受到现代性动员的新潮人物跃跃欲试，他们多数年轻有为，接受新式学堂教育或留学东西洋学习法政知识，从事过律师、自治、教育、商务等现代新事业，新潮精英人物思想观念行为比士绅激进。科举早废，党禁亦解，入党做官做议员取代科举功名成为潮流，"不入党，不可以任官吏；不入党，不可以举议员，是政党特别之权利也，亦即政党应有的报酬也"，① 政党成为政治参与和政治体系录用精英人物的制度化组织工具。政见冲突和利益纷争以政党为分野，派系纷争持续不绝，倘若利害相关者在议会内遵循博弈规则讨价还价，一般都能以和平非暴力方式达成互利共赢的正和博弈结果。问题在于民初议员们多为本派偏见、私利而争，互不相让，缺乏维护社会国家公共利益的自觉意识，导致因私废公，法良制美徒成虚设，"有法而人不良，则虽完美的法制不能得以运用，终必成摆设"②。省议会因二次革命而中断，继大总统袁世凯取消国会国民党籍议员资格后直隶民政长刘若曾取消国民党籍省议员资格，追缴证书及徽章，继任都督赵秉钧解散省议会，在通电中指责议会议决公事无成绩而违法侵权掣肘政府行政权，"各省议会正式成立迄今瞬及一年，其与本省应兴应革诸大端漫无规划，且绝少成绩可言。而于应议政事，不审事机之得失，不究义理之是非，不权利害之轻重，不顾公家之成败。惟知怀挟私义，一以党见为前提，阳居代议

---

① 《闲评一》，《大公报》1913 年 1 月 24 日。
② 《强国公会当选理事刘朝望君演说词》，《大公报》1913 年 2 月 21 日。

士之名，阴掣行政官之肘"，① 贬斥议员派系竞争损害公利，议会立法权挑战政府行政权，指斥国民党议员藉选举攘夺权力，"盖缘选举之初，国民党势力实占优胜，他党与之角逐，一变而演变为党派之竞争。于是博取选民职位者，皆出于党人而不由民选。虽其中富于学识、能持大体者，固不乏人，而以扩张党势攘夺权力为宗旨百计运动而成者，则比比皆是"②。国民党籍议员被驱逐，国会、省议会均停摆。到洪宪帝制结束，省议会恢复，副议长王建中的议员资格恢复引发争端，他曾经在二次革命及洪宪帝制事件中被捕入狱，国民党议员支持他恢复原职，但共和党议员认为以他戴罪之身参加会议有辱立法，"以是人列名议会，为民代表，玷辱立法尊严，莫此为甚"，③ 对他成见过深，还要求取缔议员资格，国民党议员将他的答辩书和议案数次提交全会委员会和常年会，一直争辩不休，未能表决。在对德参战问题上，主张巩固共和维持法治的公民协会反对参战，与支持参战的政治研究会争执不下，公民协会在议会投票中获得多数，但是政治研究会坚决不认可，明显违背议会政治多数决通过议案规则。④ 私人恩怨与党派偏见破坏公共空间政治竞争必须遵循的制度规范，政治行为违背宪法性法律，政治精英缺乏遵守宪法规范的自觉意识。朋党之争扭曲竞争性政党政治制度建构。

二 北洋军政势力试图控制省议会中两党政治竞争

国民党与共和党人政治竞争受制于北洋军政当局为牢固掌握京畿军政权势和支持大总统中央集权而实施的政治控制。省议会中国民党人和共和党人数相当，国民党占八十六人，多数年轻气盛，按照政党路线协调一致行动，正议长边守靖、副议长王秉喆、王建中都是国民党人，主持议事程序，共和党占八十七人，倾向支持冯都督，主要以清代官僚为主，行动较为分散，民主党、统一党、几个超然派小党占有其余十余个

---

① 《直隶赵都督、刘民政长请停止省议会通电》，《申报》1914年1月31日。
② 《直隶赵都督、刘民政长请停止省议会通电》，《申报》1914年1月31日。
③ 《提议取消王建中议员资格案》，《益世报》1916年10月30日。
④ 《省议会反对参战》，《大公报》1917年3月8日。

席位，① 初步形成两党竞争格局。北洋军政势力政治派系与国民党的政治竞争在议会内以政党竞争方式展示，国民党人试图利用省议会中多数优势限制北洋系军政权力，正如在国会中取得多数席位的国民党试图通过组织责任内阁来限制大总统集权，掌握中央与地方政府行政权力的北洋系的回应方式是对以议会为主要政治活动空间的政治参与和政治竞争加强政治控制。冯都督对参议员选举加强政治控制，委任接受新学颇具学识的开明人物担任参议员选举的投票管理员、开票管理员、投票监察员，委任人数较他省为多。冯都督发布省政府令规定投票时间、地点、投票方法及其违规处理办法。② 在选举投票过程中禁止旁听，禁止议员在发言演说时因意见纷争而使用暴力，防止发生类似江苏、四川、湖南、山东等省议会议员间的冲突殴伤事件，敦促遵守选举法令及议员行为规则，维持议事秩序。

　　刺宋案引发顺直省议会内激烈无序政党竞争，不守规则，军政当局乘机加强政治控制。应大总统袁世凯邀请北上组阁的国民党代理党魁宋教仁在上海火车站被刺杀事件激发两党冲突，省议会内国民党人主观认定是袁世凯所为，极力呼吁以议会名义致电北京严惩元凶，4月初在国民党员议长边守靖主持下举行追悼会，群情激奋主张讨袁。③ 共和党则主张对刺宋案要寻求司法途径解决，不可诉诸武力破坏新生宪制秩序，指责国民党人为暴民乱党，支持政府"速定戡乱大计"，④ 两党敌对不共戴天。4月30日省议会中国民党议员致电国会呼吁弹劾大总统及由其委任的冯都督、顺天张府尹，致电国会反对业已签约的大借款协议，阻止大总统向五国银行团举债，5月20日在全国省议会联合会的支持下呼吁五国银行团终止借款协议并呼吁国会立即弹劾大总统。国民党人试图利用议会的立法监察权、财政监督权弹劾北洋系军政精英人物，北洋系凭借掌握的军政权力优势控制议会，压制国民党，冯都督授意共和党人提议取消全国省议会联合会的顺直省议会代表，断绝国民党的地方支持，在22日

---

① 《各党议员纪事》，《大公报》1913年3月13日。
② 《省令公布》，《大公报》1913年3月10日。
③ 《省议会纪事》，《大公报》1913年4月1日。
④ 《共和党直支部通电》，《大公报》1913年5月7日。

议会召集会议时暗中指使共和党人缺席,会议达不到法定人数,议决无法律效力。① 共和党与国民党对峙,共和党整合民主、统一小党联合通电支持中央政府大借款,声明拥护袁世凯,指责国民党煽动党争,制造乱局:"伏望各政党眷怀危局,消弭党争,共策治安于万全,勿速危亡于孤注。"② 非法无序的政治竞争破坏省议会运行,军政当局为控制政治竞争而压制政治参与。

省代议机关从前清由士绅主导转向民初共和党与国民党人势均力敌,掌握军事、行政、财政权力的北洋系军政势力为压制国民党参政势力而削弱议会法定权力。在省制争议未定而省议会法未立之际,临时大总统袁世凯命令在《省议会暂行条例》及《地方编制法》未经临时参议院议决颁布前暂且适用《谘议局章程》:"若无暂行准用之法以为依据,未免有各省自为风气之嫌,前清《谘议局章程》系属现行法律之一,所有各省议会一切组织及其职权,除该章程与民国政体及新颁法令抵触外,当然适用",③ 新法未立当适用旧法是合理的政治决断,但是旧法限制省议会独立的立法机关法律地位和权力。顺直谘议局在各省反对声浪中致电中央与各省表示反对适用旧章程,休会十日以示抗议,各省响应,大公报等媒体舆论刊文支持曰:"谘议局为君主时代之机关,国会为民主时代之机关,其章程诚未可沿变,各省反对之诚是也。"④ 广东省议会倡议成立议会联合会一致行动得到各省赞同,顺直省议会在派驻代表议题上国民党与共和党立场对立,分歧难消,国民党支持成立各省议会联合会,由现正副议长或重新选举二人作代表,而共和党则坚决反对,还有意扰乱议事秩序,至 4 月 13 日才就加入省会联合会勉强达成一致,但是在代表产生方式上又冲突,"国民党主张由公推二人,共和党则主张票选,国民党亦认票选,而共和党又必欲由共和党固定出当选者一人,国民党谓既用票选则不应预定固定之人。双方争持并无正当之解决",⑤ 之后达成

---

① 《请看省会议员》,《大公报》1913 年 5 月 24—25 日。
② 《统一党直支部通电》,《大公报》1913 年 5 月 27 日。
③ 《临时大总统令》,《政府公报》第 266 号,1913 年 2 月 1 日。
④ 《闲评一》,《大公报》1913 年 3 月 19 日。
⑤ 《省会之党争》,《大公报》1913 年 4 月 13 日。

票选，但是计票标准又分歧，"国民党主持票选以单记法得票过半数者为当选，共和党主张比较多数为当选"，当议长将两种主张诉诸票决时，共和党"竟然站起来叫嚣，以致秩序大乱"，① 担心选败，公然破坏议事秩序。4月24日，十二省议会代表抵达天津，顺直省议会尚未选出代表，在省会联合会致电敦促下才勉强选出副议长王建中和议员郭熙洽出席"中华民国省议会联合会"。制定政治竞争规则本来需要两党妥协让步达成共识，政治竞争本当以不破坏议会议事程序制度规范和国家与社会公共利益为政治行动伦理规范，尊重反对方的法定权利，在利益和政见冲突时相互妥协，在分歧中寻找共识，放弃赢者通吃观念，回应少数派诉求，保护少数派利益，民初尚未形成议会政治民主议事政治文化。

三　省议会弹劾政府行政长官县知事、司道长官、京兆伊

绅商士庶组成社会政治团体通过省议会行使国民参政权，限制政府行政权恣意妄为。省议会伸张立法监督权制约直系军政势力掌握的政府行政权

弹劾县知事。1920年5月，省议会议员梨炳文依据《省议会暂行法》提出《咨请查办藁城县知事李重光违法害民案》，指控其徇私枉法，作恶多端，"自上任以来，在司法、行政等诸多方面枉法行私，所犯罪行难以枚举，滥用刑讯、强用跪审、侵吞罚金、私加状费、纵侄奸民、吞没差钱、侵蚀牲税、克扣花税、侵吞屠宰税、吞扣薪水"，劣迹斑斑，还在审案过程中"以金钱为曲直，指鹿为马、民怨不申"，② 咨请省长对之严厉撤职查办，省长曹锐6月命令先将李重光撤职，续令保定道尹"认真详查"，保定道尹委派其佐理调查，调查结果认为罪状多不成立，但是违法刑讯审判指控"由直隶高等审判厅依法办理"。③ 1920年9月，议员赵英提出《咨请惩办滦平县知事肥己殃民案》，指控县知事王枢假冒度支部名

---

① 《省议会纪事》，《大公报》1913年4月15日。
② 《议决查办藁城县知事违法害民案》，《顺直省议会第二届第二期临时会议案录》，国家图书馆藏，第75页。
③ 《直隶省长曹咨复：议决查办藁城县知事违法害民案》，《顺直省议会第二届第二期临时会议案录》，国家图书馆藏，第75页。

义加征租税，"苛征小民"，两年的额外浮收总计达两千余元，被王知事"悉数侵吞"，在议案后附两年的科租收据十七页，证据确凿，咨请省长将其撤职查办，省长转咨热河都统，都统饬令热河道尹和财政厅长调查，道尹委托承德征收局长亲赴滦平"逐项彻查"，王知事不敢怠慢，将租地卷宗详加查考，发现串票和租银相差一年之欹，责成县署纠正，悉数退款赔偿，"将所取租课如数退还该民"，都统将王知事调署林西县知事。①1922年12月省议会对大名县知事张照芹提出弹劾案，指控其"贪鄙枉法、病国殃民"，涉嫌"侵吞罚款、抬洋价以侵蚀国帑、征麸豆以苦累商民"等六项罪状，咨请省长查办，省长王成斌派人"查复核办"，调查结果认为罪名"多无确据"，但是将张知事调离，饬令新任县知事认真整顿征收麸豆及书吏票规等积弊。②1922年11月省议会弹劾临城县知事杨遵路，省长委托大名道尹，道尹转委内丘县知事，被指责"查办不实"，省长再次令财政厅与新任知事合作查办，调查事实，提交法庭训办，杨知事接受审判。③1923年12月省议会弹劾固安县知事，指控其侵吞赈灾款，咨请省长查办，调查显示指控属实，县知事"畏罪吐出"赃款。④省议会弹劾县知事，证据确凿，事实清楚，上司处理方式多是庇护下属或调任他处，少有依法查办审判惩处者。

弹劾司道官员。1923年11月省议会赵丕均、吴向文、杨奉冈、王用和议员对河务局长赵英汉提出弹劾案，指控其"溺职殃民，侵吞公款，任用私人、絮乱防政"，在防汛期捏报工程，河堤未加固，隐患四伏，委任的子牙河分局长无知无能，无河防知识与经验，致使南运河在吴桥县连镇三里栈决口，淹没村庄，"被灾者千余村"，在沧县、南皮等地酿成人命，灾后赵局长居然还贪污赈灾款二万九千多元，咨请省长查办追赃，

---

① 《咨请惩办滦平县知事肥己殃民案》，《顺直省议会第二届第二期临时会议案录》，国家图书馆藏。
② 《咨省长派员查撤大名县知事张照芹案》，《顺直省议会第三届第二期常会议案录》，国家图书馆藏。
③ 《大名道尹之查案不实》，《大公报》，1922年11月19日。
④ 《咨京兆尹固安县吕庚第请撤惩该知事文》，《顺直省议会第三届第三期文牍类要》，国家图书馆藏。

将河防局长交司法审判。① 两月后省长咨复省议会曰"各条与事实不符"。② 1924年初，北洋大学、北京第二女子师范及部分中学连续发生学潮，校长们开除学生，令学校警察强行禁止学生请愿，师生们向省议会陈情，提出弹劾案，指控校长们摧残教育、殴辱学生，咨请省长和教育部撤换校长，③ 提出弹劾教育厅长案，指控教育厅长张谨未对学潮提出"良好解决办法"，④ 8月还正式致电省长王成斌和教育部敦请查办，⑤ 但是数月未见省长及教育部答复，直奉战事，奉系入主直隶与京师，弹劾案不了了之。弹劾司道官员无能渎职贪污，弹劾教育当局侵犯学生公民权利，事实俱在，省长教育部不能驳回，但是包庇涉嫌犯罪下属官员。

弹劾京兆尹刘梦庚。1923年1月正值顺直省议会召集常年会期间，京兆尹刘梦庚迟至闭会前夕才提交年度预算书，且内容有岁入而无岁出，有议员提议审查，因支持审查者与反对审查者之间发生激烈争执而未果。⑥ 支持审查者在4月份临时会上提出弹劾案，指斥刘梦庚任职以来种种违法渎职行为，"对地方政治漠不关心，任性妄为，措施乖谬，实属殃民溺职，贻误地方"，具体指控一是违背《省议会暂行法》发行金库券，税费义务及公债之发行本须经省议会议决通过方可实施，而刘梦庚竟然直接指令财政厅发行，而且折扣高达八分。二是迟发和挪用赈灾专用款，1922年春夏直隶发生大面积水灾、旱灾，政府及时拨付赈灾专用款，但是赈灾款"迟至旧历年底尚未发放"，在内务部电询后才"分电各县照领"，时间拖延太久，"已在旧历本年三月间矣"，赈灾款迟发大半年，"全为挪用"。三是非法挪用陆军部发放的因公殒命军警官兵抚恤金，领款家属被空言搪塞，怨声载道。⑦ 四是违法加增苛捐杂税，京兆民众"呻吟于苛政之下，生活无路，呼号无门"，⑧ 加重人民负担，民生多艰。4

---

① 《省议员提议撤惩赵英汉》，《大公报》1923年12月1日。
② 《省议会开会旁听记》，《大公报》1924年1月17日。
③ 《直隶省议会议事日表》，《大公报》1924年4月11日。
④ 《省议会催撤教育厅长》，《大公报》1924年6月25日。
⑤ 《省议会开会旁听记》，《大公报》1924年8月9日。
⑥ 《提议审查京兆尹议员当场大起冲突》，《大公报》1923年1月13日。
⑦ 《省议员提议弹劾京兆尹》，《大公报》1923年5月1日。
⑧ 《省议员提议弹劾京兆尹》，《大公报》1923年5月2日。

第六章　建构直隶地方议会—政府分权制衡式政治权力结构　/　299

月底提出的弹劾案得到京兆区民众及社会团体声援，支持议员们"务必坚持到底，不负人民之委托"。① 但是在5月中旬开会时议员分化为两派，双方各从对《省议会暂行法》的不同解释来支持或反对弹劾，反对派引用弹劾省级行政官须要出席议员中三分之二赞同才可提出之条款认为弹劾案不能通过，而支持者引用五名议员赞同即可提议之条款认为弹劾案符合法定程序，两派争执激烈，京兆区议员齐世铭、赵广谦煽惑京兆区议员退席，第二天集体缺席，致使到会议员不足法定人数而流会。议员与舆论怀疑京兆区议员集体缺席是因为京兆尹刘梦庚运动收买分化议员，"刘梦庚派人来津运动，议员有被收买者"，② 5月16日会议上之前赞同弹劾的京兆议员转而反对，"赞成于先，复又反对于后"，③ 证实京兆议员被收买。议会内派系纷呈，直隶系、热河系、察哈尔系议员中多数支持弹劾，尤其是直隶系中的正义系积极奔走斡旋，主持弹劾甚力，整合支持力量，在6月初议决通过弹劾案，立即咨请国务院内务部从速核查严惩京兆尹刘梦庚。④ 主持弹劾之议员紧追不舍，到11月致电内务部咨请速查，重申证据确凿，不可久拖，"该尹一日不去，人心一日不安，官民积不相能。倘一旦堤防决溃，将何以善其后"，⑤ 以拖延不办的可能后果警告内务部。12月复致电国务院以代议机关民意代表之职任为民请命，指责国务院庇护刘梦庚："呼吁业经三次，始终置之不理。内务部因何特别关系，不恤人民，无视议会，偏袒刘梦庚一人如此，是刘梦庚手眼通天，内务部违法渎职已可概见。本会即为人民代表，其为国除奸，为民请命之心绝不能因为内务部阻挠而遂停止进行。千祈贵院迅催内务部，克日提交国务会议以平民愤而昭国法"，⑥ 议员坚决弹劾奸佞官吏，不辱没法定职任，选举时被省长议长操纵指定议员组成的议会也能发挥依法

---

① 《议员有受运动说》，《大公报》1923年5月11日。
② 《省议会开会纪事》，《大公报》1923年5月15日。
③ 《省议会今日开会》，《大公报》1923年5月16日。
④ 《省议会开会旁听记》，《大公报》1923年6月5日。
⑤ 《省议会致电内务部》，《大公报》1923年11月11日。
⑥ 《致北京国务院请催内务部克日将弹劾刘梦庚案提交国务会议电》，《顺直省议会第三届第三期文牍类要（函电类）》，国家图书馆藏，第59页。

监督行政官吏的功能,议会与行政分权制衡的政治权力结构限制权力滥用。议员明知刘梦庚为军阀曹锟的亲信而毫不畏惧再三弹劾穷追猛打,议员中坚持议员角色职任不失政治操守者仍然为数众多。舆论怀疑刘梦庚是为逃避弹劾而再次收买议员向参议院提议成立独立于顺直省议会的京兆议会,支持弹劾的京兆议员傅振元、成启芳、何维岳揭露说这是因为京兆区议会一独立,"而从前通过之弹劾案,即可无形取消矣",① 天津颇具影响力的舆论媒体《大公报》直截了当地揭露说:"省议会分裂,皆系某要人所运动,以图取消弹劾案,为维持个人之利益,而出此举动,其用心亦苦矣。"② 1924 年 4 月顺直省议会依据宪法分裂为一省三区议会,年底刘梦庚被调离,弹劾案在京津城头直奉军阀王旗变换中逐渐无影无踪。弹劾案难以核查执行的一个阻碍因素是官场人际网络形成相互祖护关系,上级庇护下级,平级同僚相互祖护或洗刷罪名,1917 年顺直谘议局弹劾京兆区实业科长兼官产处长楼思浩,指控其侵吞官产八十四万元,京兆尹王奎祖护之,两年多仍不查办,"不知前尹王迣与伊有何关系,竟始终代为掩护"③。1922 年 12 月省议会弹劾交通厅长高恩洪,高恩洪之前为吴佩孚筹集过军饷,吴佩孚遂致电曹锟"为高说话"④。弹劾案咨请上级行政长官查办而不是直接提交司法机关调查和审判,司法机关无由干预,指控和证据不能得到独立的调查核实和独立审判。弹劾行政官吏监督行政权的议案多数被驳复或未切实执行,而顺应政府治理地方整顿吏治政策的建议类议案则易于得到批准执行。1922 年省议会建议但凡官吏贪赃枉法案均交由法庭审理,省长王成斌以为然,"嗣后如遇有此等案件,应依法提交法庭核办,以儆贪婪而肃官常"⑤。1922 年 12 月省议会建议任用本省人做县知事,本地人做本地官更能体恤民生艰辛,熟知本地情形,民众也了解官员品行与才识是否能勘职任,"某也品行端洁,某也

---

① 《对于省议会分立之意见》,《大公报》1924 年 2 月 29 日。
② 《顺直省议会分裂后之别讯》,《大公报》1924 年 3 月 8 日。
③ 《省议会电请惩治贪吏》,《大公报》1920 年 12 月 3 日。
④ 《吴电曹使为高求情说》,《大公报》1922 年 12 月 22 日。
⑤ 《直隶省长王咨复》,《顺直省议会第三届第二期常会议事录》,国家图书馆藏。

才识优长，皆可真知灼见"，王成斌表示可行。① 1923年省议会建议由省长委派专员干吏查办弹劾案并登报公布，省长王成斌欣然接受，"委派干员多人，分赴各县逐一暗地调查"，② 还将政治研究所改为吏治视察所，特派视察员三十余人调查县知事违法渎职行为，③ 制定视察员工作方法《视察吏治办法十六条》。④ 议员弹劾政府行政官员显示省议会立法权对政府行政权法定监督权限尽管在军绅政权之下也能运转有效，立法权监督行政权形成权力分立制衡的地方宪制秩序。

四 省议会监督政府财政预算

省议会提出监督政府财政预算决算议案数量在递增，议案内容涉及范围在扩大，谘议局和临时省议会财政类议案类型集中在外债和减免课税，之后扩展到监督政府收支公开、整顿金融秩序、改革财政、审计财政收支、清查官营企业收入。谘议局有法定权力议决本省税法、公债及人民税负，提出减免课税议案十六件，减免粮租、房田契税及牙税，济民生，纾民困。临时省议会在1912年8月提出八个减免课税议案，第二届省议会提出减免租税议案十六个，第三届省议会提出减免租税议案十件。⑤

省议会具有立法机关的结构就能产生监督行政机关的功能，1918年10月第二届省议会议决了上年底省长曹锐提交的《七年度直隶省地方岁入预算案》，由省长议长指定候选人操纵选举过程产生的议会议员依然能发现政府预算报表不符合编制规范，一是编制款项类别与前几个年度雷同内容多，与五、六年度毫无差异，保定杂捐项"完全相同"，各捐"毫无出入"，议员判定"其为照抄成案"，预算细册未造齐，数目多是估算，于是依法质询财政厅，敦促行政官厅下一年度预算务必核实详情准确编订，补充编订本年度预算，"俟办理八年度预算时务必与该管机关斟酌情

---

① 《提议县知事改用本地人》，《大公报》1923年2月12日。
② 《将有大批县知事更动说》，《大公报》1922年9月26日。
③ 《本埠吏治视察所行将撤销》，《大公报》1925年1月14日。
④ 《省署实行视察吏治办法》，《大公报》1925年9月16日。
⑤ 《顺直谘议局议案录（议决案）》，北京大学图书馆藏。

形，核实编订，并将收捐章程连同决算分册一并送会审查，以昭核实"。二是款项名目、数字不具体，无法核实。三是隐瞒官办企业收入，官营收入只列出各矿官营收入，遗漏劝工陈列所、劝业铁工厂、教育品制造所、工业试验所、天津官银号等数十项官营企业收入，预算编制"仍抄袭旧年成案"，纯属"故意漏报"，要求财政厅编制下一年度预算收入斟酌实情从实编订。① 议会年底将《议决七年度直隶地方岁入预算案》返咨省长，次年三月底省长提交驳复，对省议会要求准确列清款项类型名目一概拒绝，理由是国家税入不应由地方政府公布，比如濮阳工程捐"前奉部令列归国家"，津海关码头捐"奉部令提归国家"。议会审议效率低，审查一份年度预算表耗费一年时间，政府拖延时间长，耗费三个月时间驳复一份简单的税入预算审议报告，时报批评之曰："政界之办事手段，无处不行拙笨，而独至舞弊营私，则巧妙变幻，实具不可思议之神通。"② 第二届省议会 1919 年通过《议决财政所单行条例案》，要求在州县设立财政所来审计政府财政收支，省公署起初延宕拖沓，到 1921 年省长曹锐在省议会再次咨请下敦令州县执行，"严令各县于九年阴历年底，一律成立"，③ 初步建立立法机关监督政府财政预算的常设专门机构。代收代缴田赋丁租的营利型中介组织的主要载体乡绅和衙门胥吏并未因为地方自治机构的建立和政府机构的权力扩张而消失，变换手段从征收地丁粮租中获利，省议会发现租税串票显示经手人加收租税，于是在 1921 年通过《改良串票案》，要制定法定规范票据来消除串票乱象，"拟定一种串票式样，将完纳丁租花户姓名、地亩、坐落区域、完纳银元若干数目，折合铜元或制钱若干数目逐项开列，刊刻板票，印刷清楚，俾人民一目了然，以免胥吏从中渔利"，④ 由官府刊刻印刷财政税收票据以防税收中介人从中渔利加重农民税负。1920 年 4 月直皖战争前省议会审查《九年度岁出入预算案》，审议发现热河、直隶行政区岁入漏列，热河岁入经常门下漏

---

① 《议决七年度直隶省地方岁入预算案》，《顺直省议会第二届第一会期议案录》（议决案），北京大学图书馆藏，第 153—156 页。
② 《七年公债之黑幕如是》，《大公报》1918 年 3 月 1 日。
③ 《省议会催立财政所》，《大公报》1921 年 2 月 3 日。
④ 《省议会拟改良串票》，《大公报》1921 年 1 月 18 日。

列经棚征收、验契费、围场学田、煤科，岁出漏列省议会经常费。直隶岁入经常门漏列城隍庙小学自收房地租，省议会要求省政府行政官厅依照惯例补列遗漏款项。热河岁入款项数目远远低于真实数据，经常门附税所列一万五千九百七十元"与实收相差甚距"，款项类别名目不清，岁出经常门各县薪俸和公费支出"仅就备考栏内笼统填注"，未列细目。京兆区预算岁入九万六千元，漏报地方税各县规费收入六万五千九百零八元，将税入核实修正为一十六万五千多元。建平县学、警公费仅列支出数目，未列警所、警员、学校教员数目。① 省议会依据预算规范与财会专业知识对省长财政厅编制预算进行纠正，将前几年岁入决算加总求平均数得出九年度预算基数是一十四万二千九百四十七元，将省公署提交原数据一十万四千六百七十七修正，增加岁入预算三万八千二百七十元，用同样方法将保定捐务局收杂捐从一万五千三百三十二修正为一万八千六百七十四元，增加岁入三千三百多元。省议会裁减临时门支出中虚报款项，比如，将应对学潮而临时设置的两个保安队薪水一千零贰拾元及军装年款二千一百九十三元全数裁减。议决结果增加岁入四万四千三百九十元，减少岁出一十六万五千五百八十六元，揭示行政官厅隐藏漏报收入，虚报支出，发挥立法机关监督政府财政预算功能。② 预算议决案交付省公署，曹锐省长在复咨省议会公文中对议会的某些修正数据不以为然，议会要求撤销临时警队支出，曹锐回复说："学潮虽已平定，然时局尚未宁静，该队未便裁去，请准列入临时预算"，未及时公布执行。1922年底财政部令各省省公署及其财政厅预算支出务必从缓扩充，厉行删减，务剔除漏列实收款项，省长在财政部敦令下公布执行预算案："省署昨日接到此项咨文并转令财政厅遵照。"③ 省议会监督政府财政预算的功能运行正常，议员角色履行到位，但是省公署不执行，中央行政权从皖系转归直系军政势力掌握，省长执行财政部预算削减政策，地方议会在军政势力掌控的行政权面前处于弱势。第三届省议会行使预算监督权，1923

---

① 《顺直省议会第二届第二期临时会议案录》，国家图书馆藏，第86—98页。
② 《顺直省议会第二届第二期临时会议案录》，国家图书馆藏，第101—109页。
③ 《编制预算之限制法》，《大公报》1922年1月5日。

年初省议会审查省公署咨交《直隶地方十一年度岁出岁入预算案》，审查发现行政经费款项支出重复，岁出经常门行政办公经费款项已经列出的邮电、茶水、薪炭、油灯一百八十元被重复列举在杂费支出项目中，在财务行政费办公购置项杂费目中已经列出的杂件、器具、杂品、消耗等再次列入杂费目中，议会要求全部删除重复预算项目。经常门财务行政项目中全年凉棚支出二百四十元，凉棚只有夏季需要，议会将之削减为八十元，在九年度预算支出项中已经被删除的津贴目以奖励名目重复出现。经审议，议会对预算案岁出逐项删减，岁出减少二十万七千三百八十一元，对岁入仅对经常门第四款官业收入目进行修正，岁入预算增加二万四千一百四十三元。① 审议报告咨返省公署，省长没有驳回复议，公布执行。此届议会议员多数是在政府控制下由省长、议长指定选出的，相互间恩庇—回报关系阻碍议员遵循制度规范按照政治理性预期行动，这是监督审计相对前几年度显得粗疏的一个原因。

监督政府财政支出公开化、透明化。省议会敦促政府将支出数目"登诸公报"，第二届省议会质问财政厅每月钞票收支数额，② 要求州县行政费每月"照登公报"，③ 要求顺直各行政区长官省长、都统登报公布州县杂项收入名目数额，"昭大公免隐匿"，④ 督促政府财政支出公开，在政府公报或时报公布周知，财政收支公开可向社会舆论释疑解惑，增加绅商士庶对政府的政治信任，收支无所蒙蔽可防止官吏贪污腐败。第三届省议会提出监督政府财政经费使用的议案，咨请热河都统用司法收入作司法经费，不得苛罚当事人；咨请省长将白洋淀淤地租金补助县教育及实业；咨请顺直全境内各区行政长官将本用于上解司法部的收入转拨给县司法公署支用，以期尽早建立基层社会的司法审判机关；咨请将热河留学专款纳入预算。⑤

省议会监督官办企业。政府经营烟酒、矿藏、铁路、公路等实业，

---

① 《顺直省议会第二届第二期临时会议案录》，国家图书馆藏，第259—291页。
② 《顺直省议会第二届第二期临时会议案录》（下卷），北京大学图书馆藏，第24页。
③ 《顺直省议会第二届第一期议案录（议决案）》，国家图书馆藏，第5页。
④ 《顺直省议会第三届第二期常会议案录》（下卷），国家图书馆藏，第135页。
⑤ 《顺直省议会第三届第二期常会议案录》（上），国家图书馆藏。

经理人侵吞官家资产，省议会为此提出一系列弹劾纠举议案，第二届省议会通过三个议案弹劾热河财政厅长、直隶烟酒公卖局长、第五烟酒征收局长，第三届省议会通过五个弹劾案，弹劾大清河局长、矿垦牧殖局长、京奉路局长、稽征总局副局长。① 清查官营企业资产，防止贪污，第二、三届省议会通过议案，咨请省长清查公有财产及公家营造物资产值，造册公示，依法保值或交易，经理人不得低价变卖中饱私囊。纠察官营企业盈利及利润分配问题，比如纠察启新洋灰公司欠税，清查井陉煤矿利润所得及分配去向，查明恒源纺纱公司官股利息及其存储清单，查明开平矿务公司财产及红利。②

省议会对政府行政官厅的财政监督受行政官厅抵制，议决案需要行政长官签署批准公布执行，行政长官或赞同或驳回复议，纵向上观察从顺直谘议局到省议会议案提议、议决、驳复、批准执行过程，行政长官对议决案批准的数量递增，顺直谘议局议决十八个议案，直督批准六个，临时省议会提交议案十一个，都督批准三个，第二届省议会提交二十五个，民政长批准十个，第三届提交四十四个，省长批准二十三个，议决案递增，得到批准执行的议决案比例提升，但是批准后公布执行的议决案数量递减，未实施的比重上升。③ 批准比例上升而实施比重下降，还有因临时突发事件在预算外追加支出，提交省议会审议通过的比例高，④ 显示财政监督功能下降，行政机关权势相对日隆，议会相对弱势。议案是否被政府批准和执行取决于议案政策取向与政府施政纲领及其现实利益目标是否一致，一致者多得执行，比如整顿金融秩序、清查欠税、清理官营企业利润类议案，限制政府行政权者则多容易被否决，比如减免粮租牙税契税、清理隐匿财政收入、削减支出类议案。

回顾谘议局成立以来代议机关对行政官厅的年度财政收入、支出审

---

① 《省议会开会旁听会》，《大公报》，1923年12月13日。
② 《顺直省议会第三届第一期常会议案录》，国家图书馆藏。
③ 参见赵艳玲《清末民初的代议制——从顺直谘议局到直隶省议会的案例考察》，社会科学文献出版社2012年版，第258页。
④ 《省议会议事日表》，《大公报》1919年11月28日。《省议会开会记》，《大公报》1925年1月13日。

议监督变迁，纵向比较，清末直督提交的预算岁出案编制比较符合规范，款项门类科目罗列清楚，全面，数字具体准确，比如宣统三年（1911）岁出预算案经常门教育费列举五十六目，民国时代不超过二十目，漏列项目多，数字模糊，还有估算的，抄袭往年成案的，比如民国九年（1920）察哈尔岁入遗漏大宗款项驮捐，直隶地方七年度岁入预算与之前五年度雷同。就代议机关的审议监督行为看，清末谘议局议员与直督较劲，议员不畏督抚强权，有理有据削减支出，发现隐匿收入，谘议局议决与直督驳复过程往返三次，民国省议会与民政长、省长之间预算案议决与驳复往返就一次，数字计算不准确，削减款项少，发现岁入漏报少，减支增收绩效明显下降。

五　公民团体行使国民参政权

直隶省议会恢复之后议会内政党竞争销声匿迹，地域性派系非正式组织主导议员的动议取向，在军政当局政治控制下多数议员丧失独立性，民意代表性淡化，特别是1918年省长曹锐和议长边守靖、副议长王秉喆内外勾结操控选举过程指定当选议员后省议会作为社会政治团体制度化政治参与渠道的功能削弱。第三届议会选举议员由省长指定，随后按照直系势力范围伸缩分割省议会，激发民间社会政治团体在议会外参与政治，为推翻非法直隶省议会而向省政府及国会两院发起政治请愿行动，向直隶高等审判厅起诉省长曹锐、议长边守靖涉嫌犯危害民国罪，在代议机关之外行使国民参政权。

政治参与主体国民组成社会政治团体揭露军政当局违法操控选举并提起司法诉讼。1922年4月旅京顺直同乡会和天津团体代表会分别致电总统曹锟①和国务院指斥省长曹锐、议长边守靖、副议长王秉喆违背省议会选举法指定议员，非法分割顺直省议会，要求惩处曹锐、边守靖、王秉喆，撤销省议员资格，解散省议会，依法重选省议会。② 1922年7月，旅京顺直同乡会向全国政治、教育、农商社会政治团体发通电，联合行

---

① 《李廷玉致曹使函》，《大公报》1922年4月22日。
② 《团体代表开会记》，《大公报》1922年6月26日。

动，呈请内务部对省议会解散重选，理由一是有充分证据证实议员是非法指定的，"纯由指派而来，证据确凿，全国皆知"；二是分拆省议会是违背法定程序的，直隶省议会"不足代表民意，吾顺直全体人民决不承认此非法议会"①。在天津颇具舆论影响力的报刊批评省议会是指派的，不代表直隶人民，"以直省之血汗金矿，豢养一班臭脚汉，以代表四千万人焉，凡吾直人不禁挥啼欲绝矣"②。旅京顺直同乡会倡议初选当选人以亲身见闻揭露省长、议长、县知事合谋操纵选举指派议员的违法犯罪事实，初选当选人们纷起响应，复函有曰"贵会倘向府院及省长呈请改选，敝同人均愿随诸君之后"，③ 有曰："深表赞同，愿追随骥尾，以为吾直省人民促成合法代表机关"，④ 有曰："贵会义旗共举，誓扫妖氛之障，铲除省会第三届非法之议员"，⑤ 有曰："揭破黑幕，促成合法人民代表机关，协力进行，勿或稍懈"，⑥ 众多州县初选当选人均以个人或群体名义纷纷复函深表支持，共同行动，揭露选举黑幕，取消非法议会，依法惩处违法犯罪的省长、议长。

新任省长王成斌对社团请愿的回应是委婉承认省议会不合法，选举过程"办理欠圆"，以之缓解紧张气氛，请当地士绅劝解请愿团体"不必彼此各走极端，酿成千年不解之仇"，同时命令天津警察厅阻止请愿团体集会，解散天津团体代表会，消弭请愿风潮。⑦ 王成斌对社会团体政治参与所实施的政治控制手段可谓是软硬兼施。1922年10月，旅京顺直同乡会致电大总统、国会两院、国务院各部长官与各省军政民政长官、议会及社会团体重申有充分证据证实省长曹锐、议长边守靖包揽选举、指派

---

① 《直人反对省议会》，《大公报》1922年7月2日。
② 《省会急速召集之内幕》，《大公报》1922年7月19日。
③ 《完县初选当选人复本会原函》，《第三届初选当选人信件汇存》，旅京顺直同乡会印1922年版，中国人民大学图书馆藏。
④ 《天津初选当选人复本会函》，《第三届初选当选人信件汇存》，旅京顺直同乡会印1922年版，中国人民大学图书馆藏。
⑤ 《曲周初选当选人致本会原文》，《第三届初选当选人信件汇存》，旅京顺直同乡会印1922年版，中国人民大学图书馆藏。
⑥ 《第九区盐山县第三届省会初选当选人复本会函》，《第三届初选当选人信件汇存》，旅京顺直同乡会印1922年版，中国人民大学图书馆藏。
⑦ 《王省长对省会之态度》，《大公报》1922年8月10日。

议员、冒名投票的违法犯罪行为，"业经各县大多数初选当选人迭次声明，复选时并未投票，并有曹锐漾电令各县知事扣发初选当选人证书，及大名、顺德、永平、遵化各区选举舞弊诉讼诸悬案之铁证"，指斥省长、议长非法拆分省议会，"擅改议会名称为根本背叛法律"，对议员资格以及议决议案"概不承认为有效"。① 次月旅京顺直同乡会、直隶同乡会、初选当选人代表等社会政治团体以及直隶籍国会议员先后向国会两院提交证据，揭露选举黑幕，呼吁解散重选省议会。尽管军政势力强大，但是民主共和国体规定了主权在民是政权合法化的法理依据，指定议员不合法，议会是赋予军政当局控制的政府施政合法性的民意代表机关，社团团体政治参与是人民直接行使参政权，当局的回应显示民意可畏，曹锟的态度在请愿风潮强劲势头下由强势转温和，表示要顺应民意，将其弟曹锐调离，授意议长边守靖取消直隶省议会恢复顺直省议会。

社会团体依据《省议会议员选举法》以妨害公务罪将省长曹锐、议长边守靖、副议长王秉喆起诉致直隶高等审判厅是政治请愿之外的一种政治参与行为。1922 年 8 月农工商学界社会政治团体受一社会团体成员因为到议会张贴驱逐省长曹锐的揭帖而被拘捕事件激怒，团体联合倡议起诉省长、议长及直隶省议会，发函向直隶各县第三届初选当选人搜集证据，收到个人或集体签名复函数十件。定县二十余名初选当选人组成同志会公开致电表示"愿举出当时豪俊"，怒斥当局"蹂躏民权"，要"为民权民气争一出头之日"。② 徐水县初选当选人复函怒斥议长不遵常规，蔑视法律，希望当局尊重民权，否定"私家产出之议员"资格，要根本改造省议会。③ 林瑜县初选当选人复函陈述议长冒名捏造选票："鄙人于初选当选后，见又扣发当选证书，且就在津见闻所及，得知当局与边守靖、王秉喆等仍要重演七年指派议员之旧套。于是复选时，未肯到场投票，友人代领之赴复选区投票旅费，至今尚在堡董王紫岩手收存。乃边守靖、王秉喆这二民贼，竟敢授意复选监督及私派之组合员等，冒

---

① 《顺治同乡会反对省会宣言》，《大公报》1922 年 10 月 10 日。
② 《省会初选当选人之奋起》，《大公报》1922 年 8 月 15 日。
③ 《调查选举违法之应声》，《大公报》1922 年 8 月 22 日。

顶鄙人之姓名，代捏选票，侵害选权。躬踏刑罪，此事鄙人含痛至今，久欲发泄，今幸诸公先起发难，协力掊击。使此强奸民意之民贼，无地自容。借以还我出自民意选出之议会。尚乞努力，前途勿殆勿懈，鄙人亦愿为后盾也"，① 以亲身经历揭露议长、副议长冒初选当选人之名捏造选票之事实，掊击当局操纵选举，支持维护公民政治选举权利。遵化县初选当选人王业昌复函陈述说复选实情："初选榜示后监督并未发给证书，复选前一日始行召集于县署，依次照发，并隐示以此次复选毋庸写他人，以省周折。彼时业昌等以选举为民意之自由，岂容他人授意，当即自由书写。开票后，所选之人并未得票，而未被选举者居然票数满额当选。与前日所授意之人隐相符合，其为捏造指派，确切不疑。翌日投候补当选人票，亦如之"，② 扣发证书，预定当选人，冒名捏造选票。林瑜县初选当选人李春和复函陈述复选投票实情："各县知事视临复选区，强迫各选举人必须投已被指定之人，临时又在场内督促。高桂馨受边守靖、王秉喆私委……凡恃暴力劫来之选票，俱归高某分配，高某在投票场内外，除与复选监督及各知事为共同之犯行外，尚操有先行检视权。必验得被投举者确系已被指定之人，始准投匦放行。为达上述目的，由滦县公署头门起，直至投票场止，满布武装警察，如临大敌，使选举人一入县署，不寒而栗。……省会为代表民意之机关，复选为产出议员之门路，今彼辈为图把持，不惜毁法乱纪，概以威胁指派出之。是直奴辱我人格，无异彼之受豢猪仔，强奸我民意，宁有甚于此者！今贵会发起推翻非法议会之运动，全省闻风，同声称快"，③ 县知事监督强迫初选人投票选举预定候选人，当场检视选票写上预定人才放行，还动用武警恐吓投票人。旅京天津同乡会公开揭举大名、顺德私造选票，天津贪官商绅包办选举，呈请省长查处。④ 众多县属初选当选人及社会团体纷纷参与揭露省长、议长非法操纵选举的事实，斥骂违法犯罪行为。9月初证据搜集整理完毕，天津律师公会代理诉讼，直隶高等审判厅受理，高等审判

---

① 《调查选举违法之应声》，《大公报》1922年8月22日。
② 《遵化教育界函》，《大公报》1922年8月23日。
③ 《林瑜初选当选人李春和致界各》，《大公报》1922年8月29日。
④ 《请查选举舞弊事》，《大公报》1922年9月22日。

厅依照法律程序先封存物证，为此呈请省长王成斌命令各县知事迅将去岁解存各该区选举票纸及关于此次选举之一切公文书悉数呈交审判厅留作物证，之后准备依照诉讼程序向各该选区县知事兼选举监督、管理员、组合员及被非法指定议员发出传票，一一票传到案依法审讯。①

在此次社会团体和报刊媒体主导的推翻非法省议会的政治参与行动中，中央层级大总统、国务院、国会两院，地方层级省政府省长、省议会多方博弈，前省长曹锐与省议会组合成政治利益同盟与社会团体代表的国民参政力量对立，非法指定的直隶省议会议员与社会割裂，不代表民意，与民意对立。中央国家机关没有支持社会团体的政治请愿诉求，社会团体取代议会成为国民参与政治的主要渠道，报刊媒体及时表达社会团体的政治参与诉求。各种政治力量分化组合，中央国家权力机关、地方省级县级行政机关与由其指定议员组成的省议会一起构成一种精英支配联盟，处于优势。另一方是社会团体及其代表的各界公民大众，组织分散，处于弱势。双方博弈结果是中央没有应社会团体请愿诉求解散非法省议会，高等审判厅也没有做出判决，尽管社会不承认议会合法性，社会群体抗争还是不了了之。省政府力图对省议会实施政治控制，非民选的直隶省议会与社会大众疏离，未能代表和集聚社会各界力量有效监督和抗衡军政势力掌握的政府行政权力。

六　军政势力控制省议会

直系军政势力控制省议会，议员失去独立性趋附军政势力。直系军政势力对省议会实施政治控制，压缩社会势力政治参与空间。张勋复辟帝制失败后皖系军政势力掌握中央政治权力，直隶地方政治权力由直系曹锟、曹锐两兄弟掌握，曹锟任直隶督军兼两湖宣抚史，掌握军事权力，曹锐任省长，势力从直隶扩展到两湖。在直皖战争中直系将领冯玉祥、吴佩孚等人声称要"以民意为依归"，利用省议会塑造对内停战一致对外的社会舆论，支持省议会持续运转。军政势力竞相控制省议会，议会在地方政治权力结构中被军事权力和政治权力融为一体的军阀军政势力钳

---

① 《省议会将局部改选说》，《大公报》1922年9月19日。

制，失去独立性，政府行政权力日隆，议会立法权力日弱，"尊严已堕地"。① 国民对议会的政治期待变得悲观冷漠，"对于代议机关的热度，锐形冷淡，贤者且避之"，议员转行或做官者渐多，"共和恢复后，民国国会中，突开一新异彩，即议员做官是也"。② 省议会内政党数量变少了，世人对政党的期待降低了，失去政党组织身份的议员演变成非正式派系成员或孤立的个人，议员锋芒收敛，活力下降，目标模糊，进取心不足，部分议员从个人利益的理性计算出发，放弃监督与对抗政府，趋炎附势，选择与军阀权势人物媾和谋官位敛财富。曹锐对省议会威逼利诱，议员分化，趋附者如过江之鲫，抗争者势单力孤。议员从民初坚持民意代言人代议士独立角色转向依附军阀权势追逐官位和利益成为普遍现象，议长边守靖是个典型，边守靖早年获得初级科举功名秀才，新式学堂天津师范学堂毕业后东渡日本入读日本东京帝国大学法政专业，倾向革命，参与政治，1913年相继被选为顺直省议会副议长、议长，为实践政治改革政见坚忍不拔地工作，誓言独立行使议员权利，不做行政机关附庸，不辜负直隶乡亲父老的委托与期待，当议会被解散后政治倾向发生转变，出身寒微，人穷志短，住无所居，为谋生凭借法政专业知识受聘天津警察厅科长，自叹"世人皆浊我独清，世人皆醉我独醒是行不通的，我不能效法屈原"，"人家有壮丽的公馆，殷厚的资材，而我只租了一所平房，依靠薪俸度日，真是相形见绌"，在洪宪帝制筹备时期接受袁世凯授予的"一等大绶宝光嘉禾章"，支持君主立宪，劝进拥戴，转向革命党人共和立宪政体理想的对立面，结交军学商诸界权势人物，深得大总统黎元洪、冯国璋、曹锟兄弟、省长王成斌、李景林器重，扮演黎民百姓代言人议员之首领角色，斡旋其间，堪为枢纽。边守靖以议长社会角色混迹军政商学绅各界，在军政当局高压控制议会的政治背景下履行立法监督职权，边守靖协助军政当局控制议会，同时也凭借新知识新理念为公共治理建言献策，保留些许代议士角色。③ 边守靖的政治价值倾向与社会角色转变

---

① 《调和省会与地方官之冲突》，《大公报》1916年11月23日。
② 《闲评一》，《大公报》1916年8月10日。
③ 《河北文史集萃》（政治卷），河北人民出版社1991年版，第100—109页。

折射出近代士绅社会角色从政治社会的中心走向边缘，军事权力和政治权力结合的军政势力主宰社会与国家。直皖战争期间顺直省议会站在直系一边为直系军人说话，1920年7月与天津总商会联合致电大总统徐世昌要求"罢斥段祺瑞，明正其罪，与天下共诛之"，① 议员为发动战争的直系军人背书，美誉之为仁义之师，"此次八省义师似以军人干政为嫌者，不知吊民伐罪方为仁义之师"，② 战后发出《请严惩首犯段祺瑞电》，议员角色沦落为军人政争的喉舌工具。直皖战争后，省长曹锐向省议会提交加征预征粮捐议案，议员彭桂馨等强烈反对，但是议长边守靖、副议长王秉喆操纵议会程序强行通过。③ 曹锐去职前本须依法审计任职期间财政收支账目，但是每年高达六千万元的军政开支无细账可查，一本糊涂账，指使议长操纵议决流程通过决算案。④ 绅权弱化与军阀主导的行政官厅官权增强此消彼长，曹锟为首的直系军阀左右北京中央政局，省长曹锐1921年10月在第三届省议会开幕颂词中直截了当说省议会要拥护中央，"直隶密迩京师，向来办事以拥护中央为目的。能保住中央局面，方能保住直隶局面，方能保住直隶人民之安宁"，⑤ 军阀驾驭省议会，议员回应说甘为前驱，1922年8月临时会主席致词要议员追随主政直隶的军政长官，"鄙等为人民代表，必当追随行政长官之后，以谋我直省政治、实业、教育、日渐发展"⑥。1922年10月直隶省长王成斌应直鲁豫巡阅副使吴佩孚要求召集当地地方名流士绅复查账目，⑦ 议会作为监督行政机关财政收支的立法机关本该支持审计查账，但是，省议会议员居然阻止查账，⑧ 议会隐匿曹锐省长在财政收支中违法污点或者同流合污的嫌疑不证自明。议员甘为行政附庸，议会失去独立性。

直系军政势力控制议员选举，操纵议事日程和议决程序。省长曹锐

---

① 《顺直省会商会讨段电》，《益世报》1920年7月3日。
② 《宣布段祺瑞罪状电》，《益世报》1920年7月16日。
③ 《善后粮捐各消息》，《大公报》1921年11月9日。
④ 《省会急速召集之内幕》，《大公报》1922年7月19日。
⑤ 《第三节省议会开幕纪》，《益世报》1921年10月7日。
⑥ 《顺直省议会开幕式》，《大公报》1922年8月6日。
⑦ 《洛阳要人之动议省议员设法阻止》，《大公报》1922年10月27日。
⑧ 《洛阳要人之动议设法阻止》，《大公报》1922年10月27日。

与议长边守靖、副议长王秉喆操纵第二届省议会选举过程，曹锐密令县知事指派候选人，在选举程序中徇私舞弊，函令县知事违规开票箱换票，"与县知事通函，令其见各初选人疏通。如大家不承认，则投票日之夜间开箱抵换。监视员、复选特派员共司其事"①。1918年10月第二届省议会复选产生议员后选举议长，边守靖、王秉喆趋附曹锐，滥用金钱贿选议长、副议长，"以金钱交易而后，余毒所煽遂流及于省议长"②。议长边守靖利用议长职权使行政官厅交议案顺利通过决议，"省公署交议之事，省议会无不通过"，③议会变成将行政官厅政策转换为地方立法的政治工具橡皮图章。边守靖议长行走官场，为曹锐出谋划策，参与要事，曹锐以"直鲁豫巡阅使署高级顾问"官衔相回报。④ 1918年10月直隶省长曹锐在第二届省议会开幕式发表颂词时以行政长官命令下属的语气要求议员们要"恪守定章，认定权限，辅助本省长整顿诸政"，⑤ 把省议会作为下属机关，副议长王秉喆表示顺服。⑥ 省长施政重点在地方自治，议会议案就以地方自治为主题，"重在促进地方自治，重在建设本省"，1918—1919年常年会和临时会议案都主要是地方自治议题。曹锐将位于天津的直隶模范纺纱厂与小规模的恒源帆布公司先行合并后再在1919年4月临时会开议时提交省议会事后追认，议长边守靖、副议长王秉喆为弥合议员意见分歧顺从省长意志就提议由股长和理事组成特别委员会审查后再提交大会议决，特别委员会审查认为事实合理，只是合并程序不合法，补充规定公款使用方法、纱厂董事经理委派及经营管理绩效事项需要咨商省议会，大会在议长副议长操纵下无视少数议员一再反对强行通过审查报告。⑦ 曹锐、张作霖是纺纱厂大股东，边守靖也参股，边守靖与曹锐同为新组建恒源纺纱有限公司大股东，议长与军阀政客们结成精英利益

---

① 《选举黑幕》，《益世报》1918年8月1日。
② 《杂评一：省议长问题》，《申报》1918年10月6日。
③ 《河北文史集萃》（政治卷），河北人民出版社1991年版，第103页。
④ 《河北文史集萃》（政治卷），河北人民出版社1991年版，第101页。
⑤ 《省会举行开幕式》，《大公报》1918年10月4日。
⑥ 《省会举行开会式》，《大公报》1918年10月4日。
⑦ 《省会开会旁听记》，《大公报》1919年4月29日。

支配同盟，成全军阀控制议会的意愿。议会中反对派副议长彭桂馨、议员藩自浚等人提出异议，认为合并不符合法律程序，应该先调查审议后才可合并，事后追认是违法的，反对通过议案，王秉喆拉拢部分议员组成特别委员会强行通过。① 随后，曹锐与议长边守靖、副议长王秉喆协商后未经议会通过就成立自治筹备处，两位议长、副议长还被委任为自治筹备处科长，议员反对者众，谢铭勋议员指责道："议长受省长委任职，即系省长之属员，议长纵不以为耻，然而本席却以为羞！"反对之声不绝，但是议长们辅佐军阀行政的行动取向没有扭转。1919年12月省长曹锐为应对即将发生的直皖战争军费欠缺而挪用直隶模范纱厂筹办费五十万，在10月份要求议会追认时尽管遭遇部分议员反对，但是还是在议长们的操控下强行通过。②

1921年第三届省议会复选时，省长曹锐与议长边守靖再次控制选举过程，合谋违法操纵选举程序指定议员，通令县知事担任投票开箱管理员，由县知事指派前任议员和权势显赫的士绅担任监督员，以便控制选举过程，让依附直系的初选当选者在复选中入选省议员。趋附者当选，反对派多被排挤出局，以指定议员为主体的议会倾向拥护省长施政。从众多州县初选人致旅京顺直同乡会的信函中发现大量互相印证的证据可证实省长曹锐和议长边守靖在关键选举环节公然违背既定选举程序破坏选举制度规范，首先，《省议会议员选举法》规定初选结果揭晓时应由选举监督员颁发证书作为参与复选举的执照，但是曹锐函令县知事一律扣发初选当选者证书，"未发给初选当选证书，也未依法宣示"，③ 而是以入场券替代执照，操纵选举者"臆度专擅，不遵守法定手续"④。其次，在投票现场将预定议员名字排列写在黑板上，威逼恐吓投票人只能选举所列候选人，望都县初选当选人陈煜祥函告曰在投票现场复选监督指令他

---

① 《省会开会旁听记》，《大公报》1919年4月29日。
② 《省会开会旁听记》，《大公报》1919年12月6日。
③ 《广平县初选当选人复本会原文》，《第三届初选当选人信件汇存》，旅京顺直同乡会印1922年版，中国人民大学图书馆藏。
④ 《第十五区初选当选人致本会原文》，《第三届初选当选人信件汇存》，旅京顺直同乡会印1922年版，中国人民大学图书馆藏。

说选票只能填写预定候选人，"汝若写票，须写吾所指定诸人，若不遵命，即逐出场外"，他写下王秉喆之名即出。① 广平县投票人函告曰投票管理人指示他投预定的八名候选人。② 定县投票人函告曰票须写省长、议长指定人，"复选监督及管理员公然声明，省长、议长业已指定某某为议员，诸君投票须遵办，否则无效"③。曲周县初选当选人函告曰复选监督"严禁入场自由投票"④。河间县居然动用警察胁迫投票，"用武装巡警百名分人监督，压迫到场投票"⑤。最后，由监督员、管理员冒替未到场初选当选人写票或伪造投票，第十五区由管理员监督员冒代未到场投票人写票，⑥ 雄县初选当选者因未得初选证书未到场，投票由县知事及复选监督包办完成，⑦ 完县初选当选人"均未亲身到场，由敝县知事一人完全担负投票责任"⑧。第十五区初选当选者一百二十人，到场投票者三十五人，一人投一票，一票写一候选人，张榜居然显示得票数一百零六票，选出预定六名议员。⑨ 省议会议长、副议长上层与各州县知县行政长官在省长指使下非法操纵选举指定议员，注定当选者是依附省长的，丧失民意代表的独立性，成为行政机关将议案转换为法律性文件的橡皮图章，1924年初议长边守靖在省长公署举办的宴请议员招待会上致答谢词恭维感谢

---

① 《望都县初选当选人复本会原文》，《第三届初选当选人信件汇存》，旅京顺直同乡会印1922年版，中国人民大学图书馆藏。

② 《广平县初选当选人复本会原文》，《第三届初选当选人信件汇存》，旅京顺直同乡会印1922年版，中国人民大学图书馆藏。

③ 《第十四区定县初选当选人致本会原函》，《第三届初选当选人信件汇存》，旅京顺直同乡会印1922年版，中国人民大学图书馆藏。

④ 《曲周县初选当选人致本会原文》，《第三届初选当选人信件汇存》，旅京顺直同乡会印1922年版，中国人民大学图书馆藏。

⑤ 《第十区河间县初选当选人复本会原文》，《第三届初选当选人信件汇存》，旅京顺直同乡会印1922年版，中国人民大学图书馆藏。

⑥ 《第十五区初选当选人复本会原文》，《第三届初选当选人信件汇存》，旅京顺直同乡会印1922年版，中国人民大学图书馆藏。

⑦ 《雄县初选当选人复本会原文》，《第三届初选当选人信件汇存》，旅京顺直同乡会印1922年版，中国人民大学图书馆藏。

⑧ 《完县初选当选人复本会原文》，《第三届初选当选人信件汇存》，旅京顺直同乡会印1922年版，中国人民大学图书馆藏。

⑨ 《第十五区初选当选人复本会原文》，《第三届初选当选人信件汇存》，旅京顺直同乡会印1922年版，中国人民大学图书馆藏。

省长曰:"省长到任以来,凡百政务,任劳任怨,敝会同仁谨代直人深谢省长",① 议会不是依法监督省长而是非法赞赏感恩省长,从民意代表转换为官方代言人,被旅京顺直同乡会、各社会政治团体斥责为"曹锐的走狗",议长、副议长"甘为走狗",不承认省议会的合法性。② 议员是行政长官指定的,就为行政官厅服务,社会各界利益诉求不能通过议会表达,议会失去社会基础,议会本来是社会各界参与政治的制度化通道,在军阀控制下部分丧失代议制机关立法和监督功能。

军政势力按照派系争夺地盘的需要拆分合并顺直省议会。顺直省议会分裂,直奉联合击败皖系后直奉派系共享中央政权,随后直奉派系争端又引发直奉战争,奉系退守关外,实际控制东北及热河、察哈尔、绥远,曹锐省长在1921年主持省议会初选复选程序,以军阀势力范围为界限将顺直省议会切分,单独召集直隶省议会,当京兆区、热河、察哈尔议员来津参会时,先是支使直隶议员不出席,让参会议员不足法定人数而不能开议,敷衍不过之后是准许三特区议员借用会场议决直隶外三特区议案,直隶议员不出席,分区各自议决,不互相掣肘,只要求在双方议案需要全会通过时互投赞成票。第三届议会选举尘埃落定,曹锐又打算将直隶之外的三个区京兆区、热河区、察哈尔区分离出去,议会选举之时正值直皖战争,战后奉系控制京兆区、热河区、察哈尔三特区,直系的势力范围退缩到直隶省区。直奉战争后直系重新控制三特区,曹锟授意议长边守靖恢复顺直省议会,直系军阀按照势力范围伸缩来拆分重组省议会,军阀争夺地盘易手导致议会分合,第一次临时会主席刘俊卿在开会式发言中道出省议会分合是军阀地盘争夺的结果:"本会范围之伸缩,与直奉势力之消长有重大关系。考本会监督区域,历史上原括有一省三区。本届议会成立之始,曾因京察热三区,被割裂于奉系势力范围之下。遂发生省区议会分立问题……本届临时会,复因直奉战事之结果,京察热三区完全恢复原状。"③ 直隶议员是曹锐指定的,易于被作傀儡,

---

① 《王省长宴请省议员记》,《大公报》1924年1月23日。
② 《团体代表开会记》,《大公报》1922年6月22日。
③ 《顺直省议会开会式》,《大公报》1922年8月6日。

三特区议员在战时非其权力所及,"既未承提携培植之恩,自难收操纵自如之效",① 非由其指定则难于驾驭。在 1921 年 8 月曹锐召集议长边守靖、副议长王秉喆等省议会主持人面授机宜,② 由议员联名上书外务部请求将顺直省议会划分为直隶与三特区四部分各自单独开会,将直隶省区域"定名直隶省议会,以期名实相符",③ 借口一是顺直区域广阔,三特别区离省议会所在地天津"远隔数百里",不便于"案卷之调阅,政务之说明";二是直隶与三特别区利益不相关,议员不出席他区议案议决;三是议案表决时各区以议员数量相互牵制,"以人数之挟持,生意见之分歧",议案难以多数通过;四是直隶省长以一身兼四区选举总监督,分身乏术,力所不及,难于稽核。④ 内务部回复指斥所请为非法,"于法律上无所依据",⑤ 合并选举产生的顺直省议会不能分离开会。但是曹锐并不服从中央,指使议长以议员集体名义再三呈请,内务部再次依据法理和事实驳复:"议会合并开会已经两届,议决本案成绩俱在,岂可谓互相牵制?……互相牵制所常有,然凡一切议会,皆有甲党与乙党政见不同,丙区与丁区利害相反,因而生出互相牵制……不能以此归咎于京察热三区之合并,此事实上之误解也……本部无废止元年公布之省议会议员各省复选区表之职权,以请愿方式而强无权立法之本部以曲从,此法律上之误解也……是以原案所称各节,仍难照准",⑥ 前两届议会议案合并议决成绩不错,指称四区议员相互牵制掣肘不利于议决是没有事实依据的,政党间政见不同和区域间利益冲突是不可避免的,中央行政中枢不能废止地方立法。命令曹锐要"照旧办理"。曹锐依仗在直隶的军政权势一意孤行对抗中央,公然在 1921 年 10 月 6 日召集直隶议员成立直隶省议会,选举边守靖为议长,王秉喆、米逢吉为副议长,曹锐在演说词中指示议会要为政府治理地方建言献策,"如何创办防灾备荒要政,如何施设,尚

---

① 《旅沪直人反对曹锐改组省会》,《申报》1921 年 9 月 19 日。
② 《召集省议会改章》,《大公报》1921 年 8 月 31 日。
③ 《省会划出特别区》,《大公报》1921 年 9 月 8 日。
④ 《省会划出特别区》,《大公报》1921 年 9 月 9 日。
⑤ 《省会划分之反响》,《大公报》1921 年 9 月 21 日。
⑥ 《省会改组之文件》《大公报》1921 年 9 月 30 日。

望诸公各抒己见，共策进"，① 为控制直隶省议会而分割顺直省议会。直隶省议会开议时三特区议员也到会场，"自由入会出席"，致使会场秩序混乱，无法有序议事，于是直隶议员在会期相约缺席，会场空无一人。② 为防相互干扰，三特区议员搬入南楼办公，③ 副议长王秉喆竟然派人先将办公桌椅搬运一空。直隶省议员与特区议员为省界争执，特区议员坚持合并，为期两月的第一次常会竟然没有正常开议一次，④ 主要因为直隶议员不出席与议，他们有省长撑腰，"不顾法律，作此非常之举，有恃无恐"，⑤ 直隶议员在省长与议长操纵下居然违背议会法及其议事细则，拆分议会。在各社会团体及其舆论媒体的批评指责声中，直隶与三特区议员谈判合并条件，合并开会，分组议事。⑥ 直奉战争直系失利，曹锐被迫引咎辞职，分割议会引发天津社会各界掀起推翻非法省议会风潮，社会团体的政治参与对曹锟造成压力，他授意议长边守靖接受舆论意见，宣布四区议员合并，"以泯畛域而便进行"，⑦ 恢复议会名称"顺直省议会"，销毁"直隶省议会"关防。⑧ 重新合并的顺直省议会在三特区议员的观望和社会团体的持续指责声中于8月5日召集第一次临时会，政府行政官厅代表政务厅厅长陆长佑在致祝词中表示要议会支持政府，共谋直隶的良善治理，临时会主席回应说议会"追随行政官之后"，⑨ 议会独立性及议员监督政府的锋芒消失，一味迎合行政长官，依附地方军政势力。议会形式上合并，但是内部按照行政区划形成的四大地缘政治派系间冲突不能弥合，派系纷争破坏议事程序和议事细则，不遵守议员行为规范，无故缺席旷会，到会则无端纠缠议案细枝末节，相互掣肘，⑩ 大量亟待议

---

① 《第三届议会开幕》，《大公报》1921年10月7日。
② 《省议会之空城计》，《大公报》1921年11月26日。
③ 《顺直省议会之分合问题》，《申报》1921年12月2日。
④ 《天津电》，《申报》1921年12月7日。
⑤ 《省议员其心虚乎》，《大公报》1921年11月27日。
⑥ 《省议会风潮已平》，《大公报》1922年1月6日。
⑦ 《省议会咨请恢复原状》，《大公报》1922年7月29日。
⑧ 《直省会欢迎特别区议员》，《大公报》1922年7月30日。
⑨ 《顺直省议会开会式》，《大公报》1922年8月6日。
⑩ 《省议会最近之暗潮》，《大公报》1923年9月21日。

决的公共事务议案主要争议问题却没有讨论议决，议案积压拖延，议事成效乏善可陈。地缘性议员派系竞争搁置了议会法规定的议事程序与规则，窒碍议会的立法功能，事关全局的公共事务议案不能如期议决，公共利益受到损失。1923年10月公布《中华民国宪法》，规定省是自治单位，特别区适用省制，三特区议员向国务院及参议院请愿，要求依法独立成立区议会，制定区自治法，1923年11月京兆区议员在请愿书中表示："我京兆倘无独立之省议会，则自治法会议何由产生，而自治法更何从制定"，① 1924年2月京、热、察、绥联合会向参议院呈递请愿书，也表示"若无独立之议会法，断难制定适宜之省区自治法"，② 国务院照准，"所请自属可行，应即依法咨达政府查照办理"③。直隶省议会在1924年4月初依法成立，但是三特区议会直到北伐军抵达天津也还没有成立。

省议会立法监督功能萎缩。第二次直奉战争后冯玉祥军政势力被排挤出京，由奉系张作霖和复出的段祺瑞执掌国家权力，1924年11月张作霖授意省议会敦请李景林就任直隶保安司令兼省长，在就职仪式上副议长吴德禄致欢迎词极尽恭维说新省长将带来新纪元，"将来成立省政府，实行省自治，均将于此发轫，是诚吾直在民国史上开一新纪元"，④ 军政当局指定的议会程序主持人对粗野武人任省长逢迎有加，"竟不问其人之如何，一味肆其谄媚"⑤。12月李景林又授意省议会电请段祺瑞撤离直隶国民军。省议会日常办公经费无着，无法正常开议，在1925年4月准备开会审议省政府预算时仅有十五名议员到会，议员多已改行为官，省议会不得不通告说，"凡现任官吏者，应一律辞去省议员职务"，⑥ 拖延至6月才通过省预算案，10月李景林下令暂停常年会。1925年12月国民军将领孙岳击败奉系后暂时控制直隶，孙岳就任直隶督办兼省长，准备凭借

---

① 《京兆请设省议会》，《大公报》1923年11月7日。
② 《特区联合会请愿书》，《大公报》1924年2月27日。
③ 《参议院咨达国务院文》，《大公报》1924年2月27日。
④ 《直隶保安司令兼省长李景林就职之盛况：法团代表欢迎词》，《益世报》1924年11月19日。
⑤ 《直隶留日同乡会之快邮代电两则》，《大公报》1924年12月30日。
⑥ 《维持省议会开会办法》，《益世报》1925年4月19日。

军政大权改选省议会中一度依附直、奉军阀的议员。孙岳国民军受直鲁联军进攻撤退后褚玉璞掌握直隶军政大权，1926年8月褚玉璞督办兼省长令财政厅拨发经费给省议会，"拨发经费，俾得恢复原状"① 省议会投桃报李，在李家花园设宴款待褚将军，请当地军警、官厅、社团名流百数人作陪，饮酒观剧，名伶助兴，觥斛交错，宾主联欢，热闹非凡。② 随后褚将军令财政厅继续拨款给议会，"筹集经费数万元拨交该会，以便修理房屋，添备家具，俾于十月一日，得以正式开会"。③ 礼尚往来，褚将军在省署设宴，邀请省议会及商会、教育会、八善堂各界名流畅谈赈济苍生、清理财政、收束军事等诸多省务整理问题，议场内的直面争锋转变为酒桌上的欢愉畅谈，"尽情发挥，淋漓尽致"。④ 省议会至此与行政官厅走向合谋，议会在军阀淫威下损失独立性，议员锐气全消，甘为附庸以保住议员社会身份，获取省政府财政支付薪资和预期利益回报。1926年10月省议会常年会开幕式上议长边守靖致辞说"褚督办自军事结束，对于行政力求整顿，尤尊重民意，召集本会开会。本会同人应竭诚襄助督办治理，本会为辅助行政机关，必答报督办望治之殷"，⑤ "省议会为辅助行政机关，并非监督行政机关，省署对地方情形，有不明了者，可向省会咨询一切，议会将不负褚省长维持本会之盛意，全力辅助行政"，⑥ 议会监督行政机关的法定对等立法权力在军阀主导地方政治格局的现实政治背景下被降低为辅助行政机关，定位退缩为行政决策咨询机关，"除事事服从于官吏外，对于民隐，竟噤若寒蝉，一似无关痛痒者"，⑦ 省议会丧失代表民意监督政府当局的立法功能，异化为官吏的咨询服务机构。议会无独立财政收支，经费欠缺，议员缺席多，流会休会频繁，组织瘫痪，常年会与临时会很少正常进行，议案积压，议决效力低下，到1927

---

① 《省议员请求维持要求发款维持开会》，《大公报》1926年9月1日。
② 《省议会欢宴褚玉璞》，《大公报》1926年9月6日。
③ 《褚玉璞令筹省议会经费》，《大公报》1926年9月7日。
④ 《省议会经费有着》，《大公报》1926年9月8日。
⑤ 《直隶省会常会开幕礼》，《益世报》1926年10月22日。
⑥ 《昨日省议会之开会式》，《大公报》1926年10月22日。
⑦ 《直隶省议会无形解散》，《益世报》1926年3月11日。

年6月省议会"遂有瓦解之势"。① 奉系李景林、褚玉璞执掌直隶军政权力时需要议会整合社会力量来支持奉系在直隶和北京的权势，用议会整合社会力量辅助政府治理地方公共事务，省议会尚能维持存在，1928年北伐军占领天津，尊奉孙文以党建国路径经军政、训政、宪政三阶段建国程序撤销省议会，将会场改作国民党直隶省党务指导委员会，终结地方议会。

第十一节　议会与政府分权制衡建构现代国家地方政治权力结构

议会立法权与政府行政权分立制衡的地方政治权力结构中弱势省议会立法权依然发挥监督政府行政权的代议制功能。从建立地方自治机关、谘议局到成立省议会作为代议机关监督政府行政权，审议财政预算决算，立法权限制行政权力。清末直隶谘议局对督抚行政官厅行政集权主导社会的社会权力结构形成制约关系，民初省议会成立就形成现代国家形态的分权制衡式地方政治权力结构。议会削减政府预算支出，削减捐税征收，发现隐蔽收入，审议财政支出，初步建构现代国家财政监督制度。议会弹劾违法乱政的行政官吏，限制官吏滥用行政权。质询和弹劾行政官吏是代议机关的法定权力，弹劾案对行政权的制约力度可从其被上级代议机关与行政机关执行程度显示出来，各属人民呈请省长查办违法溺职县知事的议案数量及其比例呈上升趋势，省议会对省级行政官厅长官提出弹劾案数量及比例也递增，但是多数弹劾案因官场恩庇网络关系和立法权弱势而未能执行。省议会在地方军政势力操纵议员选举控制议会日常议事日程的政治背景下依然能够发挥部分立法监督功能。议会内部党派或派系政治竞争、社会通过议会和社会团体组织进行制度化政治参与、军政当局对议会和社会团体实施政治控制是北洋政府掌握国家主权时代政治制度变迁的关键变量和根本性议程。政治竞争在遵守宪法性法律规范时促进公共利益，反之损害公共利益，削弱宪制秩序运转绩效。

---

① 《省议会解体》，《大公报》1927年6月28日。

政治精英们在政治过程运行中缺乏自觉程序规范意识，不利于新生宪制秩序的维持与巩固。在军绅政权控制下议会立法监督功能绩效减弱，根本原因不在代议制的适应性，而在于社会权力结构中军事权力支配政治权力控制立法权。

参考文献

（一）方志

1. 陈宝生修、陈昌源纂：《满城县志略》，1931年铅印本。
2. 陈继淹等纂修：《张北县志》，1935年铅印本。
3. 陈桢修：《文安县志》，1922年铅印本。
4. 程廷恒等修：《大名县志》，1934年铅印本。
5. 仇远廷等纂修：《蓟县志》，1944年铅印本。
6. 董天华修：《卢龙县志》，1931年铅印本。
7. 傅振伦等纂修：《新河县志》1928年铅印本。
8. 高步青等修：《交河县志》，1916年铅印本。
9. 高凌霞等重修：《临榆县志》，1929年铅印本。
10. 高彤皆纂修：《天津县新志》，1931年刊本。
11. 耿兆栋监修：《景县志》，1932年铅印本。
12. 耿之光等修：《无极县志》，1936年铅印本。
13. 郭维城纂：《宣化县新志》，1932年铅印本。
14. 韩作舟等纂修：《广平县志》，1939年铅印本。
15. 河北省地方志编辑委员会编：《河北省通志稿》《河北省志》，河北人民出版社1990年版。
16. 贾恩绂等纂修：《定县志》，1934年铅印本。
17. 贾恩绂纂：《南宫县志》，1936年铅印本。
18. 贾恩绂纂：《盐山新志》，1916年铅印本。
19. 姜櫆荣修：《广宗县志》，1933年铅印本。

20. 金良骥等修：《清苑县志》，1934 年铅印本。
21. 金润璧修：《平山县志料集》，1932 年油印本。
22. 李大本等修：《高阳县志》，1933 年排印本。
23. 李芳等修：《顺义县志》，1933 年铅印本。
24. 梁建章等纂：《察哈尔省通志》，1935 年铅印本。
25. 林清扬修、王延升纂：《沙河县志》，1929 年铅印本。
26. 刘书旂纂：《任县志》，1915 年铅印本。
27. 刘廷昌等修：《霸县新志》，1934 年铅印本。
28. 刘钟英等纂修：《安次县志》，1914 年铅印本。
29. 牛宝善修：《柏乡县志》，1932 年铅印本。
30. 彭作桢等纂修：《完县新志》，1934 年铅印本
31. 任传藻修：《东明县新志》，1933 年铅印本。
32. 任守恭纂：《万全县志》，1934 年铅印本。
33. 尚希宾纂：《威县志》，1929 年铅印本。
34. 宋蕴璞辑：《天津志略》，1932 年刊本。
35. 宋兆升修：《枣强县志》，1932 年铅印本。
36. 苏绍泉修：《林西县志》，1933 年稿本。
37. 孙廷弼纂：《赤峰县志略》，1933 年石印本。
38. 天津市地方志编修委员会编：《天津通志》，天津社会科学院出版社。
39. 万振霄等修：《青县志》，1931 年铅印本。
40. 王保安等修：《香河县志》，1936 年铅印本。
41. 王琴堂纂：《邯郸县志》，1933 年刻本。
42. 王树楠等纂修：《冀县志》，1929 年铅印本。
43. 王用舟等修：《井陉县志》，1934 年铅印本。
44. 吴宝铭等纂：《三河县志》，1935 年铅印本。
45. 伊承熙等修：《宁晋县志》，1929 年铅印本。
46. 尹仲材编：《翟城村志》，1968 年台北成文出版社重印本。
47. 臧理臣等修：《密云县志》，1914 年京华书局铅印本。
48. 张鼎彝纂：《献县志》，1925 年刻本。

49. 张栋修：《邢台县志》，1943 年铅印本。

50. 张凤翔、刘祖培纂：《滦县志》，1937 年铅印本。

51. 张福谦修：《清河县志》，1934 年铅印本。

52. 张星楼等纂：《涿县志》，1936 年铅印本。

53. 张应麟修：《成安县志》，1931 年铅印本。

54. 张雨苍等修：《新城县志》，1935 年铅印本。

55. 张滋大纂：《建平县志》，1931 年手抄线装本。

56. 周铁铮、沈鸣诗等纂修：《朝阳县志》，1930 年铅印本。

57. 周宪章等纂修：《凌源县志略》，1927 年稿本。

（二）报纸杂志

1. 保定《地方白话报》。

2. 北京《晨报》。

3. 北京《京话日报》。

4. 北京《顺天时报》。

5. 广州《时敏报》。

6. 上海《大同报》。

7. 上海《东方杂志》。

8. 上海《国风报》。

9. 上海《汇报》。

10. 上海《警钟日报》。

11. 上海《民国日报》。

12. 上海《民立报》。

13. 上海《申报》。

14. 上海《时报》。

15. 上海《时务报》。

16. 上海《中外日报》。

17. 沈阳《盛京时报》。

18. 天津《北洋法政学报》。

19. 天津《北洋官报》。

20. 天津《大公报》。

21. 天津《点石斋画报》。

22. 天津《言治》。

23. 天津《燕报》。

24. 天津《益世报》。

25. 天津《政艺通报》。

26. 天津《政治官报》。

27. 天津《直隶教育杂志》《直隶教育官报》。

28. 浙江《萃新报》。

(三) 档案

1. 故宫博物院明清档案部编:《清末筹备立宪档案史料》,中华书局1979年版。

2. 天津市档案馆编辑:《北洋军阀天津档案史料选编》,天津古籍出版社1990年版。

3. 河北省档案馆编:《直隶省获鹿县礼房档案》,天津古籍出版社1990年版。

4. 天津市档案馆编:《天津商会档案资料汇编(1903—1911)》,天津人民出版社1989年版。

5. 袁世凯:《袁世凯奏议》,天津古籍出版社1987年版。

6. 袁世凯:《养寿园奏议辑要》,台北:文海出版社1985年版。

7. 第一历史档案馆:《袁世凯驻节朝鲜期间函牍选辑》,《历史档案》1992年第3—4期。

8. 天津市博物馆藏:《北洋军阀史料袁世凯卷》,天津古籍出版社1992年版。

9. 天津档案馆、南开大学分校档案系:《天津租界档案选编》,天津人民出版社1992年版。

10. 中国第二历史档案馆编:《中华民国史档案资料汇编》,江苏古籍出版社2010年版。

11. 故宫博物院:《清光绪朝中日交涉史料》,1932年版。

12. 中国第一历史档案馆:《光绪朝朱批奏折》,中华书局1996年版。

（四）古籍

1. 《光绪朝东华录》，中华书局 1958 年版。

2. 《清朝续文献通考》，浙江古籍出版社 2000 年版。

3. 《清实录·大清德宗景皇帝实录》，中华书局 1987 年版。

4. 《清实录·宣统政纪》，中华书局 1987 年版。

5. 《清史稿》，上海古籍出版社 1986 年版。

（五）官书

1. 《北洋公牍类纂》，台北：文海出版社 1990 年版。

2. 《北洋公牍类纂续编》，台北：文海出版社 1990 年版。

3. 《北洋官报》（1902—1908），天津公慎书局印，天津市档案馆藏。

4. 《大清新法令》（1901—1911），商务印书馆 2011 年版。

5. 《临时公报》1912 年，天津北洋印刷局印，中国人民大学图书馆藏。

6. 《袁大总统书牍汇编》，北京广益书局 1914 年版。

7. 《政府公报》（1915—1922），北京印铸局编辑，北京大学图书馆藏。

8. 《直隶公报》（1913—1928），天津北洋印刷局印，天津市档案馆藏。

9. 《奏设政治官报》附《内阁官报》光绪三十二年至宣统三年，台北：文海出版社 1965 年版。

（六）专题史料

1. ［澳］骆惠敏编：《清末民初政情》，北京知识出版社 1986 年版。

2. ［美］中国驻屯军司令部编：《二十世纪的天津概况》，侯振译，天津市地方志编修委员会总编辑室刊行 1986 年版。

3. （清）羊城旧客：《津门纪略》（标点本），天津古籍出版社 1986 年版。

4. （清）张焘：《津门杂记》，天津古籍出版社 1986 年版。

5. 《第三届初选当选人信件汇存》，旅京顺直同乡会印 1922 年版，中国人民大学图书馆藏。

6. 《督院发交顺直谘议局议案及咨询事件录初编》，中国国家图书馆藏。

    7.《清朝文献通考》，王云五编，商务印书馆 1936 年版。

    8.《顺直临时省议会文牍类要（公文类）》（上卷），天津新华印刷厂 1913 年版，北京大学图书馆藏。

    9.《顺直临时省议会文牍类要（函电类）》，北京大学图书馆藏。

    10.《顺直临时省议会议案录（议决案）》，天津新华印刷厂 1913 年版，北京大学图书馆藏。

    11.《顺直临时省议会议案录》，天津新华印刷厂 1913 年版。

    12.《顺直省议会第二届第二期临时会议案录》，天津河北日报社 1921 年 2 月印，中国国家图书馆藏。

    13.《顺直省议会第二届第三期常会文牍类要》，天津河北日报社 1921 年 10 月印，中国国家图书馆藏。

    14.《顺直省议会第二届第一会期文牍类要》，直隶教育印书处 1919 年 7 月印，中国人民大学图书馆藏。

    15.《顺直省议会第二届第一会期议案录（议决案）》，中国国家图书馆。

    16.《顺直省议会第三会期文牍类要》，天津华新印刷局 1918 年印，中国国家图书馆藏。

    17.《顺直省议会第三届第二期常会文牍类要》，天津公园内教育印书处 1923 年 6 月印，中国国家图书馆藏。

    18.《顺直省议会第三届第二期常会议案录》（上、下卷），天津河北日报社 1923 年 6 月印，中国国家图书馆藏。

    19.《顺直省议会第三届第三期常会文牍类要》，天津河北日报社 1924 年 10 月印，中国国家图书馆藏。

    20.《顺直省议会第三届第三期文牍类要（函电类）》，中国国家图书馆。

    21.《顺直省议会第三届第三期文牍类要》，中国国家图书馆。

    22.《顺直省议会第三届第一期常会议案录》，中国国家图书馆。

    23.《顺直省议会议案录》，天津河北日报社 1920 年 9 月印，中国人民大学图书馆藏。

24. 《顺直谘议局规则五种》，国家图书馆藏。

25. 《顺直谘议局文牍类初编（来牍类）》，北京大学图书馆藏。

26. 《宣统二年第一次资政院常年会速记录》，北京师范大学图书馆藏。

27. 《宣统三年顺直谘议局临时会议案公布录》，1911年铅印本，中国国家图书馆藏。

28. 《直省谘议局联合会报告书》，北京大学图书馆藏。

29. 《直省谘议局联合会第二届报告书》，北京大学图书馆藏。

30. 丁振铎：《项城袁氏家集》，台北：文海出版社1966年版。

31. 杜春和等编：《北洋军阀史料选辑》，中国社会科学出版社1981年版。

32. 冯桂芬：《校邠庐抗议·复乡职议》，台北：文海出版社1971年版。

33. 郭嵩焘等：《郭嵩焘等使西记六种》，生活·读书·新知三联书店2012年版。

34. 郭廷以：《近代中国史事日志》，台北"中央研究院"近代史研究所1979年版。

35. 何启、胡礼垣：《胡翼南全集》，台北：文海出版社1976年版。

36. 康有为：《康有为政论集》，汤志钧编，中华书局1981年版。

37. 梁启超：《戊戌政变记》（卷七），台北：文海出版社1973年版。

38. 刘锡鸿：《英轺私记》，台北：文海出版社1968年版。

39. 陆纯：《袁世凯史料丛刊：袁大总统书牍汇编》，台北：文海出版社1967年版。

40. 骆宝善：《骆宝善评点袁世凯函牍》，岳麓书社2005年版。

41. 荣孟源、章伯锋：《近代稗海》，四川人民出版社1985年版。

42. 舒新城：《中国近代教育史资料（上、下册）》，人民教育出版社1981年版。

43. 天津市政协文史资料研究委员会：《天津租界》，天津人民出版社1986年版。

44. 萧一山：《清代通史》，华东师大出版社2006年版。

45. 徐一士：《一士类稿·一士谈荟》，书目文献出版社 1984 年版。

46. 张楠、王忍之编：《辛亥革命前十年间时论文集》，生活·读书·新知三联书店 1960 年版。

47. 章佰锋、李宗一主编：《北洋军阀》，武汉出版社 1990 年版。

48. 郑观应：《郑观应集》，夏东元编，上海人民出版社 1998 年版。

49. 直隶谘议局筹办处编：《直隶谘议局筹办处文件录要初编》，中国国家图书馆藏。

50. 中国公共图书馆古籍文献编委会：《袁世凯未刊书信稿》，中华全国图书馆文献缩微复制中心 1998 年版。

51. 中国人民政治协商会议天津市委员会文史资料研究委员会编：《天津文史资料选辑》。

52. 中国社科院近代史所：《新军编练沿革》，中华书局 1978 年版。

53. 中国史学会：《中国近代史资料丛刊：中日战争》，上海新知识出版社 1956 年版。

54. 中国史学会主编：《戊戌变法》，神州国光社 1957 年版。

55. 中国史学会主编：《辛亥革命》，上海人民出版社 1957 年版。

56. "中央研究院"近代史研究所：《袁世凯家书》，台北"中央研究院"近代史研究所 1990 年版。

57. 庄建平编：《近代史资料文库》，上海书店出版社 2009 年版。

（七）论著

国内部分：

1. 陈旭麓：《近代中国社会的新陈代谢》，上海人民出版社 1992 年版。

2. 陈旭麓：《陈旭麓文集》，上海教育出版社 2018 年版。

3. 陈永森：《告别臣民的尝试》，中国人民大学出版社 2004 年版。

4. 陈之迈：《中国政府》，商务印书馆 1946 年版。

5. 程燎原：《清末法政人的世界》，法律出版社 2003 年版。

6. 迟云飞：《清末预备立宪研究》，中国社会科学出版社 2013 年版。

7. 崔志海：《当代中国晚清政治史研究》，中国社会科学出版社 2018 年版。

8. 丁文江：《梁启超年谱长编》，上海人民出版社 1983 年版。

9. 董丛林：《清末直隶新政研究》，河北人民出版社 1996 年版。

10. 杜亚泉：《辛亥前十年中国政治通览》，中华书局 2012 年版。

11. 方尔庄：《河北通史》，河北人民出版社 2000 年版。

12. 房宁编：《新中国政治学研究 70 年》，中国社会科学出版社 2020 年版。

13. 费孝通：《中国士绅——城乡关系论集》，赵旭东等译，外语教学与研究出版社 2011 年版。

14. 顾敦鍒：《中国议会史》，北平燕京大学政治学丛刊，苏州木渎心正堂印 1931 年版。

15. 郭长久编：《津沽百年》，百花文艺出版社 2000 年版。

16. 郭廷以：《近代中国史纲》，上海人民出版社 2009 年版。

17. 何怀宏：《选举社会及其终结——秦汉至晚清历史的一种社会学阐释》，上海三联书店 1998 年版。

18. 侯宜杰：《二十世纪初中国政治改革风潮》，人民出版社 1993 年版。

19. 侯宜杰：《袁世凯传》，百花文艺出版社 2003 年版。

20. 呼众汉：《革命教育家谢台臣》，河北教育出版社 2003 年版。

21. 胡春惠：《民初的地方主义与联省自治》，中国社会科学出版社 2001 年版。

22. 黄福庆：《清末留日学生》，台北"中央研究院"近代史研究所 1975 年版。

23. 黄源盛：《民初大理院与裁判》，台北：元照出版有限公司 2011 年版。

24. 蒋廷黻：《中国近代史》，武汉出版社 2012 年版。

25. 来新夏：《北洋军阀史》，南开大学出版社 2000 年版。

26. 来新夏：《天津近代史》，南开大学出版社 1987 年版。

27. 雷颐：《帝国的覆没：近代中国社会的转型困境》，东方出版社 2021 年版。

28. 雷颐：《李鸿章与晚清四十年》，山西人民出版社 2008 年版。

29. 李建新：《近代中国的议会与宪政》，甘肃人民出版社 2005 年版。

30. 李剑农：《戊戌以后三十年中国政治史》，中华书局 1965 年版。

31. 李细珠：《变局与抉择》，北京师范大学出版社 2017 年版。

32. 李细珠：《地方督抚与清末新政——晚清权力格局再研究》，社会科学文献出版社 2012 年版。

33. 李细珠：《新政、立宪与革命——清末民初政治转型研究》，北京师范大学出版社 2018 年版。

34. 李孝悌：《清末的下层社会启蒙运动》，台北"中央研究院"近代史所 1992 年版。

35. 梁景和：《清末国民意识与参政意识研究》，湖南教育出版社 1999 年版。

36. 刘东严：《中国选举史要》，国立成都大学毕业论文 1930 年版。

37. 刘建军：《直隶地方议会政治（1912—1928）》，广西师范大学出版社 2009 年版。

38. 刘鉴唐、焦玮编：《津门谈古》，百花文艺出版社 1991 年版。

39. 刘敬忠：《国民军史稿》，人民出版社 2004 年版。

40. 刘伟：《清季州县改制与地方社会》，北京师范大学出版社 2019 年版。

41. 罗福惠：《辛亥革命时期的精英文化研究》，华中师范大学出版社 2011 年版。

42. 罗澎伟编：《近代天津城市史》，中国社会科学出版社 1993 年版。

43. 罗志田：《道出于二》，北京师范大学出版社 2014 年版。

44. 罗志田：《乱事潜流——民族主义与民国政治》，北京师范大学出版社 2014 年版。

45. 罗志田：《权势转移》，北京师范大学出版社 2014 年版。

46. 马敏：《官商之间——社会剧变中的近代绅商》，天津人民出版社 1995 年版。

47. 马小泉：《国家与社会：清末地方自治与宪政改革》，河南大学出版社 2001 年版。

48. 马忠文：《晚清人物与史事》，北京师范大学出版社 2014 年版。

49. 彭剑：《宪政编查馆研究》，华中师范大学出版社 2011 年版。

50. 钱穆：《国史大纲》，商务印书馆 1996 年版。

51. 邱昌渭：《议会制度》，商务印书馆 1933 年版。

52. 桑兵：《清末知识界的社团活动》，北京师范大学出版社 2014 年版。

53. 桑兵：《走进共和：日记所见政权更迭时期亲历者的心路历程（1911—1912）》，北京师范大学出版社 2014 年版。

54. 尚克强、刘海岩编：《天津租界社会研究》，天津人民出版社 1996 年版。

55. 尚小明：《留日学生与清末新政》，江西教育出版社 2002 年版。

56. 沈晓敏：《处常与求变——清末民初的浙江谘议局和省议会》，生活·读书·新知三联书店 2005 年版。

57. 孙雪梅：《清末民初中国人的日本观——以直隶省为中心》，天津人民出版社 2001 年版。

58. 陶菊隐：《北洋军阀统治时期史话》，生活·读书·新知三联书店 1983 年版。

59. 汪荣祖：《晚清变法思想论丛》，台北：联经出版事业公司 1983 年版。

60. 王道：《选举史略》，内务部编译处 1917 年版。

61. 王尔敏：《晚清政治思想史》，广西师范大学出版社 2005 年版。

62. 王开玺：《晚清变局》上下卷，东方出版社 2019 年版。

63. 王开玺：《晚清政治史》，东方出版社 2016 年版。

64. 王开玺：《晚清政治新论》，商务印书馆 2018 年版。

65. 王人博：《1840 年以来的中国》，九州出版社 2020 年版。

66. 王人博：《中国法制现代化的历史》，知识产权出版社 2010 年版。

67. 王人博：《中国近代的宪政思潮》，法律出版社 2003 年版。

68. 王先明：《近代绅士——一个封建阶层的历史命运》，天津人民出版社 1997 年版。

69. 韦庆远：《清末宪政史》，中国人民大学出版社 1993 年版。

70. 魏光奇：《官治与自治》，商务印书馆 2004 年版。

71. 吴晗、费孝通：《皇权与绅权》，天津人民出版社 1988 年版。

72. 萧功秦：《危机中的变革：清末现代化进程中的激进与保守》，上海三联书店 1999 年版。

73. 熊月之：《西学东渐与晚清社会》，上海人民出版社 1994 年版。

74. 徐建平：《清末直隶宪政改革研究》，中国社会科学出版社 2008 年版。

75. 阎步克：《士大夫政治演生史稿》，北京大学出版社 1996 年版。

76. 叶利军：《民国北京政府时期选举制度研究》，湖南人民出版社 2007 年版。

77. 俞可平编：《中国政治学四十年》，商务印书馆 2019 年版。

78. 张海林：《端方与清末新政》，南京大学出版社 2007 年版。

79. 张海鹏：《中国近代通史》，江苏人民出版社 2006 年版。

80. 张静、李志毓、罗敏：《民国政治史研究》，中国社会科学出版社 2018 年版。

81. 张静：《基层政权：分权制度诸问题》，浙江人民出版社 2000 年版。

82. 张鸣：《共和中的帝制》，当代中国出版社 2014 年版。

83. 张鸣：《乡村社会权力和文化结构的变迁（1903—1953）》，广西人民出版社 2001 年版。

84. 张鸣：《辛亥：摇晃的中国》，广西师范大学出版社 2011 年版。

85. 张鸣：《中国政治制度史》，中国人民大学出版社 2010 年版。

86. 张朋园：《立宪派与辛亥革命》，吉林出版集团有限责任公司 2007 年版。

87. 张朋园：《中国民主政治的困境，1909—1949：晚清以来历届议会选举述论》，上海三联书店 2013 年版。

88. 张玉法：《民国初年的政党》，台北"中央研究院"近代史研究所 1985 年版。

89. 张玉法：《清季的立宪团体》，台北"中央研究院"近代史研究所 1971 年版。

90. 张玉法：《中华民国史稿》，台北：联经出版事业公司 2011 年版。

91. 张玉法：《军阀政治》（中国现代史论集第 5 辑），台北：联经出版事业公司 1983 年版。

92. 张仲礼：《中国绅士——关于其在 19 世纪中国社会中作用的研究》，上海社会科学出版社 1991 年版。

93. 张仲礼：《东南沿海城市与中国近代化》，上海人民出版社 1996 年版。

94. 章开沅、朱英、马敏编：《中国近代史上的官绅商学》，湖北人民出版社 2000 年版。

95. 章开沅、严昌洪：《辛亥革命与中国政治发展》，华中师范大学出版社 2011 年版。

96. 章开沅：《中国近代史上的官绅商学》，湖北人民出版社 2000 年版。

97. 赵润生：《滦州兵谏与滦州起义》，天津人民出版社 2003 年版。

98. 赵艳玲：《清末民初的代议制——从顺直谘议局到直隶省议会的案例考察》，社会科学文献出版社 2012 年版。

99. 中国人民政治协商会议天津市委员会文史资料研究委员会编：《天津近代人物录》，天津市地方史志编修委员会总编辑室 1987 年版。

100. 中华文化复兴运动推行委员会：《中国近代现代史论集》，台湾商务印书馆 1986 年版。

101. 朱英：《转型时期的国家与社会——以近代中国商会为主体的历史透视》，华中师范大学出版社 1997 年版。

102. 朱英：《辛亥革命与近代中国社会变迁》，华中师范大学出版社 2011 年版。

103. 朱英：《辛亥革命时期新式商人社团研究》，华中师范大学出版社 2011 年版。

国外部分：

1. ［澳］费约翰：《唤醒中国：国民革命中的政治、文化与阶级》，李恭忠，李里峰等译，生活·读书·新知三联书店 2004 年版。

2. ［加］陈志让：《军绅政权》，生活·读书·新知三联书店 1980 年版。

3. [加] 罗伯特·杰克逊:《国际关系理论与方法》,吴勇、宋德星译,天津人民出版社 2008 年版。

4. [美] 黄宗智:《华北的小农经济与社会变迁》,中华书局 2000 年版。

5. [美] 李怀印:《华北村治——晚清和民国时期的国家与乡村》,王士皓、岁有生译,中华书局 2008 年版。

6. [美] 斯蒂芬·R. 麦金农:《中华帝国晚期的权力与政治:袁世凯在北京与天津 1901—1908》,牛秋实、于英红译,天津人民出版社 2013 年版。

7. [美] 安东尼·吉登斯:《民族—国家与暴力》,胡宗泽译,生活·读书·新知三联书店 1998 年版。

8. [美] 巴林顿·摩尔:《民主和专政的社会起源》,拓夫,张东东等,华夏出版社 1987 年版。

9. [美] 查尔斯·蒂利:《强制、资本与欧洲国家(公元 992 年至 1992 年)》,魏洪钟译,上海世纪出版集团 2007 年版。

10. [美] 陈锦江:《清末现代企业与官商关系》,王笛、张箭译,中国社会科学院出版社 1997 年版。

11. [美] 戴维·E. 阿普特:《现代化的政治》,陈尧译,上海人民出版社 2011 年版。

12. [美] 杜赞奇:《从民族国家拯救历史:民族主义话语与中国现代化研究》,王宪明、高继美、李海燕、李点译,社会科学文献出版社 2003 年版。

13. [美] 杜赞奇:《文化、权力与国家——1900—1942 年的华北农村》,王福明译,江苏人民出版社 1995 年版。

14. [美] 费正清、赖肖尔:《中国:传统与变革》,陈仲丹译,江苏人民出版社 2012 年版。

15. [美] 费正清:《剑桥中国晚清史》上下卷,中国社会科学院历史研究所编译室译,中国社会科学出版社 1994 年版。

16. [美] 费正清:《剑桥中华民国史》上下卷,中国社会科学院历史研究所编译室译,中国社会科学出版社 1994 年版。

17. ［美］弗朗西斯·福山：《政治秩序的起源》，毛俊杰译，广西师范大学出版社 2012 年版。

18. ［美］弗朗西斯·福山：《政治秩序与政治衰败：从工业革命到民主全球化》，毛俊杰译，广西师范大学出版社 2015 年版。

19. ［美］古德诺：《解析中国》，蔡向阳等译，国际文化出版公司 1998 年版。

20. ［美］韩书瑞：《十八世纪中国社会》，罗友枝、陈仲丹译，江苏人民出版社 2009 年版。

21. ［美］亨廷顿：《变化社会中的政治秩序》，王冠华、刘为译，生活·读书·新知三联书店 1989 年版。

22. ［美］亨廷顿：《难以抉择——发展中国家的政治参与》，汪晓寿、王志华、项志权译，华夏出版社 1989 年版。

23. ［美］吉尔伯特·罗兹曼：《中国的现代化》，国家社会科学基金"比较现代化"课题组陶骅等译，上海人民出版社 1989 年版。

24. ［美］瞿同祖：《清代地方政府》，范忠信等译，法律出版社 2003 年版。

25. ［美］柯文：《在中国发现历史：中国中心观在美国的兴起》，林同奇译，中华书局 2014 年版。

26. ［美］孔飞力：《叫魂》，陈兼、刘昶译，生活·读书·新知三联书店 1999 年版。

27. ［美］孔飞力：《中国现代国家的起源》，陈兼、陈之宏译，生活·读书·新知三联书店 2013 年版。

28. ［美］孔飞力：《中华帝国晚期的叛乱及其敌人》，谢亮生、杨品泉、谢思炜译，中国社会科学出版社 1990 年版。

29. ［美］李怀印：《重构近代中国：中国历史写作中的想象与真实》，岁有生、王传奇译，中华书局 2013 年版。

30. ［美］罗威廉：《最后的中华帝国：大清》，李任渊、张远译，中信出版集团有限公司 2016 年版。

31. ［美］马若孟：《中国农民经济——河北和山东的农民发展 1890—1949》，史建云译，江苏人民出版社 2013 年版。

32. ［美］齐锡生：《中国的军阀政治：1916—1928》，杨云若、萧延中译，中国人民大学出版社1991年版。

33. ［美］任达：《新政革命与日本》，李仲贤译，江苏人民出版社1998年版。

34. ［美］施坚雅：《中华帝国晚期的城市》，叶光庭、徐自立、王嗣均、徐松年、马裕祥、王文源译，中华书局2000年版。

35. ［美］史景迁：《曹寅与康熙皇帝：一个皇帝宠臣的生涯揭秘》，温洽溢译，广西师范大学出版社2014年版。

36. ［美］唐德刚：《晚清七十年》，台北：远流出版公司1998年版。

37. ［美］托马斯·埃特曼：《利维坦的诞生：中世纪及现代早期欧洲的国家与政权建设》，郭台辉译，上海世纪出版集团2016年版。

38. ［美］王国斌：《转变的中国：历史变迁与欧洲经验的局限》，李伯重、连玲玲译，江苏人民出版社2010年版。

39. ［美］西达·斯考切波：《国家与社会革命》，何俊志、王学东译，上海人民出版社2007年版。

40. ［美］萧公权：《中国的农村：论19世纪的帝国控制》，张皓、张升译，台北：联经出版事业有限公司2014年版。

41. ［美］徐中约：《中国近代史》，计秋枫、朱庆葆等译，世界图书出版公司2008年版。

42. ［美］约瑟夫·R. 司徒雷耶：《现代国家的起源》，华佳、王夏、宗福常译，上海人民出版社2011年版。

43. ［美］张信：《二十世纪初期中国社会之演变——国家与河南地方精英1900—1937》，岳谦厚、张玮译，中华书局2004年版。

44. ［美］周锡瑞：《改良与革命》，杨慎之译，中华书局1982年版。

45. ［美］邹谠：《二十世纪中国政治：从宏观历史与微观行动角度看》，崔之元等译，香港牛津大学出版社1994年版。

46. ［日］稻叶君山：《清朝全史》，但焘译，上海社会科学出版社2006年版。

47. ［日］黄东兰：《近代中国的地方自治与明治日本》（《近代中国の地方自治と明治日本》日文原版），汲古书院2005年版。

48. ［日］蒲口郁夫:《政治参与》,解莉莉译,经济日报出版社1989年版。

49. ［日］王柯:《从"天下"国家到民族国家》,上海人民出版社2020年版。

50. ［以］S. N. 艾森斯塔德:《帝国的政治体系》,阎步克译,贵州人民出版社1992年版。

51. ［英］迈克尔·曼:《社会权力的来源》,陈海宏等译,上海人民出版社2007年版。

52. Benjamin. Elman, *A Cultural History of Civil Examinations in late Imperial China*, Berkeley: university of California Press, 2000.

53. Paul A. Cohen and John E. Schrecker, *Institutional Survey Reform in nineteenth-Century China*, Harvard University Press, 1976.

54. John H. Fincher, "Chinese and Democracy: The Self-government and Movement and Local and Province and National and Politics, 1905 – 1914", *American Political Science Review*, 1981.

55. Joseph W. Esherick and Mary Backus Rankin, *Chinese Local Elites and Patterns of Dominance*, Berkelry: California University Press, 1990.

56. Made Leine Zelin, *The Magistrate' Tale: Rationalizing Fiscal Reform in Eighteenth-Century Ch'ing China*, Berkeley, University of California Press, 1984.

57. O. F. Wisner, "The Experiment in Constitutional Government in China", *North American Review*, 2007.

58. Roger R. Thompson, "China's Local Councils in the Age of Constitutional Reform, 1898 – 1911", *Cambridge East Asian Studies*, 1995.

59. Stephen C. Averill, "The Cultural Politics of Local Education in Early Twentieth-Century China", *Twentieth-Century China*, Volume 32, 2007.